中国区域经济学会文献

东中西协调互动论

主　编　陈栋生

副主编　肖金成　刘福刚　刘　钊

经济科学出版社

责任编辑：吕　萍　马金玉
责任校对：徐领柱
版式设计：代小卫
技术编辑：邱　天

图书在版编目（CIP）数据

东中西协调互动论/陈栋生主编．—北京：经济科学出
版社，2008.10
　　ISBN 978 - 7 - 5058 - 7551 - 7

　　Ⅰ. 东…　Ⅱ. 陈…　Ⅲ. 地区经济—经济合作—研究—中
国　Ⅳ. F127

中国版本图书馆 CIP 数据核字（2008）第 155241 号

东中西协调互动论

主　编　陈栋生

副主编　肖金成　刘福刚　刘　钊

经济科学出版社出版、发行　新华书店经销

社址：北京市海淀区阜成路甲 28 号　邮编：100142

总编室电话：88191217　发行部电话：88191540

网址：www. esp. com. cn

电子邮件：esp@ esp. com. cn

汉德鼎印刷厂印刷

永胜装订厂装订

787×1092　16 开　29.75 印张　500000 字

2008 年 10 月第 1 版　2008 年 10 月第 1 次印刷

ISBN 978 - 7 - 5058 - 7551 - 7/F・6802　定价：44.00 元

论东西互动

（代序）

曹玉书

东西互动，是指我国东部沿海地区与西部地区的经济主体按照市场规则，发挥各自的比较优势，促进生产要素跨行政区域流动，实现合作共赢，优化全国的生产力布局。

一、东西互动的必要性

推进东西互动是实施"两个大局"战略构想、践行科学发展观的必然选择。1988年，邓小平同志提出"两个大局"的战略构想，指出："沿海地区要加快对外开放，使这个拥有两亿人口的广大地带较快地先发展起来，从而带动内地的发展，这是一个事关大局的问题。内地要顾全这个大局。反过来，发展到一定的时候，又要求沿海拿出更多的力量来帮助内地发展，这也是个大局。那时沿海也要顾全这个大局。"经过近30年的改革开放，东部沿海地区经济社会发展取得伟大成就，有了相当的积累，有必要也有条件拿出更多的力量帮助内地发展。需要指出的是，实施"两个大局"战略构想，不仅是政府的事，也是企业应积极去做的事，而且企业要成为主体。贯彻落实科学发展观，必须坚持"五个统筹"。区域协调发展，是科学发展的重要标志，也是构建社会主义和谐社会的必由之路。目前看来，我国东西部地区之间存在的差距是值得高度重视和着力解决的。从经济总量看，目前东部地区人均GDP是西部地区的2.2倍，比改革开放之前增加0.5个百分点。1999年，东部地区人均GDP为10732元，西部地区为4302元；2006年，东部为26875元，西部为10894元。七年来，东西部地区差距由6430元扩大到15981元，增加近150%。从人均收入水平看，目前东部地区城镇居民人均可支配收入和农村居民人均纯收入都是西部地区的 1.5 倍，比改革开放之前分别增加 0.5 个和 0.4 个百分点。从基本公共服务水平看，东西部地区差距很大，例如，西部地区参加社会养老保险人数覆盖率不到 5%，仅为东部的 1/10。解决东西部地区之间的差距问题，需要多方采取措施。各地区各种经济主体按照市场规则促使生产要素跨行政区域流动，是新形势下解决区域发展差距的一个重要途径。

推进东西互动，是打破资源瓶颈约束、实现可持续发展的迫切要求。我国人口众多，土地资源短缺，特别是东部地区，建设用地相当紧张，已成为约束未来发展的重要因素。西部地区后备土地资源比较丰富。例如，甘肃省土地面积 42 万平方公里，居全国第 7 位，目前尚有 28700 万亩未利用土地，其中可开发利用的有 1126 万亩。再比如，我国部分矿产资源供给不足。国际公认的工业化过程中不可缺少的 45 种矿产资源，我国的人均占有量不到世界平均水平的一半，铁矿石、铜、铝土矿等重要矿产资源的人均储量分别为世界人均水平的 42%、18% 和 7.3%。我国东部地区一些企业所需的大量矿产资源需要进口，运距远且价格高。我国西部地区矿产开发有较大潜力。甘肃省已探明储量的矿产有 92 种，储量保有量居全国首位的有镍、钴、硒、铂族金属等 10 种，居全国前 5 位的有 34 种。新疆维吾尔自治区已发现矿产 138 种，居全国首位的有 5 种。内蒙古自治区现已发现矿产 134 种，其中有 67 种矿产保有储量居全国前 10 位，31 种居全国前 3 位。包头已探明稀土工业储量 5738 万吨，占全国 87%，占世界 62%。青海省已发现 125 种矿产资源，其中 9 种居全国首位。如果东部地区的企业到西部地区去投资，开发和利用西部地区的资源，不仅对东部的企业有好处，对西部地区发展有好处，而且对我国总体发展有好处。

推进东西互动，是适应产业转移趋势、优化经济布局的重要举措。产业转移是世界经济发展的趋势，也是我国经济发展到目前阶段遇到的现实问题。东部地区的一些企业要继续发展，不仅受到土地紧张、劳动力价格上涨的影响，而且原材料产地在西部地区、市场也在西部地区。这些企业的再发展向西部地区转移是必然的。这种转移，是东西部地区双赢的选择。从东部地区讲，企业面临的不仅是国内的竞争，而且更重要的是国际竞争。要想在竞争中立于不败之地，必须把自身做大做强。要做大做强，就要突破发展条件的束缚。把新上的项目放在西部地区，用其积累增强原有企业的核心竞争力，再以其新技术提升新上项目的水平，以形成良性循环，从而实现东部地区越来越强。从西部地区讲，承接东部地区的产业转移,引进先进的技术、理念、管理经验,不仅能有效扩大经济增长规模,而且还会加快提升发展的质量和效益。从整个国家讲,东西互动,必将促进全国统一市场的完善,优化整个生产力布局和经济结构,提高国家整体竞争力。

东西互动也包括西部地区有条件的企业到东部投资兴业,包括西部地区的农民工到东部打工。通过这种互动,可以实现东西部地区之间更深入更广泛的合作,解决东部地区劳动力不足等问题,使西部地区更好地引进东部发达地区的好的理念和做法。

二、东西互动的基本情况

东西互动不仅是必要的,而且是可行的。中央有明确的要求,各地进行了积极探索,目前总体情况是好的。

东部地区企业西进呈现出规模不断扩大、层次不断提高、领域不断拓宽的良好发展势头。从规模看,截至 2004 年,东部地区到西部地区投资经营的企业近 3 万家,投资总额超过 5000 亿元。目前,估计会有数倍的增长。浙江省在西部地区创办的企业上万家,被称为"两个浙江",即在浙江省外发展的企业所创造的 GDP 总量大体相当于在浙江省本土所形成的 GDP 总量。从层次看,东西合作的企业呈现多元化的局面,不仅有国有企业,还有集体、私营、三资、股份制等企业。东部地区的各类企业特别是大型企业、资金密集型企业和技术密集型企业纷纷到西部发展。从领域看,东部地区的企业在西部地区的投资逐渐向西部开发的重点任务和重点项目集中。东部地区的企业不仅在西部地区投资一般的加工类项目,而且对能源、矿产、高技术、装备制造、农产品加工和旅游等各类项目广为投资。

东西互动的总体情况是好的,但也存在一些需要解决的问题。首先是思想观念问题。从西部地区看,主要是观念陈旧落后,尤其是市场观念差。如西部省区有的地方把企业投资参与经济合作当做扶贫行为,忽视了企业的商业经营特性和应有的权益,常常使得企业勉为其难。在考虑与东部企业的合作时,普遍存在重投资轻技术、重项目轻管理、重设备轻教育和人才培养的倾向,往往希望企业把资金投到建房造楼、盖工厂上,而不重视企业对技术、管理等软件的投入。从东部地区看,主要表现在有的部门和基层单位对企业西进的意义和作用认识不足,认为西部大开发是国家和西部地区的事，与东部关系不大；是政府部门的事，与企业关系不大；西部地区条件太差，企业去了根本赚不到钱，投资西部等于拿钱打水漂；企业西进就意味着大量的财富流失，会影响当地的经济实力和发展等。实际上，在西部投资的许多项目效益是相当好的。其次是企业自身问题。有些企业对西部地区资源特点、市场环境、投资环境和社会环境缺乏足够了解，盲目"西进"，结果导致投资失误。也有少数企业借机转移落后工艺和陈旧的生产设备，甚至转移污染项目。第三是相关政策问题。由于西部地区地方财力弱，国家要求地方配套的一些政策实际效应难以体现。为吸引东部地区企业和外商投资，西部地区有的地方政府也陆续制定了一些地方经济法规或"优惠政策"，做出各种优惠承诺。但是有的"土政策"和所谓的"优惠"承诺主观随意性强，无法兑现。金融体制不健全，融资难度较大，证券市场发展相对滞后，缺乏有效的金融政策支持。第四是投资环境问题。西部地区有的地方政府效率相对较低，管理和服务意识不强，项目审批程序烦琐，存在较严重地方保护主义倾向；缺乏完善的产业配套条件，技术、信息、咨询、培训等中介服务机构不发达；法制、人才、文化等软环境方面还存在一定差距。

三、把东西互动提高到新水平的思考

为把东西互动提高到新水平，应该针对目前存在的各种问题，采取有效措施。首先还是解决思想认识问题。要充分认识东西互动的必要性。要树立大局观念、科学发展观念、市场经济观念，增强风险意识，切实转变发展方式。东部地区的政府和企业，要看到并抓住西部大开发的机遇，充分发挥自身所具有的资金、技术、管理等方面的优势，利用西部地区的自然资源和市场条件，更好地发展自己；西部地区要积极创造良好的投资环境，学习和利用东部地区的资金、技术和先进的管理水平和经营理念，实现又好又快的发展。

把东西互动提高到新水平，应该积极地创新方式。广东等地为解决省内各地之间存在的发展不平衡问题，实行了不同地区共建异地产业园区的做法。他们采取政府出面协调、企业自主运作的办法，鼓励办得好的开发区尤其是高新技术产业开发区利用资金、技术、管理、人才等优势与不发达地区开发区进行合作，通过租赁、股份经营等方式在不发达地区现有开发区和产业园区内设立"区中区"、"园中园"，联合建立异地产业园区，可按生产要素投入比例分享利益，实现优势互补，互利共赢。这种方式，有条件的东部地区和西部地区可以研究借鉴。

把东西互动提高到新水平，政府要积极为企业打造平台，企业应很好地利用这些平台。多年来各地搭建了不少平台，比如在成都举办的"西部地区投资贸易洽谈会"、在西安举办的"西部地区商品交易博览会"、在呼和浩特举办的"西部地区民族商品交易会"等活动，对推进东中西互动起到了一定作用。应继续办好这些交易会、洽谈会。要大力促进和推动科技和人才交流平台建设，通过技术转让、重大项目联合攻关、合作办学等多种形式促进东西部地区人力资源相互交流。还要构建协调互动信息交流平台，提供国家及东中西部地区各级政府经济政策、行业发展趋势、商品供需动态、东中西部经济合作主要意向以及备选项目等重要信息，帮助企业科学决策。

把东西互动提高到新水平，很重要的任务就是拓展合作领域。国务院批准下发的《西部大开发"十一五"规划》明确了未来一个时期西部发展的重点产业，为东部地区的企业西进发展指明了方向。一是能源及矿产资源开发利用。开发利用煤炭资源，建设大型煤炭生产基地、煤电一体化重大项目和煤化工基地。勘探开发石油天然气，建设大型炼油和石化基地。开发利用水能、风能、太阳能、生物质能等可再生能源。进行有色金属、稀土、钒钛等矿产资源的开采。鼓励东部地区大型钢铁企业到西部地区联合重组。建设大型钾肥、磷复肥、氮肥、氯碱、磷化工等项目。二是装备制造业和高技术产业。鼓励东西部地区相互转让先进适用技术，提高自主创新能力，鼓励东部地区在西部地区建立科技成果转化基地，推进科技成果产业化。建设重大电力装备、重型工程机械装备、汽车、新型摩托车、环保成套设备、数控机床及数字智能型机械仪表、重大医疗仪器等项目，推进技术改造和产品升级。鼓励东西部地区在航空航天、新能源、新材料、生物医药、集成电路、软件、通信设备、数字音频视频、节能减排、环境保护等领域开展合作。三是农牧产品深加工。引导东部地区企业参与西部地区农业资源深度开发，联合推广农业先进技术，推进西部地区农业标准化、信息化建设和产业化经营，延长农业产业链。加强国家农业科技创新基地和区域农业科研中心创新能力建设。四是旅游文化产业。鼓励东部企业和社会资本参与西部旅游线路、旅游市场和旅游产品等旅游资源的联合开发。推进跨区域旅游资源整合，重点打造精品旅游线路。建设旅游景区基础设施。加强具有西部地区民族风情和历史文化特色的旅游文化市场开发。五是基础设施。鼓励东部地区企业通过 BOT（建造—运营—移交）、TOT（转让—运营—转让）等方式参与西部地区高等级公路、铁路、机场、港口建设。支持东部地区企业参与西部地区城市基础设施建设，建设供水、供热、供电、供气、污水和垃圾处理、大气污染防治、道路和公共交通体系等市政项目。

　　把东西互动提高到新水平，国家要加大政策支持力度。对投资于西部地区特色优势产业的项目，凡符合国家规划、产业政策和市场准入标准的，在项目审批、核准上应坚持同等条件优先；土地供给依法保证；国家给予贷款贴息或投资补贴的项目优先考虑；企业享受国家确定的鼓励类企业所得税优惠政策；国家政策性金融机构在业务范围内积极给予金融支持；国家优先支持符合条件的企业发行企业债券。鼓励担保机构对东部地区在西部地区投资设立的中小企业开展担保和再担保业务。东部地区可设立东西互动专项资金，鼓励本地企业到西部地区投资创业。要建立工作协调机制。国务院有关部门要积极支持东西互动，各级地方政府要加强对东西互动的指导和协调。进一步完善东西部地区政府间的工作协调机制。建立健全东西部地区各级政府经济协作和合作交流机构。加强泛珠江三角洲、长江三角洲及长江沿线、黄河协作区、新欧亚大陆桥、环北部湾地区等经济协作区域的政府间合作。促进东西部结对帮扶地区、友好城市、经济技术开发区及高新技术产业开发区等互助协作领域的政府间合作。支持到西部地区投资的东部地区企业依法组建企业联合会、商会。

（作者单位：国务院西部开发领导小组办公室副主任）

目　　录

第二篇　地区发展与产业整合

第三篇　县域竞争力与经济发展

第一篇

东中西合作与产业转移

东西互动、产业转移
是实现区域协调发展的重要途径

陈栋生

党的十七大报告，在实现全面建设小康社会奋斗目标新要求中，特别强调了"增强发展的协调性"，统筹城乡、区域发展，基本形成城乡、区域协调互动发展机制，被列入未来13年实现全面小康目标新要求的重要内容。

推动城乡、区域协调发展的主要途径和"抓手"有二：一是通过财政转移支付等措施，实现各地区基本公共服务均等化；二是人口、生产要素和产业的跨区域流动；前者以政府为主导，后者以企业和自然人为主体，政府引导、推动。

东中西互动发展，是促进区域协调发展的重大战略举措，它既是深入推进西部大开发，大力促进中部崛起，全面振兴东北等老工业基地的需要，亦是进一步提升东部地区，特别是作为改革开放先行区和排头兵的经济特区产业层次，圆满实现率先发展的需要。

只有中西部地区，特别是中西部广大农村发展繁荣，占全国总人口一半左右的民众收入、购买力提高，巨大潜在市场需求显现化，才能为改革开放近30年来壮大起来的东部制造业创造新的市场空间；只有中西部的开发繁荣，使沉睡多年的水能、天然气等清洁能源、优势资源纳入国民经济的周转，输送到东部城乡，才能有效支持东部"两个率先"顺利实现；只有中西部的科学发展，遏制住日趋严重的水土流失、沙尘暴与洪涝、干旱等环境生态灾害，才能为地处大江大河下游与下风方向的东部地区的发展，提供可持续发展的安澜环境。

近些年来，东部地区特别是经济特区与特大城市，随着经济总量的快速膨胀，土地、资源、环境等难负其重，营商成本持续攀升，诸多发展瓶颈渐显，通过对内、对外两个开放，"走出去"发展，走出去要发展的资源、要发展的新空间，就成为东部企业家出自肺腑的心声；对于东部优强企业，在做强的基础上，进一步做大，将生产基地、将价值链上的上游或下端……跨区域、跨国境的拓展布局"闯天下"，在经济全球化的当今，更是理所当然、势所必然。

正是在上述产业和要素空间布局态势的基础上，在政府围绕东中西互动、区域合作的政策引导和大力推动下，"万商西进、万商西移"潮涌神州。据不完全统计，从 2000 年开始实施西部大开发战略至今八年，东部到西部投资经营的企业累计近 20 万家，投资总额 15000 多亿元，其中从 2005 年 11 月第一次"加强东西协调互动进一步推进西部大开发工作座谈会"至 2007 年 9 月不到两年里，东部到西部地区投资经营的企业就增加了 10 万多家，投资总额 7000 多亿元，呈现了东西互动领域显著拓展、东西互动方式不断创新、东西互动效益明显提高的大好态势。

2007 年 8 月 13 日，国家发展和改革委员会、国务院西部开发领导小组办公室、财政部和中国人民银行等联合颁发了《关于加强东西互动深入推进西部大开发的意见》，11 月中、下旬国家发改委和国务院西部开发领导小组办公室分别在京、津召开了"全国发展改革系统地区经济工作会议暨区域合作座谈会"和"加强东西互动深入推进西部大开发工作会议"系统分析了东西互动、区域合作的进展，总结了区域合作互动的经验，对今后进一步推进区域互动合作做出了部署。

一、东西部合作互动大有可为

（一）相辅相成的两类合作互动

一是"对口支援"，二是互惠互利的经济技术协作。前者是依照行政指令，东部经济发达的省、市和西部欠发达省、自治区结成帮扶对子，按计划展开，尽管对口支援从起步时以"输血"为主，正逐步转向以培植西部地区"造血"功能为主，但本质上看仍属于道义性援助，它既是中华民族扶贫济困传统美德的承传和发扬，更是社会主义区际关系的应有之义。西部大开发战略实施八年来，东部地区为西部培训干部、专业技术人员超过 30 万人次，无偿捐助资金及捐物折款 100 多亿元。实践表明对口帮扶、无偿援助更适合于社会发展与公益领域，如文教、人才培训和医疗卫生等，对逐步实现基本公共服务均等化，改善西部地区，特别是西部农村的民生状况，具有重要作用。

另一类更大量的是互惠互利的区际贸易和经济技术协作，本质上属于市场行为，受等价交换等市场原则的支配。两类合作相辅相成，前者对推进后一类东西合作的开展，往往可发挥铺垫与先锋作用。

（二）经济技术协作的三大构成

一是区际商品与服务贸易；二是跨区域要素流动，它又含区际人才和劳动力流动、区际资金流动、区际技术贸易与技术扩散；三是产业区际转移。

东中西部经济技术协作，绝大多数属于发展水平处于不同梯度、资源禀赋迥异的区际协作，互补性强。一般的说，处于高梯度的东中部地区，拿出协作的要素主要是资金、技术、品牌、经营管理等；处于低梯度的西部地区拿出协作的要素主要是天赋资源，相对低廉的劳动力，较广阔的潜在市场；在当前还有一个要素，即大量闲置的存量资产。

东部发达地区附着于既有产业上的资金、技术等资源，由于当地要素成本上升，或市场渐趋饱和，要素报酬率呈下降趋势，追求要素高报酬率，或开拓市场成为驱使要素外溢，寻求投资新空间的动力。事实表明：发达地区产业结构调整升级的步伐越大，市场主体愈发育，要素外溢的愿望就愈强烈，外溢规模就越大。前述东资西进总额 15000 亿元中，上海约占 1700 多亿元，山东 1400 多亿元、浙、闽各占 1300 亿元，北京 753 亿元。

东中部地区的资金、技术等进入西部地区，不仅带动了西部地区投资的增长，加快了西部优势资源的开发步伐，盘活了部分闲置存量资产，推动了西部国有经济布局的调整，促进了西部非公有制经济的发展，而且在思想观念的更新，经营管理理念的与时俱进上，发挥了潜移默化的作用。

随着国债发行规模的收缩和使用方向的调整，西部大开发资金今后将在更大程度上依靠社会资本，除了西部本土民间资本的培育、外资的引进以外，在相当大的程度上有赖于东（中）资西进，特别是东中部民营资本西进的强度。

重庆市璧山县近年的巨变，是有力的佐证。该县有 80 年的制鞋历史，但长期停留在家庭作坊生产低档鞋的困境，温州市奥康集团进入，通过建立"鞋都工业园"、"西部鞋材交易中心"等，吸引浙、闽、粤等地数十家制鞋厂和数百家商户入驻，使璧山一跃成为集制鞋、展示、交易、物流、储运于一体的"西部鞋都"，为当地提供了数万个就业岗位，仅托运一个行业，就吸纳了上万个从业人员；2007 年全县财政收入 10 亿元左右，是 2002 年的三倍多；奥康集团通过投资西部，拓展了发展空间，一跃成为温州鞋业中年销售额首个突破 20 亿元的企业集团。

二、互利共赢是东中西合作常青不衰的关键

跨地区经济技术协作的实质是，交易各方通过要素聚合、构建集成优势，以实现各方双（多）赢的目标。

在市场经济中，一个项目（企业）现实优势的获得有赖于多种要素和条件，从土地、供水、供电等日常运营条件，到原材料、资金、技术等投入品和劳动力的取得，特别是经营管理、品牌与营销网络等诸多要素（以下简化为金、木、水、火、土）。如若某地区或某市场主体在金、木、水、火、土诸方面都很优越充裕，是难以出现对外协作动机的。反之，如甲地区甲市场主体在金、木方面拥有优越条件，而缺乏水、火、土或水、火、土条件欠佳，乙地区乙市场主体在水、火、土方面条件优异，而金、木方面短缺，甲乙两地双方就会表现出寻求协作伙伴的愿望，以图通过各自有利要素的互补集成，在某产品（产业）上形成竞争优势。

双方出现协作意愿，是经济技术协作的起点，它与协作的实现，还有不短的距离，能否快速平稳地走完这段路程，关键在"互利双赢"。互利双赢是指协作利益的分享，而分享"蛋糕"的前提是通过跨区协作确能提供新的"蛋糕"——即"协作净利益"。跨区协作，通过要素组合空间的拓展，在扩大获利空间与机遇的同时，亦增加了"进入阻力"和风险，"协作利益"扣除上述交易费用增加额后的余额即"协作净利益"。东中西合作的流程可简要概括为：首先是沟通信息，相互了解各自关切，寻找能令合作各方带来利益的共振点、楔入点，选准合作项目，把"蛋糕"做大；第二步是分享"蛋糕"（按市场价格形成机制，确定协作净利益的分割比例与分享方式），最后是协作契约的法律保护与纠纷调解。

东（中）资西进能否成功的关键，首先是投资回报预期能否实现。这又取决于进入领域、进入地区与地点、进入方式和进入要素的选择与匹配。按引入因素分析，首先是市场引力，但凡西部市场有需求、成品运输系数高的产品，走"销地产"之路，既可提高在当地市场的占有份额，又可节省运费，提高产出收益。娃哈哈集团、白猫集团、春兰集团、恒安集团、荣事达集团成功的事例就是明证。在占领市场上，需特别指出的是东部企业到西部地区建厂，不仅仅是进军西部市场，还可以西北、西南为

据点，进军中亚、西亚、北非和欧洲市场，进军东南亚、南亚和印度洋地区市场，上述地区既有对我国长线产品的需求，又富藏我国短缺的战略资源，对于实现出口市场多元化，应对国际风云与国际商海的变幻，保证国家安全，具有深远的战略意义。

其次，是原料资源引力。西部地区蕴藏众多东中部所短缺的资源，东（中）资西进开发上述资源，就地加工或者初加工，是支持东（中）部制造业进一步发展壮大的重要方面：浙江一些企业在西部建立黄磷基地、水晶基地、皮革基地等等都取得了双赢的成效。

东（中）资西进除了独资外，还有合资（包括中中、中外中）、合作、租赁、承包、托管、经营权转让、兼并、参股等多种形式。投入要素除资金、设备外，还可以技术、商标品牌、营销网络、管理模式等无形资产，后者有时比前者更重要。近年来，东西合作联手在西部共建各类园区，对推广新技术和园区建设管理经验，实现产业集群链式转移等方面收效明显，江苏和四川在都江堰市共建"四川·江苏都江堰科技产业园区"、江苏和新疆在伊犁州霍城县共建"清水河经济技术开发区江苏工业园"都是例证，值得倡导。

推进东西合作互动上新台阶：

一是提高认识。将推进东西合作互动、产业转移提高到落实科学发展、和谐发展，完成十七大报告提出的全面建设小康社会奋斗目标新要求的重大战略举措的高度。

二是坚持。政府推动、企业主体、各方参与、市场运作、集成优势、互利共赢。政府引导、推动、服务的中心和目的在规范跨区合作规则，降低合作风险与交易费用，提高合作各方的投资回报预期和合作项目的成功率。

（一）搭建互动平台

现在为投资方、引资方服务的平台很多，著名的有"中国东西部合作与投资贸易洽谈会"，至今已举办11届；"中国西部国际博览会"至今已举办8届；"泛珠三角区域经贸合作洽谈会"，至今已举办4届，在2007年第4届洽谈会上，广东一省就签约产业转移项目233个，投资总额246亿多元。其他如"重庆投资洽谈会"、"中国兰州投资贸易洽谈会"、"中国青海投资贸易洽谈会"等等，今后宜淡化行政色彩，强化市场化操作，在政府有关部门的指导和监管下，由市场化的投资中介机构承办，常年运转、以降低招商成本、提高效率。

（二）做好互动规划

东部地方政府根据本地区结构调整、产业优化升级和"腾笼换鸟"的需要，拟定移出产业规划；西部地方政府，根据发展任务与发展基础，拟定引资和承接、对接产业移入的规划，可以更具体地发挥引导企业主体的作用。配合互动规划的落实，上海、浙江等由市（省）财政出资设立"国内合作交流专项资金"，对西进企业予以贷款贴息等政策扶持；考虑一些西迁企业有环境污染等问题，迁出地政府应支持企业就地提出技改或治理方案后，再行西迁。

根据《西部大开发"十一五"规划》以下方面是值得鼓励的优先领域：

1. 鼓励东中部投资主体参与西部生态建设、环境保护和后续产业的开发。承包荒山、荒坡从事生态建设，土地承包期似可酌情延长。

2. 鼓励东中部投资主体到西部农村兴办龙头企业，发展农产品加工和农产品流通体系建设。东部地方政府采用贴息等方式予以支持，西部地方政府从减免税费上予以优惠。

3. 鼓励东中部投资主体特别是民营资本以参股、收购、兼并等多种方式，参与西部地区国有企业改制改组。西部地方政府在被兼并重组企业的历史债务、富余员工的处置等方面依法予以优惠。

4. 鼓励东中部投资主体，特别是民营资本参与西部资源开发，发展能源、原材料基地。欢迎东中部优势企业借助品牌优势，发掘西部潜在市场，到西部建厂或收购兼并西部现有企业，变"产地销"为"销地产"。欢迎东中部制造业转型升级，并将有关生产环节向西部延伸。

5. 鼓励东中部流通企业、金融企业营销网络向西部地区延伸，促进西部地区现代流通方式和新型业态的发展，加快流通经营与管理技术在西部地区的普及推广；畅通西部特色产品进入东中部市场的渠道；以低廉的交易费用向西部城乡消费者提供品种齐全的商品。

6. 鼓励东中部企业，采用 BOT（建造—运营—移交）或 TOT（转让—运营—转让）等方式参与西部公路、机场、港口等基础设施建设和供水、供电、供气、污水和垃圾处理等城镇公用设施建设。

7. 将东中西合作与对外开放相结合，鼓励东中部外资企业、中外合资企业参与西部国有企业的改组改造，将产业链向西部地区延伸；鼓励东中部投资者以多种方式参与西部陆路边境口岸经济的发展，利用边境口岸地缘优势到周边国家和地区投资，带动商品和劳务输出。对于依托海运进入海外市场的内陆企业和沿海港口城市合作，有重要作用。新疆中基实业公司，在全球番茄酱行业中，生产能力位居第二，过去因远离港口，只能生产大桶番茄酱原料，近年与天津有关方面合资，组建"中辰番茄制品公司"，改成小罐装番茄酱，使每吨出口产品价格由原来的500美元提高到1100美元，成功地实现了产品与企业的战略转型。

参考文献：

1. 国家发改委、国务院西部开发领导小组办公室：《西部大开发"十一五"规划》2007年2月。

2. 陈栋生：《西部大开发与可持续发展》，经济管理出版社2001年版。

3. 张可云：《区域大战与区域经济关系》，民主与建设出版社2001年版。

4. 王田良主编：《深圳企业闯天下》，深圳报业集团出版社2007年版。

（作者单位：中国社会科学院）

东西合作与产业转移研究

学会课题组①

加强东、西部地区多种形式的合作，形成东中西互动、优势互补、相互促进、共同发展的新格局，是促进区域协调发展的战略举措。总结改革开放以来，特别是实施西部大开发战略以来，国内东西部地区经济合作的丰富经验，分析存在的问题与制约因素，提出进一步促进东西部合作的政策建议，加快区域经济发展新格局的形成，是本项研究的宗旨。本报告从东西合作和产业转移的内涵出发，系统阐述了东西部地区经济合作的现状与存在的突出问题。通过对东西部各自优势的比较，提出了产业转移的重点，探讨了产业转移的模式和区位选择，旨在为东中西协调互动提供可行的对策与建议。

一、东西合作与产业转移的内涵与相互关系

东西合作是一种以市场机制为主、政府力量为辅，以区域利益为动力，建立在优势互补基础上的一种合作方式。东西合作不单纯靠市场的作用，政府的作用也不可忽视。产业转移是市场经济条件下的企业行为，受利益驱使，是不以政府意志为转移的。中国经过多年的非均衡发展，地区间存在着较为明显的梯度，伴随着经济的发展与市场化进程的推进，国内区域间产业转移必将不断加快。因此，通过东西合作来促进产业转移，是实现区域协调互动的重要途径。

（一）东西合作的背景

1. 东西合作的历史回顾。东西合作的思想由来已久，早在 20 世纪 50 年代，毛泽东在《论十大关系》中就强调，处理好沿海工业与内地工业

---

① 本课题系国务院西部开发办委托中国区域经济学会研究课题。课题组顾问：陈栋生、曹玉书，课题组长：肖金成，课题组成员：肖金成、李青、靖学青、蔡翼飞、陈山平，执笔：蔡翼飞。

的关系，利用好沿海工业的基础，可以更好的发展和支持内地的工业。80年代，邓小平提出"两个大局"的战略思想：沿海一些地区要走在全国的前面，率先实现现代化，以更好地带动全国的现代化。1985年《中共中央关于制定国民经济和社会发展的第七个五年计划的建议》中指出：把东部地区的发展和中西部地区的开发很好的结合起来，使他们能够相互支持，相互促进，使全国经济振兴，人民共同富裕，这应当成为地区经济布局的基本指导思想。90年代，国家非常重视地区协调发展的问题，提出了明确的目标并采取了一系列的重大战略举措。1990年十三届七中全会审议并通过的《中共中央关于制定国民经济和社会发展十年规划和"八五"计划的建议》中提出：要积极促进地区经济的合理分工和协调发展，经济比较发达的沿海省、市分别同内地一两个经济比较落后的省、区签订协议和合同，以经验介绍、技术转让、人才交流、资金和物资支持等方式，负责帮助他们加快经济的发展。1992年10月，党的十四大报告强调：应当在国家统一指导下，按照因地制宜、合理分工、各展所长、优势互补、共同发展的原则，促进地区经济合理布局和健康发展。1995年十四届五中全会上，中央正式提出"坚持区域经济协调发展，逐步缩小地区发展差距"的方针，指出"九五"计划开始，要更加重视支持内地的发展，实施有利于缓解差距扩大的趋势的政策，向缩小区域差距的方向努力。1996年中央扶贫工作会议决定在全国开展东西扶贫协作，确定经济发达的9个省、市和4个计划单列市对口扶贫经济欠发达地区的西部10个省区。1999年，十四届五中全会提出"国家要实施西部大开发战略"。2000年3月，九届人大三次会议上，政府工作报告中提出了"实施西部大开发，加快中西部地区发展战略"，并指出，"东部地区要继续发挥优势，不断提高经济素质和竞争力，更好的发展和壮大自己，有条件的地方要率先实现现代化。同时，要采取联合开发，互利合作，对口支援等多种形式，加大对中西部地区的支持力度"。2002年，党的十六大提出：积极推进西部大开发，促进区域经济协调发展，加强东、中、西部经济交流和合作，实现优势互补和共同发展。2004年3月5日，温家宝总理在《政府工作报告》中指出：加强东、中、西部地区多种形式的合作，形成东中西互动、优势互补、相互促进、共同发展的新格局，是促进区域协调发展的战略举措。① 2004年3月，十届全国人大四次

---

① 温家宝总理在十届人大三次会议上的政府工作报告，2005年3月6日。资料来源：http://politics. people. com. cn/GB/1024/3222191. html。

会议通过的《中华人民共和国国民经济和社会发展第十一个五年规划纲要》指出：西部地区要加快改革开放步伐，通过国家支持、自身努力和区域合作，增强自我发展能力。

2. 西部大开发背景下的东西合作。西部大开发战略的直接目标是扭转东西部经济水平差距日益扩大的趋势，改变西部地区经济欠发达、不发达的状态（陈栋生，2002）。1999 年开始实施西部大开发战略以来，国家投入巨资实施了一批重大项目，如西气东输、西电东送、青藏铁路、退耕还林还草和天然林保护工程等。国家的"十一五"规划纲要提出：加强基础设施建设，建设出境、跨区铁路和西煤东运新通道，建成"五纵七横"西部路段和八条省际公路，建设电源基地和西电东送工程。巩固和发展退耕还林成果，继续推进退牧还草、天然林保护等生态工程，加强植被保护，加大荒漠化和石漠化治理力度，加强重点区域水污染防治。加强青藏高原生态安全屏障保护和建设。支持资源优势转化为产业优势，大力发展特色产业，加强清洁能源、优势矿产资源开发及加工，支持发展先进制造业、高技术产业及其他优势产业。加强和改善公共服务，优先发展义务教育和职业教育，改善农村医疗卫生条件，推进人才开发和科技创新。建设和完善边境口岸设施，加强与毗邻国家的经济技术合作，发展边境贸易。[①]

西部大开发将会取得多方面的成效。通过西部大开发培育起拥有 3 亿人口的大市场，提高其购买力，为中国制造产品开拓更加广阔的市场；通过西部大开发改善西部地区的生态环境，改变西部生态环境日益恶化的状况，再造一个山川秀美的西部；通过西部大开发使沉睡千万年的自然资源，特别是煤炭、矿产、石油和天然气资源得到开发利用，为经济建设提供源源不断的动力与原材料；通过西部大开发，加快基础设施建设，为西部创造一个良好的经济发展硬件环境。西部大开发的实施，还将拓展西部地区人民的视野，让西部人民蕴含已久的创造力得到释放；西部大开发的实施，将会为东西部间生产要素的流通开辟顺畅的通道，为东西部间的产业转移提供良好的基础设施，为东西部间经济合作奠定良好的基础。因此，在西部大开发的背景下，东西合作必然会迎来前所未有的机遇，使东西部的合作无论是在广度和深度上都得到极大地提高。

---

① 资料来源：《中华人民共和国国民经济和社会发展第十一个五年规划纲要》，http：//www. gov. cn/ztzl/2006 - 03/16/content_228841. htm。

（二）东西合作的内涵

东西合作属于区域经济合作的范畴，从国内外的文献资料来看，区域经济合作内涵涉及以下七个方面：一是区域经济合作是经过有关地区充分协商建立起来的国民经济横向联系的一种形式；二是区域经济合作是区域规划的一个重要内容，是区域规划指导下的区域分工协作关系；三是区域经济合作是把区际间的贸易变成形式较为固定的指令型生产联系；四是区域经济合作实质上是各区域生产要素在更大空间范围内实现优化组合；五是区域经济合作是不同地区的经济组织之间的横向联合；六是区域经济合作是生产领域里的相互合作而不是流通领域里的贸易联系；七是区域经济合作是较长期的经济协作活动，区域间的协调活动是区域合作的重要内容等（靖学青，2002）。

综合各种观点，东西合作的内涵可概括为：东西合作是指西部地区企业、个人、组织和政府依据一定的协议或者合同，把西部的资源、劳动力、土地等方面优势与东部的资金、技术、人才、管理等方面的优势结合起来，为获取更大的经济利益和社会效益而进行的长期的经济协调活动。东西合作要素包括：合作主体、合作对象、合作方式、合作效益。

东西合作是以法人或自然人为主体的合作。区域合作的主体包括：中央政府、地方政府、区域集团、企业和个人。企业是生产要素的最重要的行为主体，大多数微观层次的经济合作活动都是由企业承担完成的，而且宏观层面的东西合作也要通过企业来完成。政府作为东西合作的主体具有两重性：一方面，东西部的政府可以作为利益主体，与其他经济主体进行生产要素跨区域的合作谋求经济利益；另一方面，东西部的政府一般是作为区域利益的最高代表，通过与其他区域政府达成合作的若干协议，并制定一系列政策来指导和协调东西合作。

东西合作是通过相关区域的经济协调而实现的。东西合作一般是通过中央政府、东西部各级政府、经济组织、行业协会等机构的协商与谈判而产生、发展起来的。通过相关协调机构制定有效的规章制度，确定一定的运作机制来对区域经济合作进行规范、约束和调节。东西合作离不开东西部间经济的协调，通过区际协调可以促进东西合作的发生、发展和优势生产要素的优化组合、合理配置，同时，通过协调活动解决东西合作过程中出现的各种利益矛盾和冲突。因此，东西部间的区际协调活动贯穿于东西合作的全过程，是东西合作的重要内容（李燕，2004）。

（三）产业转移的内涵

任何产业必须落实到一定的空间范围内。同样，一个区域的发展必须要有产业作为支撑，没有产业的发展，区域发展就是无源之水、无本之木。产业是区域的产业，区域是产业的区域，所以谈到东西合作不能不涉及东西部产业转移。所谓产业转移是以企业为主导的经济活动，是由于资源供给或产品需求条件发生变化后，某些产业从某一国家或地区转移到另一国家或地区的经济行为和过程。其构成要素包括转移地、承接地、转移产业、转移企业、转移资金、转移技术等。产业转移通常以国家或地区间的资金、产品以及技术等生产要素的流动表现出来（何星明，蒋寒迪，袁春惠，2004）。

结合中国的实际，产业转移在东部地区向中西部地区表现尤为明显：一方面，东部地区在资金、技术、管理上有明显的优势，而且这种优势还在不断加大，但是东部某些地区的劳动力、土地等生产要素的成本又在不断上升，致使某些产业逐渐丧失了竞争优势，面临被淘汰的命运。另一方面，西部地区在能源、土地、劳动力成本上又较东部而言有明显优势，在东部丧失竞争优势的某些产业在西部却有可能成为西部地区的支柱产业。在利益的驱动下，产业转移既受到了东部地区的推力又受到了西部地区的拉力，因此，本文所讨论的东西部产业转移主要是东部产业向西部转移。

（四）东西合作与产业转移的关系

东西合作属于区域经济合作的范畴，靠市场力量拉动为主，政府力量推动为辅。产业转移是指资源供给或产品需求发生变化后，某些产业转移到其他地方去的过程。现实中，东西部产业转移主要是东部发达地区的产业向西部地区的转移。东西部间的产业转移是东西合作的主要内容，东西合作在一定程度上包括了产业转移。东西合作不能仅仅停留在贸易与投资的层面，必须落实到产业层面。只有实现了产业转移，才能实现真正的东西部合作，才能实现东西部地区的协调发展。东西合作是东西部在生产要素流动方面进行的协作，而产业转移的实质也是生产要素的转移，二者本质上是一致的，生产要素转移到达了一定的阶段就会表现为整个产业的转移。第二，由于市场机制本身的缺陷以及市场分割的地区封锁，单靠市场的力量无法实现东西地区有效的合作，产业转移也无法顺利进行。同时，东西部间经济协调行为又是东西合作的重要内容，通过中央政府与东西部各级政府、东西部政府间、政府和企业以及各种组织的协调活动消除东西部产业转移的障碍，化解东西部间的矛盾冲突，以此来促进产业转移的顺利进行。东西合作与产业转移的运行机制如图1所示。

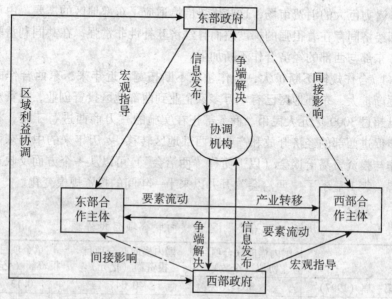

图1　东西合作与产业转移运行机制示意图

二、东西合作与产业转移的现状与问题

古典增长理论认为，生产要素在理想状态下能够自由流动，在市场的作用下，资本将由劳动力短缺的地区流向劳动力丰裕的地区，劳动力将流向资本丰裕地区，区域经济差距呈现缩小趋势，即经济增长将会出现趋同现象。经过改革开放近30年的发展，东西部地区的经济都得到了长足的发展，但是有研究证明，东西部之间经济水平的差距不断拉大，而且差距扩大的速度也在扩大。经典理论所预言的生产要素的大规模转移并没有出现，而且中西部地区的资金、劳动力反而流向了东部地区，西部地区期待的产业转移进展并不理想。

（一）东西合作与产业转移的现状

改革开放近30年来，东部地区率先发展起来，经济发展水平较高。

与此同时，也产生土地与劳动力成本上升、资源枯竭、环境污染加剧、低端产品需求饱和等诸多问题，亟须改善产业结构，提高产品的技术水平。而西部地区由于种种原因经济发展水平与东部相比还有不小差距，但是西部地区也有自己的优势，如广阔的土地、丰富的矿产资源、廉价的劳动力、潜力巨大的消费市场，这些优势恰恰适应了东部地区的需要。由于东西部经济间存在着很强的梯度差而且经济互补性非常强，在共同利益驱动下，东部与西部的经济合作不断加强。

1. 合作规模不断扩大，合作领域不断拓宽。近年来，东西合作的规模逐渐扩大，东部地区已有 1 万多家企业到西部地区投资创业，投资总规模已超过 3000 亿元人民币。商务部正在实施的"万商西进"工程，将进一步促进西部的经济开放和产业向西部地区转移。^① 历年来的中国东西部合作与投资贸易洽谈会（以下简称"西洽会"）可以从一个方面反映这种趋势。表 1 显示了"西洽会"开办以来十一年间的投资规模变化。

表1　　　　历年"西洽会"国内横向联合项目投资额

	国内横向联合项目协议（个数）	国内横向联合项目投资额（亿元）	单个项目投资额（亿元）
第一届（1997）	305	40.04	0.13
第二届（1998）	433	78.56	0.18
第三届（1999）	414	88.3	0.21
第四届（2000）	752	385.28	0.51
第五届（2001）	761	368.77	0.48
第六届（2002）	831	357.34	0.43
第七届（2003）	1040	589.98	0.57
第八届（2004）	1039	1062.79	1.02
第九届（2005）	1055	765.6	0.73
第十届（2006）	1155	1257.35	1.09
第十一届（2007）	1166	1718.6	1.47

数据来源：http：//www.sei.gov.cn/ShowArticle.asp? ArticleID=93133，2007-3-27。

从表 1 中可以看到，国内横向联合的项目投资规模不断扩大，已从

---

① "东部企业到西部投资总规模超过 3000 亿元"，《经济日报》2006 年 12 月 21 日，资料来源：http：//www.economicdaily.com.cn/no5/newsmore/200612/21/t20061221_156378.shtml。

1997 年的 40.4 亿元增加到了 2007 年的 1718.6 亿元，增长了四十多倍，联合的项目个数也增长了三十多倍。表中数据同时也显示了，一方面投资的总体规模增长迅速，另一方面单个项目投资规模也大幅度增加。

东西合作领域由最初的以农业、能源、重工业等资源依赖及劳动力依赖型产业合作为主，逐渐扩散到高新技术领域和利用西部优势资源建立特色产业方面。

在工业领域，东部地区的合作主要集中在矿产资源的开发为主延伸到加工工业以及特色民族手工业领域的合作上。例如在常规能源开发利用方面，内蒙古、西藏、新疆、宁夏等四个自治区通过建立东部地区的原材料基地以及本企业到东部建厂或者办事处的方式，联合开发西部矿产资源及新产品。此外，东部地区企业也瞄准西部地区的特色民族手工业产品，在西部投资建厂实现大批量生产，然后在东部建立营销网络，扩大产品的销路，提高产品的市场占有率。例如，西藏江孜的毛毯生产与销售，通过东西部产业合作，树立了品牌，打开了市场，极大地提高了市场占有率。

在农业领域，东西部地区的合作也很广泛。东部地区的投资方式已经从仅投资于西地区传统农业生产逐步转变为以农业基础设施、发展特色农业及农业副产品深加工为主的方式。在西部建厂实现规模化生产，然后利用东部的大市场与完善的营销体系实现利润最大化已经成为许多东部投资者首选的投资策略。例如，上市公司伊泰生物与内蒙古自治区合作，投资进行内蒙古杭锦旗半荒漠地区的甘草开发和综合利用，通过荒漠围封、营造高杆防护林、灌木防护林等方式，带来了西部地区生态环境改善与东部扩大利润双赢的局面。

在高科技领域，产业转移已经初见端倪。中国西部地区拥有雄厚的科技实力和技术资源，例如四川、陕西等省。四川有科技人员 110 万人，科研机构 900 个，大专院校 42 所，每年产生的科研成果 1000 多项。而号称全国科技实力排名第三的陕西省每年产生的科研成果达 2000 多项。长期以来，这些科研成果大多"养在深闺人未识"，能够转化批量生产的不足 20%，形成产业规模的不足 5%。这些科技优势对于正在进行着产业结构升级换代的东部沿海省份来说，显得尤为重要。与此同时，东部上海、北京、天津等省市一批科技成果也急于到西部这一巨大的发展空间寻求转化合作。近年来，越来越多的企业认识到这一潜在的资源，认识到在西部投资高科技产业会得到高额回报，尝试在高新技术领域的投资合作。山东省与西部地区的科技合作不断深化，西部地区在人才、科技和市场的优势吸引了大量山东的企业。鲁能、兖矿、海尔、青啤、得利斯、达驰、万杰等大型企业纷纷落户陕西和西部等地。

西部地区在自然资源、特色农产品方面具有很强优势，可以通过东部地区的技术与资本的注入，提高西部传统产业的科技含量，提高西部企业的竞争力，从而实现优势互补、利益共享。如东西部共同实施的"西部新材料行动"，以稀土、钒钛、盐湖等丰富的矿产资源开发和产业化为重点，提高西部材料工业的竞争力与市场占有率。① 内蒙古金河工程指挥部和内蒙古华蒙金河集团为主体，以华东理工大学为主要合作伙伴，吸收众多上海知名生物技术专家参与组成了"内蒙古金河工程上海生物技术研究中心"，这是上海市科技界促进产学研一体化，推进上海市科研成果向中西部地区扩散的重大步骤。这项工程是旨在推进农业产业化和地区工业化进程的重点工程。计划在 10~15 年时间内实施项目 20 多个，总投资 30 多亿元人民币，建成后最终年产值可达 100 亿元以上。②

2. 合作与产业转移的形式多样化。东部向西部进行产业转移的形式主要有政府间对口帮扶、举办贸易洽谈会、企业间的合作以及共建科技园等方式。

（1）政府间对口帮扶。通过东西部地区政府间对口帮扶，开展内容广泛、形式多样的经济交流与合作活动加强东西部合作。比如，北京市与内蒙古自治区、天津市与甘肃省、上海市与云南省、广东省与广西壮族自治区、辽宁省与青海省、福建省与宁夏回族自治区、大连、青岛、深圳、宁波与贵州省等建立了广泛的省市合作交流与对口帮扶关系等。民营资本极其丰厚的浙江省，在西部 12 个省区市参加开发建设的人数达 100 多万人，投资总额达 900 多亿元，实现年营业收入约 2000 亿元。

（2）各式各样的贸易洽谈会成为东西合作一个很好的平台，发挥了越来越重要的作用。西安市举行的"东西部合作与投资贸易洽谈会"到 2007 年已经举办了十一届，"西洽会"已经成为东西合作的重要窗口和平台。中国重庆投资洽谈暨全球采购会（简称"渝洽会"）到 2007 年止也已举办了十一届，规模不断扩大，签下的内资项目有 136 个，拟引进资金

---

① "科技部启动'西部新材料行动'"，新华社，2002 年 8 月，资料来源：http://www.china.org.cn/chinese/PI - c/191374.htm。

② "东西合作建立以企业为主体的跨省市技术创新机构　内蒙古在沪建立生物技术研究中心"《人民日报》1999 年 10 月 19 日第二版，资料来源：http://www.people.com.cn/rmrb/199910/19/col_jjxw.html。

597.84 亿元，为西部地区承接东部产业转移提供了一个便利的平台。此外，甘肃省承办的"乡镇企业东西合作经贸洽谈产品展示展销会"，桂林市举办的"乡镇企业东西合作洽谈展销会"等都有相当大的影响力。这些会议的举办为那些有合作意愿的东西部企业提供了丰富的信息和便捷的合作通道，大大促进了东西合作的广度与深度。

（3）企业间的合作发展态势良好。20 世纪 70 年代开始，到 90 年代中后期，一直以商品贸易为主，投资与企业并购仅占 15%。近年来，东部地区一批优势企业，如康佳、"三九"、白猫、娃哈哈、春兰集团等采取多种方式进入西部。这些企业对西部的投入除必要的资金外，更多投入是注入管理模式、转移技术、提供商标使用权与营销网络等等。这样，既满足了东部优势企业低成本扩张的需求，扩大了市场空间与原材料来源，又解决了西部企业发展中遇到的资金、技术、经营管理、市场拓展等方面的约束。①

（4）东中西部合作共建科技园。东西部合作共建科技园是实现东部产业西移的又一途径。2003 年 4 月，四川·江苏都江堰科技产业园落户都江堰市，江苏扬子江药业、双良集团、中金医药包装公司等大型企业已先后入驻。经江苏方面推荐、总投资规模 10 多亿元的 8 个项目在加紧落实中；张家港开发区推荐的日本川竹电子株式会社铝箔项目，总投资达 60 亿元。江苏省在新疆伊犁州建立了清水河江苏工业园，该园区位于伊犁霍城县境内，2005 年启动建设，规划面积 3 平方公里。在江苏省的支持下，以规划为龙头、标准厂房建设为着力点，全力打造在集约用地、产业聚集、吸纳投资、配套服务等方面的特色和优势。2005 年利用江苏援疆资金 1000 万元，完成 2.1 公里主干道硬化、绿化、亮化。2006 年，利用江苏援疆资金 3000 万元启动了 15000 平方米的标准化厂房、园区服务中心、污水处理厂和垃圾处理站四大配套工程。不到一年，即引进太湖钢构、懋盛棉业、亚太肠衣等 14 家江苏企业入区投资，投资总额 2.7 亿元。这种模式已显现出良好的效果。

3. 合作从"政府主导"走向"民间互动"。过去主要依靠政府"牵线搭桥"的东西部合作，如今正逐步向市场主导转变。东西部政府间的合作主要是对口帮扶，这种合作的规模比较小，一般依照行政指令，东部经济发达的省、市和西部欠发达省、自治区结成帮扶对子，按计划展开，

① "我国区域经济发展存在的问题及对策"，资料来源：http://www.chinesejy.com/Article/430/578/2006/20060913108197_2.html。

其本质上属于道义性援助，这种道义上的援助远远不能满足东西部经济发展的要求。在市场经济的条件下，合作的驱动力是经济利益，因此必须有微观经济主体——企业来发挥主导作用。近年来，随着市场经济的不断发展，东部地区的企业不断发展壮大，特别是民营经济的实力不断增强，许多东部民营企业纷纷来到西部"淘金"，拓展西部市场，西部企业也主动寻找机会与东部企业合作。2007 年举办的第 11 届东西贸易洽谈会上，有 6000 多家民营企业参加，占参展企业总数的六成以上，特别是山东、浙江、江苏等省代表团民营企业的比重达到了 70% 以上，达成协议的投资额也占很大比重。至 2006 年 9 月底，上海市的民营企业在中西部地区已经完成和正在实施的投资项目达 201 项，投资总额 187.8 亿元。目前，在陕西合作、投资、开发的东部地区私营企业已超过 1 万家，投资总额 300 多亿元，从业人员超过 50 万人。投资涉及能源交通、轻工纺织、商业物流、房地产开发等多个领域和行业，为陕西经济发展做出了很大贡献。上述情况表明，随着西部地区市场体系的不断完善，投资环境的不断改善以及开放的不断深入，西部地区对于民营企业的吸引力不断加强，民营企业正在逐渐成为东西合作的"主力军"。[①]

（二） 东西合作与产业转移面临的问题

通过上文的分析，可以看出，东西部产业转移已经取得了初步成效。但是，从东西部各自的比较优势的潜力来看，东西合作和东西部产业转移并未达到人们预期的目标。一方面，产业转移是要素流动较为高级的阶段，是一个循序渐进的过程。另一方面，东西合作与产业转移过程中还存在诸多亟待解决的问题。

1. 投资合作的成功率不高。投资合作取得成功是企业最大的心愿，但在东西部企业合作过程中存在许多不确定性。从东西部企业合作的实践看，西部地区政府的工作效率低及优惠政策落实难并不鲜见；频繁的、缺乏规范的各类检查严重干扰企业的正常经营；不依法行政、不依法办事，外来企业与当地企业发生纠纷进行诉讼，基本上输多赢少的情况依然是阻碍东西合作进一步加强的重要因素。西南某省 7 位前来投资的港澳台胞都是当地的政协委员，他们每人都打过官司，但是没有一位"委员"能够胜诉。

---

① 储国强、刘畅：《东西合作民企开始"唱主角"》，载《经济参考报》，2004 年 4 月 21 日第 8 版。

2. 商务成本较高。从市场的微观主体单个企业运行的角度看，决定是否向西部转移要经过严格的比较收益分析，商务成本是其考虑的重要方面。商务成本包括以下四方面的内容：一是生产要素成本。包括劳动力成本，主要指工资成本；土地成本，主要指房价、地价，企业或个人租借办公、居住的成本；资金成本，主要指借贷资金成本；办公成本，主要指办公设备添置、文件处理成本、交通成本、差旅成本和招待成本；信息成本，指信息开放度、共享度等。二是生产服务成本。指餐饮、旅游、教育、培训、通讯、办公服务、认证、研发等；三是生产交易成本。指企业的流通成本、税收及规费、基础设施服务付费以及企业因诚信度不够高必须付出的代价；四是中国特色成本。指企业的公关和很多不能拒绝的会议的成本。其中许多成本是企业无法控制的，如服务成本、公关成本、信息成本、各类会议成本等。①

从人力成本来看，巨大的人力资源和廉价的人力成本向来是西部地区标榜的优势之一，但事实上，考虑到单位劳动力的生产率和可用人力资源的易获得性因素，西部地区的人力成本并不占绝对优势。虽然西部地区的中低素质劳动力成本确实较东部低，但是西部缺乏高素质人才。而没有高级管理人才和技术人员，中低素质的劳动力也不会发挥太大作用。在西部地区雇用高级员工的费用比沿海地区还高，而且很难招聘到素质优秀的高层管理人员。

从土地成本来看，一般人认为西部地广人稀，土地价格较其他地区有较大落差。但是，从表2中可以看出，西部的工业用地与其他地方相差不明显，而且要高于东北地区，西南地区的商业用地价格甚至高于全国平均水平。如，重庆、成都、西安的工业用地最低成本为每平方米200元到225元，最高可达420元到450元，而苏州和东莞的土地价格仅为每平方米125元到150元。

从原料成本来看，西部地区蕴藏着丰富的资源，资源丰富是西部地区强调的最大优势，但是资源存量的优势并不一定转化为成本优势，而且西部地区许多地方政府将其作为摇钱树，在原料上摊派各种费用和高额税负，使原料成本大大高于企业的预期。

从交易成本来看，西部地区的交易成本高是在人们的意料之中的，投资商到西部投资后往往会面临许多意想不到的隐性成本。世界银行的调查

---

① 资料来源：http：//sunsan0826. bokee. com/tb. b？diaryId = 14689204。

报告指出，在中国注册一个新企业花费的时间过长、成本过高、门槛也较高。如在沿海大城市注册一家有限责任公司需要完成的程序有 12 个，需花 41 天时间，而在西部城市注册企业所花费的时间更长，同时还存在额外支付的"请客送礼"成本。如在成都注册一家新公司需要 46 个工作日，支付人民币 2636 元，而且有 10% 的被调查企业还要平均花费 3767 元的额外费用于请客送礼（何龙斌，2006）。西部地区的市场化程度远远落后于东部，政府办事效率、民众的思想意识及文化传统等因素都与东部的情况有很大的不同，会无形中增加产业向西部转移的成本。西部地区交通成本比东部地区要高。西部城市之间距离较远，单个城市配套能力不足，远距离配套增加了企业成本。虽然，西部地区修了很多高速公路，但在交通便捷的同时，高速公路费成为企业要支付的成本，且西部高速公路费高于东部。政府与某些专家学者算的是大账，企业算得是本企业的小账，但是最终决定产业转移与否的却是企业，如果政府不想企业之所想，急企业之所急，产业转移仍将是纸上谈兵、海市蜃楼。

表 2　　　　　全国各大区域不同用途土地价格　　单位：元/平方米

地区	综合	商业	住宅	工业
全国平均	1198	1988	1166	481
东南	1621	2754	1569	587
中南	1162	1834	1152	463
西南	1207	2167	1085	443
华北	1300	2153	1276	536
西北	777	1167	732	457
东北	1055	1733	1148	375

资料来源：《2004 我国重点地区和城市地价监测报告》。http://sunsan0826.bo-kee.com

3. 东部地区可能面临产业空心化的挑战。对东部地区而言，发展新产业需要高投入和高成本，且不可能在短期内获得收益。而依靠东部自身拥有的自然资源和劳动力资源，继续发展劳动密集型产业，能获得短期的贸易利润，随着各项成本的上升与其他发展中国家的竞争等，利润空间将逐渐被压缩。在创新机制尚未形成、新的主导产业没有形成气候，而旧的主导产业又开始向西转移之时，东部可能因为产业空心化而面临失去新的经济增长点的威胁。制造业西移会带来结构性失业。由于历史原因和国家政策的导向，东部地区集中了大量企业和从业人员。一旦产业结构乘上升级的快车，主导产业向信息化发展，必然要求资本、技术对资源、劳动力的高替代率，从而造成从业人员的大量过剩。而且，在东部地区高收入的吸引之下，许多从业人员不愿迁出本省、本地区。因此，如不采取有效措施，失业问题将十分突出，这不但会影响东部地区的经济发展，更会影响到社会稳定。

4. 东部合作企业派出人员的素质能力有待提高。东部企业去西部投资发展，一般情况下，企业要派出相关人员，其中主要是总经理及财务经理。这些外派员工要具有与当地政府、银行、员工及协作单位的协调能力，要把总公司战略、经营目标及把原投资企业的体系、文化融合到新的合资企业里，使其全体员工逐步接受这些体系、文化的能力，尤其是第一任总经理，其开局人的特点，决定了其自身的素质能力成为新合资企业发展成败的关键。目前，在东西部合作交流中，东部企业外派人员存在着素质参差不齐的问题，很多企业的管理人员难以适应西部地区复杂的体制环境。

5. 存在资源无序开采和污染转移的现象。目前东部地区企业把在西部投资的重点放在基础设施和资源开采领域，而对特色产业特别是加工制造业的发展没有引起足够的重视。西部地区拥有丰富的资源，东部地区的企业投资采矿的较多。在缺乏规划论证的情况下，既可能造成资源的浪费，又可能对生态环境造成破坏。

西部地区是一个生态环境十分脆弱的区域，由于人们长期过度开发，土地沙漠化、水土流失、草场退化、沙尘暴等自然灾害十分严重，对其他地区的生态环境也有影响。在进行产业转移时，要把生态环境保护放在极其重要的地位。但在产业转移的过程中，有些东部地区企业将一些污染性产业转移到西部，这些产业将对西部的生态环境造成严重破坏，影响西部地区的可持续发展。

三、东西部产业转移的动因分析

由于资源禀赋的不同以及历史、文化传统、地理位置等原因，东西部之间的产业发展水平和产业结构也存在巨大差异。这些差异的存在，是东西部间产业转移的基础。本部分将从两个方面探讨东西部间产业转移的动因：一方面，分析东西部在生产要素方面的差异；另一方面，从产业的梯度差异着手分析东西部产业转移的原因。

（一）东西部区域划分方法及数据说明

1. 区域划分方法。目前，国内对区域的划分方法有很多，主要有六大经济协作区（华北、东北、华东、中南、西北、西南）的划分，八大经济区（泛东北、泛渤海、大长三角、大珠三角、海峡西岸、中部、西北、西南）划分，四大板块（东北、东部、西部、中部）划分、三大地带（东部、西部、中部）划分。本文将采用三大地带的划分方法，东部地区：包括北京、天津、河北、山东、江苏、上海、浙江、福建、广东、海南和辽宁。中部地区：包括黑龙江、吉林、山西、河南、安徽、湖南、湖北和江西。西部地区：包括内蒙古、陕西、甘肃、宁夏、青海、新疆、重庆、四川、广西、云南、贵州和西藏。

图 2　东中西三大地带示意图

2. 数据说明。本章分析中，所采用的数据为 2000～2004 年全国经济数据及各省第二产业各行业生产总值、工业增加值、人口等数据，主要用于计算各产业的比较劳动生产率、区位商。数据来源为《中国统计年鉴》、《中国工业统计年鉴》和中国经济信息网数据库。

本章对所使用的数据进行了如下整理：

（1）本章包括的产业为：传统的第一、第二、第三产业划分与第二产业详细划分的 25 个行业。

（2）本章以全国 31 个省、市、自治区为研究单位，不包括香港、澳门和台湾在内。

一、（二）东西部要素禀赋分析

区域的比较优势理论虽然没有直接论及产业转移，但是各种生产要素会沿着比较优势的动态变化路径进行配置是市场经济的内在规律，因而有关区域比较优势的探讨是构成产业转移理论的源头之一。

亚当·斯密的绝对成本理论、大卫·李嘉图的比较成本理论、赫克谢尔和奥林的要素禀赋理论都成为比较优势的理论渊源。比较优势理论的来源还可分为外生与内生两种（王勇、徐元国，2003）。前者由外生经济系统各因素决定，主要包括自然资源、劳动力等；后者由经济系统内部各因素起决定作用，是指如果每个国家选择专业生产某种产品，可以内生创造出原来没有的比较优势，主要包括资本、技术、信息、组织与制度等要素。比较优势是区域贸易与分工的基础，如果一个地区某个产业丧失了比较优势，那么这个产业要么逐步被市场所淘汰，要么就要向其他的地方转移以维持其要素的比较优势，延长其生存时间，因此比较优势理论也是产业转移理论的基础。

1. 西部地区要素禀赋。东西部在资源方面有很强的互补性，西部 12 个省、自治区、直辖市国土面积占 685 万平方公里，占全国的 71.4%。广袤的西部地区地大物博，蕴藏了极其丰富的资源，由于历史原因，这些资源还有很多等待开发。相比之下，东部地区在资源方面较西部逊色许多，而且东部地区的资源经过几十年的开发，很多都已濒于枯竭，亟须替代的能源来维持东部地区的继续发展。东部地区的接续能源一方面可以瞄准海外市场，但是国外的能源价格受到世界供需状况的影响，很不稳定，而且还涉及能源的战略安全问题，所以西部的资源相对于国外资源就更为重要，中国未来资源供给还是应当立足于国内尤其是西部地区。虽然东部地区在自然资源上无法和西部相比，但是，东部地区的资金、技术、管理、信息等非自然要素却是西部地区无法比拟的。东部地区的要素禀赋和西部地区丰富的自然资源配合在一起将迸发出极大的生产能力，为我国未来几十年的持续稳定发展提供源源不断的动力。

（1）矿产资源优势。西部地区是我国诸多矿产富集地区，无论是黑色金属、有色金属、贵金属、稀有金属，还是煤炭、石油、天然气资源，在西部都有极大的蕴藏量。就已探明的矿产占全国的总量来看，西部地区富铁矿、富铜矿的占有量均达到了全国的 45% 以上，富磷矿、钾盐、钠盐的占有量达到了 85% 以上。此外，富铬矿、镍矿、铂族矿、银矿、芒硝、石棉等重要矿产 80% 以上的储量也集中分布在西部地区。目前，我国主要矿产资源除煤炭等少数几个矿种外，大部分尚未开发利用。大型、超大型矿区和具有较好资源潜力的地区，大多分布在西部。我国西部地区的能源资源得天独厚，新疆的塔里木盆地、准噶尔盆地、吐鲁番盆地、甘肃的河西走廊、陇东高原以及陕北地区、四川盆地都探明有完整的油田和气田，已探明的天然气储量占全国储量的 80% 以上；同时，西部地区还具有极为丰富的水力资源，水能储量占全国的 80% 以上，其中可开发利用的水力资源占全国的 70% 以上。

（2）旅游资源优势。历史上，西部曾经是中国最繁荣的地区之一，很多伟大的历史事件例如"秦灭六国，一统中华"、"文景之治"、"丝绸之路"、"贞观之治"等都发生在这里，悠久的历史为后人留下了丰厚的文化遗产，如陕西秦始皇陵兵马俑、甘肃敦煌莫高窟、西藏布达拉宫、青海的塔尔寺、四川都江堰及乐山大佛、云南丽江古城。西部地理风貌独特、民族风情多样、人文遗迹丰富，自然、社会与文化因素相结合，使西部旅游资源独具魅力。在广阔的西部土地上，不仅有众多独特的自然风光，如黄土高原地貌、沙漠戈壁、草原风光、长江黄河源头、世界屋脊奇观、原始森林、冰川雪峰等；而且，中国大多数少数民族都集中在西部地区，千百年来形成了独特的民族风情，许多少数民族的文化已经成为世界文化遗产，吸引了无数国内外游客来访。近些年来，我国居民收入迅速增长，旅游需求和支出也随之增长，2006 年，我国国内旅游收入达到了 8850 亿元。[①] 如果西部地区能进一步搞好旅游配套建设，改善交通条件和居住条件，其旅游资源的潜力更大。

（3）土地资源及农产品优势。我国西部 12 个省、自治区、直辖市，总面积与人口分别占全国的 57% 和 23%，人均土地占有量将近全国平均水平的 3 倍。就土地的各种类型来看，西部地区的各类可利用土地占全国的比重均高于其人口比重，尤其是草场的比重更高，草地面积占全国的 1/4 以上，水资源年均总量占全国的一半左右，光热资源丰富，气候类型多样，

---

① 艾芳："2006 年中国旅游业总收入达 8850 亿元"，载《经济日报》，资料来源：http：//sicmo. blog. hexun. com/8073775_d. html。

物种资源独特，农产品生产历史悠久，农业和农村经济发展的潜力很大。宜农宜林及可利用草地广阔，如果能将其充分利用，可为贫困的西部带来生机和活力。与此同时，西部地区是我国许多珍贵中草药材、稀有山珍的重要生产基地，且开发潜力巨大，比如新疆的长绒棉、彩色棉、葡萄、哈密瓜、西红柿等经济作物在全国范围内均具有较大的发展潜力（朱福星，2004）。

2. 东部地区要素禀赋比较优势。东部地区经过近 30 年的迅速发展，经济实力已相当雄厚，且由于投资环境好，吸引外资的能力远远胜于西部，筹集资金的渠道相对较广，资本市场发育比较成熟，民间资本也在迅速崛起，从而使东部地区成为全国资本的高度聚集区，投资能力远远强于西部地区。2004 年，东部地区 11 个省（市）资本形成总额为 40242.40 亿元，占全国的 59.13%，西部地区 12 个省（区、市）资本形成总额为 14778.97 亿元，占全国的 18.91%，不足东部的 1/3。从吸引外商直接投资（FDI）、固定资产投资及上市公司规模及投资能力方面来看，东部地区也占有明显的优势（如表 3、表 4 所示）。

表 3　　　东西部地区外商直接投资、固定资产及 GDP 概况

年份	FDI（万美元）		固定资产投资（亿元）		GDP（亿元）	
	东部	西部	东部	西部	东部	西部
2000	3488649	185296	18752.17	6110.72	55689.58	16654.62
2001	4034361	192219	20874.16	7158.76	61393.17	18248.44
2002	4545734	200527	24183.60	8515.40	68289.06	20080.93
2003	4538622	172260	32140.20	10843.50	79283.40	22954.66
2004	5209760	174370	40242.40	13748.80	95305.75	27585.17

数据来源：中经网统计数据库。

表 4　　　东、中、西部固定资产及外商直接投资所占比重及其变化

单位：%

年份	东部固定资产投资占全国比例	西部固定资产投资占全国比例	东部 FDI 所占全国比例	西部 FDI 所占全国比例
2000	59.83	12.35	70.68	3.75
2001	58.44	13.13	81.22	3.87
2002	58.24	13.53	82.63	3.65
2003	59.09	13.82	80.84	3.07
2004	59.13	13.79	85.93	2.88

数据来源：中经网统计数据库。

从上市公司来看，东部地区上市公司数量多，新兴行业的上市公司比例大，资本证券化水平较高。2003 年，我国东部地区的上市公司数量占全国总量的 59.29%，中部地区占 23.23%，西部地区占 17.48%。东部地区的上市公司不但在数量上远超过西部，而且经营业绩更好，产业结构也更为多元与合理。① 表 5 和表 6 分别显示了东西部地区分行业的上市公司比例与东西上市公司的经营业绩。

表 5　　　　　　2003 年各地区上市公司数量的行业比例　　　　单位：%

产　业	东部地区	中部地区	西部地区
农、林、牧、渔业	1.44	3.01	5.33
采掘业	1.18	2.34	1.33
制造业	51.38	69.23	64.44
电力、煤气及水的生产和供应业	3.28	6.02	3.56
建筑业	1.97	1.34	2.67
交通运输、仓储业	5.5	3.01	1.78
信息技术业	7.86	3.01	4
批发和零售贸易	8.26	6.02	8.44
金融、保险业	1.05	0	0.89
房地产业	4.85	0.33	1.78
社会服务业	3.8	1.67	3.11
传播与文化产业	0.66	0.67	0.89
综合类	8.78	3.34	1.78

资料来源：《上海证券报》、国家信息中心。

表 6　　　　2003 年各地区上市公司业绩增长和 GDP 增长速度

地区	GDP（%）	主营业务收入同比增长（%）	利润总额同比增长（%）
东部	12.73	37.11	46.65
中部	10.73	34.53	38.65
西部	10.85	29.56	36.9

资料来源：《上海证券报》、国家信息中心。

---

① "上市公司发展呈现区域不均衡格局"，载《上海证券报》网络版 2004 年 05 月 26 日，资料来源：http://finance.sina.com.cn。

东部地区率先实行对外开放，经过多年的发展，吸收了许多国外的成功经验和先进技术。同时，东部沿海地区加工业比较发达，新材料技术和制造业技术在国内领先。东部通过运用一系列先进技术，在相应的生产领域获得了惊人成果。在精细化工、精密加工、高新技术、软件开发、网络建设等行业具备较为成熟的技术和管理经验，相对西部具有很强的比较优势。计算机加工生产、芯片研制等技术不断成熟和改进，远程网络平台搭建技术水平亦日益提高，所有这些为东部地区的进一步发展提供了条件，拓宽了东部对外交流的渠道；随着知识经济和信息时代的到来，东部沿海地区及时把握先机，在医药制造、生物工程、海洋探测、数字革命等技术领域也取得了可喜成绩。从技术市场的交易额和申请技术专利的情况来看，东部地区远远高于中西部地区。2004年全国各省市（不包括港、澳、台）申请专利受理258945项，批准138790项，其中东部地区申请专利获国家受理194909项，占全国的75.27%，批准104158项，占全国的75.05%；中部地区专利获国家受理38124项，占全国的14.72%，批准18798项，占全国的13.54%；西部地区申请专利获国家受理25912项，占全国的10.01%，批准15834项，占全国的11.41%，可见，东部地区的技术水平和科技创新能力都远远高于中西部地区。对近几年来的技术市场交易额的比较可以看出，东部地区也占有明显优势。而且，东部沿海地区在大中城市的发展过程中，凝聚了相当庞大的科技实力，全国大部分高等院校尤其是"211重点工程"院校、高层次研发人员、科技人员等均在京津冀、珠三角、长三角等东部发达地区聚集。因此，从科技竞争力角度来看，东部地区也确实拥有雄厚的实力（谈文奇，2006）。

（三）东西部产业比较优势分析

当一个地区某个产业处于产品生命周期中的创新和发展阶段时，其他地区的各种生产要素会在该地区的吸引下集聚到这个地区，从而使该地区这个行业具有比较高的生产效率，生产的产品除满足自身需求外主要外销到其他区域。当该产业处于生命循环的成熟阶段时，产品的生产已经标准化，对技术的要求降低，此外还受到劳动力、土地、交通运输、水、电、通讯等成本的上升以及环境恶化的影响，各种生产要素开始向低梯度地区扩散。

某个行业优势程度需要通过比较劳动生产率和生产的集中程度来判

断，比较劳动生产率反映了该行业的生产效率以及劳动者的素质，生产的集中程度反映了该产品销售所占的市场份额。所以，产业梯度的测量是从两个方面来反映，一个是创新因子，通过比较劳动生产率来考察，另一个是集中因子，通过区位商来测定。

1. 东西部比较劳动生产率。一个产业部门具有比较优势，则可以认为这个部门的劳动生产率比其他产业部门高，产品能够以较低的成本较快地生产出来，从而具有较强的市场竞争能力；比较优势大的产业部门反映了产业结构演变的趋向，生产要素向这些产业部门移动，在该区域的产出中将占有越来越大的份额，是发展前景较好的产业部门，因此比较劳动生产率是衡量该产业在这一地区是否具有比较优势的重要指标（戴宏伟等，2003）。

比较劳动生产率的定义为某产业国民收入占国民总收入的比重与该产业就业人数占劳动力人数的比重之比。比值越高，说明这一产业的比较劳动生产率越高。比较劳动生产率计算公式为：

$$B_{ij} = \frac{\dfrac{gdp_{ij}}{\sum_i gdp_{ij}}}{\dfrac{lab_{ij}}{\sum_i lab_{ij}}}$$

式中，gdp_{ij} 和 lab_{ij} 分别代表区域某产业的国民收入和就业人数，$\sum_i gdp_{ij}$ 和 $\sum_i lab_{ij}$ 分别代表全国该产业的增加值和劳动力总数，B_{ij} 为某区域某产业的比较劳动生产率。$B_{ij} > 1$ 说明该产业在这个区域有比较优势，B_{ij} 的值越大说明比较优势越大；$B_{ij} < 1$ 说明该产业在这个区域没有比较优势，B 的值越小说明其劣势地位越明显。

2. 东西部三次产业的比较生产率。由于自然资源禀赋的不同以及历史原因，东西部形成了不同的产业优势，只有明确了东西部的比较优势才能在优势互补的基础上开展有效地合作，产业转移才能够顺利地进行，否则违背了经济规律的产业转移最终也摆脱不了失败的命运。本部分将从比较劳动生产率的角度来分析东西部的比较优势产业。首先，从东西部内部的三次产业来看哪些产业具有比较优势，然后从东西部三次产业间做出比较，表 7、表 8 分别列出了东西部内部三次产业比较劳动生产率与东西部间的三次产业比较劳动生产率。

表7　　　　　　东西部内部三次产业比较劳动生产率　　　　　单位：%

区域	第一产业	第二产业	第三产业
东部	0.247384	1.815948	1.151323
西部	0.333445	3.038711	1.25289

从计算结果可以看出，无论是东部还是西部第二产业的比较劳动生产率都要高于第一与第三产业，说明第二产业的比较优势要高于第一与第三产业。东部第二产业的比较劳动生产率分别是第三产业和第一产业的1.6倍和7.3倍，西部地区第二产业的比较劳动生产率分别是第三和第一产业比较劳动生产率的2.4倍和9.1倍，尤其是西部的第二产业比较劳动生产率要远远高于第三产业。因此，西部地区在未来发展中第二产业还是有相当大的优势，无论是西部本地企业还是承接东部产业西移，其重点在第二产业。

表8　　　　　　东西部间三次产业比较劳动生产率　　　　　单位：%

区域	第一产业	第二产业	第三产业
东部	0.680861	4.997922	3.168716
西部	0.39922	3.638124	1.500033

东西部间三次产业比较劳动生产率是以全国人均国民生产总值为参照来计算的。从上表中可以看到，东部地区的一、二、三产的比较劳动生产率都大于西部地区，分别是西部地区比较劳动生产率的1.7、1.4和3.1倍。说明西部地区的第二产业在三次产业结构中的比较优势最明显，东部地区的生产要素流向西部地区的第二产业所付出的机会成本最小。从以上分析可以看出，无论是东西部内部三次产业做比较，还是从东西部间的比较劳动生产率分析，第二产业无疑是最合适的合作产业。因此，下文主要从第二产业内部各行业的比较劳动生产率进行分析。

3. 第二产业分行业比较劳动生产率。首先我们来计算第二产业内部的25个行业的比较劳动生产率，从而判断东西部具有比较优势的行业，然后计算东西部各行业比较优势的方差以判断东西部各自比较劳动生产率的差异大小。表9与表10分别显示了第二产业内部25个产业的东西部的比较劳动生产率以及产业内部比较劳动生产率的方差。

表9 东西部各行业比较劳动生产率 单位：%

行业分类	东部行业人均增加值	东部比较劳动生产率	西部行业人均增加值	西部比较劳动生产率
有色金属矿采选业	48792	1.136237	34433.4	0.801863
黑色金属矿采选业	132921	2.490403	93064.13	1.74364
石油和天然气开采业	268091	0.815875	304375.7	0.926298
煤炭采选业	35859.5	1.172241	24906.29	0.814182
医药制造业	123681	1.388751	97727.03	1.09733
造纸印刷及文教用品业	69537	1.162828	34805.86	0.582039
纺织业	43884.1	1.148855	23306.04	0.610135
烟草加工业	1075811	1.450842	819502.8	1.105184
饮料制造业	324999	3.633917	156102.1	1.745428
食品制造业	72201.9	1.093923	62621.02	0.948764
农副产品加工业	87549.3	1.08456	67518.27	0.836416
电子及通讯设备制造业	133085	1.045034	76950.55	0.604247
电子机械器材制造业	79635.1	1.043394	49777.45	0.652193
交通设备制造业	110245	1.186453	54679.18	0.588454
专用设备制造业	63890.3	1.301076	29935.67	0.609617
普通机械制造业	63771.3	1.136736	37295.72	0.664803
仪器仪表及文化、办公用机械制造业工业	67496.1	1.091392	40069.54	0.647912
金属制品业	83117	1.465803	7753.131	0.13673
有色金属冶炼压延工业	116103	1.371923	84520.37	0.998733
黑色金属冶炼压延加工业	149346	1.353364	555171.6	5.03093
非金属矿物制造业	53992.9	1.223103	41080.94	0.930609
化学纤维制造业	107541	1.246416	50827.59	0.589101
化学原料化学制品制造业	122566	1.548091	48790.44	0.616254
石油加工及炼焦业	287437	1.331971	193483	0.896594
电力热力的生产供应业	219423	1.450661	97320.49	0.643409

表10 比较劳动生产率的方差计算

区　域	东　部	西　部
方差	0.559238834	0.909470641

从表9中可以看到，东部地区除在石油、天然气开采上比较劳动生产率低于1外，其他行业的比较劳动生产率的值均大于1，说明东部的绝大

部分行业的劳动生产率与全国其他区域相比都具有一定优势。反观西部地区只有黑色金属冶炼压延加工业、黑色金属矿采选业、饮料制造业、医药制造业、烟草加工业，这些行业的比较劳动生产率大于1。此外，25个行业对东西部各自内部的方差分析结果显示，各行业比较劳动生产率差异在西部地区更为明显，而在东部地区，各产业劳动生产率比较优势差异相对最小。西部地区的黑色金属冶炼及压延工业的比较劳动生产率超过了5，而最低的金属制品行业比较劳动生产率仅为0.17，相差悬殊。

　　西部的大多数行业的比较劳动生产率都要落后于东部，这并不能证明西部地区将无所作为，也并不能说明东部地区适合发展所有的产业。为了比较东西部各行业比较劳动劳动生产率之间的差距，笔者计算了西部比较劳动生产率占东部的百分比，如表11所示：

表11　　　　　　　　东西部间的比较劳动生产率

行　　业	东部比较劳动生产率	西部比较劳动生产率	西部占东部比例（％）
有色金属矿采选业	1.136237	0.801863	70.57
黑色金属矿采选业	2.490403	1.74364	70.01
石油和天然气开采业	0.815875	0.926298	113.53
煤炭采选业	1.172241	0.814182	69.46
医药制造业	1.388751	1.09733	79.02
造纸印刷及文教用品业	1.162828	0.582039	50.05
纺织业	1.148855	0.610135	53.11
烟草加工业	1.450842	1.105184	76.18
饮料制造业	3.633917	1.745428	48.03
食品制造业	1.093923	0.948764	86.73
农副产品加工业	1.08456	0.836416	77.12
电子及通讯设备制造业	1.045034	0.604247	57.82
电子机械器材制造业	1.043394	0.652193	62.51
交通设备制造业	1.186453	0.588454	49.60
专用设备制造业	1.301076	0.609617	46.85
普通机械制造业	1.136736	0.664803	58.48
仪器仪表及文化.办公用机械制造业工业	1.091392	0.647912	59.37
金属制品业	1.465803	0.13673	9.33
有色金属冶炼压延工业	1.371923	0.998733	72.80
黑色金属冶炼压延加工业	1.353364	5.03093	371.74

行 业	东部比较劳动生产率	西部比较劳动生产率	西部占东部比例（%）
非金属矿物制造业	1.223103	0.930609	76.09
化学纤维制造业	1.246416	0.589101	47.26
化学原料化学制品制造业	1.548091	0.616254	39.81
石油加工及炼焦业	1.331971	0.896594	67.31
电力热力的生产供应业	1.450661	0.643409	44.35

从表 11 可以看出，除黑色金属冶炼及压延业和石油天然气开采业外，东部行业比较劳动生产率几乎全部比西部的高。我们将东西部之间行业比较劳动生产率做比较即求出西部比较劳动生产率占东部的百分比，百分比数值越高说明西部从事这样的行业所付出的机会成本比其他行业就越小。经过比较，发现百分比数值排名前五位的是黑色金属冶炼及压延业、石油天然气开采、医药制造业、烟草加工业、食品制造业，在这些行业上西部地区有着较高的比较劳动生产率，从东西部产业转移的角度来看，选择这些行业也是比较理想的。

4. 东西部间的区位商计算。区位商是区际分析中用以计量所考察的多种对象相对分布的方法，同时将分析结论体现为一个相对份额指标值，即区位商值。区位商有两种表述形式，一种为：

$$LQ_{ij} = \frac{L_{ij} \Big/ \sum_{j=1}^{m} L_{ij}}{\sum_{i=1}^{m} L_{ij} \Big/ \sum_{i=1}^{n} \sum_{j=1}^{m} L_{ij}} \tag{1}$$

$$LQ_{ij} = \frac{L_{ij} \Big/ \sum_{i=1}^{n} L_{ij}}{\sum_{i=1}^{m} L_{ij} \Big/ \sum_{i=1}^{n} \sum_{j=1}^{m} L_{ij}} \tag{2}$$

第一种形式的区位商（LQ_{ij}）表示：i 地区 j 产业在本地区总产出中的份额与全国 j 产业占整个国民经济产出份额之比。其含义是假定各地区产业结构与全国相同，意味着这是一个自给自足的经济；而当各地区产出结构与全国产出结构存在差异时，意味着地区间存在着地域分工和产品贸易。具体来说 $LQ_{ij} > 1$ 时，意味着 i 地区的 j 产业能够满足本区需要而有余，可对外提供产品；当 $LQ_{ij} < 1$ 时，意味着 i 地区 j 产业供给能力不能

满足本区需要，需要由区外调入；当 $LQ_{ij}=1$ 时，意味着 i 地区 j 产业供给能力恰好能满足本区需要。

第二种形式的区位商表示的是：i 地区 j 产业占全国同行业的比重与 i 地区经济总量占全国总量的比重之比。含义是如果 i 地区 j 行业相对大于本地区总量占全国总量的比重，意味着 i 地区在 j 产业上具有优势地位。第二种形式体现了比较优势的内涵。也许一个地区在所有的比较生产率上都具有优势，但是，各种产业的比较优势不会为一个地区全部垄断，必然会有参与分工与贸易的区域在不同产业上分享这种优势，而区位商指标恰恰体现了上述理论的内涵（国家计委投资研究所，中国人民大学区域所，2001）。

区域经济合作的最终目的是提高整体区域经济发展水平，区域间产业合作则是实现经济增长的重要实现方式之一。产业合作的一个基础是区际间比较优势的差异。然而在实际情况中，区域之间在经济总量、人口、地域规模之间有很大的差异，因此，直接对各产业市场绝对份额进行比较无法准确地显示不同区域规模下各地区的优势所在。区位商值则是在排除区域规模差异基础之上的比较值，可以较为真实地反映地理要素的空间分布，显示真正的区域优势行业所在，因此，区位商常被用于定性衡量某地区的产业比较优势。通过对比有关部门或产业活动的区位商，研究区域优势行业的变动及趋向，明确各部门或产业活动在区域经济发展中的功能差异以及重点和薄弱环节所在，从而判断和确定区域经济发展的主导产业，为产业结构调整提供依据。

笔者根据《中国工业统计年鉴（2004）》的数据对工业内部 25 个产业的区位商进行了计算。表 12 与表 13 显示了各行业的区位商与区位商的方差。

表 12　　　　　　　　　东西部各行业区位商

行　业	东部各行业区位商	西部各行业区位商
有色金属矿采选业	0.714032	1.341845
黑色金属矿采选业	1.009939	0.644689
石油和天然气开采业	0.635151	1.515432
煤炭采选业	0.527019	0.957091
医药制造业	0.991799	0.910675
造纸印刷及文教用品业	1.211849	0.419497

续表

行　业	东部各行业区位商	西部各行业区位商
纺织业	1.323533	0.294264
烟草加工业	0.572625	2.095258
饮料制造业	0.934034	1.179488
食品制造业	1.025939	0.708907
农副产品加工业	1.003116	0.803884
电子及通讯设备制造业	1.480389	0.18984
电气机械器材制造业	1.357972	0.267441
交通设备制造业	0.953125	0.712099
专用设备制造业	1.104758	0.639568
普通机械制造业	1.291828	0.35713
仪器仪表及文化、办公用机械制造业工业	1.41443	0.308661
金属制品业	1.399168	0.203711
有色金属冶炼压延工业	0.776652	1.446218
黑色金属冶炼压延加工业	0.099042	0.07443
非金属矿物制品业	1.044603	0.698193
化学纤维制造业	1.340936	0.128237
化学原料化学制品制造业	1.098009	0.603311
石油加工及炼焦业	0.954517	0.667468
电力热力的生产供应业	0.848949	1.134963

表 13　　　　　　　区位商的方差计算结果

区　域	东　部	西　部
方差	0.327754857	0.501596874

　　东西部第二产业内部各行业的区位商值及区位商的方差的计算表明：西部地区的区位商要大于东部地区，说明西部地区的产业在集聚程度上要大于东部。区位商大于1的是本区域具有比较优势的产业，区位商小于1的行业没有比较优势，根据这一原则从表中可以分别找出东西部各行业区位商大于1的行业，表14与表15分别列出了东西部区位商大于1的行业。

表 14　　　　　　　　东部区位商大于 1 的行业

行　业	东部各产业区位商
黑色金属矿采选业	1.009939
造纸印刷及文教用品业	1.211849
纺织业	1.323533
食品制造业	1.025939
农副产品加工业	1.003116
电子及通讯设备制造业	1.480389
电气机械器材制造业	1.357972
专用设备制造业	1.104758
普通机械制造业	1.291828
仪器仪表及文化、办公用机械制造业工业	1.41443
金属制品业	1.399168
非金属矿物制品业	1.044603
化学纤维制造业	1.340936
化学原料化学制品制造业	1.098009

表 15　　　　　　　　西部区位商大于 1 的行业

行　业	西部各行业区位商
有色金属矿采选业	1.341845
石油和天然气开采业	1.515432
烟草加工业	2.095258
饮料制造业	1.179488
有色金属冶炼压延工业	1.446218
电力热力的生产供应业	1.134963

　　经过筛选，东部地区区位商大于 1 的行业为 14 个，其中排名前 5 位的是仪器仪表及文化办公用机械制造业、电子及通讯设备制造业、化学纤维制造业、电气机械器材制造业和金属制品业。金属制品业、化学纤维制造业属于资本密集型行业，仪器仪表及文化办公用机械制造业、电子及通讯设备制造业属于技术密集型企业或者是高新技术企业，东部地区在这些行业上具有较高区位商符合东部地区在技术、资本、信息等方面的禀赋特点。相比于东部，西部地区工业内部各行业的区位商大于 1 的仅有 6 个，

分别为有色金属矿采选业、石油和天然气开采业、烟草加工业、饮料制造业、有色金属冶炼压延工业、电力热力的生产供应业。有色金属矿采选业、石油和天然气开采业属于资源开采型行业，西部地区广袤的土地上富含了各种矿藏，因此这两个行业就很正常的具有比较优势。有色金属冶炼压延工业、电力热力的生产供应业这两个行业属于高耗能行业，西部地区拥有丰富的能源可以为这两个行业提供源源不断的动力，因此这两个行业发展就有较好的条件。烟草加工业是利用了西部产量丰富的农产品资源，云南省是我国最大的卷烟生产基地，生产了红塔山、玉溪、石林等知名品牌的香烟，因此烟草加工业的区位商超过了2正说明了西部这一得天独厚的比较优势。西部地区有充足的热量与日照资源，非常适宜于经济作物的生长，为饮料制造业提供了丰富的原材料，因此饮料制造业无疑也是西部具有比较优势的产业。

5. 东西部产业梯度分布。产业梯度的衡量需要两个因子，创新因子和集中因子，创新因子通过比较劳动生产率来衡量，集中因子通过区位商来衡量。因此，产业梯度是比较劳动生产率与区位商的乘积，公式为：

$$G_{ij} = B_{ij} \times LQ_{ij}$$

梯度系数的计算过程中剔除掉了一些有用的信息，本章中将采用象限分析法，具体过程如下：

如果将比较劳动生产率和区位商依据其内涵划分为大于1和小于1，则可构成产业梯度的联合分布。表16显示了比较劳动生产率与区位商的梯度分布。

表16　　　　比较劳动生产率与区位商梯度的联合分布示意

		比较劳动生产率	
		大于1	小于1
区位商	大于1	I	II
	小于1	III	IV

在I象限中的产业，是该区相对处于顶端的行业，这是各种生产要素从其他地区向该地区集中的结果，也是极化效应起主要作用的时期，相当于产品生命周期中的创新期。在这一时期该产业在这一地区仍将处于主导产业的地位，并将在产业竞争中处于优势地位。需要注意的是在I象限中的行业并非全是处于顶端的行业，而是经历了极化效应或者正处于极化效

应过程中但已有扩张迹象的产业。在Ⅱ、Ⅲ象限内的产业，意味着该产业处于梯度的中间层，在适当的条件下可以具有向其他地区转移的可能性。在Ⅳ象限的产业，意味着该地区这一产业处于产业梯度的最底层，已经失去竞争优势，应该逐步淘汰或者向其他地区转移（戴宏伟等，2003）。表17显示了东部地区工业行业梯度联合分布。

表 17　　　　　　　　东部地区行业的梯度联合分布

象限	I	II	III	IV
产业	1. 黑色金属矿采选业 2. 造纸印刷及文教用品业 3. 纺织业 4. 食品制造业 5. 农副产品加工业 6. 电子及通讯设备制造业 7. 电气机械器材制造业 8. 专用设备制造业 9. 普通机械制造业 10. 仪器仪表及文化、办公用机械制造业工业 11. 金属制品业 12. 非金属矿物制品业 13. 化学纤维制造业 14. 化学原料化学制品制造业		1. 有色金属矿采选业 2. 煤炭采选业 3. 医药制造业 4. 烟草加工业 5. 饮料制造业 6. 交通设备制造业 7. 有色金属冶炼压延工业 8. 黑色金属冶炼压延加工业 9. 石油加工及炼焦业 10. 电力热力的生产供应业	1. 石油和天然气开采业

位于第Ⅰ象限的产业是东部地区具有比较优势的产业，东部地区应该重点发展这些产业，主要应该承接国外发达国家或地区的产业转移，对于有条件的西部地区也可以考虑与之开展其他形式的合作，位于第Ⅲ、Ⅳ象限的产业才是主要考虑是否向西部转移的行业。有色金属矿采选业、煤炭采选业、有色金属冶炼压延工业、黑色金属冶炼压延加工业、石油加工及炼焦业、电力热力的生产供应业，这些行业在东部不具有资源禀赋优势，而且由于生产成本上升或者与其他发展中国家竞争已经逐渐丧失比较优势，因此在条件许可的情况下可以考虑优先转移出去。医药制造业、烟草加工业、饮料制造业、交通设备制造业在东部与西部都有一定的优势，仍有合作的空间，合作的方式可以考虑采用横向分工的方式进行。

表18　　　　　西部地区分布于Ⅰ、Ⅱ、Ⅲ象限的行业

象限	Ⅰ	Ⅱ	Ⅲ
产业	1. 烟草加工业 2. 饮料制造业	1. 有色金属矿采选业 2. 有色金属冶炼压延工业 3. 电力热力的生产供应业	1. 医药制造业 2. 黑色金属矿采选业 3. 石油和天然气开采业 4. 黑色金属冶炼压延加工业

对于西部而言，由于西部地区的企业竞争力明显弱于东部，所以东西部产业转移基本不用考虑西部地区产业向东部转移的情况，重点应该看东部地区产业向西部的转移问题。西部地区位于第Ⅰ、Ⅱ、Ⅲ象限的产业只要条件允许都应该成为承接东部产业转移的产业。

四、东西部经济合作机制研究

东西合作既有利于东部地区，更有利于西部地区，可以使东部与西部实现共赢的结果。为了更深入地了解东西合作的内涵，同时也为了使本报告能够对东西合作的实际操作有指导意义，需要明确和解决推动东西合作产生的动力是什么以及东西合作是在怎样的机制下或平台上运作的。因此，以下将对东西合作的动力机制、作用机制和运作机制进行分析。

（一）动力机制

虽然东西部合作与发展中存在着"对口支援"的合作模式，其动机是出于道义上的无偿支援和帮助，但更多合作模式的基本性质却是以市场机制为契机，以相对优势为基础，建立在优势互补、互惠互利原则上的一种实现各地区经济共同发展，力图缩小地区差距的合作。所以东西部经济合作既是两个或多个地区相互协作的共同行动，更是一种经济行为，其动机可归结为追求合作双方或多方的经济利益最大化。因此东西部合作发展的内在动力来源于企业试图在更大范围的区域空间配置资源。

1. 动力之一——区位梯度势差。在市场经济中，一个企业利润最大化的获得，取决于能源、原材料、资金、技术、劳动力的投入，以及经营管理、商标品牌和营销网络等各种要素的共同作用。而企业的跨区域合作动机，正是来源于企业对其所在区域中某种或某些缺失、劣势要素的弥

补。合作动机的实现又取决于合作企业所在两个或多个区域间的要素梯度势差的大小，多种要素的梯度势差共同决定着区域间的区位梯度势差的大小。

　　作为一个大国，中国自然要素禀赋的空间差异十分明显，中国的东西部在经济发展过程中形成了不同的经济结构、资源特点和相对优势，经济发展的地区不平衡也十分显著。这种差异和不平衡在东部与西部之间表现得尤为突出，这也正是导致开展东西合作的主要动力之一。从总体上看，东西部之间存在显著的区位梯度势差。东部是全国经济发展水平最高，发展基础最好的地区，东部的优势在于资金雄厚，加工技术水平高，管理能力强，已形成一定的品牌优势，各类人才特别是经营人才比较集中，对外开放度较大，国际市场营销水平高，市场占有能力强，基础设施条件好，但能源和原材料比较缺乏；而西部地区是全国能源与原材料较为集中的地区，同时拥有土地、光热、水力、矿产、旅游等自然资源、相对廉价的劳动力和市场潜力方面的优势，但缺乏的是资金、技术和科学的管理经验。因此，东西部之间存在相当的区位梯度势差，形成东西部合作与发展的基本动力，使东西部进行优势互补所需的各种资源、要素，在东西部区域间的充分流动得以实现。西部渴望通过合作充分发挥西部资源优势，加快发展速度，实现经济起飞，缩小地区差距，尽快扭转相对落后的经济发展状况；东部则通过合作进一步拓展资源的配置空间，在西部开辟新的发展领域和市场。

　　2. 动力之二——产业转移。区域产业结构是全国经济空间布局在特定区域组合的结果。由于区域优势和全国经济布局的总体要求，在不同的区域内拥有不同的区域产业结构；当区域经济发展处于不同的阶段，其产业结构也不同。区域产业结构作为国民经济的各产业间在资源和产出上的比例关系，遵循配第-克拉克定律，具有特定的演进规律：随着生产和经济的发展，区域第一产业比重逐步下降，第二产业、第三产业比重逐步上升，最后第三产业超过第二产业，并占据首位，同时在这个变化过程中，轻工业比重逐步下降，重化工业比重逐步上升，呈现出逐渐高度化的趋势。并由能源原材料工业向装备制造工业转变，由劳动、资源密集型逐次向资金、技术、知识密集型经济转变。

　　当前中国正处于经济结构调整的重要时期，尤其东部产业结构具有较强的产业转移冲动：由于经济发展空间狭小，使土地价格上涨；居民生活水平迅速提高使劳动力成本不断提高；经济快速发展，资源短缺，使一些传统产业特别是资源密集型产业的原材料成本上升和产品趋于饱和，已经或正在失去比较优势，亟待寻找新的发展空间，为高新技术产业和新型第三产业的发展腾出空间。另一方面，西部具备接纳东部产业转移的条件：西部基础设施虽不太完善，人才、技术、资金匮乏，是中国经济发展水平较低或开发程度较低的地区，但其幅员广阔，市场潜力巨大，资源丰富，特别是在水能、土地、生物以及部分矿产等方面的自然资源禀赋具有独特优势，一些产业和产品生产特别是劳动密集型和资源密集型产业和产品生产，具备或正在获得比较优势，并有新的领域尚待开发，可望成为新的经济增长点。东部与西部这种资源的互补特征，决定了二者加强合作的必要性和可能性。

产业在空间上的相对集中使得区域经济活动更具有效率，但是受边际收益递减规律的作用，产业在空间上过度集中也会导致不经济，因此集中到一定程度又必须走向分散，这时候符合分散趋势的产业就会获得更大的经济效率。东部地区经过改革开放 20 年的高速发展，经济实力和生产能力已经很大，产业集中程度已相当高，此时将产业向边际收益较高的西部地区迁移，充分利用国家赋予西部地区的优惠政策，与西部进行经济合作，将会取得更好的经济效益，西部地区也将从中受益。

（二）运作机制

在计划经济体制中，东西部经济合作的特点是政府的作用占主导地位，中央政府是主体。其运作机制是：中央政府通过统一财税将各地区的财力集中起来，然后由政府职能部门经过周密计划，组建国有企业，落实到目标地区，实现建设资金的区际流动，再以计划调拨的方式抽调其他经济要素到目标地区的特定企业里参与经济活动。

在计划经济条件下，东西部地区之间直接的经济合作和要素流动并没有发生，而是被由东部地区到中央政府、再由中央政府到西部地区的两次经济要素纵向流动所取代。一般而言，在计划经济体制下，中央政府为调整要素空间布局而进行的生产要素区际调度基本能够做到，而且力度较大，但是由于价格信号往往被扭曲、个体决策权上移至计划行政部门、计划行政部门集中进行决策缺乏足够的信息保障等原因，其生产要素配置的经济效率往往较差。

在成熟的市场经济体制环境下，区域经济合作的特点是市场经济的作用占主导地位，企业不但是区域经济合作的主要载体，而且是主体。其运作机制是：企业以其利润最大化为动机，根据其掌握的有关信息，自主决策，搜寻并确定目标地区，与当地的企业进行合作，或者到当地政府部门登记成立新企业，实现经济要素的区际流动；在企业进行要素空间移动的这一系列活动中，两地政府部门一般不会做任何行政干涉，如果这种要素移动属于产业政策鼓励的，则政府部门为其提供必要的服务和方便，如果这种要素移动属于产业政策限制的，则由相关经济政策和法律、法规来约束（如图 3 所示）。

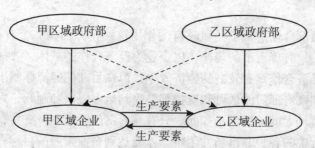

图 3 　成熟市场经济体制条件下两个区域间要素流动方向及政府作用

　　总体上，这样完全的企业行为，其经济效率是有保障的，但是经济要素区际流动的规模大小主要取决于各种市场因素的综合作用，能否达到政府的期望值则是未知的。

　　目前，西部大开发中的东西部经济合作所处的现实经济体制环境，既不是纯粹的市场经济，也不是纯粹的计划经济体制，而是正在转轨中的不完善的市场经济体制，而且东、西部地区市场体制发育不平衡，地方政府对地区经济有较大的控制权和决策权，是事实上的区域经济主体。在这样的体制环境下，东西部经济合作的特点是：市场的作用是基础性的，企业位于主体地位，但其行为受到地方政府的影响较大，有时其影响甚至是决定性的。东、西部地区政府职能和行为可能会直接反映到企业行为中，企业在区域经济合作中的决策和行为需要考虑政府行为的偏好因素。地方政府职能和行为有正或反两方面的作用，既可能支持东西部经济合作，也可能阻碍东西部经济合作。究竟是支持还是阻碍，很大程度上取决于东西部经济合作引起的以政府为代表的东部和西部地区利益关系的调整和变动（如图 4 所示）（靖学青 2002）。

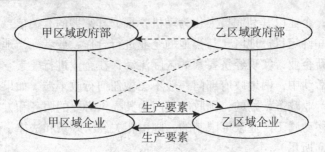

图4　我国现行经济体制下东西部地区之间要素流动方向及政府作用

在东西部合作中，市场和政府的作用这两个方面是一个有机的整体，缺一不可。只有尊重市场规律，以企业为经济合作的载体，才能在总体上保证双方经济合作具有较高的经济效率，但在目前的经济体制下，企业行为若得不到政府部门的认可和支持则会受到诸多限制和制约，尤其是在国有企业比重较大的地区更是如此。只有政府部门予以积极支持，企业才能排除其运营中的各种非市场性困难，才能达到企业发展的目标；但是政府部门若不尊重企业的行为准则，一厢情愿地过度干预企业行为，甚至搞"拉郎配"式的经济合作，企业在经济合作的主体地位被取代，则经济合作往往效率低下，效果不佳。

规范政府行为是东西合作顺利进行的关键，尤其是西部地区更应注意好这个问题。为了减少政府部门对区域经济合作的直接干预和操作，20世纪80年代曾出现了"政府搭台，企业唱戏"的运作方式。不过这种方式仍暗含着政府的主导作用，企业处于被动地位。目前此方式仍不能说已经完全过时，在一定的范围和场合内仍然有效；然而与市场经济体制相适应的运作方式毕竟是"企业主动唱主角，政府积极搞服务"，突出市场的主导作用。目前两种运作方式在不同市场发育程度下各有适用，随着我国市场化程度不断提高，后一种运作方式将逐渐占据主导地位。（靖学青，2002）

五、东西部产业转移的模式与区位选择

对东西部地区的比较优势以及产业梯度差异的分析，其目的是找出东西部各自的优势产业，以期对东西部间产业转移的行业选择提供借鉴。如果前一部分的分析是找到"转什么"，那么本部分所讨论的转移模式就是

解决"如何转"和"转到哪"的问题。产业转移模式可以从多个角度来考察，例如从企业的行为方式角度考察转移，可以将产业转移模式分为初级形态和高级形态。初级形态包括：对外投资、对外设立生产加工点和设立营销点；高级形态：设立研发机构、生产设施转移和总部转移；从推进方式角度划分成梯度转移模式、反梯度转移模式和集群转移模式。产业转移的重点区位将选择西部条件较为优越的地区作为重点选择的区位，本章分析将重点围绕中心城市及其附近区域、自然资源（包括旅游资源）富集区、沿边地区三类地区展开。

（一）产业转移模式选择

正如前面对全国范围内产业梯度以及地区间产业梯度差异的分析，一国经济中不可避免会存在高梯度地区和低梯度地区。由于生产要素禀赋、产业基础与产业分工的差异，地区间在经济发展与产业结构和技术结构水平上存在一定的阶梯状差距。产业梯度的存在促使了产业转移的发生。根据前面对产业级差的计算结果，我们可以看出，从产业层次上，产业的转移首先从纺织、烟草和饮料等劳动密集型产业开始发生，随后逐渐转向钢铁、石化、冶金等资本密集型产业，最后是电子、通讯等一些较低层次的技术密集型产业的转移；从转移的区域看，往往是从经济发达地区转移到次发达地区，再由次发达地区转移到欠发达地区。

产业的转移主要集中在第二产业。第三产业也有部分产业部门向外拓展，如交通运输、贸易服务、金融保险等为生产活动服务的领域。第一产业由于自身的特性，转移存在巨大的障碍。在东西合作中，产业与技术同时存在着由高梯度地区向低梯度地区扩散与转移的趋势。产业的适时转移不仅是高梯度发达地区产业结构调整的需要，也有利于促进相对落后地区的经济发展。因此，本部分将从梯度转移模式、反梯度转移模式以及产业聚集模式三个方面进行阐述。

1. 产业转移梯度模式。经济梯度这一概念包含了要素禀赋梯度、技术梯度、产业梯度等，其中产业梯度是最直接、最集中的体现。产业梯度表示由于生产要素禀赋、发展战略、产业基础的不同，各国或地区间产业结构形成了一定的阶梯状差距。由于这种差距的存在，导致某些生产要素会向低梯度地区流动，继而造成产业的梯度转移。产业梯度转移在实际经济中表现为，高梯度地区的某一产业不再具有比较优势时，会淘汰该产业选择新的产业，而落后产业就会向低梯度的地区转移。虽然这种产业梯度转移需要具备相应的条件，但其转移的根本基础和深层次原因仍然是国家或地区在产业上的梯度差异，如果不存在这种梯度差，产业转移也就无从谈起。

根据前面对产业优势程度的地区分布以及地区间产业梯度分布分析，我们认为梯度转移模式主要适用于工业领域。这些产业往往在西部地区拥有一定的需求量，然而受到技术、资金以及生产规模等的影响，西部地区在这些产业的生产上往往呈现一定的劣势。而具有产业优势的东部地区，随着产业结构调整，需要逐步将该类产业转移出去。在此基础上，西部地区积极引进东部地区的先进技术，生产经验，发展自身产业，对西部地区经济发展、东部地区产业结构调整均具有积极意义。

2. 产业转移反梯度模式。反梯度推进理论是与梯度推进理论相对的范畴，是在梯度推进理论的基础上提出和发展的。所谓经济发展梯度，就是指不同区域在经济发展水平上所存在的差异。由于区域经济发展不平衡现实的存在，决定了区域经济发展梯度也是客观存在的。经济发展梯度的存在是梯度推进理论和反梯度推进理论的客观基础和理论前提

反梯度推进理论的核心观点是：现代技术转移有两个特点，一是经济技术的转移按现有生产力水平转移，这是常规的梯度推移；二是以超越现有生产力发展水平的方式推移，即在一些有条件的欠发达地区可以引进、使用与发达地区同样水平的先进技术、装备，在某些产业和领域形成技术高地，通过辐射与带动进而实现生产力的跳跃式发展。因此，可以导出两点结论：①欠发达地区的生产力发展水平的梯度推移顺序，不一定是按常规的先农业、后工业，工业发展中又是先轻工业、再重化工业，先发展初级产业，发展劳动密集、资金密集型产业，最后才可能发展高新技术的开发推移顺序。②欠发达地区引进先进技术，不一定是第一梯度、第二梯度地区"外溢"的技术，只要有需求，又具备必要的条件，落后的低梯度地区，可直接引进、采用世界最新技术，发展自己的高新技术，实现跨越发展。

产业结构调整和技术升级是区域经济发展的关键问题，对于经济欠发达地区尤为重要。在新的一轮战略性结构调整中，区域经济的兴衰主要取决于产业结构的优劣，取决于参与调整的实效。无论是梯度推进理论还是反梯度推进理论，都强调产业结构对于区域经济发展的重要性，这一点两者是一致的，处于经济发展高梯度的地区一般都建立了以技术密集型产业和发达的金融、信息等服务业为主体的经济结构，但是任何产业都要经历

由生长到衰败的过程，任何一个地区的产业结构都会随着时间的推移而趋于老化。预防产业老化最有效的办法就是不断进行产业结构的调整，通过技术创新和产业升级来保持自己的结构优势。处于经济发展的低梯度地区，其经济结构中占主导的一般是初级产品和产业，与发达地区的产业结构存在相当大的级差，这是我国西部地区与东部地区经济发展存在相当大差距的一个重要根源。如果不解决结构优化的问题，如果只按照生产力转移的梯次承接发达地区外溢的技术和产业，那么低梯度地区将无法建立合理的产业结构，东西部的差距不但不会缩小反而还可能扩大。因此，西部地区必须按照反梯度推移的思路，集中力量，寻找突破口，利用经济结构调整契机，迅速使自己的产业结构升级。

西部地区尤其是西南地区科研院校的聚集又使得高新技术产业的发展在西部有了实现的可能。在实行产业转移的反梯度模式时，主要可以从以下两方面入手，首先，确立高新技术产业作为反梯度转移的重点合作产业。高新技术的产品含有更多的可再生性智力资源，且高科技能促使新兴产业和产业部门的形成，不断创造新的需求，有着巨大上升的市场空间和利润空间，因此，高新技术产业对拉动西部整体经济的发展有着重要的作用。其次，用高新技术改造西部地区传统产业。目前，传统产业仍旧是西部地区主要的财政收入来源，且传统产业市场容量大，吸纳劳动力的能力强。因此对经济发展落后的西部地区而言，应用反梯度推移模式，运用高新技术改造传统产业，可以提高传统产业中的技术含量，从而实现传统产业现代化。

3. 产业集群转移模式。产业集群转移模式，简单地说，是指一个地区的产业集群整体转移到另一个地区；具体而言，指一群原本在地理上集中、关系密切的产业群体，整体搬迁到另一地区，产业的网络关系保持不变。比如，在1860～1920年间，美国的传统产业集群中心由匹兹堡以东几英里西移几百英里至俄亥俄州的托莱多和斯普菲尔德之间。20世纪90年代，台湾的电子产业集群就基本上整体转移到广东的东莞。

产业的集群转移有以下几个方面的优点：

第一，产业集群转移模式可以降低产业西移的成本。①产业集群转移模式可以降低产业西移的交易成本。集群中的企业组成整体可以降低与当地政府的交易成本，集群中的内部网络复制可降低内部交易成本。②产业集群转移模式可以降低产业西移的配套成本。由于产业之间的关联性，因此西部地区要想承接东部的产业转移，客观上必须有相关的配套设施。但是西部的经济相对落后，配套设施还不完善，更多的依靠企业自己解决。产业集群转移模式将与企业有关联的企业集体转移到西部，能够有效降低产业转移的配套成本。③产业集群转移模式可以降低产业西移的适应成本。产业转移到新的区域后适应期越短，企业生产出产品的时间就越快，产业的资金链条就越不容易断裂。企业因此可以在最短的时间内适应当地的环境，把适应成本降到最低。④集群转移模式可以降低市场风险、政策风险带来的不确定成本。

第二，产业集群转移模式可以增加产业西移的收益。产业集群式转移模式可以带来政策收益，政策收益是指由于承接地政府的优惠政策，如税收、土地等方面的优惠，而给厂商带来额外收益。产业集群转移模式使企业可以共享劳动力市场，企业可以获得高质量且数量稳定的劳动力。产业集群转移模式增加了企业之间的交流，增加了知识的溢出，促进了创新的产生。产业集群转移模式不但能强化企业的竞争力，而且还将培育一个广阔的西部市场。伴随产业集群的西移，市场知名度与容量不断扩大，大幅降低搜寻成本，会形成集群扩大与市场发展的良性循环。

（二）产业转移的区位选择

西部面积辽阔，其内部经济水平也并非是同质的，有相当一部分地区条件比东部的一些落后的地区还要好，因此东部地区产业向西部转移，不能不加选择地遍地开花，而应当选择条件较好的区位重点布局（靖学青，2002）。

第一，中心城市及其附近区域。从总体上讲西部地区的经济发展水平还是比较落后的，但某些区域的中心城市及其附近区域经济发展水平甚至要超过东部的某些落后地区，但远离这些区域中心城市的区域和大范围欠发达地区尤其是自然条件比较恶劣的广大农村区域，经济发育程度很低，西部经济落后主要指的是这些区域。

从整个西部地区来看，在交通大动脉连线上的城市是西部地区经济较为发达的地区，首先是连接西北与内地的交通大动脉陇海—兰新铁路，这条铁路将西北地区经济最发达的城市串了起来，从东到西串有渭南、西安、咸阳、宝鸡、天水、兰州、白银、武威、金昌、张掖、酒泉、嘉峪关、玉门、敦煌、哈密、吐鲁番、乌鲁木齐、昌吉、石河子、奎屯、博乐等经济中心城市。其次是渝、川、滇、黔四个省市首府所在地围成的"口"字形铁路沿线地区，沿线分别有重庆、遵义、贵阳、柳州、南宁、昆明、大理、攀枝花、六盘水、西昌、成都、内江等城市，这些城市都是所在区域经济比较发达的中心城市，具有良好的经济与自然条件。从省域的角度来看，各省市自治区的首府一般都是百万人口的大城市，在各自区域范围内形成了自己的城市体系。这些城市及周边地区，自然、经济、社会等各方面条件均比较好，发展的条件优越，东部产业如果向西部转移当首先考虑这些区域。图5为西部地区铁路沿线重要城市。

图5　西部地区铁路干线重要城市

第二，自然资源（包括旅游资源）富集区。自然资源在区域间分布不平衡，尤其是能源矿产资源，往往在空间上高度集中，形成一个个储量庞大的富集区域。这样的资源地一般适宜于大规模集中开发，好处是可以避免小规模开发带来的大量资源浪费现象，而且效益也较好，但同时需要大量的资金投入，需要高技术的机械设备，需要相当数量的技术人员。因此，西部自然资源开发及其转化增值需要国内外具有实力的经济主体的参与，东部地区参与西部地区自然资源开发，应主要选择这些资源富集区域。随着西部大开发的深入进行以及国家优惠政策的不断出台，东部地区经济主体将被允许参与西部自然资源富集区的开发。

西部地区自然资源富集区及其重点开发区主要有：晋陕蒙接壤地区，柴达木盆地，攀西地区，新疆塔北—吐哈，黄河上游，六盘水地区，川滇黔接壤地区（主要是金沙江沿岸地区），长江上游地区（宜宾—宜昌），乌江流域，红水河流域等（如图6所示）。在这些资源富集区，可以建立所谓的产业综合体，并依托主导产业，延伸产业链形成产业集群，吸引东部相关产业转移到这些地区。例如在水能资源丰富的地区长江上游、红水河流域、黄河上游，依托水电资源建设高耗能的重化工业体系，吸引在东部受能源短缺困扰的相关产业转移到这些地方；在石油能源丰富的新疆塔北—吐哈、柴达木盆地等地区建立石化工业基地，并依托初级石化产品延长产业链，生产高附加值的产品，最终形成石化工业产业集群。东部地区在石油产品深加工上具有资金、技术方面的优势，将东部相关产业吸引到这些地方一是由于资源开采业的增加值根本不可与深加工产品同日而语，所以可以大大提升本地区的经济实力；二是可改变这些地区单纯能源输出地的角色，使当地人得到应有的实惠，在一定程度上缓解当地的民族矛盾。

图6 西部自然资源富集区示意图

第三，沿边地区。中国西部地区有6个省区（广西、云南、西藏、新疆、甘肃、内蒙古）与14个国家（俄罗斯、蒙古、哈萨克斯坦、吉尔吉斯斯坦、塔吉克斯坦、阿富汗、巴基斯坦、印度、尼泊尔、锡金、不丹、缅甸、老挝、越南）接壤，陆地边界线长约10956.02公里，占全国近80%，具有得天独厚的地缘优势。尤其是改革开放后我国继续施行睦邻友好的对外政策，与周边各国进一步改善了政治关系，20 世纪 90 年代以来我国又进行了大规模的沿边对外开放，设立了 62 个国家级对外开放一类口岸（1995 年）、13 个沿边对外开放县市和 13 个边境经济合作区，周边大多数国家也都施行了对我开放和开展经贸交流、合作的政策，沿边地区经济贸易发展迅速，出现了经济繁荣的喜人景象，具有诱人的经济合作前景。目前沿边地区开放开发已经成为西部地区经贸发展的一个经济增长热点。

东部企业与西部地区进行经济合作，可将西部沿边地区作为一个重点区域，主要是针对周边国家搞适合于邻国消费需求的产品开发和对外贸易，同时以沿边地区为基地与周边国家合作，开发利用邻国的自然资源，例如木材、矿产等。

但是西部沿边地区范围广大，各地经济发展的情况并不相同，东西部经济合作需要选择条件优越、资源丰富、位置独特、开放程度高、具有一定开发基础、开发潜力较大的沿边优势区位。这样的优势区位，主要是如下一些县旗市：满洲里、二连浩特、塔城、博乐、霍城、伊宁、喀什、塔什库尔干、亚东、泸水、腾冲、盈江、陇川、瑞丽、畹町、景洪、勐腊、河口、凭祥、东兴等（靖学青，2006）。图 7 显示了沿边重点发展地区。

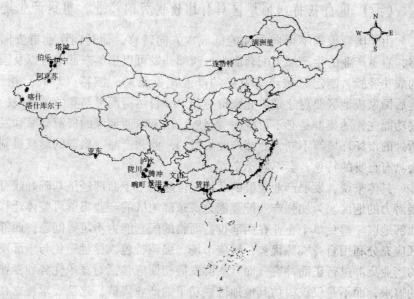

图7　沿边重点发展地区示意图

六、促进东西合作与产业转移的对策建议

（一）将优惠措施纳入法制化轨道，促进产业向西部地区转移

企业是产业梯度转移的主体。在市场经济条件下，企业跨地区的协作、兼并、技术转移与生产环节的分工是产业转移的实现形式。只有企业真正按照市场经济规律行动起来，把握产业转移中的巨大商机并及时行动，西部地区吸引产业转移才能取得实效。要使投资者对在西部投资有信心，有必要制定《西部投资鼓励法》，用立法的形式保障投资者的利益，鼓励外商和东部地区的企业到西部投资兴业。对西部开发投资的鼓励可以采取以下几种形式：（1）对西部地区基础设施建设和重点产业开发实行投资补贴。（2）对商业银行在西部地区的产业贷款予以贴息。（3）设立鼓励创造城镇就业的"就业补贴"基金。就业补贴也是国外为缩小地区失业差异而采用的一种区域性政策工具，通常是根据企业在不发达地区创造的就业机会给予企业一定数额的补贴，以降低企业的工资成本，鼓励企业多雇佣地方工人。

（二）重点扶持西部地区具有比较优势的产业，构筑产业集群

由于国际投资不再向单纯的低成本方向转移，而是向产业群方向转移，看重产业的生产加工配套能力。西部开发可以借鉴东部地区以及国外的成功经验，制定区域经济发展的产业集群策略。波特（1998）指出，落后国家或地区要想超越单凭廉价劳动力和自然资源参与竞争的阶段，发展功能完善的集群是必不可少的。当然，由于东西地区的资源禀赋和发展所处的市场环境等不同，西部产业集群的产业和产品、集群的形成机制等会具有自身的特色，会不同于东部。

具体来说，发展产业集群的区域定位应集中于西部经济基础好或有发展潜力的地区。为加强产业配套能力，东部地区的产业集群可整体迁移至西部地区。避免单个企业在西部投资面临的配套能力不足等问题。西部地区应充分利用自身资源优势，顺应市场，强调特色，尽量避免与东部发达的产业集群进行正面冲突。而且集群发展初期应包括对竞争优势和专业化的追求，而不是仅仅模仿其他地区成功了的产业集群。这就要求建立在独一无二的特色产业上。与其和已有的产业集群展开正面竞争，还不如拓展

具有优势特色产业更为有效。

（三）加大对一些城市的支持力度，培育具有较强辐射力的经济增长极

西部地区土地辽阔，除四川、关中等地人口比较密集，大多数地区人口比较稀疏，所以城市比较少，城市规模也比较小，对区域经济的带动能力不强。针对西部地区这种情况，不可能建设更多的城市，而应该把现有区域中心城市做大做强，以避免资源分散化和企业成本的上升。应通过周密论证和科学规划，选择环境好、水资源丰富、资源禀赋合理、交通便捷的城市进行重点发展，将其培育成为产业集中度高，经济实力强，承载人口多，带动能力强的经济增长极。增长极理论是区域经济理论的重要组成部分，并且在各国区域发展实践中被证明是行之有效的模式。中国改革开放之初建立深圳等四大特区和 20 世纪 90 年代开发开放浦东都证明了增长极理论的有效性。深圳现已成为一个承载千万人的大都市，浦东造就了另一个上海，成为带动长三角经济发展的发动机。天津滨海新区则是新世纪在中国北方培育增长极的新尝试。培育增长极的要义是政府的有力支持，并使其成为全国甚至全世界瞩目的焦点，促使要素高度聚集。西部地区可成为增长极的城市很多，如新疆的伊宁、霍尔果斯，青海的格尔木，甘肃的白银，宁夏的银川，陕西的杨凌，四川的内江，重庆的万州，云南的瑞丽、贵州的遵义、广西的东兴或凭祥等。可把这些城市作为发展的重点，通过政策、资金的支持，并直接进行规划指导，使其迅速成为带动周边区域发展的中心城市。

（四）东西合作共建合作区、开发区、工业园区

改革开放以来，国家在西部规划建设了若干个合作区、开发区及工业园区，对当地招商引资起了重要作用，但也给当地财政带来了越来越大的压力。由于资金不足，基础设施建设缓慢或不完善，不同程度地制约了招商引资的进程。"十一五"规划纲要提出了促进东中西协调互动，鼓励东西合作的方针。我们认为，比较有效的方式是东西部合作建设开发区和工业园区。可以采取政府和企业、行政手段和市场手段相结合的办法。如东部地区办的比较成功的开发区可以到西部边疆地区合作建设开发区和工业园区。西部地区的政府以优惠价格提供土地，东部地区的开发区提供资金和管理人才，按照东部地区开发区那样的体制进行管理，税收和利润进行

分成，做到互利双赢。前述江苏与新疆合作建立工业园区，已显现出良好的效果。建议通过进一步研究，总结经验，制定办法，鼓励东中西共建开发区或工业园区，走出一条推动东中西合作的新路子。

（五）加强人才、技术的交流与合作

就东部而言，应把向西部转移高技术和人才、发展科技信息交流作为参与西部开发的重要内容。坚持技术、人才的引进与输出相结合，积极组织本地科研单位、高等院校和高技术企业，通过技术转让、技术承包、合资、合作生产等多种方式，加快具有相对优势的技术和科技成果在西部地区的转化、推广和应用。同时，拓宽人才交流与合作的渠道，根据西部地区经济社会发展需要，推荐本地各类技术人才到西部进行技术指导，帮助和培训当地农民和企业职工。当然，西部的企业也可以以技术为纽带，与国内外企业结成战略联盟伙伴，共同进行技术的研究与开发。

（六）发展和开放西部地区的服务业市场，促进沿边地区开发开放

金融、保险、物流、零售、房地产、社会服务业等本身既是服务性行业，它们存在和成熟的程度同时也是投资与商务软环境的重要组成部分。随着西部地区经济的发展以及居民生活和消费水平的提高，这种服务需求会越来越大。服务性行业的发展可以改善当地的投资环境，增加经济活动总量，活跃市场并可带动其他行业的发展，对吸引外资和东部企业具有非常重要的作用。

服务产品是一种非实物劳动成果，其生产、交换、消费具有时空同一性。由于服务业的市场是分割的，各地区的服务产品不可流动，因此，外商投资企业和东部企业要想占领西部市场就必须到西部地区投资，而不可能像制造业那样，在东部地区生产，在中西部地区销售。因此，可吸引东部地区企业到西部投资服务业。

结合产业结构战略性调整，各边境口岸城镇应视经济发展潜力和市场容量，来建设不同类型的出口加工区、自由贸易区及转口保税区等新型西部"特区"。这些特区可吸引东部大型企业集团或国际著名的跨国公司来投资，所生产的产品部分出口，部分抵免关税后销往西部各省区。

参考文献：

1. 陈栋生：《东西合作：西部大开发的推进器》，载《财经问题研究》，2002 年第 6 期。

2. 陈栋生：《东西合作互动促进区域协调发展》，载《工业技术经济》，2004 年第 8 期。

3. 陈栋生：《东中西合作互动，促进区域协调发展》，载《工业技术经济》，2004 年第 23 卷第 4 期。

4. 陈华、徐建华、高凯山：《中国东西部经济合作的制度建设研究》，载《甘肃省社会科学》，2006 年第 3 期。

5. 陈建军：《中国现阶段的产业区域转移及其动力机制》，载《中国工业经济》，2002 年第 8 期。

6. 陈建军：《产业区域转移与东扩西进战略——理论和实证分析》，中华书局2002 年版。

7. 陈洛：《加强合作，实现东西部经济协调发展》，载《改革与战略》，2002 年1～2 期刊。

8. 陈秀莲：《中国—东盟自由贸易区国际产业转移模式的探讨》，载《商场现代化》，2006 年 9 月（上旬刊）。

9. 戴宏伟：《产业梯度产业双向转移与中国制造业发展》，载《经济理论与经济管理》，2006 年第 12 期。

10. 戴宏伟：《区域产业转移研究——以"大北京"经济圈为例》，中国物价出版社 2003 年版。

11. 豆建民：《中国区域经济合作组织及其合作成效分析》，载《经济问题探索》，2003 年第 9 期。

12. 顾益康：《西部大开发接轨东部大市场——对新世纪中国东西部合作开发的战略思考》，载《求是》，2000 年第 10 期。

13. 何龙斌：《基于商务成本视角的西部地区引进外资问题》，载《延安大学学报》（社会科学版），2006 年第 28 卷第 4 期。

14. 何星明、蒋寒迪、袁春惠：《产业区域转移的理论来源》，载《企业经济》，2004 年第 9 期。

15. 何跃、卢鹏：《关于优势产业选择的可行性方法和实证研究》，载《计算机工程与应用》，2006 年第 3 期。

16. 黄秀香：《东西部产业合作模式探讨》，载《福建金融管理干部学院学报》，2006 年第 3 期。

17. 靖学青：《西部开发之东西部经济合作的区域经济效应分析》，载《上海经济研究》，2000 年第 9 期。

18. 靖学青：《东西部经济合作论》，上海社会科学出版社 2002 年版。

19. 李松志、刘叶飙：《国外产业转移研究的综述》，载《经济问题探索》，2007年第 2 期。

20. 李燕：《东西部区域经济合作研究——以甘肃与浙江区域经济合作为例》，硕士论文，2004 年。

21. 梁双陆、李娅：《我国东西部区域经济合作的发展阶段及其特征》，载《经济问题探索》，2005 年第 6 期。

22. 刘娟：《我国制造业西移的现状及成因研究》，载《经济纵横》，2005 年第2 期。

23. 刘沁清：《产品改进、产业升级和内涵经济增长——比较优势的视角》，载《复旦大学学报》，2007 年第 2 期。

24. 刘晓红、李国平：《基于区位商分析的区域产业结构实证研究》，载《统计观察》，2006 年第 3 期。

25. 刘艳：《论东部产业集群对西部开发的影响——对传统"梯度转移"理论的一种质疑》，载《经济问题探索》，2004 年第 1 期。

26. 刘艳：《西部地区承接产业梯度转移研究》，载《改革》，2004 年第 6 期。

27. 刘源：《通过东西合作加快西部发展》，载《中国经贸导报》，2000 年第 11 期，第 19 卷第 2 期。

28. 罗浩：《中国劳动力无限供给与产业区域粘性》，载《中国工业经济》，2003年第 4 期。

29. 罗清和等：《加强东西合作与交流的意义与政策研究》，载《促进东西合作政策研究》，中国区域经济学会课题组，2004 年 5 月。

30. 马子红：《基于成本视角的区际产业转移动因分析》，载《财贸经济》，2006年第 8 期。

31. 米娜、乔哲：《比较优势理论在我国的动态拓展研究》，载《商场现代化》，2007 年第 2 期（下旬刊）。

32. 民建广西区委会课题组：《以产业对接为基础促进东部劳动密集型产业向中西部转移》，载《市场论坛》，2006 年第 8 期。

33. 聂华林、赵超：《我国区际产业转移对西部产业发展的影响》，载《兰州大学学报》社会科学版，2000 年 28 卷第 5 期。

34. 邱兆逸：《实施产业集群转移模式实现西部经济腾飞》，载《探索》，2006 年第 1 期。

35. 任建华：《邓小平经济战略中的东西部合作思想》，载《发展论坛》，1996 年第 2 期。

36. 任太增：《比较优势理论与梯级产业转移》，载《当代经济研究》，2001 年第11 期。

37. 闰志英：《从梯度推移理论看西部大开发战略》，载《理论探索》，2004 年第 3 期。

38. 上海社会科学院经济研究所课题组：《东西部经济合作的体制环境和运作机制》，载《上海经济研究》，2001 年第 1 期。

39. 谈文奇：《中国东西部经济合作的产业对接模式研究——GIS 和统计分析视角》，硕士论文，2006 年。

40. 汪一鸣、李少华：《面对经济全球化的中国东西合作》，载《经济地理》，2003 年第 23 卷第 2 期。

41. 王海霞：《西部地区合理选择接纳转移产业与产业结构升级的思考》，载《兰州学报》，2003 年第 2 期。

42. 王珏、曹立：《反梯度推进理论与西部产业结构调整》，载《山东社会科学》，2002 年第 3 期。

43. 王洛林、魏后凯：《我国西部大开发的进展及效果评价》，载《财贸经济》2003 年第 10 期。

44. 王满四、和丕禅、朱琪、丁轩：《东西合作中要素西进的经济效应与政策机制》，载《中国软科学》，2001 年第 7 期。

45. 王小卫、蔡新会：《东西部经济合作的市场条件分析》，载《江苏社会科学》，2003 年第 4 期。

46. 王新霞、李具恒：《西部开发新模式：基于梯度理论的扩展分析》，载《兰州大学学报》，社会科学版 1 第 31 卷第六期。

47. 王燕玲、林峰：《西部地区应积极承接东部地区产业转移》，载《经济问题探索》，2005 年第 2 期。

48. 王英、沈菊琴、彭红云：《浅谈东部的产业转移》，载《市场周刊·财经论坛》。

49. 王勇、徐元国：《比较优势来源分析》，载《经济与社会发展》，2003 年第 2 期。

50. 吴卫卫、元真、谢健儿：《我国西部大开发中的东西合作与区域联动》，载《科学管理研究》，2001 年第 4 期。

51. 肖金成：《加强东西合作促进西部大开发》，中国区域经济学会《东西合作暨县域经济发展研讨会论文集》25－36，2006 年 12 月。

52. 谢丽霜：《产业梯度转移滞缓原因及西部对策研究》，载《中央民族大学学报》（哲学社会科学版），2005 年第 5 期。

53. 徐仕政：《基于比较优势的区域优势产业内涵探究》，载《工业技术经济》，2007 年第 2 期。

54. 杨荫凯：《新时期我国东西部地区合作的新途径》，载《宏观经济管理》，2003 年第 2 期。

55. 翟松天、徐建龙：《中国东西部产业结构联动升级中的产业对接模式研究》，载《青海师范大学学报》（社会科学版），1999 年第 2 期。

56. 张贡生：《论西部开发中的东西部合作问题》，载《柴达木开发研究》，2000 年第 3 期。

57. 张可云：《区域大战与区域经济关系》，民主与建设出版社 2001 年版。

58. 张可云：《区域经济政策》，商务印书馆 2005 年版。

59. 张秀君、史耀媛：《关于西部地区产业转移的新思考》，载《理论导刊》，2005 年第 3 期。

60. 邹蓝、王永庆：《产业迁移：东西部合作方式和政策研究》，载《特区理论与实践》，2000 年第 3 期。

对当前区域经济发展若干理论问题的思考[①]

魏后凯

改革开放以来，中国区域经济获得了突飞猛进的发展，由此对区域经济理论研究产生了巨大的需求。面对来自经济实践的巨大需求，学术界加强了对区域经济发展中一些重大理论问题的研究，不同学者从不同角度提出了各种各样的观点，并展开了激烈争论。这些不同观点和争论对于繁荣和发展中国区域经济学起到了重要作用。然而，至今为止，学术界对当前区域经济发展中的一些理论问题还缺乏一致的看法，许多问题还有待进一步深化研究。这里，我着重对当前区域经济发展中若干重大理论问题进行讨论，谈谈自己的一些看法，以引起学术界的争鸣和深入探讨。

一、关于中央区域政策的目标选择

中央的区域政策究竟是注重效率还是公平目标，这是我国学术界长期争论的问题。归纳起来，主要有三种观点：一是效率优先论，即强调中央区域政策应注重效率目标，优先支持有条件的优势地区尤其是发达地区加快发展；二是公平优先论，即强调中央区域政策应注重公平目标，优先支持那些关键问题区域尤其是落后地区和衰退地区加快发展；三是效率与公平兼顾论，即中央区域政策要同时兼顾效率目标和公平目标。也有一些学者强调公平与效率的协调和兼容，[②] 或者寻求公平与效率的统一。[③] 事实上，这种观点与兼顾论大体相同，只是表述不同而已。在优先论中，过去

本文为我主持的国家自然科学基金项目《中国企业迁移的决定因素与区位政策研究》（项目批准号70473098）和中国社会科学院2006年度重大课题《我国国家区域政策和区域发展新格局研究》的阶段性成果。
② 蓝庆新：《论区域经济协调增长中的公平与效率》，载《探索》2006年第2期。
③ 张曙光、赵农：《寻求公平与效率的统一：西部大开发战略评析》，载《管理世界》2000年第6期。

59 ·

学术界着重强调"效率优先、兼顾公平",而近些年又提出"公平优先、兼顾效率"。① 这两种观点可以看成是优先论的修正和改良。

由于在理论上的不同观点,导致新中国建立以来我国中央区域政策的目标选择长期举棋不定,在效率与公平目标之间出现多次较大的变动。从东西关系来看,当中央注重效率目标时,比较发达的东部地区受到较多的优待;当注重公平目标时,相对落后的西部地区或者过去的"三线地区"受到重视;其结果,处于中间地带的中部地区长期受到"挤压"。在改革开放后的较长时期内,中央区域政策更多的是注重效率目标,条件较好的东部地区在投资和政策方面享受了较多的优惠。这种情况直到最近几年才有一定的改变。在这种政策倾向的影响下,直至今日西部地区工业平均税负仍要远高于东部地区。2004年,若以东部地区工业企业产品销售收入中各项税金所占的比重为100,则中部地区为172,西部地区为218,东北地区为160。② 这说明,目前西部地区工业平均税负是东部地区的2.18倍。

再从城乡关系来看,由于过分强调注重效率目标,政府大量的资源投向了中心城市,尤其是条件较好的大中城市,小城镇和农村地区长期受到"忽视"。前些年实施的市管县体制,进一步加剧了这种"集中化"趋势。其结果,在政府政策和市场力量的合力作用下,中心城市单纯成为从农村吸纳资源和要素的"载体",由此对农村和县域经济发展产生了极为不利的影响。同时,受行政配置资源的影响,各地在"效率优先"原则的支配下,把大量的政府资源不对称地投向了各级行政中心,尤其是省会和首府城市。在这种情况下,绝大部分省会和首府城市都成为了当地人口和经济规模最大的城市。这种现象已成为当前中国经济的一大特色。

当然,考察中央区域政策的目标,必须联系到其体制背景和发展阶段。在计划经济体制下,由于政府掌握和控制着绝大部分资源,中央的区域政策更多的是一种布局政策,所以中央在配置资源时,既要考虑效率目标,又要考虑公平目标。改革开放以来,中国经济出现了由计划经济向市场经济的转轨。在这种转轨的初期阶段,由于市场机制很不完善,中央仍掌握着相当部分的资源,加上经济发展水平较低,为加快全国经济发展,尽快缩小与发达国家的差距,中央区域政策更多地注重效率目标是可以理

① 王妍、杨秀昌:《公平优先,兼顾效率——区域财政运行中的公平与效率》,载《山西财经大学学报》,2001年第2期。
② 中国社会科学院工业经济研究所:《中国工业发展报告(2006)》,经济管理出版社2006年版。

解的。然而，经过近30年的改革开放实践，目前中国已经初步形成了社会主义市场经济的基本框架。研究表明，2003年中国经济市场化程度已经达到了73.8%。[①] 虽然学术界对能否这么精确地度量市场化程度还存在异议，但可以肯定的是，目前中国经济的市场化程度已经有了很大提高。而且，中国的综合国力也在显著增强，经济发展水平明显提高。在这种情况下，过去计划经济时期完全由政府统筹考虑的效率与公平问题，将分别由市场和政府来共同完成。资源的空间配置问题需要更多地发挥市场机制的基础性作用，政府则主要是发挥调控、监管和积极引导作用。

我们知道，效率或趋利原则是市场配置资源的基本原则。这样，在市场经济条件下，资源空间配置的效率目标将主要依靠市场机制来实现。然而，国际经验表明，单纯的市场力量一般会扩大而不是缩小地区差距。[②] 这是因为，在市场趋利原则的作用下，将促使资金、人才等要素从增长缓慢的落后地区流向繁荣的发达地区，由此加剧地区差距的扩大趋势。事实上，自改革开放以来，随着市场力量的不断加强，我国资金、人才等要素由中西部落后地区向东部发达地区、由农村地区向大中城市地区的大规模流动已经成为一个不争的事实。尤其是近年来国有商业银行的市场化改革，更加起到了在中西部吸纳资金投向东部，在农村吸纳资金投向城市的"中介"作用。中西部落后地区和东北老工业基地人才流失现象也十分突出，从最初的"孔雀东南飞"发展到后来的"麻雀东南飞"。这种要素集聚和流动趋势必然会加大城乡和地区差距的扩大趋势，进一步加剧社会不和谐的程度。因此，对中央政府来说，中央区域政策将需要更多地或者主要是注重公平目标，对那些问题严重且自身无法解决，确实需要国家给予援助和扶持的关键问题区域，实行"雪中送炭"，而不是对那些发达的繁荣地区"锦上添花"。这些关键问题区域包括发展落后的贫困地区、处于衰退中的老工业基地、转型困难的资源型城市、财政包袱沉重的粮食主产区以及各种问题交融的边境地区等。[③]

由此可见，从宏观战略层面看，效率与公平原则是市场与政府调节所遵循的不同原则。前者是市场机制发挥作用所遵循的原则，它只能是嫌贫爱富、锦上添花，而后者则是政府干预所遵循的原则，它强调的是雪中送炭、公正和谐。从收入分配过程来看，前者是对国民收入的初次分配，而

---

① 北京师范大学经济与资源管理研究所：《2005中国市场经济发展报告》，中国商务出版社2005年版。

② G. Myrdal, *Economic Theory and Underdeveloped Regions*, London, Duckworth, 1957.

③ 魏后凯：《"十一五"时期中国区域政策的调整方向》，载《学习与探索》2006年第1期。

后者则是对国民收入的再次分配。因此，在社会主义市场经济条件下，中央区域政策应在充分发挥市场机制的基础性作用之基础上，突出和强调公平目标，实行"逆市场调节"，对各种关键问题区域给予更多的帮助和扶持；而不是像过去那样注重效率目标，实行"顺市场调节"，对经济繁荣的发达地区给予重点支持。在市场机制日趋完善的情况下，中央实行"顺市场调节"的区域政策将是多余的，也是没有必要的。因为通过完善市场机制将可以达到同样的目的。更重要的是，这种"顺市场调节"的做法将会进一步加剧地区差距的扩大趋势，增加社会不和谐的因素，不符合科学发展观和构建社会主义和谐社会的要求，而且还有可能会造成对市场机制的扭曲，影响市场机制正常作用的发挥。从发达市场经济国家的经验看，几乎很少有国家把扩大地区差距作为中央区域政策的目标。

需要指出的是，这里我强调中央区域政策应更多地注重公平目标，是指中央政府应把区域援助和支持的重点放在那些需要国家扶持的关键问题区域，这是就国家宏观战略层面而言的。当然，这并非意味着中央在具体援助方式的选择上不需要考虑效率问题。事实上，在政策实施层面，中央对关键问题区域实行援助和扶持的方式，将需要兼顾公平和效率问题，尤其是在发展初期阶段，适当强调效率原则是十分必要的。这就意味着，中央对关键问题区域的援助和扶持，一方面要注重公平目标，对问题区域中那些最困难和最需要扶持的对象或群体给予支持；另一方面，要适当强调效率目标，对问题区域中那些最具发展潜力的对象或群体给予支持。从中央援助的性质看，前者相当于一种捐助，而后者则带有一定的投资性质。这种带有投资或刺激投资性质的援助，可以增强问题区域的自我发展能力，提高其持续竞争力。

二、关于梯度理论和梯度推移战略

梯度理论和梯度推移战略是我国学术界近 20 多年来长期争论不休的问题。之所以长期争论不休，是因为在各种观点的背后，大都隐含或代表着不同地区的利益。其结果，学术理论之争成为各地区之间的利益之争。就"梯度理论"概念来说，它最早是由来自东部的学者夏禹龙、冯之浚提出来的。[①] 后来，何钟秀进一步将该理论概括为"国内技术转移的梯度

---

① 夏禹龙、冯之浚：《梯度理论与区域经济》，载上海科学研究所《研究与建议》，1982 年第 8 期。

推移规律"。① 他们认为：我国经济发展不平衡的特点，已经在国内形成了一种技术梯度，有的地区是"先进技术"，有的地区是"中间技术"，有的地区还是"传统技术"。因此，自觉地利用技术梯度，让一些有条件的地区首先掌握世界先进技术，然后逐步向"中间技术"地带、"传统技术"地带转移。随着经济的发展，通过技术转移的加速，将逐步缩小地区的差距。显然，这里所指的是一种技术梯度推移战略。但在概念使用上，却采用了一个含义十分广泛的名字"梯度理论"。这就为后来学术界把梯度理论和梯度推移战略混为一谈，并长期争论不休埋下了伏笔。

事实上，梯度理论和梯度推移战略是两个完全不同的概念。在任何国家和地区，经济技术梯度都是客观存在的。经济技术的梯度转移也是经常出现的，如产业和技术由发达地区转移到落后地区，或者由城市中心区转移到郊区和农村地区。因此，从广义角度理解，我们可以把揭示和解释经济技术梯度形成变化的各种理论观点称之为梯度理论。而梯度推移战略则是一种战略构想，最初主张让发达的东部地区首先掌握世界先进技术，等东部地区消化吸收了以后，再逐步向中西部地区转移扩散。后来，其他一些学者又把这种技术梯度推移战略思想延伸到国家投资布局、开发重点和对外开放上来，主张国家应率先重点开放开发东部地区，等条件成熟后，再逐步把开放开发重点向中西部地区转移。由于这种战略思路涉及各个地区的利益，因而在学术界和政界引起了广泛的争论。最明显的是来自中西部学者和政界的观点，这些观点包括"反梯度理论"、② 跳跃战略论、③ 东西结合论、④ "中心开花"或中部崛起论⑤等。事实上，这种发展战略之争不单纯是学术理论之争，还涉及各地区优先发展权和国家支持重点之争，因而它也是一种经济利益之争。

显然，梯度推移战略主要是针对国家在技术引进、对外开放、体制改革和投资布局上的战略决策提出来的，主张国家的资源配置应采取顺应梯度的方式逐步推移。这是一种典型的计划经济思维定势。其隐含的理论前提是：（1）这种经济技术梯度是客观合理的；（2）中央对区域的援助和支持实行效率优先；（3）梯度转移的黏性或阻力较小。现在看来，这些

---

① 何钟秀：《论国内技术的梯度推移》，载《科研管理》，1983 年第 1 期。
② 郭凡生：《何为"反梯度理论"——兼为"反梯度理论"正名》，载《开发研究》，1986 年第 3 期。
③ 顾宗根：《新技术革命与"跳跃战略"再探》，载《经济问题》，1985 年第 10 期。
④ 林凌：《我国战略布局中的东西结合问题》，载《人民日报》，1985 年 12 月 9 日。
⑤ 张培刚：《牛肚子理论》，载《经济学消息报》，1997 年 5 月 16 日。

前提条件并非是完全成立的。首先，目前我国东中西部地区存在的经济技术梯度虽然是一种客观存在，但它并非是完全合理的。我们不能以现有的不合理的客观存在作为未来政府战略决策的依据。事实上，当前我国十分悬殊的东西差距已经成为全面建设小康社会和构建社会主义和谐社会的重要障碍。其次，如果说在改革开放初期，由于市场的力量较为薄弱，中央出于加快经济增长的需要而较多地注重效率目标的话，那么随着社会主义市场经济体制的逐步建立，中央区域政策应更多地注重公平目标，而不是实行效率优先。最后，国内外的经验表明，经济技术的梯度转移存在着较大的黏性或阻力，需要政府在政策上进行积极引导。即使如此，有时也并非能取得较好的效果。日本北海道的开发就是一个典型的例子。从国内的情况来看，虽然近年来中央政府一直在鼓励外资投向中西部地区，但实际效果并不明显。尤其是 2005 年，外商在华直接投资在进一步向东部地区集中，东部 10 省市实际利用外商直接投资占各地区总额的比重比上年提高了 7.9 个百分点，比 2001 年提高了 3.4 个百分点。

除此以外，就最初的技术梯度推移战略而言，还具有以下几个缺陷：[①] 首先，这种战略以三大地带作为地域单元，并以综合技术水平为指标来划分技术梯度。显然，这种划分技术梯度的方法是十分粗略的。事实上，在中西部许多大城市，如西安、武汉、重庆、成都等，其科技教育力量都是十分雄厚的，也远非是东部一些城市可比的。其次，技术梯度推移只是技术空间转移（扩散）的一种形式，而并非是一条规律。技术空间转移具有多种形式，若从技术梯度的角度看，既有纵向的梯度推移和反梯度转移或跨梯度转移，也有横向的水平转移。若从技术转移（扩散）的空间形式看，则有等级扩散、辐射扩散和邻里扩散等主要形式。再次，梯度推移战略把技术梯度作为决定国家投资的区域倾斜和重点开发区域的时序选择的唯一标准，而实际上，无论是发达国家还是发展中国家，重点开发区域的时序选择都受着多种因素的影响和制约。在国家"十一五"规划纲要中，明确提出"根据资源环境承载能力、现有开发密度和发展潜力，统筹考虑未来我国人口分布、经济布局、国土利用和城镇化格局，将国土空间划分为优化开发、重点开发、限制开发和禁止开发四类主体功能区"。[②] 这表明，未来我国的重点开发区域将根据资源环境承载能力、现

---

① 魏后凯：《我国宏观区域发展理论评价》，载《中国工业经济》，1990 年第 1 期。
② 《中华人民共和国国民经济和社会发展第十一个五年规划纲要》，2006 年 3 月 16 日。

有开发密度和发展潜力三个标准而不是技术梯度来确定。最后，梯度推移战略设想通过技术转移的加速来缩小地区差距的论点，无论在理论上和实践上都缺乏有力的证据。大量实证研究表明，随着经济的发展，技术转移将会加速，但这种转移更多的是水平转移即技术水平接近的地区间的技术转移，而不是垂直的梯度转移。

由此可见，如果不加分析地把最初的技术梯度推移观点简单地类推到国家投资布局、对外开放乃至体制改革等梯度推移上来，必然会带来一系列的问题。事实上，改革开放以来，我国在国家投资布局、对外开放、体制改革等方面所采取的某些梯度推移做法，已经成为加剧地区差距尤其是东西差距扩大，造成社会不和谐的重要原因之一。比如，从对外开放来看，在 1979～2005 年间，我国各地区实际利用外商直接投资的 81.2% 集中在东部 10 省市，而中部 6 省、西部 12 省市区和东北 3 省则分别只占7.6%、4.5% 和 6.7%。[1] 2005 年，中国对外出口的 88.5% 集中在东部 10省市，而中部 6 省、西部 12 省市区和东北 3 省则分别只占 3.6%、3.5% 和4.4%。很明显，外商直接投资和外贸出口高度集中在沿海少数地区，对扩大地区差距起到了重要的推动作用。在国家对外资企业实行"超国民待遇"的情况下，外资企业高度集中在沿海地区，也是造成当前中西部工业平均税负偏高的一个重要原因。因此，可以认为，自改革开放以来，虽然中国经济的全球化在不断加快，但这种全球化还主要是沿海少数地区的全球化，中西部广大地区在这种全球化推进中所享受的好处并不多。[2]

当然，从历史的角度来考察，在改革开放初期，梯度推移战略从我国经济技术发展不平衡的特点出发，主张通过梯度推移的方式来逐步缩小地区差距，它对于当时我国区域发展观念的变革和战略理论研究的逐步深入都起到了重要作用。特别是，在当时的条件下，由于经济发展水平较低，综合国力有限，加上中央掌握的资源较多，计划经济的成分还很浓厚，政府率先支持条件较好的沿海地区重点发展，也是一种不得已的选择。因为在当时历史条件下，市场的力量十分薄弱，中央区域政策既要考虑效率目标，又要考虑公平目标。随着中国经济由计划经济体制逐步向市场经济体制的转轨，这种优先支持沿海发展的战略就显得不合时宜，它只能会进一步加剧地区差距的扩大和社会的不和谐。如前所述，在社会主义市场经济

---

[1]　魏后凯：《中国利用外资的负面效应及战略调整思路》，载《河南社会科学》，2006 年第5 期。

[2]　魏后凯：《全球化、国家战略与中国地区差距》，载《嘉兴学院学报》，2005 年第 1 期。

条件下，中央区域政策应更多地注重公平目标，为促进社会和谐做出贡献，而不是相反。因此，在新的历史条件下，根本就不存在什么"梯度推移战略"问题。这里所指的战略，是政府所采取的一种策略，而不应该把它与市场经济条件下存在的技术和产业梯度转移相混淆。应该说，这种技术和产业的梯度转移是客观存在的，它是市场力量作用的结果，政府应积极加以引导。

三、关于转移劳动力与转移岗位问题

在促进区域经济协调发展的过程中，对政府决策者来说，究竟是"根据人设工作岗位，还是根据工作岗位移动人"，这也是一个长期有争议的基本问题。① 从资源空间配置的角度看，前者是就劳动力的分布来吸引资本创造就业岗位，我把它称为"就劳动力转移资本"战略；后者是就资本或工作岗位的分布来吸引外来劳动力进入，我把它称为"就资本转移劳动力"战略。可以认为，地区间工作岗位的转移实质上就是资本转移的过程。这里所指的资本，是资金、技术、营销经验和品牌等的综合体。

这两种区域开发战略模式并非是完全对立的，它们各有优劣势，可以互为补充。对政府决策者来说，究竟是注重"就劳动力转移资本"战略还是"就资本转移劳动力"战略，应主要考虑三个方面因素：一是转移资本与转移劳动力之间的成本比较。一般地说，转移资本比转移劳动力要更容易一些，综合成本也要低得多，尤其是长距离和国际劳动力迁移面临诸多限制。过去的经验表明，大规模人口或劳动力迁移的成本往往十分高昂，而且很不稳定。因为这些移民面对一个新的环境，承受着心理压力和生活习惯的改变。二是政府所采取的政策目标取向。如果政府部门追求效率优先，强调 GDP 增长，那将会选择"就资本转移劳动力"战略，在那些资本集聚的中心创造更多的就业岗位；如果政府部门追求公平优先，强调区域协调发展，那将会注重"就劳动力转移资本"战略，在那些劳动力相对集中的地方创造更多的工作岗位。三是不同发展阶段所采取的模式具有差异。在经济发展的初期阶段，由于发展水平低和经济实力有限，资本集聚的倾向更明显，因而要更加重视"就资本转移劳动力"战略。在

---

① 埃德加·M·胡佛，《区域经济学导论》，商务印书馆 1990 年版。

经济发展的中后期阶段，随着发展水平的提高和经济实力的增强，资本扩散的趋势不断增加，因而要逐步过渡到以转移资本为主，采取"就劳动力转移资本"战略。

从全国宏观战略的角度看，自改革开放以来，我国主要采取的是一种"就资本转移劳动力"战略，即在东部地区创造更多的就业机会，吸引广大中西部地区的劳动力来就业。应该说，在改革开放的初期阶段，国家实施这一战略具有一定的合理性。因为它可以利用东部地区的优越地理位置以及相对充裕的资金、人才和技术要素，充分发挥集聚经济效益，减少不确定性。但是，该战略的实施也带来了诸多弊端。

一是加剧了要素和经济活动向东部集中的趋势。在 1980～2005 年间，东部 10 省市生产总值占各地区总额的比重由 43.6% 提高到 55.5%，增加了 11.9 个百分点，而东北 3 省、中部 6 省和西部 12 省区市分别下降了 5.0、3.5 和 3.4 个百分点。另据我们研究，在 1985～2003 年间，除烟草制造业外，钢铁、石化、电子信息、纺织等制造业生产能力都在向东部地区集中。在 28 个制造业行业中，珠三角（粤）、长三角（江浙沪）和环渤海地区（京津冀鲁）分别有 18 个、13 个和 7 个行业产值占全国的比重提高幅度在 5 个百分点以上。[①] 事实上，自改革开放以来，中西部地区一些制造业行业如耐用消费品、纺织服装等都出现了衰落的迹象。很明显，如果这种情况不能得到有效遏止，中西部某些落后地区将有可能出现被"边缘化"的危险。

二是加剧了人口与经济活动分布的不协调。2005 年，我国东部 10 省市（不包括辽宁、广西）人口仅占全国的 36.1%，但地区生产总值占全国的 55.6%，工业增加值占 59.8%，出口总额占 89%，实际利用外商直接投资占 85%。从发展趋势来看，在 1980～1990 年间，我国四大区域人口与生产总值分布的不协调系数平均为 14.6 个百分点，而 1991～2000 年该系数提高到 18.1 个百分点，2001～2005 年则提高到 20.3 个百分点。[②] 显然，这种人口与经济活动分布的高度不协调，是与现行的劳动力只能"流动"而难以安家落户的人口迁移政策密切相关的，它将进一步加剧地区差距特别是东西差距的扩大趋势。

---

① 魏后凯等：《中国工业布局调整研究》，中国社会科学院工业经济研究所，2005 年 12 月。

② 区域人口与生产总值分布的不协调系数 $= \frac{1}{2}\sum |\,GRP - P\,|$。式中 GRP 和 P 分别为地区生产总值和人口占全国各地区总额的比重。它反映了经济活动分布对人口分布的偏离程度。

三是造成资源产地、加工地与消费地的严重脱节，导致各种资源在全国范围内的大调动。我国资源、能源和人口主要分布在中西部地区，而加工制造业高度集中在东部地区，而且这种状况有进一步加强的趋势。由此在全国范围内形成了大规模的劳动力大流动、资源大调动，包括大规模的"民工潮"、"南水北调"、"西气东输"、"西电东送"等，既加剧了交通运输紧张状况，也增加了不必要的资源浪费。

四是由于户籍管理制度改革严重滞后，中西部大量劳动力虽然长期在珠三角、长三角等地就业，但却难以在当地安家落户，不能与当地人一样共同享受其创造的改革开放成果。对这些中西部劳动者而言，他们虽然为东部地区的繁荣做出了巨大贡献，但在现行体制下，他们最终只能是"外来打工者"，属于"边缘人"。

目前，珠三角、长三角等地虽然各种就业岗位较多，但已经出现劳动力供应紧张甚至短缺的状况；而中西部和东北地区虽拥有大量的剩余劳动力，但就业岗位十分缺乏。因此，要解决这种劳动力与就业岗位分布之间的严重失衡状况，促进区域经济协调发展，就必须正确处理好"转移资本"（或转移岗位）与"转移劳动力"的关系。当前，就全国宏观层面来说，我国已经进入到由过去的注重"就资本转移劳动力"转变为注重"就劳动力转移资本"的新阶段。也就是说，要适时调整国家产业布局战略，着重在中西部和东北地区创造更多的工作岗位和就业机会，推进其工业化和城市化进程，实现各地区工作岗位与劳动力分布的相互协调和匹配，促进其经济发展与资源和环境承载能力相适应，促进人与自然和谐发展。同时，要改革户籍管理制度，允许具有固定工作岗位的其他地区人口在东部安家落户，使这些外来人员在为东部繁荣贡献力量的同时也能够分享其利益。当然，从中观和微观角度看，在一个区域范围内，应该更多地注重"就资本转移劳动力"战略，即在那些发展潜力较大的地区尤其是城镇地区创造更多的就业岗位，引导农村和生态脆弱地区的人口向此集聚。

事实上，近年来国家实施的西部大开发战略、东北振兴战略和中部崛起战略，一个重点任务就是要在中西部和东北地区创造更多的就业岗位。直到今日，国内仍有人对西部大开发持否定态度，主张通过人口迁移或者中央财政转移支付来解决西部地区的居民收入问题。诚然，人口迁移和转移支付对缩小东西差距具有重要作用，但单纯依靠这些措施并不能从根本上解决问题。首先，我国西部地区有 3.6 亿人口，国土面积占全国的

70% 以上。即使不考虑东部地区资源和环境承载能力的限制，要对西部数亿人口进行大规模的迁出也是不现实的。更何况，作为一个社会主义国家，也不应该只让一少部分地区富裕和繁荣起来，而让占全国 2/3 国土面积的地区衰落下去。这就是说，从全国大范围来讲，我们不仅要追求人的繁荣，使地区间人均收入和生活水平差距逐步缩小，而且也应兼顾地域的繁荣，促进各地区协调发展。其次，东部地区的资源和环境承载能力也是有限的，不可能全部吸纳其他地区转移出来的剩余劳动力。事实上，在珠三角和长三角等都市圈，近年来已经出现了承载能力逐步减弱的趋势。在今后一段时期，这些地区的中心任务是推进结构调整和优化升级，而不是继续推进大规模的人口和产业集聚。这样，就需要适时将那些不具有或即将失去比较优势的产业转移扩散出去。

总体上讲，在中西部和东北地区创造更多的就业岗位主要有两条途径：一是激活区内资本尤其是民间投资，鼓励全民创新创业；另一是积极引导外商投资和沿海企业"北上西进"。近年来，外商投资和沿海企业已经出现了向中西部转移的趋势，只要中央在政策上加以积极引导，这种产业转移趋势将会大大加快。目前，阻碍外资和沿海企业"西进"的障碍主要有三：一是西部投资软环境与东部相比还有较大差距；二是西部产业配套能力较低，不能适应大规模制造业发展的需要；三是西部企业税费负担很重，远高于东部地区的平均水平。因此，对中央政府而言，引导珠三角、长三角等地产业转移扩散，应采取"胡萝卜 + 大棒"的办法。所谓"大棒"，就是要设置更高的市场准入标准，包括技术含量、自主创新能力、单位产出能耗和"三废"排放量、单位土地产出率等指标，鼓励沿海经济核心区加快产业升级；所谓"胡萝卜"，就是要对到中西部和东北投资的外资和沿海企业给予相应的政策支持，如土地、财政贴息和税收刺激等。很明显，随着国内外民间资本的大规模进入，将会有力地推动西部大开发和东北老工业基地振兴的进程。

（作者单位：中国社会科学院工业经济研究所）

加强东西合作　促进西部大开发

肖金成

积极开展东西部地区政府和企业的经济合作，这是西部大开发战略的重要内容。东西合作就是把西部地区的资源、能源、劳动力、市场等方面的优势，与东部地区的资金、技术、人才、管理等方面的优势有效地结合起来，实现优势互补，加快西部地区的经济和社会发展。

一、东西合作是缩小地区差距的重要途径

缩小东西部差距，实现共同富裕是西部地区人民的迫切愿望，也是我国经济发展和社会稳定亟待解决的焦点问题。共同富裕是社会主义的本质所在。西部地区的老百姓富不起来，市场就很难扩大，必然制约和影响东部地区的发展。西部大开发在很大程度上寄希望于东西部的合作。我国的东西经济合作属于发达地区同不发达地区的合作，在自然资源和经济技术方面呈双向梯度趋势，在经济上互补性很强，彼此之间各有所求，因而合作的愿望强烈。东部地区生产力比较发达，而且向外发展的需求不断增长，而西部地区生产力水平较低，又渴望借助外力加快开发利用各种资源，尽快摆脱经济落后状态。因此，应根据各地资源条件、经济技术基础和相互之间的商品经济联系，按照市场原则，从经济布局合理性和发挥整体优势出发，在更大范围、不同层次上开展经济合作，逐步建立起地区性经济合作网络，以实现区际间协调发展的目标。

我国东、中、西部地区虽然存在着比较大的经济发展差异，但三大地区存在着天然的内在联系。西部地区有丰富的自然资源，长期以来，作为东部的能源原材料基地而存在，对东部的发展作出了巨大的贡献。但交通通信条件、经营管理水平、劳动力素质、观念意识、物质基础等比东部地区落后得多。通过加强区域之间的横向联合与协作，促进生产要素的合理流动，建立符合市场化原则的经济合作机制，才能带动西部经济快速

发展。

东部地区经过 20 年的开放和发展，积累了比较雄厚的经济实力，步入了经济发展的快车道，与此同时，随着消费水平的提高，土地和劳动力价格大幅度上升，低成本的优势正在消失，市场竞争日趋白热化。而西部地区由于开放滞后，经济发展慢，市场潜力巨大，势将成为中国经济发展新的增长点。因此，东部地区可以根据实现产业结构调整的需要，在西部地区投资办企业，把一批传统产业转移扩散到西部去，形成西部地区经济增长的外部驱动力，借西部大开发之机，把东部地区的技术、信息、管理经验向西部地区传递，这是克服西部地区经济发展滞后，缩小地区差距的有效途径。互相取长补短，加强联合协作是东、中、西部发展的内在要求，是适应市场经济发展需要的一个自我调节自然融合的过程。西部大开发必然促进全国范围内的生产要素大流动、经济结构大调整和国民经济大发展。

二、东西合作应主要采取市场化方式

东西部的经济合作不能像计划经济时期那样，通过国家统调统配方式或者是一平二调方式，而应主要采取市场化的方式，即以企业为主体，通过利益驱动机制来实现。在计划经济体制下，沿海与内地的合作是通过计划机制推进的，中央集中制定计划，把沿海地区的资金、技术和人才无偿地向西部地区调运，在一定程度上壮大了内地的经济技术基础，但其消极作用是十分明显的，一是限制了区域之间的竞争，被动地联合使双方缺乏合作的积极性和主动性；二是鞭打快牛的财政政策影响了沿海地区的发展后劲，而对落后地区的财政补贴并没有形成自我推动经济发展的机制；三是合作计划常常违背经济规律，导致人力物力的闲置、浪费和破坏，未能有效地或从根本上促进落后地区的发展。而在市场化原则指导下的经济合作，是经济主体在经济利益驱动下的自觉行为，可以提高资源配置效率，增强合作中的竞争意识、风险意识和互惠互利意识，能够调动合作各方的积极性和主动性。

国家和各级地方政府应依据市场化原则，通过产业政策和财政金融手段，鼓励东部地区的企业向西部投资。应加强西部地区和东中部地区的产业联系，抓住东部地区产业结构升级调整的机遇，寻找优势产业，使东部地区的劳动密集型产业和初级加工业向西部地区转移，从而推动东部地区产业的升级换代，实现西部地区产业结构的调整，增加西部地区的就业机会，更好地带动相关产业的发展。应鼓励东部发达地区的企业兼并西部企业或组建企业集团，为西部企业引入新的生产经营机制和管理模式，使之形成与东部地区企业的上下游或技术互补的产业联合，使西部一些困难企业逐步摆脱困境。结合产业结构调整和技术进步，东部地区应鼓励和促进劳动密集型产业和高耗能、高耗原材料、大运量产业以及初级产品加工产业向西部的适宜地区转移，以进一步带动和支援西部内陆地区经济的发展。

西部地区的各级政府要把加强与东中部的合作作为实现经济跨越式发展的切入点和突破点，增强主动性和自觉性，通过努力改善投资环境来增强吸引力，还要勇于走出本区域，去和发达地区、沿海开放城市建立各种经济联系，积极为企业间合作"搭台"，促使东西合作领域不断扩大，更富成效。1994年底，陕西省委、省政府针对陕西封闭太死，开放不够的现状，明确提出了"以开放促开发，以开发求发展"的经济发展战略；1995年6月，又第一次提出了"以资源换技术、以产权换资金、以市场换项目、以存量换增量"的"四换"战略，有力地促进了东西部的经济合作。2001年，陕西省成立外商投资项目促进服务机构，并按项目成立促进服务小组，其工作职责是协助解决中外双方合作中项目推进实施所涉及的重大问题和困难，对不能有效解决又影响项目实施的突出问题，将形成专题上报省开放办；协助外商办理审批、登记、注册和建设配套条件等报批手续；协助调查搜集合作各方的项目背景，企业资信等基本情况，同时反馈重大项目实施及工作进展情况。首批分别成立10个项目促进服务小组，将从省级相关部门中抽调专门工作人员全脱产，集中办公，跟踪服务，以确保重大项目尽快实施。2002年初，宁夏与北京大学正式签订合作协议，开展以下合作：一是由北大提供各种最新技术和科研信息，在宁夏进行新产品开发研究；二是由北大组织专家教授、通过科技开发、联合攻关、共建技术中心、科技成果转让等方式，加强技术创新方面的合作；三是与宁夏有优势的企业共建国家级工业研究中心；四是与宁夏企业、科研单位联合申报或联合投标国家级科技项目；五是委托北大举办各类各层次的进修班、培训班、北大专家学者不定期赴宁举办学术讲座、帮助宁夏建立博士后流动站；六是在宁夏建立北大研究生实践基地和远程教育网；七是北大派博士、硕士团赴宁短期服务。昆明市在2003年中国昆明出口商品交易会期间共签约国内合作项目49项，协议总投资188.7亿元，其中协议引进市外资金 168.7 亿元，其签约的项目成熟度高达 78%，投资规模大，投资领域广，独资项目多。

企业是西部大开发中东中西经济合作的最基本和最主要的投资主体，也是最具生命力的合作因素。西部丰富的资源和原材料、巨大的市场、低廉的劳动力成本，对东部地区的企业具有强大的吸引力。东部一些劳动密集型企业、产品在东部地区市场趋向饱和的企业、主要原材料依赖于西部的企业、高耗能大运量企业，最具有西进的积极性。在市场经济条件下，谁先进入西部，谁就在未来竞争中占据了有利地位。青岛化工集团将生产基地迁往贵州，不仅带动了贵州当地经济的发展，也使自身摆脱了困境。

东部地区的企业所具有的先进技术、资金实力和科学管理经验，又是西部企业所急需的。广西桂林市坚持"走出去""引进来"相结合的战略方针，2002 年以来引进国内资金 37.52 亿元。北京燕京啤酒、安徽海螺集团、江苏雨润集团、北京汇燕集团、中国连五州集团等一批有实力的企业已相继在桂林安家落户。三九胃泰投资四川雅安也是一个成功的范例。

专栏 1 青岛红星化工集团在贵州镇宁投资双发展

青岛红星化工集团公司主要生产碳酸钡系列产品，90% 销往国外，效益一直很好。但进入 90 年代以后，由于运费提高、原材料涨价等原因，企业一度陷入困境。该厂认识到要利用原料产地的比较优势，从而确定了到外地投资办厂的路子，以投入闲置设备的方式，先后在重庆、贵州等原材料基地投资办厂。1997 年投资 1.4 亿元在安顺市镇宁县建立的镇宁红蝶钡业有限公司，年产 7 万吨碳酸钡，其产品绝大多数出口，已占世界销售量的 30% 以上，该公司已成为国际上最重要的碳酸钡生产基地。碳酸钡是电子工业、陶瓷工业、光学玻璃的必需原料，因此，有非常广阔的市场前景。1999 年生产产品 8.88 万吨，销售收入 12857 万元，实现税金 3006 万元，实现利润 4004 万元，职工人均收入 9800 元，远远高于当地居民的平均收入。按照年产 7 万吨的规模，年需重晶石 1 万吨，石灰石 4.2 万吨，燃料煤 21 万吨，重晶石和石灰石的开采，已有 1000 多人常年为其服务，以一吨重晶石的开采费 50 元计，仅重晶石开采一项就为当地农民每年带来 700 万元的收入，仅重晶石一项的运费，就为镇宁带来 154 万元的收入，安顺铁路部门承担产品运输，每年收入高达 3000 多万元。目前，该公司无论在企业管理、市场营销、经济效益、环境保护方面都位居安顺市工业企业前列，成为东西合作的典范。

专栏2　三九集团与四川雅安药厂合作创造出经济奇迹

三九企业集团以实业报国为己任，为了帮助革命老区人民脱贫致富，他们早在1995年就迈出了到西部地区扶贫创业的步伐。

四川雅安药厂是1958年建厂的，也是国内生产中药注射剂最早的厂家之一。但长期以来，企业年利税一直在150万元左右徘徊。随着竞争的加剧，雅安药厂感到压力很大。三九集团考察了雅安药厂，认为该药厂生产中药注射剂经验比较丰富，技术力量较强，生产的中药品种较好。但设备老化，管理落后，观念陈旧，机制不活，三角债严重，发展缓慢，举步维艰。1995年年底，赵新先瞄准了雅安，决定由三九集团投资1700万元，以占有80%股权的形式兼并雅安药厂，成立雅安药业有限公司，实行优势互补，互利合作。新公司成立后，三九集团首先输入三九机制，实行法定代表人负责制，改革劳动用工制度和分配制度，对干部一律实行聘任制，对工人实行全员劳动合同制，用"干部能上能下，机构能设能撤，职工能进能出，工资能高能低"的"四能"机制打破"大锅饭"，拉开分配档次，充分调动干部职工的生产经营积极性。然后，三九集团投资600多万元对原有生产线进行全面技术改造形成了符合GMP标准要求的年产中药注射剂1.5亿～2亿支的生产能力（2ml规格）；新建了一条大规格中药注射剂生产线，形成了日产大规格中药注射剂2万瓶的生产能力，使企业的技术设备和生产条件大大改善，并对全体员工进行了上岗培训和军训，使职工素质适应技术设备的要求。此外，三九集团还抓紧理顺企业的销售渠道，清理整顿原销售单位的财务，加强管理，提高销售人员素质。经过这一系列改造，雅安三九药业有限公司在一年内就实现利税2000万元，1997年利税突破5000万元，1998年创税2000万元，1999年利税突破9000万元，直逼亿元大关，并被评为"四川省高新科技产业型企业"、"四川省高速增长型企业"、"四川省利税增长率前十强"（第三名）及四川省工业效益20强企业。

引自《经济日报》2000年3月9日

三、东中西经济合作的具体形式

东中西经济合作的形式很多，既可共同创建适应于现代企业制度的新企业，也可利用东部企业的资金、技术、人才、信息、产品、管理和机制，用承包、租赁、参股、购买、托管等形式，嫁接改造西部的企业，使之成为新的经济增长点，使合作各方共同获益。

1. "东部资金＋东部技术＋西部基础设施"模式。由于地缘条件和自然环境影响，我国东部地势相对平坦，河网密布，交通条件便利；雨水充沛，土地肥沃，生存条件好。而西部地区生产、生活受环境制约程度大，资源优势难以转化为经济优势。交通不方便，信息闭塞，滞留于"体内循环"，基础设施制约着经济的发展，成为西部地区发展的天然"瓶颈"。而我国东部地区凭借地缘优势和国家有关政策通过多年的积累和发展，投资绝对数和技术实力具有明显的优势，通过他们将资金和技术向西部转移，一方面使西部地区投资环境和生存条件得到了改善；另一方面，按照谁投资谁受益的原则使东部自身的这方面优势转化为效益，这种互助与合作对双方均十分有益。2001年，上海实业集团所属上海医药科技（集团）有限公司与宁夏农林科学院合作开发枸杞项目正式实施，该项目总投资8000万元人民币，双方首期出资1000万元成立了"宁夏上实保健品有限公司"。公司现拥有符合食品GMP规范的工厂和园林试验场，运用高科技生产技术，现代化企业管理，专门从事优质枸杞及其深加工产品的生产和经营，已培育出枸杞新品种"宁杞一号"，开发出枸杞"鲜果成粒"等产品。

西部地区应从实际出发，首先要发展对西部经济发展后劲有关键作用的能源、交通运输、邮电通信等，通过加快基础产业和基础设施发展，使西部地区经济在总体发展的同时，结构也有一个大的改善。能源、原材料工业的重点是发展煤炭、石油、天然气、电力、有色金属、石油化工、盐化工、磷化工等；加快黄河上游、长江上游、内陆河流的水资源开发；加快交通运输，以铁路通道为骨干，公路为基础，连结中心城市、重点开发区的交通枢纽，形成各种运输方式合理分工、布局协调、相互衔接的综合运输体系。

2. "东部大公司＋西部大农业＋西部大市场"开发模式。改革开放以来，西部地区农业得到了较快的发展，但仍未摆脱粗放型的生产方式，发展空间仍很广阔，要充分发挥西部的土地、水资源、气候和生物资源潜力，加快天山南北、河西走廊、西南金三角、银川平原、关中平原、汉中盆地、四川盆地、滇中与滇西南、黔中地区、金沙江流域和西藏"一江两河"农牧业基础建设，发展一批商品率高的粮、棉、油、糖、果基地，走农业产业化的路子。西部地区要根据自身特点和优势，充分嫁接东部地区先进的技术和手段，在更大范围内实行贸、工、农现代化经营，拉长农业产业链条，提高农产品附加值和科技含量，壮大规模，形成特色。

近年来，在政府引导和社会主义市场经济的推动下，通过对口支援、干部交流、劳务输出、异地开发、中介搭桥、产品展销、"乡镇企业东西合作示范工程"等形式，逐步打破了贫困地区的封闭格局，加快了生产要素的组合和流动。西部地区向东部地区输送了大批的剩余劳动力，引进了上万个经济技术合作项目，一些资源开发型和劳动密集型的产业逐步向中西部转移。国家重点扶持的 592 个贫困县中，东部占 105 个，中部占 180 个，西部占 307 个，中、西部共 487 个，占国家贫困县的 80.7%，这些贫困县 1995 年农民人均纯收入为 823.9 元，相当于全国农民人均纯收入 1578 元的 52.2%，人均财政收入为 74.5 元，比全国人均财政收入低 169.5 元，这些县大多分布在中西部腹地，人民消费水平相对低下，具有较大的市场开发潜力。因此在这些地区应因地制宜开发农业，走"公司＋基地＋农户"的路子，拉长农业生产链条，通过"农副产品→副食品→大市场"，实施农业产业化战略，使中西部的广大农村摆脱传统农业的束缚，将资源优势转化为经济优势，活化农村大市场。应当看到由于中西部地区基础薄弱、起步较晚，无论是资金还是技术均有一定的困难。选择"东部大公司＋西部大农业＋西部大市场"的联合模式，就是要在充分发挥和挖掘西部市场潜力的基础上，依靠东部地区大公司的资金和人才，嫁接他们先进的技术和管理经验，共同开发，共同发展，以实现整个东部和西部地区的协调发展。

3. "东部的优势＋西部相关产业＋西部的优势资源"模式。由于中西部的资源主要是土地、能源和矿物原料三大优势。这三大优势资源的最大特点，一方面，他们作为自然资源是一切劳动资料和劳动对象的第一源泉，是一切社会物质资料生产所必需的；另一方面，它们作为基本的生产要素，不能流动，不能单独形成有效的现实生产力，它们只有通过吸引能够流动的资本、劳动、技术等要素并与之结合，才能形成现实有效的生产力，从而产生实际经济效益。由于自然资源的这个特点，就决定了自然资源丰富但经济不够发达地区开发和发展的根本在于有能够吸引资金、技术的政策。企业跨地区合作是这一模式的最佳实现途径。

（1）充分借助东部优势企业的品牌效应，培植名牌产品，达到重组资产、共同发展的目的。1994 年 7 月，常州柴油机股份有限公司以"常柴"牌商标和柴油机散件做入股资本，与宁夏西北轴承厂共同合资组建常柴银川柴油机有限公司（常银公司），生产小型单缸柴油机。由于"常柴"品牌知名度高，而且合资后企业的资金供应条件得到改善，工艺、技术和管理水平大大提高，产品质量有了保证，投产后迅速打开市场，实现当年筹建、当年投产、当年盈利，结束了宁夏生产柴油机长期亏损的历史。常银公司两年来创造的纯利润，相当于赚回1.2个常银公司，实现了超常规发展。

（2）充分利用东部优势，参与组建集团，提高国际竞争力，并使企业的素质得到提高。2001年8月，香港中华电力有限公司与云南省电力集团、云南省投资公司共同出资建造滇东电厂，总投资5.7亿美元，其中香港电力出资4.6亿美元，占总投资的80%。滇东电厂建成后，装机总容量为120万千瓦，成为云南省最大的火力发电厂和云南省"西电东输"主要电力项目。据不完全统计，2001年，上海民营企业到西部投资的项目有21个，总金额91388.8万元。其中，上海同达建筑安装工程有限公司兼并新疆耐火材料工业总公司，项目总金额4100万元；上海中发电气集团公司与兰州沙牛驿建材有限公司签订的"垃圾资源化处理"项目，总投资1亿元，上海方投资5000万元；上海威利德现代农业有限公司与四川省隆昌县农业局合作种植1000亩铁皮石斛，总投资2500万元；上海京高化工有限公司在兰州征1万亩山地搞绿化建设，总投资355万元。

（3）发挥各地区的比较优势，广泛开展合作，实现资源的合理配置。青岛红星化工集团公司在重庆投入500万元闲置设备，以托管方式兼并了当地的一家企业，形成了5200万元的资产，1996年实现利税1800万元；出口创汇700多万美元，收到良好的经济效益。

（4）通过股权转让，利用存量资产变现筹集建设资金支持重点企业扩张发展。2001年7月，上海汽车集团根据国家有关规定，通过国有资产划转的方式，受让柳州五菱汽车股份有限公司的75.9%股权，并将五菱公司改组为"上汽集团五菱汽车股份有限公司"，成为上汽集团中新的成员，双方将实现最大程度的优势互补，上汽五菱的产品和发展将纳入上汽集团统一发展战略和规划，使上汽五菱成为中国微型汽车领域具有领先水平的汽车生产企业。

4."东部的资金＋西部的'三线'企业"模式。新中国成立之初，在高度集中的计划经济体制下，中央政府集中人力、物力、财力，实行向中西部地区倾斜投入的非均衡发展战略，在西部地区形成了一定的工业基础设施，重点是"大三线"建设，基本建成了以国防科技工业为重点，能源、重化、交通、电子为先导的综合工业体系。这种战略虽然促进了西部地区的经济发展和整个国民经济的协调运行，在一定程度上缩小了西部地区的经济差距，但在西部，特别是在西部农业、手工业和半手工业的自然经济基础上，从外部强行注入的现代生产要素，发展重化工、军工、机械电子工业等，难以与传统落后的生产要素结合起来，形成严重的"二元经济"格局，现代化工业与非现代化农业的双层隔离运行，现代工业低下的生产效率，使西部地区经济重新具备了"非均衡"的特征。

随着经济体制的转轨和国际社会"和平与发展"的大潮流，一大批"三线"企业正面临着市场的挑战，许多没有摆脱计划体制下的依赖思想，面临激烈的市场竞争，在军转民的过程中落伍了，但它们有一批专业技术人才、有一定的技术实力，如果通过东部地区的资金作为启动，开发出具有市场潜力的新产品，它们会很快起死回生，重新焕发活力与生机，为西部的发展和全国的发展继续出力。

5. "东部的观念＋西部的政策"模式。改革与开放是密切相关、不可分割的，二者共同构成新时期的基本特征，对于我国中西部地区来说，开放就显得更加重要和有效。开放是战后落后国家和民族振兴经济的捷径，实践已经证明并将继续证明，全方位、多层次、宽领域的对外开放格局，是不发达的中国、特别是西部地区振兴经济的钥匙。西部地区的开放，包括对内开放和对外开放两个方面，前者是对沿海和发达地区以及兄弟地区开放；后者是对外国开放、特别是沿边地区开放。这两方面必须相互配合、协调发展，对内开放是对外开放的基础，对外开放又促进对内开放。

四、继续实行对口支援的措施

营利性的产业领域，应主要采取市场化方式，但在基础设施、社会发展、文化教育等方面，尤其是基础教育、反贫困和生态工程建设方面，发达地区的政府和人民应伸出援助之手，支持西部地区经济社会的发展，使其尽快摆脱贫穷落后的状况。邓小平指出："沿海如何帮助内地，这是一个大问题。可以由沿海一个省包内地一个省或两个省，也不要一下子负担太重，开始时可以做某些技术转让。"① 邓小平提出的对口支援措施确实是行之有效的，早在 1979 年，中共中央就确定：北京支持内蒙古，河北支援贵州，江苏支援广西、新疆，山东支援青海，天津支援甘肃，上海支

---

① 《邓小平文选》第三卷，人民出版社 1993 年版，第 364 页。

援云南、宁夏，全国支援西藏。通过对口支援，密切了东西部的经济关系，使落后地区能更加有效地开发和利用其丰富资源，发挥自己的优势，促进经济的发展，逐步摆脱落后状况，走上富裕之路。国家在确定发达地区对口帮扶欠发达地区的同时，应明确帮扶目标和配套措施，使东部地区能积极主动地在产业转移、科教扶持、人员培训和资源开发等方面，帮助西部地区加快经济发展的步伐。

（一）促进东西部地区人才交流和优势互补

人才短缺问题是制约西部地区发展的关键因素。改革开放以来，西部地区的人才大量外流，"孔雀东南飞"。在市场经济条件下，如何改变人才的流向，吸引更多人才服务西部大开发，是值得研究和必须解决的大问题。东部地区的各级政府应从东西合作的角度在人才流动政策上取得突破。如在鼓励人才以调动方式到西部地区工作、开发创业的同时，同时鼓励更多地采取以户口不迁、关系不转，保留身份，来去自由的柔性流动方式参与西部开发，并解决人才赴西部工作后社会保障、子女入学等的后顾之忧。对于调动到西部工作的人才，也应给予户口可迁出可迁回的政策，提高人才到西部工作的积极性。对于出生于东部大中城市的大学生、研究生到西部地区就业，可允许将户口留在当地。在推动东西部人员交流的基础上，开展智力交流和技术转移，西部地区的政府应树立"不求所在，但求所用"的意识，主动利用东部地区人才的智力优势。东部地区政府应支持促进本地区的各类人才尤其是高层次人才，以智力转移的方式参与西部建设，提升参与西部人才资源开发的层次。上海市政府通过加强与高校和科研机构的合作，开展"学子西进工程"、"教授西进工程"、"工程师西进工程"等活动，在充分做好前期准备工作、明确咨询工作项目的基础上，组织上海各类高级人才到西部地区进行有针对性的短期讲学、提供咨询等服务，解决现实问题，同时增进与西部地区有关部门和单位的相互了解，以利开展进一步的合作。此外，还鼓励专业技术人才和管理人才以智力、技术成果和管理才能，参与西部开发，包括鼓励支持东部地区的离退休人才，采取各种方式为西部开发服务。上海目前已经建立了健全的技术交易和技术服务体系，为充分利用网络优势和完善的服务优势，发挥信息汇集和发散的功能，上海的技术中介机构运用市场机制，在西部地区做了大量探索和实践工作，上海技术交易网络已基本覆盖了西部地区。上海技术研究所、上海市科技成果转化服务中心、上海技术产权交易所主动向西部地区开放，并提供相关服务。上海市转基因研究中心与宁夏家畜繁育中心等单位合作，建立了以生物技术研究开发为重点的宁夏爱赛博生物技术股份有限公司，中心除输出了资金和国内领先的技术以外，还专门派出了3位专业技术人员负责公司的运营、技术和财务，积极培养公司技术力量，推动宁夏畜牧业的发展，该项目成为沪宁两地发挥技术、资金、管理和资源优势，成功合作的一个典型。

（二）东部地区应对西部地区的基础教育做出较大贡献

西部大开发的重要内容之一是加强西部地区的基础教育和开发人力资源。东西部地区根本差距在于：教育、知识、信息、技术上的差距。与东部地区相比，西部15岁以上文盲半文盲比重为18.6%，高出4.7个百分点；小学入学率低3个百分点，初中入学率低10个百分点，高中入学率低10个百分点，接受过初中及以上教育程度的人口比例低15个百分点。全国从业人员中初中以上文化程度的占54.3%，西部为41.6%。西部普通高等学校在校生只占全国21.4%，比东部低25.7%。2000年每万人的在校大学生数与东部的绝对差距为12.3人。西部互联网普及率也大大低于东部。

西部地区基础教育薄弱，不仅表现在存在大量危房和教育经费不足，而且还表现在师资缺乏、教师质量低和缺乏教学用具。这一方面，东部地区可大有作为。应通过对口支援的方式，帮助西部地区培训中小学教师，选派支教教师，捐赠教学用具，并组织开展对口学校捐赠图书活动。如上海市推动沪滇学校对口支援工作，通过校际结对，帮助云南31个少数民族贫困县提高九年义务教育水平。从2000年开始选派优秀教师到云南支教，帮助云南对口帮扶学校提高管理水平和教学质量。2000年12月，上海首次通过白玉兰远程教育网对云南省思茅、红河、文山三地州和三峡库区的700余名中小学教师实施了培训，2001年上海市继续运用远程教育网加大了对上述地区中小学教师的培训工作力度。2001年，上海市教委要求在全市中小学生中组织捐赠图书活动，本市中小学生共捐献各类图书56万册。上海市的做法证明是行之有效的，关键是要形成一种制度，长期坚持下去，而不是中央推一推，下面动一动。

（三）帮助对口支援地区进行发展战略研究和编制规划

西部地区政府财政长期处于紧张状态，既要吃饭，又要建设，往往忽视花钱不多，但非常重要的战略研究和各种规划的编制。有很多地区则根本不予重视。东部地区对口支援单位与其花钱搞几个项目，弄不好倒让当地背上永远卸不掉的包袱，不如请专家帮助诊断，研究长期发展战略和长期规划，以使其有章可循，减少盲目性，增强科学性，可谓花小钱办大事。近几年，世界银行和亚洲开发银行不断出资帮助中国欠发达地区进行规划研究，取得了很好的效果。

上海市旅游局结合旅游行业的特点，以抓好"规划、资金、干部"三落实为主线，发挥上海旅游行业的优势，按照"优势互补、互惠互利、长期合作、共同发展"的原则，为对口地区旅游业的发展做出新的贡献。（1）输出管理。锦江、衡山集团在云南昆明、四川涪陵、兰州、贵州等地区管理饭店 30 余家。（2）帮助西部及对口地区做好旅游资源的整合和规划工作，华师大旅游系帮助青海省制定了旅游总体规划。（3）开办各类培训班，帮助培养旅游管理人才和教师。（4）与西部对口地区加强合作，签订旅游合作协议，先后与宁夏、甘肃、内蒙、广西、新疆签订了协议，履约率达到 95% 以上。

专栏3　上海有关部门加大对阿克苏地区援助力度

实施西部大开发的战略决策，加快新疆阿克苏地区经济和社会发展的关键为贯彻"科教兴国"战略。为此，加大对阿克苏地区教育和科技事业的援助，是上海支援西部开发、加强民族团结的一项重要举措。

教育方面：上海广电集团援建了阿瓦提县上海广电集团希望小学。上海广电集团还为学校配置了现代化的语音教学系统和电化教育设备；崭新的校舍、现代化的教育设施，为学校提高教育质量提供了良好的基础。上海医药集团总公司出资 50 万元在原阿克苏市第十小学基础上援建的阿克苏市上海医药希望小学教学楼，解决了阿克苏市城乡结合部少年儿童入学难问题，同时为地区进行维汉双语教学试点创造了条件。中福会少年宫和香港嘉道理基金会出资 15 万元援建的中福会少年宫嘉道理阿克苏计算机活动中心和少儿多媒体图书馆在地区少年宫，既丰富了地区青少年学习和掌握现代科学技术和科学知识的课余生活，又完善了地区少年宫的功能设施。上海浦东新区出资 50 万元援建的阿克苏地区启明学校解决了阿克苏及周边地区各族残疾青少年入学难问题，促进了地区特殊教育事业的健康发展，更是体现了阿克苏地区社会发展的水平。上海浦东新区援建的另一所阿瓦提县上海浦东希望小学使阿瓦提县阿依巴克乡上浑巴什村、下浑巴什村的小学生告别危房教室，从此有了一个明亮宽敞的学习环境。上海市黄浦区教育局出资 15 万元援建的温宿县二中语音教室，给温宿县提高外语教学水平提供了现代化的教学条件。除了对教育基础设施的援助，上海还加大了对地区的师资培训和教育领域的交流。经援疆干部联络组联系，上海经济干部管理学院、上海格致中学分别组织教师暑假期间到阿克苏进行了教育领域的交流。上海经济干部管理学院的两位教授分别在阿克苏市、温宿县做了"迎接 WTO"和"市场经济资本运作"方面的专题讲座，学院还对地区到上海培训过的学员进行了回访。上海格致中学在阿克苏市二中举行了数学、物理、化学教学以及学校教学管理等方面的讲座，与地区及农一师的学校校长、教师进行了交流。

科技方面：经上海援疆干部联络组联系，上海高新技术成果转化服务中心、上海技术产权交易所分别在乌鲁木齐成立了分中心，这是上海继在北京、西安两地建立分中心后的第三家。这对加强上海与新疆在信息、技术、资本方面的交流与合作，推进高新技术成果产业化、技术产权交易及一级市场资本运作，对上海、新疆两地参与西部开发、促进共同发展，起到了积极的推动作用。同时，也为中介机构在市场经济条件下参与西部大开发进行了有益的探索。

（四）促进企业向西部地区转移

东部地区的政府不能仅仅停留在帮助西部地区建几个项目，给一点钱，应采取切实措施鼓励和引导企业和科研机构把一部分加工业，一部分与主导工业有关的配套工业，有计划地向西部企业和能源矿产资源富集地区转移；东部地区要用高新技术促进西部地区机电成套设备、光机电一体化产品、高附加值出口机电产品和新材料的开发，促进西部工业技术进步，东部地区要向西部工业转移能源矿产品深度加工技术，转移与能源矿产产业相关领域的技术，推动西部地区形成一批用先进装备和先进工艺武装起来的现代产业，使优势资源产业和先进的科学技术相互促进，共同发展，把资源优势转化为经济优势。应根据"建设高效农业，实现小康目标"的要求，以适用的农副产品加工技术，用加工、包装、储运一体化的综合开发技术，用粮食转化增值技术支援西部县乡农业，改变西部地区广种薄收、单一生产、粗放经营的状况，形成高新技术与适用技术相结合的复合体系。使西部地区的农业生产建立在依靠先进技术的基础上，提高西部地区农业综合开发的能力。东西部对口支援省区还可以在境外联合招商、联合引资、联合与外商在西部地区兴办三资企业。应积极组织各自产品进行异地展销，并建立长期稳定的供货关系，以拓展市场。此外，在培训基层干部、接受贫困落后地区的务工人员、生态工程建设方面对西部各省区以有力地支持。

（本文系 2004 年国务院西部开发办公室委托中国区域经济学会研究的《东西部合作机制与政策研究》课题的分报告之一）

（作者单位：国家发改委国土开发与地区经济研究所）

东西部合作机制研究

罗清和　许新华　任　君　张处云

一、东西合作机制方面存在的问题

（一）融资渠道狭窄导致资金匮乏

资金短缺是制约西部发展的关键因素。一方面，东部由于发展较快，对资金需求量也较大，再加上对风险的控制，不可能完全解决西部资金问题。另一方面，由于比较利益机制的驱动，致使西部有限的资金反而流向东部。实际上，西部资金短缺的最终根源来源于金融体制的欠缺。近年来，由于各方面原因，作为信贷资金主要支持者的工、农、中、建四大国有商业银行，纷纷逐步从西部经济欠发达的地区收缩、撤并基层信贷机构，大幅度地实行信贷退出，同时又源源不断地从西部地区吸储大批存款资金向经济较发达的中东部地区倾斜，使得西部"金融饥渴"矛盾进一步加剧。

（二）法制保障不力引发投资信用危机

长期以来，由于历史的原因，西部的法制进程处于较为落后的地位，"人治"往往高于"法治"，对吸引外来投资设置了障碍。事实上，良好的法治环境，是西部大开发投资环境的重要一环，将有利于从制度上保障西部大开发战略的实施，使西部大开发具有法律的权威和法制的保障，使各项优惠政策具有稳定性和连续性，不因领导人的改变而改变，也不因领导人的看法和注意力的改变而改变。只要有了法制保障，东部企业才可能放心地来到西部扎根安家。

（三）利益机制模糊影响合作积极性

从中央到地方，每一级政府无一不希望通过先富裕省市帮扶后发展省区，缩小东西部差距。而具体到企业，主要以获得利益、求得市场效益为目标。东部民企西进不光是响应国家西部大开发的号召，或是看重西部的廉价劳动力和丰富的资源，更重要的是其自身发展的内在需要。如何将领导的愿望与企业获益有机地统一起来有一定难度，还需要进一步地研究与探讨。

（四）信息闭塞制约着东西沟通与合作

企业信息沟通的薄弱以及对市场动态心中无数，增加了东西合作的难度。许多西部的企业缺乏畅通的信息渠道和网络，很难抓住市场机遇和选择好合作伙伴；有些企业提出的合作项目，往往没有针对性，也没有具体合作对象，这些项目发出去大部分都没有反馈信息。归根结底，是缺乏一套科学完整的政府传导系统。到目前为止，西部大多数省区招商合作都是采用招商洽谈会或民间企业联系的方式，如何在较短的时间内建立一套有效的政府引导机制是当前需要解决的问题。

（五）产业转移问题

产业转移是一项非常复杂的系统工程，目前面临的问题是：（1）"两难选择"问题。西部为加速发展，提高产品档次，希望东部前来投资大型项目，设备的先进程度和技术含量越高越好；而东南沿海一些企业则往往把已属淘汰的设备，市场前景不好的产品输出去，这样西部就会处于一种高不成，低不就的"两难"境地。（2）消化能力低下问题。技术引进地区需要有一定的技术人才和技术管理经验，西部这两种资源相对来说比较缺乏。（3）风险内移、利益外流问题。在产业转移过程中，西部可能会存在"饥不择食"的倾向，由于缺乏经验和宏观调控能力，往往共同风险转为西部一方承担，而共同利益则被沿海企业先期分割。

（六）观念更新问题

东西部合作开发，首先双方都需要转变观念，实现观念对接，尤其是西部的观念更新问题。政府作为宏观经济的掌舵者，必须在市场经济大潮中逐步转变观念，树立市场意识、竞争意识和开放意识。而民间则主要是一些地方政府和企业由于急功近利的心态作祟，经常搞些"一锤子买卖"，致使正常的投资环境遭到破坏，影响了投资信誉和环境。综观近几年来的经验教训，这些观念的形成主要是由于缺乏规范的市场操作和完善的法制建设。

二、东西部合作交流的基本模式研究

西部大开发是几代人共同的事业。东西部合作目前的确存在诸多的问题，这就需要国家、企业双方共同努力，在"双赢"的前提下建立科学的合作模式。

（一）立足开发资源的合作

通过东西合作，联合投资开发西部的优势资源，既有助于将西部的资源优势转换为现实的经济优势，又可为东部提供廉价的资源型产品，或建立原料基地，保障资源供给。可联合开发西部的水能资源。西电东送，一方面为东部提供充足的能源，另一方面还可以改善能源结构，提高清洁能源的比重。西部生产原料的企业同东部的加工企业通过联合，共同建设原料基地，建立密切的产销关系，降低合作成本，提高合作效益，实现共同发展。这种合作的形式可以是多样的，包括合资、合作、母子公司制、补偿贸易等。

（二）依托名牌产品的合作

在日趋激烈的市场竞争中，品牌的重要性显而易见。品牌是重要的无形资产，创造一个名牌需要长期的积累和投入巨额的资金。东部企业可以借助其品牌优势，直接到西部建厂，或收购西部的同类企业，就地生产就地销售，由过去的"产地销"变为"销地产"，扩大市场占有率。总体而言，东部有较强的品牌优势，东部一些拥有名牌的企业需要在发展条件更好的西部寻求新的拓展空间，实现低成本扩张；而西部则借助东部的品牌优势，缩短企业艰难创业的同时，少走弯路，实现后发优势。

（三）围绕专业化分工的合作

东西部经济技术水平存在较大差距，难以在同一层面上进行产业协作，但这种格局为开展垂直分工与协作提供了条件。东部拥有先进组装或深加工技术的企业，或把其零部件或初级产品生产基地设在西部，或通过并购西部的有关企业，或与西部的企业建立类似于日本松下承包式的紧密或松散的生产协作关系。这种合作一方面可以使东部企业能够通过降低原材料和零部件成本来提高制成品的市场竞争能力；另一方面又可凭借投入产出链条将先进技术和工艺传递到与之协作配套的企业，加速技术进步，带动它们共同发展；或通过经济技术联系建立比较固定的产销关系，为西部的企业寻求到可靠的市场和稳定的大户，提高抵御市场风险的能力。

（四）借助技术和管理的合作

东部企业将其技术和管理优势与西部的厂房、设备和劳动力优势结合起来，通过承包经营、委托经营、租赁等方式，促使西部的优势企业得到进一步加强。

（五）扩大对外开放的合作

利用沿海地区出海条件好、接近国际市场以及西部沿边地区的区位优势，组织西部企业到沿海地区联办工贸企业和出口基地，或吸引东部企业到西部的沿边地区联办出口加工企业，加快外引内联步伐，进入国际市场；通过东部地区中外合资企业与中西部地区的企业开展合作，组成"中中外"式的企业，扩大产品出口创汇、联合吸引外资、消化吸收国外先进技术，进一步扩大对外开放。

（六）共建科技产业园

共建科技产业园成为东西部合作的新亮点。2003 年 4 月，四川、江苏都江堰科技产业园落户都江堰市，江苏扬子江药业、双良集团、中金医药包装公司等大型企业已先后入驻。东西两地共建科技产业园为双方企业的合作构建合作平台，更有利于技术、人才、管理的交流与合作。

（七）异地并构重组

输出服务成为东西部融合的新理念。上海产权交易所牵头与重庆、青海等 24 家地方性产权交易机构合作，成立长江流域产权交易共同市场，并与陕西、宁夏、云南以及呼和浩特、包头等地市级产权交易机构合作，全面推进异地并购重组。近 3 年来，西部地区在上海产权交易所成交项目 117 宗，成交额 15.23 亿元。

三、东西合作机制如何形成

（一）依靠利益和市场的推动力，加强企业间的合作

企业是市场经济体制下最基本和最主要的投资主体，也是最具生命力的合作主体。而效益是企业追求的唯一目标。因此，东西部地方政府要把企业间的合作当做"重头戏"来抓，更多地引导双方共进共荣，互惠双赢。企业合作的方式可以多样化，既可共同创建适应于现代企业制度的新企业，也可利用东部企业的资金、技术、人才、信息、产品、管理和机制，用承包、租赁、参股、购买、托管等方式，嫁接改造西部现有企业，使之成为新的经济增长点。

（二）加快东部技术优势向西部的转移

东部按照"条件各异、区别对待、特点有别、分类指导"的原则，针对西部不同地区的产业基础差异、自然条件差异、地理空间差异、资源禀赋差异和人员素质差异的具体情况，多领域、多层次地向西部辐射科学技术。可考虑把科技转移集中于重点技术领域和重点产业，发挥重点技术和其他技术的推动、辐射作用，以及重点产业对相关产业的带动作用。东部可以合作或独立的形式在西部地区建立科技城、科技中心、高新技术产业开发区；西部可运用资源优势加入东部跨地区的企业集团，通过与东部形成相关利益纽带来形成资源与技术的交换与互补，引发东部科学技术向西部地区转移的内外综合动力机制。东部的技术可多层次、多领域地向西部辐射。如用实用技术支援乡镇企业的发展，提高西部农业附加值；用高新技术促进西部地区工业的技术进步；用先进技术推动西部发挥资源优势。

（三）以人才为纽带，加强东西部人员交流与合作

人才匮乏不仅是西部发展滞后的重要原因，也是当前东西部合作中重要的障碍性因素。因此，有必要把干部和人才的交流作为东西部合作交流的一项重要内容。除了生产第一线和基层人才、干部的交流外，还要进一步扩大各级领导干部交流的范围和层次。

（四）加快全国统一大市场的建设步伐

区域经济发展离不开区域市场的培育与完善，东部行业、企业向西部挺进，西部挖掘自身潜力都离不开对区域市场特别是西部区域市场的研究与探讨，东西部合作开发首要的切入点就是搞好区域市场的对接。西部的发展依赖于资源的开发和输出，还依赖于原材料和中间产品的输出。目前，地区封锁增加了产品成本，加上资源产品价格低，使西部经济发展受到严重制约，也影响了地区间的利益关系。因此，必须打破地区封锁，建立全国统一的市场体系。只有打破地方割据、市场封闭的状况，让生产要素在全国统一大市场上按照比较利益原则自由而合理地流动，发达地区才能有力地带动落后地区的发展。

（五）实行对口支援

早在 1979 年全国边防工作会议上，中央就确定：北京支援内蒙古，河北支援贵州，江苏支援广西、新疆，山东支援青海，天津支援甘肃，上海支援云南、福建支援宁夏，全国支援西藏。邓小平曾指出：沿海如何帮助内地，这是一个大问题。可以由沿海一个省包内地一个省或两个省，也不要一下子负担太重，开始时可以做某些技术转让。通过对口支援，密切沿海与内地的经济关系，使落后地区能更加有效地开发并利用其丰富资源，发挥资源优势，促进经济发展。

四、促进东西合作机制建立的政策设计

（一）切实解决西部地区的"三农"问题

在对东西部地区经济社会发展状况做具体的比较分析中可以看出，西部地区的落后，最突出的是西部地区农村和农业的落后，西部地区的贫困，最突出的也是农民的贫困。因此，东西部的合作交流就不能仅仅局限于城市以及工业的合作。要缩小东西部"三农"发展的差距，必须突破传统的开发模式，避免开发中的城市偏向，把大开发的着力点首先放在解决好西部的"三农"发展问题上，探索一条跨越式发展的新路子。

1. 大力发展农业产业的加工流通业以提升西部农业产业层次。发达的农产品加工流通业是现代农业的重要标志。要尽快改变西部地区以输出

原料农产品为主的传统格局，下决心做深做透农产品加工流通的文章，拉长农业产业链，把以农副产品为原料的精加工、深加工培育成西部农村工业的支柱产业。要把农产品及其加工业的储运营销作为西部第三产业的重要支柱，促进农业增效、农民就业和农村发展。

2. 利用西部农业资源优势，发展现代新型农业。与东部相比，西部拥有丰富的农业资源，相对缺乏的是现代农业科技和资金。结合东部相对发达的科学技术和充盈的资金，可望建立现代农业的生产系统，面向国内国外两个市场，形成全国甚至全球的农业生产基地。

（二）对西部未开发利用的荒地建立有一定特殊性的物权制度

在西部大开发中，对于数量较大的未利用的荒滩、荒漠、荒山、荒沟和草场，在维护宪法和法律确立的土地公有制的前提下，鉴于其开发投入大、周期长、见效慢，为了增强开发者对持续投入的信心和决心，使开发者获得经济效益，国家获得生态效益，可考虑对利用"四荒"进行生态建设或符合生态效益的农业开发，允许开发者拥有比现行法律和政策规定更多、更长期的土地使用权和林草及其收益的所有权。建立允许开发者享有的土地承包经营权在承包权期满后"自动顺延"的制度，即承包期满后如果没有法律规定的终止承包的情形，可以自动延长一个承包期。此外，将西部一些地方近年来已经采取的荒地"谁开发、谁受益"之类的做法进一步规范、完善，以法律规范形式保证这些资源政策的连续性、稳定性，充分调动开发者、使用者、生产者、经营者的积极性。

（三）突破阻碍东西部资源大转换、生产要素大流动的障碍，构筑东西部大合作和大流通的绿色通道

西部地区要努力改善投资环境，提高办事效率，引导东部地区的资金参与西部大开发。让东部地区的乡镇企业，民营经济和农民企业家来大规模地参与西部大开发，通过完全按市场运作的公司、企业的大规模参与开发，使西部大开发的运行机制得到根本性转换，为西部农民创造更多的就业机会。西部地区对民营经济，在矿产资源开发、农业开发、商业流通、交通通讯等领域的开放度可以更大一些。把由政府承担的扶贫开发功能，通过政府的政策导向引导东部的民营企业运用市场经济的手段来完成。

（四）加大东西部之间的物流、人流、信息流和交通通讯等基础设施建设

一方面，国家要加大沟通中西部的交通、能源、通讯、信息和电力等基础设施建设的投资力度，实现西电东送、西气东输、西路东通，大力发展电气化铁路、高速公路、水运、航空、管道运输等，从根本上改变东西部交通难状况，实现快捷交通。同时要加大通讯、信息产业发展，形成发达的网络化的通讯信息网，缩短东西部之间的交通通讯半径。另一方面，大力发展从事交通通讯和商业流通的第三产业，引进经营性企业。既要鼓励在西部兴办各种大中小市场和贸易流通企业，又要鼓励东部的大中型批发市场和流通企业与西部地区建立紧密的产销协作关系，使西部地区的特色产品通过畅通的流通渠道进入东部市场。东部的外贸企业也要参与西部开发，把西部特色产品销往国际市场。

（五）鼓励和引导东西部之间劳动力和人才的双向流动，促进人才结构和劳动力结构的优化重组

对此，国家在制定政策方面应考虑到西部地理偏僻，条件恶劣的状况，给予适当优惠政策，如工资、津贴、发展前途方面的加强，吸引东部人才带着先进的管理经验和高新技术参与西部的建设，鼓励各类科技人员、经营管理人才、大学生等在东西部之间自由流动。同时，鼓励和支持有能力有条件的西部农村剩余劳动力向东部地区流动。西部劳动力向东部流动，既是解决这部分西部人脱贫致富的捷径，也是为西部退耕还林还草等生态建设提供基本条件。西部劳动力东移，还将进一步促进东部地区的经济快速发展，大大增强东部经济在国际市场上的竞争力。对此，地方政府建立相应的协调机构有序规范地操作必不可少。只有劳动力和人才实现了东西部之间动态的大流动，才能为西部经济注入蓬勃的生机和活力，使西部经济走上良性发展之路。

（六）鼓励东部产业梯度转移，建立东西部"双赢"机制

东部经济经过一定阶段的发展，目前受到有效需求不足的制约，且面临着产业升级的压力。西部地区自然资源丰富，市场潜力巨大，经济结构与东部地区有着较强的相关性、互补性。从产业发展看，东部很多民营企业都具有"原料和销路两头在外"的产业格局和"轻、小、集、加"的

产业特点，许多产品依靠扩大内需，适时扩张。在与西部省份的合作中优化资源配置，抓住西部大开发的机遇，实现产业转移与市场覆盖，不失为可行之举。国家应制定相关产业政策，引导东西部科学转移产业，避免盲目引进和保护生态环境。

参考文献：

1. 张可云：《区域大战与区域经济关系》，民主与建设出版社 2001 年版。

2. 周维兴：《战略重心的西移》，民族出版社 2001 年版。

3. 马立行：《东西部合作与企业发展》，载《社会科学》，2002 年第 5 期。

4. 陈栋生：《西部大开发与可持续发展》，经济管理出版社 2001 年版。

5. 国务院西部地区开发领导小组办公室。

（http：//www. chinawest. gov. cn/chinese/jianbao/jb. htm）2003 年 1～11 月份西部地区经济发展情况

6. 张贡生：《论西部开发中的东西部合作问题》，载《柴达木开发研究》，2000 年第 3 期。

7. 魏后凯：《西部大开发的"软肋"和"硬伤"》2003 - 05 - 21。

8. 李钦文：《西部大开发接轨东部大市场——对新世纪中国东西部合作开发的战略思考》，载《开发研究》2001 年第 2 期。

9. 吴郁文：《21 世纪中国区域经济发展》，中国轻工业出版社 2001 年版。

10. 三九公司资料由三九公司提供。

11. 《康佳淘到西部"第一桶金"》，载《中国经营报》2000 年 5 月 30 日。

（作者单位：深圳大学）

广西融入泛珠江经济圈若干思考

蒋升湧

广西人口在全国排第 9 位，土地排第 10 位，资源排第 13 位，GDP 排第 17 位，具有良好的区位优势，是全国唯一的沿江、沿边、民族自治区和唯一的拥有东部沿海开放、西部大开发、少数民族自治政策的地区。在经济一体化趋势下，近几年来，区域经济合作已逐渐为各方所重视，合作意识进一步增强，合作领域不断拓宽，区域经济联系日益密切。据不完全统计，1997 年至 2002 年仅广西与广东签订协作项目 1000 多个，引进广东到位资金 33 亿元，实施项目 600 多个，其中 2002 年签订经贸合作项目 246 个，广东方到位资金 15.02 亿元。2004 年，广西把加强两广合作作为参与泛珠三角区域合作的重点，签署了全面加强两省区合作协议，双方共签订 105 个有代表性的经贸合作项目，总投资额 498.6 亿元。2005 年 7 月，在成都举办的第二届泛珠三角区域经贸合作洽谈会上，广西与广东成交项目 51 个，成交金额 101.89 亿元。目前在广西投资的广东企业有近千家，涉及房地产、建筑、农副产品等多个领域，经贸合作在广西正由点到面逐步向全区拓展。南贵昆区域经济合作在优势资源开发、基础设施建设、区域规划制定等方面也取得积极进展，西南出海出边大通道建设，把该区域经济更紧密地融合起来。如何进一步融入珠江经济圈，加强区域合作，加快广西发展，是我们重大的抉择。下面，就广西融入珠江经济圈，加强合作谈几点意见：

一、广西融入泛珠江经济圈加强珠江区合作的必要性

（一）有利于从整体提高区域竞争力

近年来，我国省际区域合作进一步密切，环渤海湾经济圈在"奥运效应"的带动下，发展步伐加快；长江三角洲经济圈加快了区域内资源

整合调配力度，经济增长势头迅猛；振兴东北老工业基地战略，实际上就是探讨已久的"大东北、大开发"战略。我国经济近年来在国际经济总体不景气的情况下"一枝独秀"地保持着稳健快速的增长态势，其中一个主要原因是省际之间的区域经济合作日益活跃，从而有力地拉动了内需。与此同时，我国对外开展经济一体化合作也迈出了新的步伐，中国—东盟自由贸易区加快启动，2003 年 6 月 18 日，中国与泰国签订协议，188 个果蔬产品贸易已从 2004 年 10 月 1 日起实现了零关税；2003 年 7 月 1 日，中央政府与香港签订了"内地与香港更紧密经贸关系安排"的协议（CEPA）。新的形势对珠江三角洲地区及周边省（区）发展既带来了机遇也提出了新的挑战，在国内外市场联系日益紧密，各区域间投资、科技、人才等生产要素的竞争日益激烈的情况下，只有更加密切的联系起来，扩大要素流动和资源整合的空间，最大限度地发挥各省的优势，扬长避短，形成合力，才能增强区域的核心竞争力，提高区域经济发展的后劲。

（二）有利于进一步发挥广东特别是珠三角地区对区域经济发展的辐射带动作用

当前，我国区域经济发展的一个显著的特点就是中心城市和核心区域的辐射带动作用日益突出，如在京津经济区对环渤海湾经济圈发展起着核心作用，长三角经济圈龙头是上海等。改革开放以来，广东特别是珠三角地区对周边各省区经济发展起到了较好的辐射带动作用，但是与上海等市在区域经济发展中所起到的作用和获得的收益相比，还有一定的差距。加强泛珠江经济圈之间的经济合作，不仅有利于扩大珠三角地区的市场空间和发展腹地；也有利于省际之间信息、资本、技术和管理模式的合理流动，促进珠三角产业链条向周边省市延伸，使其能进一步发挥市场发育完全、与国际市场贴近、产业集聚度高等优势，增强其对区域经济发展的辐射带动作用。

（三）是经济发展的内在要求，符合经济规律，有利于利用区域之间的差异，促进区域经济的协调发展

区域差异是形成区域经济合作，形成互补的基础，而且区域差异越大，区际经济合作的必要性就越大。目前泛珠江经济圈之间在自然条件和自然资源禀赋、地理位置、经济发展水平以及需求结构的方面都存在着较大差异，为进行区域联合提供了较大的空间，加强区域合作，有利于把广

东等发达地区的资金、技术、人才优势与相对后发展地区的资源、能源、劳力优势有机结合起来，把可能的生产力变成现实的生产力，从而推进区域经济发展。

1. 供需落差决定的。经济发展水平的落差决定广西、贵州、湖南等八省区是广东商品的重要市场。资源落差说明广东是广西、贵州、湖南等八省区资源（初级）产品的重要市场。

2. 消费偏好决定。由于珠江区地域、历史、文化、语言、生活习惯等因素的共同性，珠江区合作是自然的。

3. 比较利益决定。珠江区地域临近和消费偏好的一致性，决定了产品开发和运输成本低廉，竞争优势明显。

（四）符合"三个代表"重要思想

1. 加强珠江区经济合作是珠江区人民的共同愿望，代表了珠江区人民的根本利益。

2. 广东是我国经济发展的标志，代表着未来的生产力，广西作为落后地区需要向广东学习，因此珠江区合作也代表了先进生产力的要求。

3. 符合先进文化发展的方向。

（五）符合国家的大政方针，符合党中央、国务院提出的要求

1. 广西属于国家沿海华南区。从新中国成立到现在，国家一直都把广西作为华南区。

2. 广西是国务院决定的广东的帮扶对象。

（六）世界经济的一体化和东盟的契机

经济的一体化是生产社会化和市场经济发展的必然要求，它们利用空间上的整体性和产业结构的互补性，以互利为基础，以共赢为目的，实现共同发展。

中国—东盟自由贸易区大大扩展珠三角地区的发展空间，广西作为中国东盟的桥头堡为广东产业、产品、资金、技术、人才西进提供了捷径，广西应抓住这一契机，进一步加强与广东的合作和交流。

二、战略定位

(一) 在新形势下，泛珠江经济圈合作要有新的发展观

要按照党的十六大提出的"发展要有新思路，改革要有新突破，开放要有新局面，工作要有新举措"的要求，在合作机制上要有新的创新，合作内容上要有新的突破，合作方式上要有新的形式，从而形成分工明确、互惠互利、共同发展的良性格局。既是大规模、全方位、多层次、宽领域的合作，又是更规范、质量和水平更高的合作，进一步拓展合作领域、提升合作层次、丰富合作内容、提高合作成效。重点是要在合作中树立以下三大观念：

一是大市场观。坚持以市场为纽带，只有建立统一、开放的市场体系，把区域协作上升到产业协同调整的高度，才有可能实现区域分工与竞争的平衡，形成产业一体化发展的新局面。要坚持企业是合作的主体，把政府的主要精力集中到营造环境、加强规划和信息引导服务上来，不搞"拉郎配"；要按照市场规则配置资源，创造一定的市场空间，能够通过市场运作使企业赢利，从而使企业有一个很好的发展前景，提高区域合作的效益。

二是全局观。要站在区域、全国乃至全球的经济发展的全局的高度来考虑自己的经济发展战略，明确各自在全球、全国市场和产业链条的定位，避免一哄而上，重复建设。打破"诸侯经济"，打破原有的画地为牢、各自为政的狭隘观念，促进商品和生产要素的合理流动。

三是共赢观。任何一个地区的经济，都有其优势和劣势。区际经济合作是以合作各方的优劣互补为前提而建立起来的，一方的劣势能够得到其他方优势的补充。由于合作是建立在互有需要的基础上，所以实行合作的任何一方，必须在技术、资金、资源、生产能力、场地、经营销售诸方面中有一技之长，才能吸引与之合作的伙伴；只有互相取长补短，才能达到共同发展的目的。在区域经济合作中，合作各方都是相对独立的经济利益主体，任何一方如果只是做出贡献，而得不到实惠，合作本身就没有吸引力。只有风险共担，利益均沾，才能同舟共济，形成合作的良性循环机制。

(二) 新的战略定位

从广西与广东长期合作的历史来看，是逐步发展变化的。80年代中期

以前，强调东西部的关系；80 年代中期以后提出"借粤兴桂"的概念；到
80 年代末 90 年代初期，提出了"梯度理论"，认为广东为第一梯度，广西
为第二梯度，云南、贵州为第三梯度；在梯度理论的基础上又提出了"过
渡带"理论；90 年代后期和现在提出"东引西联"的理论。从理论来说，
以上定位都存在缺陷性，对实际工作是不利的，需要重新定位。广西应敢
于提出：广西是珠江三角洲经济圈的一个重要组成部分，是广东经济的一
个组成部分，广西经济要围绕广东经济的发展而发展，要甘当"后花园"。

三、指导思想和合作原则

（一）指导思想

遵循经济规律，以市场为纽带，以政府推动为助推器，以商品贸易为
主体，以产业合作为重点，以互惠互利双赢为目的，进行全方位、宽领
域、多层次的合作。

（二）合作原则

1. 市场导向原则。以市场为导向有两层含义：第一层含义就是必须
有利于提高广西的产业在市场上的竞争力；第二层含义是指产业本身，必
须有一定的市场空间，能够通过市场运作使企业赢利，从而使企业有一个
很好的发展前景，使其具有市场竞争力。根据市场导向原则，应该选择那
些具有双赢可能性的领域。

2. 自愿互利原则。区际经济合作是生产要素在更大范围内的积聚、
结合，是社会生产和再生产的各个环节在空间上的进一步协调。合作各方
面都是相对独立的经济利益主体，任何一方如果只是做出贡献，而得不到
实惠，合作本身就没有吸引力。应该防止搞"拉郎配"，只有风险共担，
利益均沾，才能同舟共济。

3. 经济效益原则。一切经济活动都要讲求经济效益，这是市场经济
发展的客观要求。区际经济合作必须充分体现如下几种类型的经济效益。
第一，利用区际经济合作带来的有利条件，有步骤、有目的地调整地区经
济结构，使生产要素合理流动，资源优化配置，完善经济发展条件，取得
结构经济效益。第二，利用区际经济合作扩大生产规模和经营规模，取得
规模经济效益。第三，对在区际经济合作基础上形成的经济区统筹规划，

进行生产力的再布局。取得布局经济效益。第四，利用区际经济合作，合理安排经济区开发建设项目的进度，提高时间的经济密度，取得时序经济效益。

4. 扬长避短原则。任何一个地区的经济，都有其优势和劣势。区际经济合作是以合作各方的优劣互补为前提而建立起来的，一方的劣势能够得到其他方优势的补充。由于合作是建立在互有需要的基础上，所以实行合作的任何一方，必须在技术、资金、资源、生产能力、场地、经营销售诸方面中有一技之长，才能吸引与之合作的伙伴；只有互相取长补短，才能达到共同发展的目的。

四、合作的重点领域和项目

（一）交通基础设施建设

1. 公路。要做好高等级公路的对接，特别是高速公路的对接，尽快连通南宁、贵港、玉林、梧州、肇庆的南梧公路；桂林、贺州、梧州到肇庆的高速公路。

2. 铁路。加快黎湛线的改造，建设北海、合浦、河唇、湛江的铁路；洛湛铁路以及梧州到肇庆的铁路。

3. 内河航运。西江、珠江内河航运的沟通。

4. 海港。南北钦防以及湛江港，包括海南、广东应在国家统一规划下，进行合理的布局，避免恶性竞争。

5. 航空。民航机场随着桂林两江新机场的建设通航以及南宁吴圩机场航站区、北海福成机场飞行区扩建等项目的竣工投产，机场设施得到了较大的改善，客货运输能力得到了很大的提高。

（二）广西优势资源的开发

要利用广东的技术、资金、管理、制造、市场网络加强广西资源的开发。

1. 铝电结合。加快铝工业基地的建设，使百色铝基地成为世界级的铝工业基地。吸引、利用广东的资金，加快建设铝电结合的有色金属加工基地，就要大力开发以龙滩水电站为龙头的红水河水电资源，使之成为"两电东送"和有色金属加工的重要基地和支撑，加快开发丰富的铝土矿资源，优先发展氧化铝，滚动发展电解铝，按照市场需求发展铝材加工。抓紧做好桂西的铝土地质勘探和储量升级工作，加快建设新的氧化铝和电解铝项目。加快推进南宁大型铝材加工和沿海大型电解铝项目的前期工作，争取早日开工建设。

2. 林纸浆一体化。要充分发挥广西热带、亚热带林业资源优势，按可持续发展的要求，大力发展林浆纸结合工业，建立造林、制浆、造纸和加工一体化的产业体系，加快在沿海建设大型制浆和造纸项目。

3. 石油化工。广西具备建设大型炼油厂的沿海区位和市场条件，争取国家支持在广西沿海建设大型石化项目时机已成熟。为此，我们要以建设钦州特大型炼油和加工基地为契机，把广西沿海石化产业发展起来，拉长产业链，扩大产业规模，形成产业集聚。中国石油广西石化有限公司加工 1000 万吨/年苏丹原油工程，2006 年 6 月国家环境保护总局下发环审〔2006〕303 号文件，正式批复环境影响报告书，同意按照报告书中所列建设项目的性质、规模、地点、采用的生产工艺、环境保护措施进行项目建设。该项目地址位于钦州港经济开发区工业园内，占地面积约 3000 亩，由中国石油天然气集团公司广西石化分公司投资建设。项目计划总投资额 130 亿元，年计划加工苏丹原油 1000 万吨。项目建设内容主要包括具有世界先进水平的 10 套炼油立体生产装置以及铁路专用线、码头等配套工程。预计项目建成投产后，年销售收入 283 亿元，每年可为国家提供税收 30 多亿元。目前，项目业主已投入 3 亿多元资金，用于工程用地的清场搬迁、平整、基础夯实等前期工程的建设，市委、市政府和项目业主正共同努力，积极做好项目的前期工作和开工的准备，争取项目早日开工建设。

4. 临海工业区的建设。利用本地、周边和腹地资源优势及沿海、沿边的区位优势，加速发展沿海工业园区，重点建设钦州大型沿海工业园区，把钦州港起步工业园，大榄坪工业园和犀牛脚工业园发展有机结合起来，形成三个园区一体的发展强势。同时，搞好供水供电等园区配套基础设施建设，创造良好的投资开发环境，让一批大型工业项目落户园区，把钦州临海工业推上一个新的台阶。另外，北海、防城港也应建立有特色的工业园区，带动沿海工业和开放型经济的发展。

（三）广西传统产业的改造包括汽车工业为主的机械工业和以水泥为主的建材工业

汽车工业充分利用广东的资金、技术、人才、市场等优势，加速产品的改型换代和升级，开发性能优越，新颖美观、技术先进的面向中国、东盟，尤其是东南亚农村和小城镇，面向家庭消费的系列微型汽车和农用汽车。要加速形成规模，降低成本，增强市场竞争力。机械工业要重点发展技术含量高、市场前景好的动力机械、工程机械、农用机械、港口机械、数控机床、电工电器等。

建材工业要充分利用广东的资金、技术、人才、市场等优势，重点采用新型干法节能新技术改造骨干水泥企业，适时建设大型干法回转窑水泥厂，对现在中小水泥厂进行改组，发展散装水泥，提高散装率。大力发展市场适销的中高档建筑陶瓷、卫生陶瓷和新型墙体材料，加快高岭土、滑石、膨润土的开发及深加工。

（四）新兴高技术的工业特别是信息技术的制造

继续深化产业结构调整，实现以信息化建设为核心的高技术、高附加值型产业转变。抓好桂林电子信息城、通信产业基地、计算机及网络产业基地和新型元器件产业基地建设，培育、扶持集成电路设计和生产企业的发展，培育3~4个居国内领先水平的新型片式元器件产品。重点发展通信产品、光纤及网络接入设备、数字视听设备、航天和船用电器、新型信息设备和产品。实施"基地建设方案"，在桂林、南宁、北海形成通信、计算机及配件等生产基地；实施"整合方案"，通过联合、兼并、资产重组与优势互补，进一步发掘原有工业企业的潜力，盘活资产存量，激活资产存量，激活发展机制；建立信息产业发展基金和专项资金，制定地方性的扶持政策，确实加快我区信息产业的发展，使信息产品加工制造业逐步成为我区新兴的工业产业。

（五）旅游业的合作

广西有丰富的旅游资源，应和广东共同打造泛珠三角洲黄金旅游区，在加强区域旅游合作、区域旅游品牌塑造、旅游资源和产品的整合与保护、旅游信息交流与一体化、区域旅游便利措施等多方面的达成共识。

（六）金融业的合作

特别是广东的地方银行：招商银行、发展银行来广西设点布局，为广东在广西发展的企业提供资金保障和结算便利。

（七）劳务输出

适应工业化和城镇化进程的需要，统筹城乡劳动力的就业，开展农村劳动力就业试点，通过市场导向，引导和组织剩余劳动力特别是贫困地区的劳动力有计划地向广东发达地区输出。

（八）资产重组

广西要有胆量将部分优势产业无偿转让给广东的名牌企业，通过广东的知名企业来带动。

（九）区域内统一大市场的建设

在加快本区域基础设施建设，消除泛珠江经济圈之间有形壁垒的同时，进一步从市场准入、市场规则等制度方面着手，逐步消除各行政区之间的无形壁垒，建设泛珠江经济圈统一大市场，确保物畅其流。尤其是发挥各省区的资源优势，借助广东丰富的国内外营销经验、营销人才、货源渠道、先进管理和资金实力，联手发展现代物流业以各类批发市场，较快地打开和占领国内外市场。目前，广西正以建设中国—东盟自由贸易区为契机，以南宁为中心，重点从构建物流通道、完善运输枢纽、实现快捷大通关、构筑产业支撑平台、加强商品市场体系建设等五个方面构建区域性国际物流中心。

（十）区域生态建设和环境保护

加大区域环境污染的协调治理。珠江水系涉及云南、贵州、广西、广东等省区，是该区域的一条重要水系。珠江流域的生态破坏和环境污染问题日益严重。相关省区必须统一行动，在改善区域内水资源质量、减轻大气污染等方面共同协调、全面规划。重点开展珠江防护林、水源林以及西江生态建设和环境保护等项目的建设，以及沿江重点污染源的共同治理。

五、进一步加强泛珠江经济圈合作的几点建议

1. 建立泛珠江经济圈政府间长期合作的有效机制。按照"优势互补、市场运作、共同开发、利益共享"的原则，建立泛珠江经济圈政府间的

合作机构、经常性的联系制度和磋商机制，合作机构设在各省区发改委，就共同投资、优势资源开发、贸易、经济技术合作、对外开放、重大项目推进等重大问题，加强沟通和交流；协商促进共同发展的计划、措施和途径，把泛珠江经济圈联合与协作向深层次、全方位、多领域推进。

2. 共同推进民间团体和各类经济组织的合作与交流。泛珠江经济圈之间的合作，不仅仅是政府间或政府部门间的合作，更重要的是推进企业等经济主体之间的合作。作为政府或政府的宏观经济管理部门，要发挥组织引导作用，通过推动相关行业协会间的联系与沟通，通过组织行业性的经济技术合作洽谈会、商贸洽谈会等形式，帮助建立起各省区行业组织之间、经济主体之间的交流、对话机制，促进泛珠江经济圈的民间交往与投资，以及与港澳台、东盟各国相关组织的交流与合作。

3. 共同研究制定泛珠江经济圈合作规划。凡事预则立，不预则废。泛珠江经济圈间产业结构、资源结构、市场结构方面各有优势，我们要从中找出有共性的或具备互补性的方面，共同制定产业或行业发展规划，发挥比较优势，运用市场手段，辅以必要的行政推动，建立合理的利益机制，打破省际之间的界限，推动企业大规模联手开发，引导和发展重点行业的对接合作，逐步实现上、下游产业，资源粗、深加工，重、轻工业的对接，加速实现资源更大范围的优化重组，促进泛珠江经济圈特色产业和优势产业的互补，达到共赢，提升泛珠江经济圈区域的整体经济实力。

4. 联合走向港澳台和东盟。广东省紧接港澳，福建省毗邻台湾，广西、云南与越南等东盟国家接壤，区位优势得天独厚，为泛珠江经济圈加强与港澳台、与东盟的合作提供了不可多得的优势条件，我们要充分发挥区位优势，加快各省区之间相互对接的交通基础设施建设，联合建设通往港澳台、通往东盟各国的国际大通道；联合开发优势资源和发展优势产业，开拓港澳台和东盟市场；联合建立边境贸易区、出口加工区、投资开发区、物流园区等，积极引进国内外投资主体到各类园区创办企业，开展贸易，充分发挥中外客商投资兼顾中国内地与港澳台、东盟诸国基地和平台作用；联合组建规模较大、实力雄厚的外贸、边贸联营企业，积极发展对外贸易等。

（作者单位：广西发展改革委经济研究所）

以产业对接为基础　促进东部劳动密集型产业向中西部转移

蒋升湧　高　斌　等①

按照产业梯度转移理论，劳动密集型产业应该从发达的东部地区转移到落后的中西部地区，但实际上这种理论上的大规模产业转移现象并没有明显地发生；对于中西部欠发达地区来说，产业转移讲了多年，但现实发展远不及人们的期待。这其中有条件和时机原因，也有新形势下的产业转移形态和方式问题。因此，如何在我国东西部产业发展的现阶段，探索一条促进东部产业向中西部转移的现实途径，已成为我国中西部各省区极为关注的重大课题。本课题拟在深入研究我国劳动密集型产业发展与产业对接有关实践理论的基础上，研究提出基于或注重产业对接、促进东部劳动密集型产业向中西部转移的思路与途径。本课题研究重点是以广西融入泛珠江经济区与广东产业合作为例，认为在区域经济发展中，在市场经济比较成本原则下，只要存在生产比较成本的差异，就有联合的可能性，从而获得比较利益。广西应发挥自己的优势，从产业链切入，选准自己的位置，融入泛珠江经济区，通过联合实现分工与合作，发挥"棋子"作用，实现产业的对接。如：广西有色金属、木材等行业地位突出，而广东及港澳地区在资金、技术、管理、人才、市场、经验等方面的优势明显。在有色金属、木材等产业上，广西就能抓住这一切入点，进入泛珠江区域产业链条，通过联合实现分工与合作，发挥"棋子"作用，促进产业的对接，实现广东劳动密集型产业向广西转移的新突破。

一、东西部地区劳动密集型产业转移背景

产业转移是指一个国家或地区的某些产业向其他国家或地区转移的现

---

①　本报告由广西发改委经济研究所、民建广西区委合作完成。课题组长：蒋升湧；成员：高斌、陈荣宣、陆发安、卿小勇。

象或过程。产业转移的基础是各国或地区之间存在的产业梯度。由于产业梯度的存在以及各国或地区产业结构不断升级的需要，产业在国家或地区将是梯度转移的，一国或地区相对落后或不再具有比较优势的产业可以转移到其他与该国或地区存在产业梯度的地方，成为其他国家或地区相对先进或具有相对比较优势的产业，从而提高吸收方的产业结构层次与水平，这就是产业结构在国家间或地区间的梯度转移规律。

在经济全球化，发达国家正面临新一轮产业结构调整的大背景下，东部发达地区产业结构也面临着很大的调整的压力：

1. 保持和提升产业竞争优势的要求。由于沿海地区和部分区域性中心城市经济的快速发展，各类生产要素价格的不断变化，包括因可使用土地数量不断减少而导致的土地价格的不断上升，以及劳动力成本的不断上涨等，东部地区的一些产业和产品竞争优势逐渐丧失，从而使产业逐步走向衰退，面临区域产业结构调整的巨大压力。在这种情况下，东部地区的衰退性产业处于保持、提升竞争优势的动机而寻求在空间上的迁移、重组，从而发生衰退产业的撤退性、重组性的区间移动，即产业的区际转移。

2. 消除来自发达国家和发展中国家双重压力的要求。近年来，发达国家在加工制造业所占的份额越来越少，而发展中国家的加工制造业特别是劳动密集型产业发展十分迅速。但就此得出发达国家加工制造工业已走上穷途末路的结论尚为时过早。发达国家的加工制造业在传统的领域确实已走向衰落，但在制造业的新兴领域，发达国家已远远走在世界的前列。如纺织工业，发达国家一方面利用技术对纺织工业进行技术改造和设备更新，使得纺织工业向自动化、连续化、电脑化方向发展。传统劳动密集型的纺织工业正向技术密集型现代纺织工业转变；另一方面，发达国家在纺织品加工深度、生产高附加值产品，以及开发产业用纺织品方面发挥自身的优势，在更广泛的领域里和更高层次里与发展中国家展开竞争，以高科技优势抵消发展中国家低工资成本优势。在面临发达国家技术和资本密集的制造业挑战的同时，我国纺织业还面临来自东南亚等发展中国家更严峻的挑战，因为这些国家出口产品与我国出口产品结构类似，都是中、低档产品，而且销售市场也与我国基本相似，由于这些国家从 80 年代后期大量从国外引进先进设备，使先进设备所占比例已超过我国，而且有些国家还可以找到比我国更低廉的劳动力。这样，我国制造业就面临着发达国家和发展中国家两面夹击的局面。因此，我国一方面要降低制造业生产成本，把传统制造业向原料价格和劳动力价格相对便宜的中、西部地区转移，同时，东部沿海地区集中财力和技术向深加工、高附加值产品市场进军，以适应国际产品市场逐步向深加工方向发展的趋势。

3. 分工和区域协作的要求。我国的加工制造业生产能力集中分布于东部沿海地区。但是，由于东部地区原料价格和劳动力成本持续升高，使得我国长期以来由于原料和劳动力成本低廉的优势在东部沿海地区已基本不复存在。沿海加工制造业在国际、国内市场的竞争力已不断下降，迫切需要向低生产成本地区转移。但即使产业转移顺利实施，保持的优势仍将局限于初级产品方面。面对国际市场产品档次不断提高，加工深度不断增加和技术含量越来越高的趋势，必须加速我国加工工业的技术改造，促进工业的产业升级。这就需要从全国一盘棋的角度对工业的发展做出统筹规划，对不同区域的工业发展进行合理分工。西部地区从技术水平、管理水平和经济实力方面来看，适合多承担一些上、中游产品的生产任务，使东部沿海地区，利用原有基础较好的优势，完成产业的升级和产品的更新换代，以提高我国加工工业在高档产品生产方面的国际竞争力，而西部地区也可以利用原料丰富，劳动力相对便宜的优势，继续保持在初级产品市场上的地位。

同时，中西部欠发达地区具有吸引东部劳动密集型产业转移的拉力。

1. 西部地区有较廉价的劳动力。东部沿海地区原有的工业基础加上东部地区劳动力丰富，技术熟练，工资也比较低，原料也很丰富。由于经济相对发达，制造业产品市场较大，且与国际市场联系也很紧密，使得东部沿海地区在 80 年代后期以前，制造工业一直在国内和国际市场具有很强的竞争力。但随着经济形势的变化，东部沿海地区的上述相对优势已逐渐丧失，特别是劳动力价格的上涨，使得劳动密集型的工业发展的条件大大恶化。由于西部地区劳动力价格相对于沿海地区来说较低（见表 1），加工制造业西移，可以降低生产成本。

表 1　　　　　　　　2003 年我国劳动力价格比较　　　　单位：元

西部城镇单位职工年均工资	全国城镇单位职工年均工资	东部沿海城镇单位职工年均工资
12370	14040	17085
西部城镇制造业职工年均工资	全国城镇制造业职工年均工资	东部沿海城镇制造业职工年均工资
11188	12496	14142

从上面的数据我们计算得出，西部城镇单位职工年均工资比全国低0.89%，比东部沿海地区低27.6%；西部城镇制造业职工年均工资比全国低10.47%，比东部沿海地区低20.89%。

2. 西部地区丰富的自然资源为传统产业提供了二次创业的机会。在西部地区的自然资源中，像土地、生物资源、能源资源、矿产资源等，都是经济发展所不可或缺的。《国民经济和社会发展"九五"计划和2010年远景目标纲要》中提出：有步骤地引导东部某些资源初级加工和劳动密集型产业转移到中西部地区，作为解决地区差距问题的五大措施之一。这就要求东部沿海地区转变以传统产业为主的产业结构，实现产业结构的升级换代，改变以往的那种高投入、高消耗和劳动密集型维持的高速增长，转变到以先进技术为主的高新技术产业中去。与此同时，西部地区在吸收东部资金、技术、人才、设备等生产要素方面制定了一系列优惠政策。西部地区为了抓住新一轮产业结构升级的契机，都出台了包括税收、信贷支持、降低土地和能源价格、简化审批手续以及个人鼓励等方面的政策措施。

二、东部地区劳动密集型产业转移总体评价

国内产业转移始于20世纪90年代初，由东向西推进，产业转移的规模小，对经济结构调整的影响效果不大，就是近几年东部地区劳动密集型产业并没有如人所预期的那样呈现大规模的向西部转移的态势。而且，东部产业向中西部的转移呈现由中向西逐渐递减格局。例如，2003年，西部的重庆、四川引进东部地区劳动密集型产业转移的投资额仅分别为中部湖南的17.1%，55.52%，重庆甚至不如中部一些城市，仅分别为南昌、长沙、武汉的42.43%、45.10%、53.04%。西部人均内资引资额更是大大低于中部。产业转移的这种状况，加大了东西部地区经济发展的差距。

三、东部地区劳动密集型产业转移影响因素分析

然而，我国东部地区劳动密集型产业并没有如人所预期的那样呈现大规模的向西部转移的态势，主要有以下因素影响了其转移：

1. 体制因素。市场化水平低、市场经济制度不健全是中西部大多数地区的一个基本特征，也是阻碍东部劳动密集型产业向中西部转移的一个主要因素。一是市场经济制度不健全。与东部相比，中西部地区没有形成

比较完善、比较成熟的市场经济体制。计划经济下的条块分割、地区封锁、自成体系、重复建设、政企不分一类弊端尚未从根本上得以消除，政府直接干预市场、企业的现象也时有发生，某些地区的党政机构还是热衷于追求社会要素资源的支配权和企业生产经营的控制权。市场经济配套改革落后，要素市场尤其是金融市场、资本市场发育滞后；公有经济比重过高，非公有经济发展的体制性障碍还比较严重；对外开放水平较低；二是观念落后。竞争观念、开放观念、效率观念、信用观念等市场经济观念还比较薄弱，自然经济观念和小农意识还比较浓。

2. 成本因素。在不少现实状况下，产业转移并不能降低成本，而不转移也并不会提高成本，甚至出现相反的结果。一种情况是，由于政府直接或间接的支持，有些本应从高梯度区转出的劳动密集型产业，而仍可留在原地，甚至继续扩大产业规模。如在税收、信贷、土地供给进出口等方面实行种种优惠政策，这些政府支持措施最终降低了企业的成本。另一种状况就是，由于经济及技术条件的变化特别是中西部交通条件的改善，中西部资源要素的便捷进入，使得一些本应从东部转向中、西部的劳动密集型企业仍可在东部沿海地区进一步扩展，完全不必担心成本的上升。另一方面更主要的是，某些中、西部地区因投资及经营环境不善而使成本不降反升，使得产业转移变得不可行。东部劳动密集型产业转到中、西部，会涉及征地、建房、开办新企业，或者与当地企业合资、合作，会涉及招收管理人员、技术人员和操作员工，或者原辅材料的采购、零部件的生产配套、产品的储运与销售，还会涉及工商、税务、检验、环保、治安、司法等方方面面。由于部分中、西部地区在人的观念、政府效能、管理水平、法制环境、区位条件、基础设施、员工素质、配套能力以至信息系统、社会诚信等方面存在着这样那样的缺陷，在产业转移过程中致使不合理成本明显上升。尤其是那些主要以"三乱"形式出现的高额成本，使得某些东部企业望而却步。

3. 我国各省内部经济发展差距很大，东部内欠发达地区客观存在对东西部劳动密集型产业转移的拦截。我国多数省区的面积颇大，不仅东、中、西部之间，而且同一个省内各地之间经济水平的差异都很大。先说东部。例如江苏省的国内生产总值早已突破一万亿元，人均也早超过万元，无疑是我国的高梯度省区。可是，江苏的苏南、苏中、苏北地区的人均GDP之比在2002年大致是5:3:1。这一差距从根本上说仍然是生产力发展水平尚不很高的表现。面对如此明显的南北差距，如果苏南有部分劳动密集型产业需转出，那么首选应该是本省的中部、北部地区，无论从体制因素、成本比较还是从人文环境、观念认同等方面看，均具有更多的合理性。其他广东、浙江、福建等东部省区内部也都同样存在优先承接本省先进地区产业转移的相对落后地区，为了促进本身整体的协调发展，东部这些发达省份也先后出台过一系列强有力的政策，包括改善基础设施、完善产业配套、优化投资环境、税收和土地优惠等措施鼓励本省资金向这些地方转移。

4. 我国劳动力的特殊性。梯度推进及产业转移最传统的理由是，由于高梯度区工资成本的不断上升，使得某些劳动密集型产业转移到工资成本相对较低的地区。可是，我国有 13 亿多人口，无论是中、西部还是东部地区，劳动力资源均异常丰富。我国城市化水平明显偏低，仍有约三分之二的人口和劳动力在乡村。无论乡村还是城市，劳动生产率都偏低，并且都存在着大量显性和隐性的剩余劳动力。大批"离乡不离土"的农民工，与城市的下岗队伍和新增劳动人口汇集在一起，造就了我国的劳动力买方市场。而且，这一买方市场还注定是长期的，劳动力供过于求的矛盾也异常突出。我国劳动力的特殊性导致以下结果：一是即使在东部地区工资水平很高的城市以及劳动十分密集的产业，也不愁找不到足够的比较廉价的劳动力，而且这种局面将会在中国持续很长时期。二是与此相反，在某些中、西部地区，由于人口总体素质不高，且其中素质相对较高的劳动者大批流向东部，从而制约了劳动生产率、产品的质量和技术水平的提高，使得东部转移来的企业单位产品的工资成本反而有可能上升。

5. 配套能力不足。任何产业都不能脱离其他产业而孤立地存在和发展，只有那些能为发达地区转出产业提供良好协作配套能力的地区，才最有可能成为承接东部发达地区产业转移的基地。中西部地区的基本特征之一是工业化水平低，产业结构低级化，产品竞争力弱，工业化进程一般仍处于工业化初级阶段向中级阶段的初中期转化过程中。在这样的生产力水平下，很多产业部门还未得到有效发展，产业配套能力严重不足，从而限制了产业的转移。即便某些企业转移过来，但由于中间产品外购成本过高也难于集群植根。

当然，中西部承接发达地区劳动密集型产业转移的障碍因素还有很多，如中西部地区间在招商引资上的恶性竞争；某些地区基础设施相对落后等等。

四、西部地区劳动密集型产业对接的形式

第一，创新方式，多层次、多渠道、多形式广泛承接产业转移，利用国内外的重要经贸洽谈会广泛吸引产业转移；积极探索网上招商、委托招商和高峰论坛等有效形式，主动承接产业转移。

第二，深度开发，通过发挥资源优势的方式来主动承接国内外产业转移。充分发挥中西部多数地区农牧资源丰富的优势，抓住东部地区工业发展较快的城市和地区向外转移劳动密集型产业的机遇，以资源的综合开发和利用为重点，加快发展农、林、牧、渔产品的精深加工，形成一批"正大"、"雀巢"那样对区域经济发展拉动作用明显的龙头企业，力争在资源转换项目的承接上取得更大的突破。

第三，促进中西部省内产业集聚，建设有利于接受产业转移的区位。产业转移往往是在少数适宜的区位上发生的，具有等级扩散的特点。以加快城市化进程为契机，采取措施，促进中西部产业活动向城市群地区特别是其中的沿铁道线、高速公路线城市集聚，营造产业发展的局部优势，增强对产业的吸引力。

第四，以企业为主体，积极发挥政府的服务作用，提高接受产业转移的效率。进一步深化企业制度改革，以企业为主体，充分利用国际及我国沿海发达区域产业转移中的兼并、重组与合作的机会，在全国垂直和水平分工中占据有利地位，以提升中西部产业的发展水平与地位。

第五，重新认识产业发展的比较优势，构建接受产业转移的竞争优势。区域产业发展的比较优势是由多因素共同决定的综合优势。现代产业转移所追逐的是包括降低生产成本，减少外部交易费用，开辟新市场，占领战略性区位等多重目标。因此，中西地区不能简单地从单一资源、劳动力、市场等方面设想吸纳劳动密集型产业，而是要把这些单项的有利因素综合起来，充分考虑到要素和资源的流动性，以及产业发展的综合环境，通过与其他省区的比较，从资源与要素配置的方式及环境方面构建接受产业转移的竞争优势，力争以巨大的市场潜力、相对低廉而又有一定质量的劳动力资源、丰富的农产品和特色矿产资源，以及良好的产业发展环境等，构建接受东部发达区域产业转移的竞争优势，特别是在吸引资源指向、劳动力指向和市场指向的产业方面，争取主动，获得更多的发展机会。

第六，中西部地区承接东部劳动密集型产业转移不要来者不拒。青山秀水是西部地区最大的优势，产业转移不是污染转移。对东部地区的产业，西部地区要有所选择地承接，坚决不承接污染产业，不要饥不择食。西部地区在承接高能耗、占地多、劳动力密集型产业时，既要保持水土、珍惜耕地，还要认真解决好工业化和城市化统一的问题。东部地区在工业化过程中未能很好地解决这一问题，大量的企业分散在农村，工业化初期"村村冒烟"、"马路经济"所引发的恶果至今仍未完全消除。西部地区要吸取这方面的教训，通过引资带动本地的城镇化。

西部地区与东部地区劳动密集型产业对接的途径，以现有工业园区和企业为载体，加快对接五类产业集群：

1. 承接型产业集群。在粤桂边界和沿交通线地带，积极承接广东的产业转移，发展服装、纺织、玩具、小五金、钟表、家具、首饰等，按照珠三角地区模式来培育产业链条，注重引进先导企业，培育先导企业发展壮大的各种环境，做好信息服务。

2. 优势型产业集群。利用现有的产业基础和产业优势，面向珠三角市场和东盟市场，积极发展柴油机、医药、汽车以及配件、电子电器等产业集群。

3. 资源型产业集群。在粤桂走廊延伸带上，积极发展依托于铝土、水能等资源优势的铝冶炼以及加工产业集群。

4. 循环经济产业集群。依托贵港国家级循环经济园区，发挥其带动作用，引进粤港澳和东盟国家企业，大力发展以制糖、造纸、酒精为主的循环经济产业。

5. 跨国产业集群。在中越边境，积极建设跨境园区，积极"走出去"到东盟国家开发资源，发展劳务合作，加快产业链向中南半岛东盟国家延伸。

五、东中西部地区劳动密集型产业对接的条件

中西部地区对接东部发达地区劳动密集型产业转移具有一定的基础条件。

1. 是国家的东中西发展战略需要。我国改革开放以来所走的是让沿海地区首先发展起来的道路，但经济发展到一定阶段，就必须考虑区域的协调发展。正因为这样，国家才做出了西部大开发的战略决策，采取一系

列措施鼓励国外资金、沿海发达地区的资金向西部投资发展。十六届三中全会的《决定》还做出了"有效发挥中部地区综合优势，支持中西部地区加快改革发展"的决策。在这样的国家政策背景下，中西部欠发达地区对接东部发达地区的产业转移可谓是乘势而上。

2. 中西部欠发达地区良好的区位环境和丰富的自然资源为产业对接提供了优越的条件。中西部地区具有丰富的自然资源，矿产资源配套程度较高，大多生态环境优良。这些为中西部成为对接东部发达地区产业转移的基地创造了良好的区位、资源条件。

3. 生产要素价格的相对低廉，是东部发达地区劳动密集型和产业转移的理想场所。中西部地区与东部发达地区相比，低成本优势非常明显。中西部有着丰富的劳动力和人才资源，劳动力成本与东部相比具有比较优势。水电资源丰富，电力价格和土地价格远远低于东部沿海地区。

4. 欠发达地区巨大的市场空间和优惠政策。中西部地区人均收入远低于东部发达地区的水平。收入水平较低，意味着随着经济发展，市场发展的潜力巨大，市场前景广阔，东部发达地区一些市场饱和的传统产业在属于欠发达地区的中西部仍有广阔的市场前景和发展空间。同时，中西部在承接东部产业转移的过程中，各地都制定了一系列优惠政策，包括税收、信贷支持；降低土地价格、水电价格；简化审批手续等。不仅如此，中西部地区大多还在优化软环境上下工夫。

六、东西部地区劳动密集型产业对接的作用

通过产业对接促进地区间产业协作和结构优化，具有极强的现实意义；产业对接既可使东部地区通过拓展产业腹地，实现产业升级换代，也是西部地区接受东部地区产业转移，实现经济起飞的一个重要途径。东、西部劳动密集型产业对接，能够推动东西部经济的产业协作和共同发展，实现区域协调发展，促进其差异梯度转移和产业结构优化，特别是对广西等西部经济的发展，具有很强的实践意义。

东西部地区劳动密集型产业对接的效应及其影响因素区际产业转移对转移区域双方经济的发展都有重要作用。对东部发达区域而言，它是区域产业结构调整升级的重要途径，也是区域产业竞争优势转换升级的有效方式。对中西部欠发达区域而言，产业转移是区域经济启动与发展的强大外力，也是区域产业结构升级转换的可行方略。东西部地区劳动密集型产业

对接对中西部欠发达区域发展的作用主要体现在：

首先是扩大效应。通过产业对接使中西部欠发达地区生产要素得到大幅增长。广义而言，要素包括有形要素，如自然资源、劳动力和资本等；也包括无形要素，如劳动者技能、知识和生产技术等。欠发达区域的一个显著特点就是自然资源、劳动力等普通要素丰富而资本、技术、知识等高等要素短缺。由于产业转移往往伴随着大量的资本、技术的转移，也伴随着其他无形要素的进入，具有综合性，是发展机会的传播，因而东西部地区劳动密集型产业对接能够使中西部欠发达区域迅速积累起相对稀缺的生产要素，为区域经济的起飞创造条件。

其次是优化效应。产业对接会直接或间接地影响中西部欠发达区域产业结构的变动。一方面，与原来产业相比，相对成熟产业的移入本身将使移入区产业结构中采用先进技术的部门在数量上和比例上增加，从而使区域产业结构体现出高级化的趋势；另一方面，相对先进产业的移入，意味着新的生产函数的导入，这种蕴含新技术的新的生产组织方式会成为"扩散源"，使原有产业发生"升级转型"运动，从而逐步提高整个产业技术集约化程度，促进产业结构向着高级化方向演进。

最后是发展效应。产业转移还能够带动当地相关产业的发展，这种带动作用是通过产业关联实现的。产业关联是指产业之间存在的广泛、复杂、密切的联系，包括后向、前向和旁侧关联。这种关联带动作用实质就是移入产业关联效应的发挥过程，通过效应的发挥促进移入区域整个经济的发展。

总之，东西部地区劳动密集型产业对接的作用还很多，如促进欠发达地区市场化水平的提高、制度环境的改善、思想观念的转变等。

七、促进东西部地区劳动密集型产业对接的对策措施

中西部要想承接好东部劳动密集型产业，就必须做好各项对接工作，发挥自己的主观能动性。

1. 观念对接。要进一步解放思想，转变观念。不断剔除不适应市场经济要求的、不适应经济全球化要求的观念，增强竞争观念、开放观念、效率观念、信用观念等市场经济观念。最根本是从自给自足的小农经济观念向市场经济观念转变，真正树立市场竞争观念。中西部地区要从国内经济向国际经济转变，从封闭型经济向开放型经济转变，对政府要从权力型

向服务型转变，从思想上要进行对接。

2. 战略对接。在对接中要发挥中西部的比较优势，推动中西部产业结构调整，要制定联动发展的战略思路和规划，避免无序行为。中西部在产业对接中的态度是：主动参与，甘当配角；要真正认识到西部基金是东部经济的一个重要组成部分，要把西部建设成为东部劳动力密集型产业对接基地

3. 制度对接。改革开放先行一步的东部不仅经济和社会发展取得了令人瞩目的成就，而且为推进全国的改革开放和现代化建设积累了丰富的体制创新、机制创新的经验。西部下一步在体制、机制创新的方面要跟上东部的步伐。制度的对接关键是经济体制的对接。

4. 环境对接。中西部要切实改善投资环境，"筑巢引凤"，通过创造优良环境，主动对接东部地区劳动密集型产业转移。中西部与东部经济发达地区存在如此大的经济梯度，原因是多方面的，其中制度环境是非常重要的一个方面。制度环境的重新构建是中西部地区缩小与东部地区经济梯度、有效承接经济转移的一个关键性环节。（1）政策环境。要进一步转变政府职能，提高行政的透明度和工作效率。大力简化各项工作程序和审批程序，精简行政审批项目，彻底解决一些部门和地方机构重复、职能不清、人浮于事、效率低下的问题。要提高工作透明度，杜绝"暗箱操作"，充分发挥"政务超市"、"公开办事大厅"、"联审大厅"的作用，切实实行"首问负责制"和"一站式服务"。还要根据新形势的要求，既要制定区域性的承接产业转移政策，又要制定符合各地自身实际的区域经济发展相关政策，实施政策对接。（2）市场环境。中西部地区应进一步深化改革，加快对外开放及市场化步伐，以深化企业产权制度改革及政府管理方式为中心，缩小中西部地区与东部经济发达地区制度环境的差距。要为企业创造公平的发展环境，不管是什么项目，投资大小，贡献如何，都应一视同仁，特别是要加强非公经济的发展。（3）社会环境。要加快社会诚信制度建设，为承接产业转移提供有力保证。要以个人信用为基础，企业信用和中介机构信用为重点，政府信用为根本，加快社会信用体系建设。要提高各级政府的信用度，各级政府和各有关部门对企业和社会做出的各项承诺，要言必信、行必果，要建立对企业、中介组织和个人违约行为的约束和惩戒机制，提高违约者的违约成本，切实解决社会诚信度亟待提高的问题。另外同时还要加强建设公证有效的法制环境、清正廉明的政策环境和优美宜人的生

态环境。

5. 市场对接。要把产业对接的各项措施落到实处，就必须在消除省区之间有形壁垒的同时，进一步从市场准入、市场规划等制度方面着手，逐步消除各行政区之间的物形壁垒，构建统一大市场，确保物畅其流。

6. 通道对接。要把交通等基础设施放到一个更大的格局中去统筹规划和建设，努力把西部建设成为承接东西部产业转移的大通道。第一，线路通道建设。产业转移是沿着由交通线路和信息传递线路组成的通道进行的，因此要加快中西部地区通往东部发达区域的交通干线建设。同时，加快以宽带网、移动通信、光纤通信为主体的现代信息网络建设。规范交通和信息服务管理，减少收费路卡，构建中西部联系东部发达区域的快捷、安全、高效的现代化交通和信息网络，使之成为中西部接受东部发达区域产业梯度转移的通道。第二，注意产业转移通道的多样性。密切的人际关系，对产业梯度转移起着一定的积极作用，这种作用常通过公司空间扩张来完成。中西部地区需要充分发挥公司在产业转移中的主体作用，尤其是要重视引导和利用公司之间的联系、各种社会关系等与东部沿海发达地区之间的人际关系网络，加强接受产业转移的信息沟通和企业合作；相同的隶属关系或计划体制下长时间的互相作用关系，易形成机构（或体制）通道；产品生产或服务之间的关联，可形成生产通道。地理区域的邻近性，也可形成距离通道。这些多形式通道共同作用于区域之间、产业之间的梯度转移，使得产业转移往往呈现一定的偶然性，偏离理论层面上的转移模式。

7. 区域对接。在产业对接过程中，中西部要有选择有重点地与东部地区建立经济协作区，实现区域的对接。

8. 组织对接。区域合作是一种内在的经济规律，是参与经济全球化的一种必然选择。这种合作也是一个长期的过程，需要有一个稳定的和高效的运作机制。东西部要成立对接机构，定期不定期就共同投资、资源开发、贸易、重大项目推进等问题加强协调与沟通，协商促进共同发展规划与计划的实施，把产业对接推向更高层次。

9. 政府推进。政府要做好桥梁纽带，营造良好环境，提供政策支持与服务

10. 提升竞争力，实现共赢。在对接中立足中西部自己的优势资源，与东部紧密合作、相互促进，积极接纳东部发达地区的产业转移，实现合

作区域之间的资源优化配置，形成中西部与东部区域竞争力强、优势互补、分工合理的区域产业经济布局，充分发挥比较优势和合作的积极性、主动性、创造性，推动加快发展、协调发展、可持续发展，实现互利共赢。

（作者单位：广西发展改革委经济研究所）

促进东部企业向中西部投资的
动力和投资环境

——以浙江企业为例的分析

陈自芳

新中国成立之初，鉴于国际国内的政治经济形势，我国走上了优先发展重工业的道路。在计划经济体制下，中西部一直是国家进行重工业投资的重点地区。但是自改革开放以来，我国的发展战略模式发生了根本改变，中西部在建立市场经济体制的过程中，传统的发展道路有很强的惯性，制约了系统内力的积累和经济发展的动力。而东部地区在开放改革的有利环境中，在优先发展沿海地区的不平衡战略推动下，及时实现了经济体制的转变，将自身的传统产业优势与国家在特定时期赋予的优惠政策相结合，将有利于对外开放的区位优势与国内广阔的市场空间优势相结合，取得了以非公有制经济和农村工业为主体的快速发展。

然而，就整个国家而言，东西部经济发展显示出了很明显的不协调。事实证明，如果没有中西部的加速发展，将导致东西部差距进一步扩大，不但中西部地区会陷入经济和政治的动荡之中，东部地区的发展也将难以为继。历史将证明，只有中西部和东部共同发展繁荣之时，才是中国走向现代化之日。为了保障"两个大局"的利益，实现邓小平"共同富裕"的战略构想，1999年，党和国家明确提出并开始具体部署了西部大开发战略。这一战略需要中西部与东部地区政府的紧密合作，更需要东部企业自发走向中西部的强大动力。

一、浙江企业向中西部投资的动力机制

浙江人历来有外出务工经商的传统，历史上，宁波帮、龙游商帮等在全国都有很大的影响。改革开放以前，虽然人口跨区域流动受到严格限制，但仍有一大批浙江人在全国各地务工。改革开放以后，特别是近几年

来，浙江人走出去投资创业的步伐进一步加快，领域不断拓展，地域不断扩大，走出了一条从小到大、从单一到多元、从国内到国外的对外投资创业之路，形成了独特的浙江经济现象。

综观浙江人改革开放以来对外投资创业的历程，大致可分为三个阶段。

一是20世纪70年代末至90年代初。一大批浙江人，主要是浙江农民，迫于生活压力，在人口跨区域流动限制有所松动的条件下，纷纷到全国各地从事修鞋、弹棉花、小商品交换等走街串巷务工活动。80年代中期以后，外出务工人员特别是小商小贩和乡镇企业的供销人员迅速增加。这批人走遍千山万水，说尽千言万语，想尽千方百计，吃尽千辛万苦，不以利厚而趋之，不以利薄而弃之，实现了创业资本的原始积累。到80年代后期，其中一部分人开始在省外经商办企业，从事商品销售等经营活动。据第四次人口普查，1990年浙江常年在外务工经商人员达100万左右。这一阶段，浙江在外人员主要是"做别人不愿做的事"。

二是整个90年代。随着浙江经济的迅速发展和民间资本的不断积累，浙江人没有小富即安，而是拿着80年代掘到的第一桶金，敢于冒险，敢于拼搏，继续在全国各地开辟市场，先后在省外创办了一大批"浙江村"、"温州城"、"义乌路"、"台州街"等，并开始在服装、轻纺、日用小商品等行业投资，进行"销地产"。同时，一部分浙江的大企业，如娃哈哈等开始在中西部进行大规模投资，显示出浙江人厚积薄发的态势。据第五次人口普查，2000年浙江在外务工经商人员达207万左右。这一阶段，浙江在外人员主要是"做别人不敢做的事"。

三是2000年以来。随着国家西部大开发、振兴东北地区等老工业基地、中部地区崛起战略的先后实施，以及省委实施接轨上海、推进长三角合作与交流的战略决策，一大批浙江企业带着资本、品牌和先进的经营理念北上南下、挺进中原、征战中西部、抢占上海滩，在商贸物流、基础设施、旧城改造、教育科技、资源开发、工业生产、农副产品加工以及国有企业改造等领域进行大规模投资、大手笔开发、大资本运作，实现了从商贸流通、商品生产向品牌经营、资本运作的新跨越。据本次调查，截至2003年年底，浙江在外务工经商人员达400万左右，其中经商办企业人员约200万；在外企业约9万家，个体工商户约70万户，注册资金约2350亿元，对外投资累计约5320亿元，其中从浙江输出资金约800亿元，2003年营业收入超过1万亿元。这一阶段，浙江在外投资创业人员主要是"做别人没有实力做的事"。

浙江企业和创业人员走向全国，尤其是21世纪以后的规模扩大，有其必然的原因和显著的动力机制。

第一，浙江企业和创业人员"走向全国"是一个地区经济发展到一定阶段后的必然结果。资本逐利的本质，使得不同规模的企业都会向要素成本低、政策优惠多、发展空间大、配套条件好、经营利润高的地方集聚，并通过对资产、土地、品牌、商业网络等要素的重新组合来推进结构调整。1979年，英国经济学家邓宁通过对67个国家对外直接投资情况的研究，发现当一个国家人均GNP在400美元以下时，基本没有对外直接投资；当人均GNP在400~1500美元之间时，开始出现对外直接投资；在1500~2500美元之间时，对外直接投资会不断增加；在2500~4750美元之间时，对外直接投资会快速增加。尽管邓宁的研究是针对跨国投资的，但也基本符合一国内部的跨地区投资。有关研究表明，在市场经济条件下，一国内部由于没有关税、汇率以及税制差异、利率差异和文化差异等因素的制约，地区间的资本流动远比国家间的资本流动活跃。这意味着一国内部的跨区域投资在人均GNP低于2500美元时就可能进入快速增长阶段。2003年，浙江人均GDP超过2400美元，2005年，浙江人均GDP达27703元人民币，按照现行汇率已超过3500美元。据此分析判断，正处在对外投资的快速增长阶段。因此，浙江企业和创业人员大规模走出去投资创业，总体上是符合经济发展规律的。

第二，"走向全国"是东部经济进一步拓展市场的需要。目前，在我国东部，国民经济的各个领域都出现了过剩，东部企业的进一步发展有待于市场的开拓，这包括进一步发展东部市场，开拓中西部市场，打入国际市场。在这三个市场的开发中，东部地区市场已经基本饱和，国际市场上竞争力更加激烈，要在东部、海外市场上占领更多的市场份额，需要花更多的成本。调查结果①也显示，74.0%的东部企业"西进"的动因是为了开拓中西部市场（见表1）。

---

① 由浙江省委党校陆立军教授主持的自然科学基金课题——"东部企业'西进'的行为和模式研究"（2000~2003）课题组，在浙江省经济协作办公室的大力支持下，设计了问卷，并对包括浙江省的杭州、宁波、绍兴、金华，以及东部其他省市如广州、上海、江苏等参与西部开发的大中型企业发放了300多份问卷，回收有效问卷156份。

表1　　　　　　　　　东部企业到中西部投资的动因

到中西部投资动因	降低生产成本	开拓中西部市场	开发中西部资源	响应国家号召
企业比例（%）	10.0	74.0	11.0	4.0

浙江的不少企业由于其产品的特殊性质，必须在全国各地布点。如水泥行业，一般销售半径仅几百公里，企业做到一定规模后，若要继续扩张，必须走出去再建新厂；部分饮料行业也有这个特点，如饮用水；有些企业做大后，为了构建全国性乃至全球性营销网络，必须走出去布点，如服装、日用小商品等；还有一些产业，由于其产品只能就地消费，不可运输，企业要扩张也必须走出去，如房地产。

第三，"走向全国"是东部企业克服资源要素制约，降低生产成本的需要。经过20多年的高速发展，东部地区经济发展中结构性和素质性矛盾以及要素资源制约等问题逐步显现出来。在浙江，规模庞大而依然高增长、高消耗的经济，生产要素供给日趋紧张。首先是土地供需矛盾非常突出可转为建设用地的耕地总量不多；供水形势十分严峻，结构性和水质性缺水现象比较明显；电力供应从局部性、阶段性紧张转变为全面性、持续性紧张，用电高峰时节，多数企业只能每周"开四停三"，无法正常生产；铁路、水运、部分公路主干线和城市道路交通运输瓶颈制约也开始变得越来越突出；矿产资源贫乏，煤、铁等矿产资源储备量在全国各省市区位居后列；原材料购进价格高，工业品出厂价格低，"高进低出"的价格走势突现，如2003年两类价格分别上涨5.8%和0.6%，涨幅差达到5.2个百分点，导致浙江企业的经济效益严重下滑；不少企业劳动力尤其是熟练劳动力也出现短缺，意味着劳动力成本的必然上升，其实质是生活费用的上升形成名义工资提高的压力，廉价劳动力的比较优势逐步消失，直接缩小许多企业的赢利空间。其中隐含的同样是要素制约的矛盾；环境容量较小，污染治理和环境保护的压力越来越大。据省有关部门调查，浙江省综合商务成本与上海相比，从2002年低于16.2%缩小到2003年的10.2%；与江苏相比，从2002年高于8.4%扩大到11.9%。这些问题一方面制约了浙江纺织、服装、制鞋、印刷包装、日用小商品、小五金等劳动密集型优势产业的水平扩张；另一方面制约了水泥、化工等资源加工型产业以及能耗、水耗、地耗和环保要求较高的产业发展。企业出于克服要素制约和降低成本的必然要求，走向全国，到资源丰富的中西部去发展。

第四，"走向全国"是东部企业进一步扩大规模的需要。相当多的东部企业已经发展到一定规模，尤其对于东部许多中小企业来说，由于投资规模小，技术层次低，产品档次低，受资源短缺、在市场竞争中面临现实困难，需要向自然资源丰富的中西部地区转移，以寻求更大的发展空间和回报率。从提高企业综合竞争力的角度看，要求企业进一步开拓思路，放开眼界，积累跨地区发展的经验，增强竞争力。要选择合适的进入领域，才能顺利实现跨地区扩张。资本的本质是逐利，其流动增值没有国界、省界；企业是资本的载体，需要在跨区域的要素整合中获取新优势、实现新扩张。从世界范围看，所有的大企业都是跨国经营的；从我国范围看，除石化、钢铁等行业部分企业外，所有的大企业都是跨区域经营的；从我省的实践看，当企业成长到一定规模时，其生产经营活动必然会突破原来的区域向外拓展。

在20年左右的时间里，浙江企业基本完成了资本的原始积累，达到了一定的规模。1978年我省年销售上亿元的工业企业寥寥无几，2004年已超过2000家，其中年销售上10亿元的企业125家，上百亿元的企业4家。这些企业，一方面已经具备了走出去投资的条件，另一方面，其中有相当一批企业是在走出去的过程中发展壮大的。如娃哈哈、雅戈尔、正泰、德力西等企业，都经历了成长、走出去、进一步发展壮大的过程，目前分列全国民营企业500强的第11位、第12位、第13位和第15位。杭州华立近几年走出去收购兼并了重庆仪表、海南恒泰、昆明制药等3家上市公司，并在省外组建了多家企业，目前名列全国民营企业500强的第24位。

第五，"走向全国"是东部地区腾出空间，进一步实现产业升级的需要。腾笼换鸟，将有限的发展空间让渡于科技含量高、经济效益好、资源消耗低、环境污染少、人力资源优势得到充分发挥的产业。在土地等资源要素硬约束的条件下，大量低附加值产业的扩张和集聚，必然要影响精深加工型重化工业、高科技等产业的发展。调查显示，浙江省在外工业企业年产值合计超过1500亿元。如果这些企业都在省内，以每亩产出100万元计（全省开发区平均为47万元/亩），至少要占用15万亩土地；以每100万元工业产值耗电4万千瓦时计（全省规模以上工业平均100万元工业产值耗电5万千瓦时），至少要耗电60亿千瓦时。因此，要缓解要素制约，推进产业结构的优化升级，必须鼓励、支持、引导部分产业和企业有序地走出去，特别是把部分劳动密集型、资源消耗型以及环保要求较高的产业转移出去。腾出空间以后，才能更大程度上通过"招商选资"，把大量高技术、高档次的外资企业引进省内，同样也可以使高层次的内资企业在本地拓展空间，其创新活动有更加强大的要素供给保障，加速先进制造业基地建设。

二、浙商在全国投资创业的主要特征

浙江在外投资创业人员是改革开放后崛起的一个特殊群体，他们以自己的智慧和胆识创造了一个又一个的奇迹，对浙江经济发展做出了巨大的贡献。为了全面摸清浙江人在外投资创业的情况，浙江省政府有关部门组成四个调研组，分别赴东北三省、湖南、河南、山东、江苏、贵州、云南等省实地调研，并对在外 1000 家浙江企业和省内有对外投资的 500 家企业进行抽样调查①，从调查情况看，浙江人在外投资创业有 5 个基本特征：

1. 从区域分布看，浙江的对外投资，以东部沿海发达地区为多。调查显示，在外浙江人的足迹覆盖了全国 30 个省市区，但投资主要集中在东部沿海。据初步统计，到 2003 年年底，在北京、天津、山东、上海、广东、江苏、福建、海南等 8 个省市，浙江人累计投资约 3300 亿元，约占浙江人在外投资总额的 62%，其中上海 1700 亿元，约占总额的 32%；东北三省累计投资约 420 亿元，约占浙江人在外投资总额的 8%；河北、河南、安徽、江西、湖北、湖南、山西等 7 个中部省份，以及四川、云南、新疆、青海等 12 个西部省份，累计投资分别为 800 多亿元，合计约占总额的 30%。

2. 从投资领域看，浙江对外投资主要集中在第三产业。浙江对外投资的领域近 10 年来已经发生了很大的变化。2000 年以前，浙江对外投资主要集中在商贸流通。2000 年后，浙江对外投资的领域开始出现多元化趋势，触角已伸向农业、工业、建筑、房地产、商贸、物流、餐饮、基础设施等各行各业，但仍以第三产业为主。据对省内外 1500 家浙江企业的抽样调查，从事第一产业的 38 家，占总数的 2.5%，投资总额约 10 亿元，占总额的 2.3%；从事第二产业的 612 家，占总数的 41%，投资总额为 154 亿元，占总额的 33.6%；从事第三产业的 850 家，占总数的

---

① 见浙江省委政策研究室：《跳出浙江发展浙江——浙江人在外投资创业的调查报告》，载《浙江区域经济发展报告》2005。

56.7%，投资总额为 293 亿元，占总额的 64%。据上海办事处调查，浙江在上海的投资，三产比重达 70% 以上；据温州市统计，温州人在外从事三产的比重约为 83%。考虑到 2000 年以前浙江在外投资主要集中在第三产业，估计我省在外投资总额中，第三产业的比重占 75% 以上。

3. 从资金来源看，浙江对外投资的资金主要是早期在外经营的积累。根据我们调查，20 世纪 80 年代浙江在外创业人员主要从事务工活动，资金输出极少。90 年代浙江输出的资金逐步增加，但总量也不大。2000 年以后，随着浙江在外投资逐步从商贸流通为主向制造业、房地产、资源开发、基础设施等领域拓展，浙江输出的资金大幅度增加。但总体上看，浙江在外投资的资金主要是多年在外经营的积累。据温州调查，温州在外投资总额近 2000 亿元，其中本地输出资金约 500 亿元；据上海办事处调查，浙江在上海的 1700 亿元投资中，浙江输出的资金约 400 亿元；深圳办事处反映，浙江在深圳的投资约 250 亿元，其中浙江输出资金为 15 亿元。据对省外 1000 家浙江企业的抽样调查，当地金融机构的贷款约占企业总资产 12%，当地人的投资额约占企业所有者权益的 9%。综合各方面的情况可以判断，在浙江对外投资总额中，浙江输出的资金大约占 15% ~ 25%，当地金融机构的融资约占 10% ~ 15%，当地人投入约占 5% ~ 10%，浙江人多年在外的经营积累约占 50% ~ 70%。

4. 从企业规模看，浙江在外企业的主体是中小企业。根据各省工商局反馈的资料，浙江省在山东、云南、湖南、广西等 13 个省区中，共有企业和个体工商户 149501 户，其中，个体工商户为 110432 户，占 73%。据对在外 1000 家企业的调查分析，年销售收入 500 万元以下占 35%，年销售收入 500 万 ~ 1000 万元的占 14%，1000 万 ~ 3000 万元的占 26%，3000 万 ~ 5000 万元的占 7%，5000 万 ~ 10000 万元的占 8%，1 亿元以上的占 10%。考虑到受调查的企业都是当地规模较大的企业，实际上中小企业的比重远高于抽样调查揭示的情况。

5. 从经济关联度看，浙江在外企业与浙江经济具有很强的互动性。据各地调查，我省在外从事商贸流通业的企业和个体工商户，经营的产品 70% 以上产自浙江，估计年营业额在 2500 亿 ~ 3000 亿元左右，约占省内相关产业产出的 30%。抽样调查表明，在外企业中，原料或货源来自浙江比例超过 50% 的企业约占企业总数的 34%，30% ~ 50% 的占 22%，10% ~ 30% 的占 22%；产品返销浙江比例在 50% 以上的企业约占企业总数的 8%，30% ~ 50% 的占 12%，10% ~ 30% 的占 26%。进一步分析表明，我省在外企业中，以拓展市场为主要目的占企业总数的66%，以获取原材料为主要目的占14%。同时，相当一批企业将部分利润汇入浙江，或做强做大后返回浙江投资。据黑龙江省工商局统计，在黑龙江的浙江创业人员汇入浙江的现金总额近几年累计达22.4亿元；据山东省工商局统计，在山东的浙江企业近几年返回浙江投资累计约15.5亿元，约占在鲁浙江企业注册资金总额的17%；据台州市统计，2003年全市吸引回归资金43亿元，约占台州市对外投资总额的5%。

三、浙江企业对中西部投资的主要障碍因素

浙江的民营经济比重是全国各省市中最大的，民营经济是市场化程度高、经营机制灵活的经济主体，因而其行为事实上反映了未来东部主体的经济的投资趋势。浙商论坛组委会提供的一份"浙商省外投资环境分析报告"显示，2000年以来，受国家振兴东北、西部大开发政策的鼓励，加上要寻求更多的资源，一大批浙江企业带着资本、品牌、理念在东北、西部、中部进行大规模投资。但同时，江苏优良的投资环境与山东在资源、土地、劳动力等方面的优势，也正吸引着大量浙商掉头前往。可见，即使在当前国家支持西部大开发和"中部崛起"战略方针实施的同时，在吸引投资方面，中西部地区仍然面临着与东部地区的正面竞争，中西部如果不能进一步优化吸引投资的体制和政策环境，则东部的投资仍然会留在东部，而缺乏强大的吸引力拉动其"西行"，对于中西部的加速发展是不利的。

对于各地的投资环境，2005年6月召开的"浙商论坛2005年峰会"上，评选出了12座浙商（省外）投资最佳城市和10座浙商（省外）投资潜力城市。12座"最佳城市"是：重庆、辽宁沈阳、山西太原、山东济南、江西鹰潭、陕西咸阳、四川绵阳、安徽黄山、江苏宿迁、泰州和邳州、甘肃平凉；10座"潜力城市"是：山东临沂、黑龙江伊春、云南的楚雄和祥云、甘肃敦煌、广西凭祥、河南义马、四川新津、安徽的霍山和广德。重庆有浙商10万多，目前重庆有浙商10万多，总投资达68.5亿元，由浙江人投资创办、控股参股的企业有270多家，投资创办的个体工商户11800家，荣登投资"最佳"城市榜首。

为了分析当前东部对中西部投资所承载的主要障碍因素，我们对234个参与中西部投资的东部企业（主要为浙江企业，也有部分广东、上海

和江苏的企业）进行了问卷调查。我们设定了东部"西进"企业最为担心的障碍因素（见表2）。由表2可知，在所有可能的东部企业"西进"最为担心的障碍因素中，47.41%的企业表示，城市化水平低，社会服务、基础设施落后，投资环境较差是最为担心的障碍因素；其次是当地政府过多的干涉与地方保护主义，其比例各占43.70%与39.26%；而国有企业改革慢，还有许多领域无法形成公平竞争；以及西部恶劣的自然环境，难以吸引东部的管理人才等方面的障碍因素，在东部企业"西进"最为担心的障碍因素中占的比例并不高。因此中西部地区需大力创造良好的硬环境，提高城市化水平和完善基础设施；推进市场化进程，逐步建立健康、公平、竞争的要素市场和产品市场，吸引东部企业"西进"，以保持经济的可持续增长。

表2　　　　　　　东部企业"西进"最为担心的障碍因素

企业最为担心的障碍因素	当地政府过多的干涉	地方保护主义	国有企业改革慢，还有许多领域无法形成公平竞争	缺乏金融支持，资金运作的困难较大	当地人的排外情绪，难以建立良好的发展氛围	不利的自然环境难以吸引东部的管理人才	城市化水平低，社会服务、基础设施落后，投资环境较差
企业比例（%）	43.70	39.26	15.56	33.33	25.93	25.19	47.41
顺序排列	2	3	7	4	5	6	1

此外，根据"浙商论坛2005年峰会"上所反映的情况，作为大规模走向全国的"浙商"，一方面贵为各地招商引资的"座上宾"，一方面却因投资环境中的诸多问题而苦恼。据一项调查报告显示，2004年全国各地浙江企业联合会接到当地浙商投诉达数千件。归纳起来，浙商们主要面临五大困惑：

"重招商，轻安商"。对在外投资的浙商来说，"开门迎客、关门拔毛"是经常会碰到的现象。一些地方开始时政府很热情，可企业进来后，刁难、卡要的就出现了。一位浙商在安徽省某县与有关村委会签订了4000亩林木流转承包经营合作项目协议，合同期限22年，并计划在当地建设投资5000万元的木材加工厂。浙商者按合同约定支付了土地承包金、苗木费及栽植管护费，一年来林木长势良好，但今年初这个县有关领导突然指示终止合同，使浙商蒙受了很大的经济损失。

"失信违约"。一些地方由于政府领导的换届、政策变化、政府办事不规范、承诺不兑现等因素导致的"政府失信"，让不少浙商吃了苦头。中部某省的浙江企业联合会提供的报告显示，在随机调查的 60 件企业投诉案中，涉及政府及其职能部门的 33 起，其中属于政府部门契约、信用观念不强和承诺不能兑现的达 20 起。

"办事效率低"。政府有关部门办事效率低下也是令浙商烦恼的事。从各地的情况看，政府层面往往是"上热下冷"，上面强调改善投资环境，但在一些具体问题的操作过程中，政府的中间层不时会出现"梗阻"。相当一部分浙商提出，不少地方政府都存在办事程序繁琐、效率低下的问题，"门难进、脸难看、服务态度不好"是许多地方的通病。

"吃拿卡要"。乱收费成为浙商投诉的另一个指向。虽然各个地方为了吸引投资者，减免了很多费用，但一些浙商认为各地仍然不同程度地存在着"乱收费、乱罚款、乱摊派"的现象。有的地方在投资初期能享受到各种优惠甚至减免政策，一旦项目建成运行，各种名目的收费、罚款就一拥而上，让人"应接不暇"。

"'仇富'心理"。社会上的"仇富"心理，常常让外出投资的浙商尴尬非常。有的地方，还有"均贫富"的思想，认为从老板那里偷一点、拿一点很正常。

四、加快引进东部投资促进中西部经济发展的对策

根据目前东部地区对中西部因经济投资的旺盛趋势和特征，同时分析所存在的主要障碍因素，我们提出以下加快引进东部投资促进中西部经济发展的对策。

第一，政府不仅要对中西部的外商投资实行比东部更加优惠的政策，而且要给在中西部地区投资的东部企业以政策优惠；不仅要给公有经济以政策优惠，而且要给非公有经济以政策优惠。在"浙商论坛 2005 年峰会"上，泰州、鹰潭、咸阳、黄山等 4 个城市被列入浙商投资的热门板块，其原因更多的是因为"当地政府的盛情相邀"。另 4 个城市绵阳、宿迁、平凉、邳州入选"最佳"的第三梯队，秘诀主要是"软环境具有一定的独到之处"。江西鹰潭被誉为"浙商投资的宝地"。虽然领导换了一

届又一届，但每一届领导都能保持连续性，浙商有什么问题都可以找政府，而且政府对大、小企业一样热心。在这种氛围下，在那里投资的浙商通过老乡带老乡不断扩大阵营。目前，浙江企业数量占到当地企业总数的60%多。

第二，用中西部的资源换东部的资金。从当前情况看，增加政府投资是必要的，但潜力不大，以企业为主体，通过市场筹集资金应是主要方式。但由于中西部不少地方经济落后，资金积累缓慢，难以满足快速发展的需要。因而以中西部资源换东部资金和技术是重要方式。例如，在土地使用、资源开采、税收等方面，为投资者提供优惠条件，吸引东部和外国投资者。这样做，当然会有一定的付出，但最终由于扩大本地投资、促进经济增长的所得会大于付出。任何政策措施都不可能十全十美，尤其是在经济发展的初期，付出会更多一点。只要在保持自然环境良好的前提下，利大于弊，就可以采用。

第三，中西部地区如果能够注重与东部产业的接轨，努力吸引相关行业的投资，则对东部招商引资的效果就可能比较明显。同时，营造在国内各省市中相对良好的区域形象和投资环境，就可能把那些原本仍然投在东部发达地区的东部投资吸引到中西部来。例如，要把浙江某些原本要投到江苏、山东的投资吸引到江西、安徽等中西部省份，就需要既努力营造与东部相似的投资环境，同时又要发扬东部所没有的特定优势。重庆、沈阳、太原、济南等4个城市是浙商投资的第一热门地区。它们之所以吸引浙江资本，是因为其作为重工业基地具有良好的工业基础，这与以轻工业为特点的浙江经济有较大的互补性。

第四，必须注重吸引东部第三产业的投资。调查显示，近10年来，浙江对外投资的领域开始出现多元化趋势，触角已伸向农业、建筑、房地产、商贸、物流、餐饮、基础设施等各行各业，但仍以第三产业为主。据对省内外1500家浙江企业的抽样调查，从事第一产业的投资总额约10亿元，占总额的2.3%；从事第二产业的占总额的33.6%；从事第三产业的占总额的64%。据温州市统计，温州人在外从事三产的比重约为83%。综合以往的情况，估计全省在外投资总额中第三产业的比重占75%以上。因此，重视吸引第三产业投资，是中西部吸引东部投资的重要路径。

第五，努力增强东部资本的外溢效应，促进中西部本地资本与东部资本的有效结合，加速本地资本的扩展以及竞争力的提高。溢出效应原意是指由于跨国企业的进入和参与，东道国本土企业所获得的全要素生产率方面的进步。溢出效应的发生：是由于跨国企业在东道国投资时，并不能完全获取其劳动生产率和运作效率方面的优势所带来的全部好处，从而使东道国的本土企业从中受益。事实上，对于一个国家内部各地区之间的投资而言，同样可以通过吸收外部资本的外溢效应提高竞争力。促进本土企业的成长对于本地经济的持续发展是具有更为重大的意义。外溢效应有四种主要形式：一是示范与模仿效应。二是产业关联效应。包括前向关联效应与后向关联效应。三是人力资本流动效应。经过外来投资者培训的技术和管理人员一旦流向其他企业或独立创办企业时，其所学到的各种技术也随着外溢。四是外来企业与本地企业之间的竞争效应。竞争推动各方提高技术与管理水平，产生更多有形或无形的外溢效应。在外溢效应带动中西部产业升级和技术创新的前提下，以中西部优势寻求引入高技术东部资本，并促进本、外地资本的有效结合，是强化外溢效应的必然前提。优势的发挥，则要根据东部资本的进入行为偏好，有针对性地采取相应的方式。因此有必要研究促进增强外溢效应的导向性条件，以调整中西部引进外资及相应技术的取向和政策。

第六，加强促进东西部合作的组织建设，理顺管理体制。参照上海做法，建立由省政府分管领导牵头、省经济技术协作办、省工商局、省工商联等省级有关部门为成员的国内经济合作交流联席会议制度，下设办公室，主要职责是情况综合、政策研究、联络协调，并检查督促联席会议确定的各项重点工作的进展情况。外出投资创业人员比较多的市也可建立联席会议制度。

建立健全高层互访磋商机制。每年有计划地安排由省委、省政府主要领导带队的党政代表团到我省在外投资创业人员比较集中的省份考察，进行高层交流。同时，通过建立友好市、友好县等形式，进一步加强县、市之间的交流。政府有关部门也要加强与外省市的工作沟通。

加强在外企业联合会或商会建设。进一步加大工作力度，争取在2年内在全国各省市区都成立浙江在外企业联合会。积极引导在外企业及各市县商会加入浙江企业联合会，进一步规范组织体系，完善组织功能，提高自我管理、自我约束、自我协调、自我服务的能力，及时为浙江在外企业和创业人员提供信息、咨询、协调、维权以及融资等方面的服务。在此基础上，在适当的时候成立浙江在外企业联合总会。省政府各驻外办事处要加强对所在地浙江企业联合会的指导，积极主动地做好在外浙江企业和创业人员的服务工作。

参考文献:

1. 中央党校经济研究中心课题组:《西部大开发的经济学思考》,载《经济研究》,2000 年第 6 期。

2. 范剑勇、杨丙见:《美国早期制造业集中的转变及其对中国西部开发的启示》,载《经济研究》,2002 年第 8 期。

3. 林毅夫、蔡昉、李周:《中国经济转型时期的地区经济差距分析》,载《经济研究》,1998 年第 6 期。

4. 刘诗白:《积极引导西进促进东西互补》,载《经济学家》,1996 年第 3 期。

5. 吴永红:《跨国公司投资西部的制约因素与政策选择》,载《经济学家》,2002 年第 2 期。

6. 陈耀:《中国西部经济:制度性短缺与援助》,载《中国工业经济》,2001 年第 12 期。

7. 李瑞娥、贾崇吉:《资本范畴的拓展与西部资本利用》,载《中国工业经济》,2001 年第 11 期。

8. 李晓西、余明:《适应西部大开发的所有制结构调整》,载《中国工业经济》,2000 年第 8 期。

9. 王满四、朱琪、和丕禅:《东西合作中要素西进的经济效应与政策机制》,载《探索》,2001 年第 4 期。

10. 邓大才:《东西部制度安排的非均衡性与西部的制度创新》,载《探索》,2001 年第 1 期。

11. 刘洪军、陈柳钦:《制度创新与经济增长:对发展中国家跨越贫困陷阱的道路的思考》,载《经济科学》,2001 年第 4 期。

12. 戴天宇、刘凌云、王力:《西部大开发资本流入的经济学分析》,载《当代经济科学》,2002 年第 24 卷第 5 期。

13. 冷兆松、赵尚梅:《东资西进的形成机制及战略意义》,载《中国行政管理》,1997 年第 6 期。

14. 羊绍武、杨洪:《要素西进与西部地区产业结构升级》,载《经济体制改革》,2000 年第 4 期。

15. 刘用明:《论西部大开发的金融抑制》,载《经济体制改革》,2002 年第 3 期。

16. 陆德明、王必达:《我国西部地区发挥"后发优势"的困境与对策分析》,载《经济地理》,2002 年 9 月第 22 卷第 5 期。

17. 罗建章:《论西部人力资源开发》,载《经济问题探索》,2002 年第 1 期。

18. 周霓裳:《西部地区资金短缺问题探讨》,载《经济问题探索》,2002 年第 4 期。

19. 傅道庆:《优化西部产业结构的方法和政策》,载《经济问题探索》,2002 年第 9 期。

20. 陆小辉、吴德进、郑俊汉：《东西部资金要素投入差异与西部金融支持战略》，载《福建论坛·经济社会版》，2002 年第 2 期。

21. 张灏瀚、张龙平：《"输血经济"的形成及"西南现象"破解》，载《南京经济学院学报》，1999 年第 4 期。

（作者单位：浙江省委党校）

东部发达地区的领先发展与我国区域经济不平衡增长关系的实证检验

徐永良

一、问题的提出

改革开放以来，我国经济的持续快速发展赢得了世界的广泛赞誉，其中东部地区的领先发展尤其令世界人注目。然而，与之相关的地区间经济的不平衡发展问题也同样引起了国内外学术界以及政府部门的关注和重视。有一种观点认为：东部地区的领先发展是导致我国区域不平衡发展的直接原因，因此，如果实现各区域的平衡增长将直接影响东部地区经济的进一步发展。本文将利用改革开放以来我国各地区经济发展的宏观统计数据，拟对该观点及其相关的问题进行实证检验。

区域的不平衡发展是与区域发展的"趋同现象"相对应的概念。关于趋同现象，学术界往往将其区分为人均收入水平的趋同（δ趋同）和经济增长率的趋同（β趋同）。为了行文的方便，本文将与"δ趋同"相对应的不平衡称为"发展的不平衡"，而将与"β趋同"对应的不平衡称为"增长的不平衡"。目前，学术界对这两个方面的不平衡均有所关注，但大部分学者（梁进社、孔健，1998；陈自芳等，1998；Bhalla，Yao and Zhang，2003；Niewiadomska-Bugaj，2005）主要探讨区域"发展的不平衡"问题，并重点关注区域不平衡程度的动态演变和不平衡发展产生的原因。至于本文"不平衡增长"意义方面的研究，学者们〔黄叶芳（1996）等〕将注意力集中在对不平衡增长理论模型的探讨。我们还未曾发现相关的实证研究成果，这可能与其实证结论比较难以解释有一定的关系。但是，区域"发展的不平衡"毕竟是"增长的不平衡"的结果，因此，对我国区域间"增长不平衡"的实证研究也同样具有很强的现实意义。此外，局部经济的领先发展/增长究竟有没有对整体经济发展/增长的不平衡起重要作用？这确实是个值得探讨的问题。这是因为，如果对该问题的回答是肯定的，那就意味着缩小区域间发展水平的差距目标的实现就会以一定程度上牺牲发达地区的增长水平为代价；如果回答是否定的，那么局部地区的领先发展就不应该被指责为区域收入分化的罪魁祸首。但遗憾的是，到目前为止，我们还不曾发现这方面的实证研究结果。本文试图对该问题做出回答。

二、区域的划分

改革开放以来，我国经济的"增长极"显然是在东部沿海地区，但是这里所说的东部沿海地区与通常所说的我国三大经济带的划分并不一致。由于我们要考察的是东部发达地区的经济增长对全国地区不平衡程度的影响，因此，需要对经济带（区域）的划分进行适当的调整。按照2000年国家计委宏观经济研究所的划分，东部地区包括12个省市，显然，其中各地区的经济发达程度也存在较大的差距，为了增强说服力和针对性，我们以改革开放以来大量吸引其他地区的劳动力等生产要素，并且经济增长速度和经济发展水平较大幅度的领先全国为标准，选择北京、上海、广东、浙江、江苏、天津、山东、辽宁和福建等9个省（市）为东部发达地区，而将相对落后的海南、广西、河北3个省（区）并入中部地区。于是本文意义上的中部地区就包括了安徽、河南、黑龙江、湖北、湖南、江西、吉林、内蒙古、贵州、海南、广西和河北等12个省份；西部地区仍然沿用传统的划分标准，它包括：青海、甘肃、山西、陕西、宁夏、四川、重庆、西藏、新疆和云南等10个省（区、市）。

三、区域不平衡程度度量指标的选择

目前学术界衡量区域发展/增长不平衡程度的指标主要有两类：第一类指标是经济学中揭示社会收入分配不平均程度统计指标的区域（地区）延伸版本，包括地区的基尼系数（Gini coefficient）、泰尔熵（Theil's entropy）或者泰尔指数（Theil index）等，这些指标的优点在于其可分解性，可以将总体的不平衡程度分解为区域间的不平衡和区域内的不平衡两个部分，其缺点是计算比较烦琐。第二类指标的设计源自对不平衡增长概念的理解，按照平衡/不平衡增长理论，不平衡增长是指对平衡增长路径的偏离，因此，选择变差系数（变异系数）及其各种变形形式为不平衡程度的度量指标。对上述两类指标，梁进社、孔健（1998）通过理论推导，证明了变差系数对高收入和低收入地区对不平衡的影响给予了更大的关注，考虑到我国地区不平衡的分布，认为变差系数更加适合于度量我国目前的区域不平衡性。本文以此为依据，选择变差系数作为不平衡性的度量指标，只是变异系数的具体形式需要我们做进一步的探讨。

由于变差系数反映的是指对平衡增长路径的偏离程度，于是，指标的设计首先涉及对平衡增长路径的理解问题，由于一般所指的区域不平衡程度本质上是不平均程度，因此，平衡增长路径就可以理解为全国平均水平的演变路径。人均国内生产总值是衡量一个国家或区域人均收入水平的常用指标，于是，"发展的不平衡"就可以理解为各区域的人均 GDP 对全国各区域人均 GDP 的平均值的偏离；同理，"增长的不平衡"也就是各区域的 GDP（或人均 GDP）的增长速度对全国各区域 GDP（或人均 GDP）增长速度平均值的偏离。

在数学上，标准差是度量偏离程度的重要指标，于是，不平衡增长程度的度量指标可以表示为〔Swamy（1967）曾经用该指标来测算和考察一个国家或区域在产业发展层面上的不平衡增长问题〕：

$$V = \frac{1}{n} \sqrt{\sum_{i=1}^{n} (X_i - \bar{X})^2}$$

显然，上述指标是将所有样本同等看待的，如果直接用它来测算地区/区域发展的不平衡程度，也就没有考虑各地区的收入（或人口）在整个经济中所占份额的大小。按照上述计算公式，在其他条件不变的情况下，与一个地区收入（或人口）仅占 1% 而偏离平均增长率 50% 的情况相比，一个收入（或人口）占 10% 而偏离平均增长率 5% 的情况却具有更低的不平衡度，这显然不符合常理。因此，对偏离程度的度量有必要考虑部门所占收入（或人口）份额的影响，方法是以各部门所占的收入（或人口）份额为权重对各部门的偏离程度进行加权处理。

另外，上述度量指标属于绝对偏离指标，我们认为，相对离散程度指标更加符合不平衡发展概念的内涵（Yotopoulos and Lau, 1970），因而更适合于作为区域/地区发展不平衡程度的度量指标。其理由是：从资源配置的角度来看，与一个其两区域的增长率分别为 45% 和 50% 的国家相比，一个其两区域的增长率分别为 0% 和 5% 的国家应该具有更高的不平衡性。

基于上述两点，本文将以相对标准差为区域不平衡程度的度量指标。

于是，"发展的不平衡程度"的计算公式表示为：

$$V_0 = \frac{1}{\bar{y}} \sqrt{\sum_{i=1}^{n} \frac{P_i}{P}(y_i - \bar{y})^2}$$

其中 P_i 代表区域 i 的人口数量，P 为全国的人口总数，y_i 为区域 i 的人均国内生产总值，$\bar{y}$ 为全国各区域的平均人均国内生产总值，n 为区域数量。

"增长的不平衡程度"指标有两个：其一是针对 GDP 的增长速度的，计算公式为：

$$V_1 = \frac{1}{G} \sqrt{\sum_{i=1}^{n} w_i (G_i - G)^2}$$

其中 G_i 代表给定时期区域 i 的 GDP 的增长率，G 为所有区域的平均 GDP 增长率，w_i 为区域 i 的人口比重。

其二是针对人均 GDP 的增长速度的，计算公式为：

$$V_2 = \frac{1}{g} \sqrt{\sum_{i=1}^{n} \frac{P_i}{P}(g_i - g)^2}$$

其中 g_i 代表给定时期区域 i 的人均 GDP 增长率，g 为所有区域的人均 GDP 的平均增长率。

四、数据的处理

计算所需的各地区 GDP、人均 GDP，以及 GDP/人均 GDP 的增长速度我们可以从各地区的《统计年鉴》中获得，而全国的相关数据也可以从《中国统计年鉴》中得到。但正如王小鲁和孟连（2000）、Rawski（2001）等学者对我国官方数据之间存在许多不一致性以及我国的 GDP 增长数据提出了质疑一样，我们也发现了 GDP 的地区汇总和全国公布数据的确存在一定的差异，利用各地区数据计算所得的 GDP 的增长速度、人均 GDP 以及人均 GDP 的增长速度也与全国公布数据有着较大的差异，似乎存在着地区 GDP 及其相关数据的高估现象。这种现象产生的原因是地区和国家统计部门统计口径或统计程序的不一致。由此导致我们不能直接用上述统计程序不一致的数据来计算不平衡程度，而有必要进行统一。统一的方法有两种，其一是全部按照国家统计局的标准；其二是全国的数据按照各地区的统计口径重新计算。按照目前的统计资料，第一种方法显然行不通。本文将按照第二种方法，利用各地区的数据重新测算全国的相关数据。

全国的 GDP 按照可比价格对各地区进行直接相加即可；全国 GDP 的增长率可以按照各地区 GDP 所占份额为权重，对各地区的增长率进行加权平均；而全国的人均 GDP 也可以按照各地区人均 GDP 以人口所占比例为权重进行权平均。比较困难的是全国和各大区域人均 GDP 的增长率数据，需要我们利用前后两年各地区的人口数、人均 GDP 的增长率等数据，通过比较复杂的计算而得。东部、中部和西部三大综合区域的相关数据也用相同办法进行计算（计算方法和过程在这里不再赘述）。

五、东部发达地区的领先发展与我国区域经济不平衡增长关系的实证检验

（一）不平衡程度的测算结果

由于本文要考察的是东部发达地区对各大区域间经济发展/增长不平衡程度的影响，因此我们还必须剔除区域内的不平衡的影响，在计算过程中，我们不应该按照 n = 31（31 个省、市、自治区）来直接计算（因为按照这种方法计算所得的不平衡度包含了区域内的不平衡），而是按照大区域数（n = 3）的办法来计算，计算结果如下表 1 所示：

表 1　　　　　　　　　计算结果

年份	东部地区 GDP 增长率	东部地区的人均 GDP 增长率	V_0（人均 GDP 的不平衡程度）	V_1（GDP 增长率的不平衡程度）	V_2（人均 GDP 增长率的不平衡程度）
1979	0.086	0.074	0.2746	0.0368	0.0806
1980	0.110	0.093	0.2834	0.2107	0.2624
1981	0.065	0.05	0.2895	0.1920	0.2061
1982	0.091	0.075	0.2853	0.0807	0.0981
1983	0.108	0.094	0.2805	0.0309	0.0405
1984	0.166	0.152	0.2949	0.0742	0.1281
1985	0.150	0.139	0.3097	0.1002	0.1158
1986	0.088	0.076	0.3147	0.1501	0.1896
1987	0.133	0.118	0.3287	0.1643	0.1954
1988	0.137	0.118	0.3375	0.1645	0.1856
1989	0.038	0.022	0.3344	0.0848	0.2110

续表

年份	东部地区 GDP 增长率	东部地区的人均 GDP 增长率	V_0（人均 GDP 的不平衡程度）	V_1（GDP 增长率的不平衡程度）	V_2（人均 GDP 增长率的不平衡程度）
1990	0.057	0.032	0.3158	0.1041	0.2402
1991	0.122	0.104	0.3407	0.2376	0.2792
1992	0.186	0.173	0.3691	0.1678	0.1837
1993	0.195	0.184	0.4012	0.1747	0.1990
1994	0.167	0.158	0.4144	0.1443	0.1683
1995	0.142	0.132	0.4127	0.0992	0.1327
1996	0.119	0.110	0.4019	0.0684	0.0981
1997	0.113	0.103	0.4037	0.0413	0.0559
1998	0.103	0.098	0.4105	0.0661	0.0977
1999	0.098	0.092	0.4267	0.1242	0.1576
2000	0.105	0.087	0.4359	0.0896	0.0782
2001	0.100	0.081	0.435	0.0609	0.0285
2002	0.114	0.107	0.4423	0.0765	0.0996
2003	0.133	0.129	0.4499	0.0968	0.1144
2004	0.142	0.130	0.4406	0.0610	0.0920

　　我们将计算结果描绘在图 1 和图 2 中。从图 1 可以发现，东部地区 GDP 增长率曲线和人均 GDP 增长率变化曲线存在明显的同构现象，因此，我们只要选择其中之一与其他不平衡度指标比较分析或检验即可。

　　从图 2 中我们大致可以看出以下特征：（1）在 1991 年之前，东、中、西部地区人均收入（人均 GDP）的不平衡程度（也就是本文所指的"发展的不平衡"）的变动，总体呈现出与东部地区 GDP 的增长率反向变动的趋势。在 1991 年以后，情况却恰好相反，总体表现出两者的负相关特征；我国东、中、西部地区间发展的不平衡程度迅速扩大的时间大致出现在 1991～1994 这四年间，然后，经历了 1995～1997 年的平稳下降后，不平衡程度又开始上升，到 2003 年达到了历史的最大值。（2）GDP 和人均 GDP 增长速度的不平衡程度的变化总体表现出很强的一致性，其值在 1991 年以后总体呈现下降趋势，但 1997～2002 年间有较大波动。（3）在 1986 年以前，东部地区的 GDP 增长与东中西部地区的 GDP 和人均 GDP 增长速度不平衡程度（也就是本文所指的"增长的不平衡"）的变化并没有表现出很强的相关性，而在 1986 年以后，两者变动方向的一致性开始变得非常清晰。

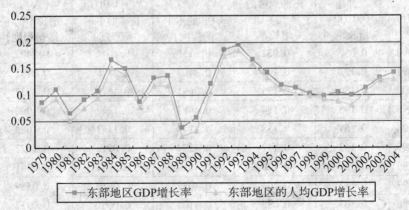

图1　东部地区 GDP 增长率和人均 GDP 增长率变化的同构现象

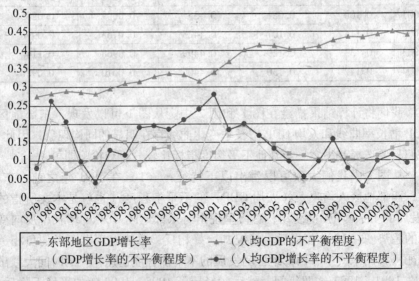

图2　计算结果的直观图

（二）相关关系和因果关系检验

1. 东部地区的经济增长和我国区域发展不平衡的相关关系检验。根据以上的直观判断，在分析发展的不平衡时，我们以 1991 年为界，将时间分为 1991 年前后两段，分别进行相关关系和因果关系检验，结果如表2和表3：

表2　　　　　　　　　　　相关关系检验

相关系数	1979～1991 年		1991～2004 年	
	东部 GDP 的增长率（X）	发展的不平衡程度（Y）	东部 GDP 的增长率（X）	发展的不平衡程度（Y）
东部 GDP 增长率（X）	1	0.0535	1	-0.3205
发展的不平衡程度（Y）	0.0535	1	-0.3205	1

表3　　　　　　　　Granger 因果关系检验

Null Hypothesis：	1979～1991 年			1991～2004 年		
	Obs	F-Statistic	Probability	Obs	F-Statistic	Probability
Y does not Granger Cause X	11	0.46166	0.65090	12	0.86433	0.46188
X does not Granger Cause Y		1.77487	0.24802		6.08699	0.02940

2. 东部地区的经济增长和我国区域增长的不平衡因果关系检验。从对图2的考察结果，我们认为1986年以前两者的关系非常不明确，因此，下文只对1986年以后的计算数据进行统计检验。另外，由于 GDP 增长率的不平衡度和人均 GDP 增长率曲线存在较为明显的同构现象，为此，我们只对 GDP 增长率的不平衡指标进行统计分析，结果如表4和表5：

表4　　　　　　　　相关关系检验

	东部 GDP 的增长率（X）	GDP 增长的不平衡度（Y）
东部 GDP 的增长率（X）	1	0.3952
GDP 增长的不平衡度（Y）	0.3952	1

表5　　　　　　　　Granger 因果关系检验

Null Hypothesis：	Obs	F-Statistic	Probability
Y does not Granger Cause X	17	0.02956	0.97095
X does not Granger Cause Y		3.03853	0.08557

六、结论

从上述统计分析结果我们可以得出以下结论：

（1）以1991年为分界点，在此之前，东部发达地区的经济增长与我国区域经济发展的不平衡度呈现出较小的正相关关系，但是从 Granger 因果关系的检验结果来看，在这个阶段，东部发达地区的经济增长并不是我国区域发展不平衡程度变动的原因。而在 1991 年以后，东部发达地区的经济增长与我国区域经济发展的不平衡度呈现出明显的负相关关系，Granger 因果关系检验也表明，东部发达地区的经济增长确是我国区域经济发展不平衡程度变动的原因。但令人感到非常意外的是，结合相关分析和 Granger 因果关系检验的结果，我们可以认为：东部发达地区的经济增长不但不是导致我国区域间不平衡发展程度增加的原因，反而还有缩小区域发展差距的作用。

（2）在 1986 年以后，区域间"增长的不平衡"与东部地区的经济增长存在较为明显的正相关关系。Granger 因果关系检验表明，区域经济增长的不平衡并不是东部经济增长的原因，也不能断定东部经济增长是区域经济不平衡增长的原因（在 95% 的置信水平上不能拒绝零假设）。

（3）自 2000 年国家开始实施的西部大开发战略，在一定程度上使区域间增长的平衡程度的下降总体有一定的贡献，但是，发展的不平衡程度依然有所上升，只是 2004 年有所下降，但 2004 年是不是一个转折点仍然需要时间的检验。

（4）"东部地区的快速增长是导致我国区域间不平衡发展的直接原因"的观点是不正确的，对"如果实现各区域的平衡增长将会影响到东部地区的进一步发展"的担心也是多余的。

参考文献：

1. 梁进社、孔健：《基尼系数和变差系数对区域不平衡性度量的差异》，载《北京师范大学学报（自然科学版）》，1998.9，409 – 413。

2. 陈自芳、钟卫军等：《浙江区域经济的不平衡发展及其差距的收敛性》，载《浙江社会科学》，1998.1，65 – 70。

3. 蔡昉、都阳：《中国地区经济增长的趋同与差异》，载《经济研究》，2000.10，30 – 37。

4. 王小鲁、孟连：《对中国经济增长统计数据可信度的估计》，载《经济研究》，2000.10。

5. Bhalla, A. , Shujie Yao, Zongyi Zhang, Causes of Inequalities in China, 1952 to 1999 [J], Journal of International Development, 2003.

6. Magdalena Niewiadomska-Bugaj, Teresa Kowalczyk, Hend Auda. Statistical Tests Based on Gini Index and Gini Mean Difference [J], www. unisi. it/eventi/Gini Lorenz05/

paper% 2026% 20may/PAPER_Niewiadomska-Bugaj_Kowalczyk. pdf，2005.

7. Rawski T G. What's and Happening to China's GDP Statistics［J］. China Economic Review，2001（4）.

8. Swamy，D. S. ，Statistical Evidence of Balanced and Unbalanced Growth［J］. Review of Economics and Statistics，1967（49）：288 - 303.

9. Yotopoulos，P. A. and Lawrence J. Lau，A Test for Balanced and Unbalanced Growth［J］. The Review of Economics and Statistics，1970（52）：376 - 384.

（作者单位：嘉兴学院）

东西部经济合作的理论基础、运作机制、重点领域和区域

西部大开发是国家在世纪之交做出的一项重大战略决策，旨在促进西部地区经济较快增长，实现全国区域经济协调发展。西部地区经济基础较薄弱，其大开发需要有外部经济的参与和支持。东部地区经过 20 多年的经济高速增长，也需要到西部拓展更大的发展空间。东西部经济合作是东西部地区之间的以法人和自然人为主体、在生产领域中以生产要素的移动和优化配置为主要内容而进行的经济协作活动，是东部发达地区参与和支持西部大开发的主要方式，也是西部大开发寻求东部地区参与和支持的主要途径。

一、东西部经济合作的理论基础

西部作为具有巨大发展潜力的地区，拥有自己独特的自然资源、劳动力优势和一定的物质技术基础，但资金匮乏、技术总体落后、人才短缺、信息不灵、对外经济联系渠道较少、现代化企业管理知识和经验缺乏等是其劣势；东部地区经济发展的条件则刚好相反，与西部形成明显互补。西部重点开发需要东部发达地区的支持和推动，吸纳其资金、技术、人才、等先进生产要素的进入，东部地区也需要不断创新，提高产业结构和科技水平，不断开拓发展空间，将成熟的技术向外传递，在西部大开发的过程中抓住机会，进一步提高和发展自己。因此，东部地区和西部地区双方都需要进行经济合作和联合，通过合作，走向共同发展、共同富裕之路。

在理论上，东西部经济合作既有利于西部地区也有利于东部地区，能够提高整个社会的福利水平。一般的，有优势的生产要素在本区比在其他区域有较低的相对价格，生产要素从价格较低的区域向价格较高的区域移动，一般都会提高生产要素的收益率。

　　若某一生产要素在东部地区比较丰裕，在西部地区比较稀缺，则该要素在东部地区价格较低（或潜在性的），在西部地区的价格较高（或潜在性的），东部地区把该要素移向西部地区能够获得较高的收益，西部地区从东部地区移入该要素能够减少产品的生产成本，从而获得一定的经济利益。这一情况如图1所示。

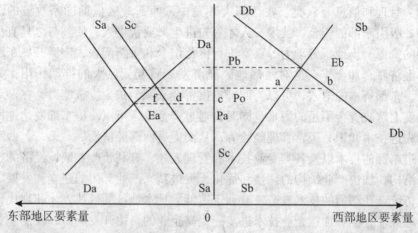

图1　生产要素东西部移动带来的价格—经济效应

　　Da-Da 和 Sa-Sa 是东部地区的需求曲线和供给曲线，Db-Db 和 Sb-Sb 是西部地区的需求曲线和供给曲线，Sc-Sc 是东部地区生产要素变化后的供给曲线。在生产要素没有发生转移的情况下，东部地区和西部地区生产要素（资本或劳动力）供需均衡点分别为 Ea 和 Eb。当一部分生产要素从东部流向西部后，东部该生产要素价格因供应减少而从 Pa 上升到 Po。东部由于该要素流向价格较高的西部获得（d+f）的收入和由于留在东部的要素价格上升而获得 c 的收入。整个东部的总收入为 c+d+f。同时，该要素的价格提高造成了使用该要素的生产成本增加，这使使用这种要素的需求者带来一部分损失，这部分损失在图中为 c+d。作为整个社会，东部该要素流动后获得的净收益为（c+d+f）-（c+d）=f。

　　对于西部地区，要素流入后降低了市场价格。此时，由于市场价格由 Pb 降到了 Po，西部地区使用较便宜的生产要素而获得 a+b 的收益。但是，由于要素价格下跌，西部要素供应者要蒙受部分损失，这部分损失在图中表现为 a。因此，西部地区实际上获得的净收益为（a+b）-a=b。

综合两个地区的情况，要素在东西部的流动给大家都带来了好处，总收入和净收益都增加了。两个地区总收入和净收益增加的总量分别为（a＋b＋c＋d＋f）和（f＋b）。区域生产要素流动因此而带来了积极的经济效应。

生产要素是直接作用于生产过程，使生产过程得以正常运转或更有效运转的各种必要投入，其组成部分有资本、劳动力、土地和自然资源、技术、管理和信息等六类。在西部大开发中，西部地区借助国家政策的诱导，吸引东部的资金、技术、人才等先进生产要素进入，使其与之具有优势的资源、土地、劳动力等要素进行优化组合和重新配置，广泛开展东西部经济联合和合作，这对西部地区经济发展将起到巨大的推动作用：第一，东部资本的输入，可以为西部提供资金来源，扩大投资能力，在一定程度上解决资金不足的困难；同时，通过资金输入可以获得东部发达地区的先进技术知识，经营管理经验等，从而促进西部经济发展。第二，西部引进东部的技术以及各类专业技术和管理人才，有利于改善区域经济的技术结构，加快产业结构的调整和优化，促进新兴产业部门的建立和发展以及传统产业部门的技术改造，有利于造就大批本地区的科技人才和现代化管理人才，能够加速企业技术进步，提高企业的自主开发能力，改变企业的产品结构，有利于企业加强在已有市场上的地位并获得向新市场渗透的机会，对推动西部经济发展有巨大作用。第三，在与东部经济合作中，西部地区可以利用东部消息灵通的优势，扩大经济信息来源，及时掌握国内外经济信息。第四、东部经济管理要素的输入，使西部地区能够改进企业的生产经营状况，提高产品与劳务的质量和竞争力，提高劳动生产率，降低生产成本，增加企业收益。

在当前西部开发之东西部经济合作中，将主要是东部具有优势的资金、各类人才、先进技术、管理知识和经济信息等向西部流动，西部具有优势的土地、自然资源及其初级品、劳动力等向东部进行的"相对流动"，从而实现东西部生产要素的优化组合，这对东部地区发展也具有积极影响：第一，东部资本要素输出到资本相对稀缺的西部地区，其益处是：一是可以获得大量的利润和利息，提高资本要素的收益率。二是东部资本要素向西部输出，东部企业在西部地区积极发展，可以更方便和有效地打开和开拓西部地区的市场，扩大东部地区产品的市场空间。三是东部资本西移，可以与西部极其丰富的自然资源及其能源原材料、低廉的劳动力相结合，优化要素配置，提高经济效益。第二，东部技术输出到西部有两种情况：一种情况是输出成熟技术，让这些技术继续发挥作用，这样做等于延长了某项技术的生命，等于延长了依靠该技术获取利润和报酬的期限，同时这样做还能使东部地区获得更新技术的时间和空间，优化产业结构，发展新兴产业，从而促进技术的不断更新和发展。另一种情况是输出前沿性的高新技术，这可以使东部在更大的空间上占领技术市场，扩大技术效用，获取更多报酬，同时在技术市场上对东部形成压力，迫使东部不断地进行技术创新，始终处于全国技术前沿的位置。第三，伴随着资本和技术的输出，东部地区各种专业人才也将不断地向西部流动，在西部地区寻找到合适的位置，发挥更大的作用，这在增加富余专业人才个人收入的同时，可带动东部地区商品和生产设备的输出。第四，在资本、技术、专业人员向西流动过程中，东部地区所掌握的国内外经济信息、现代化企业经营管理知识和经验、对外经济联系渠道必然向西部地区传递和延伸，这些生产要素全面、系统、持续地进入西部地区，必将密切东西部地区的经济联系，加强其经济发展的相互依赖性，促进东西部地区全方位的经济合作，使东部在经济合作中获取多方面的经济利益。

总之，东西部经济合作可以提高整个社会的福利水平，对西部地区经济发展具有巨大推动作用，对东部地区发展具有积极影响，虽然在这个过程中也存在一些不利因素，但是总体上利大于弊，因此各界应该积极促进东西部经济合作。

二、东西部经济合作的体制环境和运作机制

（一）体制环境

经济体制是东西部经济合作的大环境，只有在与这个环境和平台相适应的运作机制下进行操作，东西部经济合作才能取得理想的效果。

目前我国经济体制环境具有如下三个特征。第一，在全国宏观体制框架上，我国是一个不完善的市场经济体制国家。70年代末尤其是90年代初确立市场经济体制的改革目标以来，中央政府进行了涉及财税、金融、投资、计划、外汇诸方面的综合配套改革。目前，我国仍然处于宏观经济体制改革进程中，虽然市场经济体制框架已基本建立，市场经济方式已对资源配置起着基础作用，但其规范化、秩序化程度较差，非市场性因素对经济发展仍然有相当的影响，存在诸多不完善之处。第二，在区域层次

· 143 ·

上，东部地区与西部地区的市场经济体制发育不平衡。东部沿海地区改革开放不但起步早，涉及范围大，而且政策放得宽，改革开放以来设置的经济性特区都享受了国家赋予的许多优惠政策，市场化程度较高。但是，内地尤其是西部地区改革开放起步较晚，而且政策倾斜幅度相对较小，对计划经济体制冲击不大，市场经济体制发育程度低。第三，在政府职能上，地方政府是事实上的具有独立权益的区域经济主体，主导着地区经济发展。在传统经济体制下，中央政府高度集权，地方政府在经济利益上缺乏独立人格，经济管理权限很小，管理范围十分有限。改革开放后，在市场化取向改革的大背景下，中央政府与地方政府进行了"责、权、利"相统一的实质性分权，地方政府获得了越来越大的经济控制权和决策权，利益主体地位得到强化，也激发了地方政府主动充当经济主体、积极发展和繁荣地方经济的强烈冲动。

这种经济体制环境对东西部经济合作既有正面的效应又有负面的效应。正面的效应主要是：第一，市场经济体制基本框架的确立虽然还不很成熟和完善，但是它确保了我国基本上使用比较规范的市场经济运作方式，东西部经济合作可以取得较高的经济效率。第二，东部地区较高的市场化程度可以使其企业能够根据业务发展的需要，比较自由地转移经济要素，向外开拓发展空间，政府部门较少设置壁垒予以阻止；东部地区企业的经营独立性增强，管理人员担负的经济责任较重，经营决策更加慎重和周密，这样其在与西部地区的经济合作中成功率相对较高。第三，西部地区的"弱市场，强政府"特征可以使西部政府部门对进入西部地区发展的区外企业，尤其是西部需要和紧缺的先进生产要素，会予以十分周到和强有力的服务，可以凭借其特有的地位做到有求必应，可以充分利用国家赋予的各种特殊优惠政策，并发挥"强政府"的优势，为东西部经济合作企业提供"额外"的方便和服务。

这种经济体制环境对东西部经济合作的负面效应主要是：第一，区域经济控制权、资源配置权的确立和对区域独立权益的追求，很容易导致地区经济发展的竞赛和竞争，出现诸如设置关卡、地方割据、阻止经济要素在区际间自由流动、市场封锁等地方保护主义倾向。第二，由于西部市场经济体制及其运作方式发育程度一直较低，其经济管理方式不可避免地仍留有较浓厚的计划经济色彩，投资和经营者与政府各部门打交道面临规章制度繁、关卡多、变通差、手续烦琐、时间长、成本高等一系列问题，投资和经营的风险较东部大得多。这样东部投资者到西部投资，不得不面对体制成本高、办事效率低的风险和陷阱。第三，东西部地区存在明显的经济体制、法制环境和市场服务体系等方面的落差，这使已习惯于市场经济运作方式的东部企业到西部发展感到诸多的不适应，西行发展决策不得不慎之又慎。

（二）运作机制

在计划经济体制环境下，区域经济合作的特点是政府的作用占主导地位，中央政府是主体。其运作机制是：中央政府通过统一财税将各区域财力集中起来，然后由政府职能部门经过周密计划，组建国有企业，落实到目标地区，实现建设资金的区际流动，再以计划调拨的方式抽调其他经济要素到目标地区的指定企业里参与经济活动。这里，横向的区域间经济合作实际上并没有发生，而是被由区域到中央政府、再由中央政府到区域的两次经济要素纵向流动所取代。这种运作机制由于价格信号往往被扭曲、个体决策权上移计划行政部门、计划行政部门集中进行经济决策缺乏足够的信息保障等原因，其经济要素配置效率往往较差。中国改革开放前30年的实践也证明了这一点。

在成熟的市场经济体制环境下，区域经济合作的特点是市场的作用占主导地位，企业不但是区域经济合作的载体，而且是主体。其运作机制是：企业以其利润最大化为动机，根据其掌握的有关信息，自主决策，搜寻并确定目标地区，与当地企业进行合作，或者到当地政府职能部门登记成立新企业，实现经济要素的区际流动；在企业进行要素空间移动的这一系列活动中，两地政府部门一般不会做任何干预，只是为其提供必要的服务和方便。总体上，这样比较完全的企业行为，其经济效率是有保障的，但是经济要素区际流动规模大小主要取决于各种市场因素的综合作用，能否达到政府的期望值则是一个未知数。

我国目前的经济体制的状况是：市场的作用是基础性的，企业作为市场主体基本能够自主经营，但其行为受地方政府的影响较大（包括正和负两方面），有时其影响甚至是决定性的。因此，适应我国现行经济体制的东西部经济合作基本运作机制应是"充分发挥市场配置资源的基础作用，同时政府部门予以积极推动和支持"。规范政府行为过去是、今后仍然是东西部经济合作顺利进行的关键环节。为了消除政府部门对区域经济合作的直接干预和操纵，20世纪80年代曾经提倡"政府搭台，企业唱戏"的运作方式，不过这种方式仍暗含着政府的主导作用，企业处于被动到位。目前此方式仍不能说已完全过时，然而与市场经济体制更相适应的运作方式是"企业主动唱主角，政府积极搞服务"，突出了市场的主导作用。这是适应于发育程度不同的市场经济体制下的两种运作方式，随着我国宏观经济体制转轨的不断深入和市场经济体制发育程度的不断提高，后一种运作方式将占主导地位。

三、东西部经济合作的重点领域

东西部经济合作最终要落实到一定的区域和产业部门。由于西部地区范围广大、产业部门众多，因此需要确定合作的重点区域和重点领域，这样才能取得好的合作效果。根据深入分析和研究，东西部经济合作应在如下八大领域有重点地进行：

第一，能源矿产资源开发及其增值转化。能源矿产资源是西部地区的一大优势，是东部地区短缺的生产要素。能源矿产资源开发及其转化增值是西部大开发的重点，通过经济合作，东西部共同经营这项工作，既可以使西部从资源优势转化为经济优势，促进西部发展，又可以使东部从中获得直接经济利益，输入能源矿产产品，对东西部双方都有利。东西部在这个领域的合作主要是东部地区的资金与西部地区资源的合作，东部地区在其中将主要参与管理、提供技术、区内市场、出口信息和畅通出口渠道，西部将主要提供劳动力、基本生产条件、协调各方面的关系等。

第二，劳动密集型产业转移。我国劳动力成本呈东高西低之势，立足于低劳动力成本的劳动密集型产业已分别成为东、西部经济发展比较明显的劣势和优势。21世纪东部地区经济要获得更大和更快的发展，将主要依赖于产业结构优化升级，主要发展高新技术产业和现代生产服务业，传统劳动密集型产业将逐步退出，向劳动力成本较低的中西部地区转移。西部地区应尊重区域经济技术梯度推移的规律，接受东部劳动密集型产业转移和辐射，进行一个时期的劳动密集型产业的重点发展，加快资本积累和职工技能学习的速度，为更高层次的发展积蓄力量。在东西部劳动密集型产业转移中，主要是东部地区的管理人员、技术、设备、资金与西部地区的劳动力、能源原材料、厂房、土地的合作，东部并为产品拓展市场，为产品出口提供信息和联系渠道。

第三，旅游资源开发与旅游产业发展。西部地区旅游资源丰富且独特，对游客有极大的吸引力，极具开发价值，旅游产业发展大有前途。目前西部各省、市、区几乎都把旅游业作为主导产业来发展，大方向是对的。随着我国经济进一步发展，国内外游客将愈来愈多，旅游市场将十分庞大，西部旅游业发展前景广阔。目前西部旅游业发展存在的问题主要是没有足够的资金对旅游景点进行整理修饰、对旅游基础设施进行建设，缺乏现代化的管理以有效运作，缺乏广告宣传以提高知名度，缺乏规划以进行系统策划。东部地区在参与西部大开发、进军西部时，与西部联合开发其旅游资源开发、经营旅游产业的方向是正确的选择。东西部在旅游业领域的联合和合作主要是东部地区资金、管理与西部地区资源的合作，同时东部地区也将是主要的消费市场和游客来源地。

第四，农业及其农产品开发。西部地区气候和地形地貌独特，其许多区域的光、热、水等农作物赖以生长发育的自然条件是东中部地区所不具备的，发展农业的优势很大，云南的热带作物、新疆的棉花和水果等是西部特色农业的代表。东西部在农业方面的联合和合作中，重点是东部帮助西部调整农业和农村经济结构，大力发展特色农业，生产高效、优质和适销的农产品，促进节水农业、旱作农业和生态农业、绿色农业的发展，推进农业产业化经营，积极发展农副产品的储藏、保鲜、加工、转化和增值，以加强西部农业基础，增加农民收入。

第五，技术创新和高新技术产业发展。西部地区一些中心城市如西安、重庆、成都等，集中了许多全国著名的高等院校和科研院所，具有科学研究和技术创新的实力，而且在"三线"建设时进驻了一大批技术先进的军工企业，发展高新技术产业具有相当的基础。然而西部地区这些技术基础和优势并没有很好地转化为经济优势，科技成果转化率和高新技术产业化程度低，对地区经济的促进作用不大。东西部在技术创新和高新技术产业发展方面的联合和合作，可以发挥东部市场化程度高、国内外经济信息灵通、现代化的企业管理经验和知识丰富的长处，发挥西部地区科技和军工企业扎根于国家需要和支持之坚实基础和深厚底蕴的长处，将西部地区的科研和技术优势充分发挥出来，使其走向市场，转化为经济优势，成为西部经济发展的增长极和动力源。

第六，基础设施建设。西部大开发既需要完善的软环境，也需要良好的硬环境。但是西部地区基础设施严重落后，远远不能适应其大开发的需要，必须尽快加以改善。因此，基础设施建设必然将成为西部大开发初期的一项重大任务和重要内容。东部地区有必要关注西部地区基础设施的发展，从中寻找商机。东部地区可以从以下途径参与西部基础设施建设：一是组织工程队伍，参与西部重大基础设施工程的建设。在今后一个较长的时期内，国家将在西部投入巨额资金进行基础设施建设，以改善其硬件环境。东部地区可以寻机参与西部基础设施工程的建设，特别是一些难度大、技术要求高的工程环节，东部应发挥技术优势积极主动参与为其排忧解难，这既是西部十分需要的，也为西部开发做出了贡献。二是筹集资金投入西部基础设施建设。尽管国家为西部基础设施建设投入巨资，但远远不够，国家将支持和鼓励多元化投资参与西部基础设施建设。东部向西部基础设施建设投入资金，可以采取各种方式与西部合作，联合参与重点项目投资，积极参与基础设施建设的投标。

第七，生态环境治理。西部严峻的生态环境形势，在战略上是一个关系到国家生态安全的问题，在现实上将严重影响西部大开发的实际效果和西部经济发展的进程。因此，生态环境治理和保护是西部大开发的重点，并逐步成为一个具有多元化投资回报的产业。实际上生态环境保护与建设是一项与特色农业、特色林业、生态旅游等绿色经济密切相关的产业，如果政策设计得当，东部地区企业和社会资本可以参与生态环境保护与建设，并获取可观的投资回报。西北地区已经出现了治理沙漠的公司，而且取得了一定的经济、生态效益。东部地区凭借自身特有的优势，在西部生态环境治理与保护方面，在国家和当地政府的鼓励、支持下，可以在向西部做出贡献的同时，取得较好的经济效益和回报。

第八，教育支援和合作。西部经济落后的一个主要原因是人才和人力资源缺乏。西部大开发与西部经济大发展，关键在于人才和人力资源的培养和引进，而人才和人力资源培养的主要途径是教育。但是西部地区的教育在总体上是落后的，人口素质也偏低。发展教育是西部大开发的当务之急。为加快西部教育发展，从中央到地方各级政府都对教育给予了倾斜的政策，其中教育部推出了十项措施，西部各省市区也都分别制定了促进其教育发展的对策。东部地区在教育方面与西部进行多方面的合作，例如发展远程教育，在西部地区建立分校、扩招西部地区学生；组织讲师团、博士团等西进，建设"希望工程"项目；帮助西部地区培养教师；为西部地区培养和输送各类人才，资助贫困学生完成学业等。

四、东西部经济合作的重点区域

经分析和研究，东西部地区经济合作应在西部地区如下三类区域有重点地进行，可以收到较好的合作效果：

第一，大中型经济中心城市及其附近区域。西部地区经济落后是从总体上讲的，其实其经济空间分布极为不平衡，大中城市及其附近区域经济发展水平相当高，往往可以超过东部地区的经济边缘地区，但远离大中城市的区域和大范围未开发或欠开发的区域尤其是广大农村区域，经济发育程度很低，西部经济落后主要指的是这些区域。

从整个西部地区来看，西北部的陇海—兰新铁路沿线地区和西南部的渝、川、滇、黔四个省市首府所在地围成的"口"字形铁路沿线地区，是其经济相对发达的区域，前者串有渭南、西安、咸阳、宝鸡、天水、兰州、白银、武威、金昌、张掖、酒泉、嘉峪关、玉门、敦煌、哈密、吐鲁番、乌鲁木齐、昌吉、石河子、奎屯、博乐等经济中心城市，后者串有重庆、内江、泸州、成都、德阳、绵阳、乐山、西昌、攀枝花、楚雄、昆明、曲靖、六盘水、安顺、贵阳、遵义等经济中心城市，是西部的经济核心区域。从各省市区来看，西部12个省、市、区的首府所在地绝大部分都是百万以上人口的经济中心城市，并且都形成了各自以城市群和城市体系为依托的经济密集区，其自然、经济、社会等各方面的因素均较好，经济发展的条件优越。东部地区在与西部进行经济合作时，可考虑在上述优势区域落脚和选择地址，以获取较好的经济效益，并同时推动西部地区经济发展。

第二，自然资源（包括旅游资源）富集区。自然资源在地域的分布不平衡，尤其是能源矿产资源，往往在空间上高度集中，形成一个个储量庞大的富集区域。这样的资源地一般适宜于大规模集中开发，好处是可以避免小规模开发的资源浪费，而且效益也较好，但同时需要大量的资金投入，需要高技术设备的机械化运作，需要相当数量的技术人员监控。因此，西部自然资源开发及其转化增值需要国内外具有实力的经济主体的参与，东部地区参与西部地区自然资源开发，应主要选择这些资源富集区域。随着西部大开发的深入进行以及国家优惠政策不断出台，东部地区经济主体将被允许参与西部自然资源富集区的大规模开发。

西部地区自然资源富集区及其重点开发区主要有：晋陕蒙接壤地区，柴达木盆地，攀西地区，新疆塔北—吐哈，黄河上游，六盘水地区，川滇黔接壤地区（主要是金沙江沿岸地区），长江上游地区（宜宾—宜昌），乌江流域，红水河流域等。东西部在自然资源开发方面的经济合作，主要应在这些区域选择其突出的优势资源进行开发和转化增值。

　　第三，沿边地区。我国西部地区有 6 个省区（广西、云南、西藏、新疆、甘肃、内蒙古）与 14 个国家（俄罗斯、蒙古、哈萨克斯坦、吉尔吉斯斯坦、塔吉克斯坦、阿富汗、巴基斯坦、印度、尼泊尔、锡金、不丹、缅甸、老挝、越南）接壤相邻，陆地边界线长约 17632 公里，占全国的近 80%，具有得天独厚的地缘优势。尤其是改革开放后我国继续施行睦邻友好的对外政策，与周边各国进一步改善了政治关系，90 年代以来我国又进行了大规模的沿边对外开放，设立了 62 个国家级对外开放一类口岸（1995 年）、13 个沿边对外县市和 13 个边境经济合作区，周边大多数国家也都施行了对我开放和开展经贸交流、合作的政策，沿边地区经济贸易发展迅速，出现了经济繁荣的喜人景象，具有诱人的经济合作机会。目前沿边地区开放开发已经成为西部地区经贸发展的一个经济增长热点。

　　东部企业要进军西部、与西部地区进行经济合作，可将西部沿边地区作为一个重点区域，主要是针对周边国家搞适合于邻国消费需求的产品开发和对外贸易，同时以沿边地区为基地与周边国家合作，开发利用邻国的自然资源，例如木材、矿产等。

　　但是西部沿边地区范围广大，各地经济发展的情况并不相同，东西部经济合作需要选择条件优越、资源丰富、位置独特、开放程度高、具有一定开发基础、开发潜力较大的沿边优势区位。这样的优势区位，主要是如下一些县旗市：丹东、珲春、绥芬河、抚远、同江、黑河、满洲里、二连浩特、塔城、博乐、霍城、伊宁、喀什、塔什库尔干、亚东、泸水、腾冲、盈江、陇川、瑞丽、畹町、景洪、勐腊、河口、凭祥、东兴等。

参考文献：

　　1. 中央党校经济研究中心课题组：《西部大开发的经济学思考》，载《经济研究》，2000 年第 9 期。

　　2. 储祥银等编著：《国际经济合作原理》，对外经济贸易大学出版社 1997 年版。

　　3. 靖学青：《东西部经济合作论》，上海社会科学院出版社 2002 年版。

　　4. 国务院特区办公室编著：《中国对外开放地区投资环境和政策》，云南人民出版社 1993 年版。

（作者单位：上海社会科学院）

全球化背景下东部企业的区位选择与中部产业对接

胡艳

一、引言

中部崛起的微观基础是什么？如何培育这个基础？应该是中部地区迫切需要解决的问题。从各地的发展情况看，我们以为，通过企业集聚所形成的产业集群应当构成中部崛起的微观基础。目前中部省份正在向培育产业集群的方向努力，因而迫切需要加快企业集聚的数量增长，以形成产业集群所需要的最低规模界限。为达此目的，需要中部各省内外兼顾，"两条腿走路"，既抓省内企业的成长，又要积极招商引资。从发展初期看，由于本地企业普遍规模小，技术水平落后，对本地经济的带动力较弱，因而获得外部资本就成为中部崛起的发动机，也是中部加速发展的捷径。根据陆大道等学者对全国各省市参与经济全球化程度（亦即受经济全球化影响程度）的研究报告，总体上看，目前中国接受经济全球化影响的区域空间格局基本上与以人均 GDP 衡量的经济发展水平的地区差异格局一致。平均而言，每个省份外资占全国的份额每上升1%，就会带动其 GDP 占全国的比重上升0.276 个百分点。这基本上可以解释东部沿海地区经济快速增长的推动力——以外资为主的外源性经济驱动。

由于客观存在的经济发展的梯度差异和区位差异，外商投资首选东部地区，当溢出效应和扩散效应发生的时候，才有可能将目光投向中西部。那么，如何利用中部现有的产业基础，率先实现东、中部的产业对接则是吸引外来资本、形成企业向中部集聚，发挥产业集群功能的关键所在。

本文以经济全球化为背景，拟从东部和中部现有产业基础出发，分析两地区产业发展的比较优势和比较劣势，探讨东部企业的区位选择动机及其趋向、可能的目标区，以及中部与东部产业对接的可能性，在上述分析的基础上提出东、中部产业对接的机制和对策建议。

二、关于企业区位选择的理论综述

区域经济学中，区位是指经济活动的空间布局问题，即厂商生产经营活动的空间位置或产业的空间布局，它往往被描述为距离某一个或几个特惠地点的不同位置所反映的市场、供求、（运输）成本等方面的差异问题。如距离城市中心的远近、离自然资源供给源的距离、各空间位置上的市场供求状况等所形成的经济利益差异。如何确定企业或产业的最佳位置是区位理论所关注的核心问题。对区位与经济关系的研究，在 19 世纪上半期就已出现。1826 年，德国经济学家杜能（Johann Heinrich Von. Thünen）在其著名的《孤立国同农业和国民经济的关系》一书中就曾讨论过农业区位问题；其后，德国另外三位经济学家罗雪尔（Wilhelm Roscher）、谢弗尔（Albert B. F. Schaffle）、龙哈德（Wilhelm Launhardt）也都分别讨论过工业区位的若干因素，但他们对区位问题的论述并没有形成完整的理论体系。区位理论的真正建立者，则是德国经济学家阿尔弗雷德·韦伯（Alfred·Weber），他被认为是近代区位论的奠基者。韦伯是第一次把工业区位理论系统化，运用抽象和演绎的方法综合分析运费、劳动力费用和集聚效应对区位选择影响的学者，他把由此所决定的最小生产成本作为厂商选择最优区位的标准。韦伯的理论不仅限于工业布局，对其他产业的布局也有重要的指导意义。

韦伯以后的区位论者认为，生产成本最低点并不是厂商最优区位的选择点，因为生产成本的低下不一定意味着利润最大。这其中以德国经济学家克里斯泰勒为代表提出了以市场为中心的，以取得最大利润为目的的区位理论，认为现代经济活动中市场对生产活动起越来越大的作用。克里斯泰勒在德国南部进行调查后认为，组织物质财富的生产与流通的最有效的空间结构为以中心城市为中心，由相应的多级市场区组成的网络体系，最佳的网络体系就是正六边形的中心地网络体系。

在克里斯泰勒研究成果的基础上，德国学者廖什进一步发展了中心地理论。他详细考察了市场规模和市场需求结构对生产区位的影响，提出了一套有多因素变动分析的动态区位模式——市场区位论。他也把寻求最大利润作为工业区位决策的出发点，把企业的生产区位与其市场结合起来，并把生产和消费放在市场区中去进行研究。认为每个企业的生产和市场范围是由资源供应范围和消费市场需求范围共同决定的特定的市场需求确定了可能吸收的劳动力及其他资源的空间分布范围，特定的资源范围也可以确定特定的市场范围,这两个范围就是厂商的生产区位和市场区位。

美国学者埃德加·M·胡佛在1971年出版的《区域经济学》一书里提出了构成复杂的经济活动区位结构和区位分异的三个基础因素,即自然资源优势、集中经济和运输成本,这也被称之为生产要素的不完全流动性、生产要素的不完全可分性、产品及服务的不完全流动性。作者以自然资源、集中经济和交通运输三要素为主轴,从理论上论述了该三要素在各种产业区位结构中所起的重要作用;不仅讨论了单个区位单位的区位决策,也讨论了整个工业部门的区位结构问题,以及各种产业之间的相互联系,既包括各产业在空间结构上在空间结构上的相互竞争,也有各种产业在地域上的相互依赖,即集中经济问题、区域产业结构问题。胡佛除了重点研究工业区位问题,也研究了城市区位、住宅、非营利的公共机构及其服务等区位问题。此外,胡佛对运输的概念也作了适当的扩大,不仅包括货物的运输,也包括了服务、能量以及信息等无形物的转移。

对区位论研究作出较大贡献的还有美国学者艾萨德,他把单个厂商的最佳区位模型加以扩展,变成包含生产企业、商业企业、服务业、运输、社会政策、环境生态等各种部门的区域综合模型,目的是建立区域空间的总体均衡模式,为工业、商业等投资项目的选址提供依据。

此外,德国学者勒施、伦纳、格林哈特都特别强调需求因素在区位分析中的重要性。格林哈特还被认为是第一个将个人因素引入区位分析的学者,在他看来,企业家在一个特定区位建立工厂的动机除了金钱收益之外,还有心理收入,两者的总满足才是工厂区位确定的最主要决定因素。

与上述微观区位论学者们以新古典经济学为理论基础不同,20世纪中叶,瑞典经济学家缪尔达尔提出循环累积因果论这一非均衡思想。认为在社会经济发展的动态过程中,各种影响因素是相互联系互为因果的。市场的力量倾向于增加而不是减少区域间的差异,经济增长不可能是均衡的。由于集聚经济效益,发达地区会处于持续累积的加速增长之中,同时产生扩散效应和回流效应(极化效应)。由于市场作用回流效应远大于扩散效应,发达地区越来越发达,落后地区越来越落后,就是各种因素相互作用累积循环的结果。

因为市场机制的作用不是导致均衡,而是导致发展差距的强化,所以缪尔达尔主张通过国家的经济政策实现区域经济发展的均衡:一方面强化均衡效应,削弱极化效应,努力克服和消除区域发展的差距。另一方面要阻断消极的循环累积过程。为此可采取:促进资本向落后地区转移或者限制这些区域资本流出；通过有选择的贸易壁垒防止自由贸易带来的消极影响；国家可以通过向落后的区域进行投资，一方面强化相对于吸收效应的扩散效应（包括在交通、通讯等基础设施方面的投资），另一方面也刺激了需求，从而经济发展进入一个积极的循环累积过程。

缪尔达尔关于区域经济发展的非均衡思想及其解决办法，对于今天的中国区域经济问题有极大的适用性和借鉴意义。

自 20 世纪 70 年代以来，欧美学者用经验统计方法对影响区位决策的因素进行了分析研究，有的还按照重要性程度进行了排序。他们大都认为"有利的劳动气候"是最重要的因素，其次，接近交通公用设施和市场也是比较重要的因素。相比之下，接近市场和原料产地、劳动力市场因素已变得不那么重要了。当然，由于企业的区位决策和选择行为是一个复杂的动态过程，其影响因素也复杂多样，不同行业差异很大，很难一概而论。

我国区域经济学起步较晚，早期对于区位的研究主要体现在对生产力布局理论以及后来的产业布局问题的研究。刘再兴等学者认为，任何生产总要落到特定的空间，生产活动的空间分布对生产和区域发展有着重大影响，一般会影响生产的发展速度及社会经济效益、区域的产业结构和生产要素本身的发展。因此，生产力布局的主要内容包括：国民经济总投资的地区分配以及重大建设项目分布地区和地点的选择、各地区投资结构的确定、分工协作及其发展比例关系的确定。为解决这三方面问题，所依据的原则一是有计划地在全国范围内均衡地布局生产力；二是把地区专业化和综合发展结合起来；三是工业尽可能接近原料地、燃料地和消费地；四是合理集中与适当分散相结合；五是有利于提高国家的战略防御能力和国防的巩固。我国"三五"和"四五"期间生产力布局向内地推进，就是上述原则的体现。可见，当时的生产力布局研究，对中央采取平衡布局以图迅速改变旧中国遗留下来的工业片面集中于沿海地区的畸形格局的战略，起了较大的政策导向作用。

然而，上述研究方向集中在生产力布局或产业布局，微观领域涉及很少，直击企业区位选择问题的研究就更是微乎其微。

20 世纪八九十年代以来，在区位理论方面，国内学者的研究成果体现在以下方面：

首先，伴随城市化的快速推进和房地产市场的发展，产业和城市的区位问题研究日渐兴起。中国学者借鉴国外学者的研究成果，研究中国的高新技术产业区位、城市区位、住宅区位及其服务业的区位问题等。当然，这仍然偏向于较为宏观的研究。

其次，对外商在华企业的投资决策行为进行了追踪调查，重点研究了外商直接投资的区位问题。李小建主要研究外商为什么选择中国；魏后凯等调查了外资企业的投资动机，但没有把外商的投资动机与影响其区位选择的因素区分开（李小建，1996；魏后凯、贺灿飞、王新，2001）。近年来，有关中国外商直接投资省区区位研究的文献不断涌现。研究表明，聚集经济、区域市场潜力、省区 GDP 总量、增速及其人均水平、基础设施、沿海区位、政策工具、外贸依存度、效率工资、劳动生产率以及市场化程度等是重要的区位决定因素（贺灿飞、陈颖，1997）。

此外，郝寿义、安虎森从联系成本角度探讨了高新技术企业和劳动密集型企业的区位选择，认为在城市空间中各种经济活动的区位选择取决于该企业的联系成本，并非取决于经济性与否。企业之间联系成本大的将向城市中心区聚集，联系成本小的，如标准化大批量生产企业将迁出城市，在劳动力丰富的地区或交通便利的郊区和交通沿线地区选择新区位。不过，我认为如果完全不考虑聚集经济性还是有失偏颇的，其实所谓联系成本正是企业外部经济性与否的反映。

陈秀山等学者认为，区位理论分为企业区位选择理论和区位结构理论。企业区位选择理论涉及的是单个经济（微观）问题，它试图阐明企业区位选择（如工业区位）的制约因素、形成与发展的可能性及其规律，探讨农业、工业或服务业的单个企业的最佳区位。区位结构理论探讨在一个区域体系内所有区位的分布以及区位结构随时间发生的变动。

总之，选择什么样的区位进行生产经营活动，不仅对企业的经营成果具有重要的影响，而且也是对所在区域可能产生影响的决策。企业的区位选择决定了它在一个区域内的什么地方进行研究开发、生产、营销或者管理控制活动。区位的选择和迁移体现了企业动态的资源配置理念，这不仅使要素具有流动性，而且使企业资产具有一定的流动性，通过这种流动可以使企业实现长期价值最大化。另一方面，从长期看，一个发展中的企业很少是"原地踏步"的，企业会运用多种方式拓展其活动空间，积极地与外部资源相结合，选择优势区位或向优势区位延伸其势力范围。

三、全球化背景下东部企业空间扩张战略与区位选择趋向

经济全球化背景下，企业空间扩张的可选范围不断扩大，根据公司发

展战略和业务需要，可由国内延伸至海外。其空间扩张战略也日趋多元化，就目前情形来看，主要有四种形式：第一，横向一体化。企业现有生产活动的扩展并由此导致现有产品市场份额的扩大，可以从三个方向进行：扩大原有产品的生产和销售；向与原产品有关的功能或技术方向扩展；向国际市场扩展或向新的客户类别扩展。第二，纵向一体化，即垂直一体化。指企业向原生产活动的上游和下游生产阶段扩展，包括后向一体化和前向一体化。后向一体化指企业介入原供应商的生产活动，前向一体化指企业控制其原属客户公司的生产经营活动。纵向一体化是公司增长到一定阶段的主要扩张战略。一般说来，公司通过横向一体化打败竞争对手，达到市场多头垄断地位后，便会进入纵向一体化扩张，以垄断其供应链和销售终端市场。第三，多角化，即非相关产品的多样化。横向一体化和纵向一体化涉及的是相关产品的多样化。通常情况下，多数公司多样化扩张的部门，虽然主业不同，但并非完全不搭界，均多少与其原有市场营销和技术开发有联系。第四，逆纵向一体化。在经济全球化背景下，各活动区位的交通通信联系紧密，于是纵向价值链各环节，在地理空间上越来越发生分离，其经济职能可以在一定的区位独立。这样就使企业有可能在区域、国家乃至全球范围内形成按价值链分工的新型格局，比如通过把价值链的某些低端环节转包给其他企业而减小生产和交易成本，从而专注于高附加值和高利润的企业战略环节。或者，把部分企业转移到生产和运输成本更低的地区设立分公司。

当企业实施空间扩张战略时，区位选择问题就不可避免。在市场经济条件下，区位选择不仅是区域经济发展的出发点，不仅是区域产业发展必须考虑的重要问题，同时也是企业发展战略问题，对企业生存与发展至关重要。在哪里投资？向何处扩张？什么地方最有利于企业实现竞争优势？这就是企业的战略布局，是企业空间扩展的重要内容。因此，企业的区位选择或迁移决策首先是由企业的空间扩张战略决定的。

其次是企业区位选择趋向与企业空间增长的两个规律密切相关，可以说，在很大程度上受此制约：

一是空间扩张的距离衰减规律。即地理扩散过程是由近及远进行的，具有距离衰减效应。同样，在企业空间扩张过程中这种距离衰减现象也存在。企业开始常在原址的较近距离内扩张，随之这种扩张可能最终导致公司的重心离开原来的始发地，但是其兼并仍以公司总部周围地区为主。只有当该区域的扩散效应最终超过极化效应的时候，企业才会考虑"远走他乡"。在国际投资方面，多数跨国公司采取"步步为营"的空间战略，以地理邻近区或文化环境相似地区为兼并扩张的首选区位。如美国、欧洲和日本等发达国家之间的跨国投资远超过他们在发展中国家的投资，这样做可以把投资风险减至最小。

二是等级扩散规律，即经济或社会现象的扩张，是沿着一定等级规模的地理区域进行的。这种扩散过程并不一定按地理邻近性，而是按区域的重要等级，跳跃式扩散。企业等级扩张常按市场规模，首先进入最大的市场，接着进入次大市场，而不考虑这些市场的距离邻近。比如跨国公司到中国的直接投资，遵循的基本上是等级扩张规律，具有等级扩散特点，投资区位依次从东部沿海的特大中心城市如深圳、广州、福州、上海再到珠三角、长三角的次级城市，然后是内陆区域性中心城市及省会城市。这种扩张战略适应了中国区域经济差异大且不平衡的特点。

空间扩张的距离衰减规律和等级扩散规律的共同作用就形成区域产业的梯度转移。区域经济梯度体现了地区间经济发展水平的差异，这种梯度差蕴含了区域间发生产业转移的客观基础。由于创新活动（包括新产业部门，新产品、新技术、新的生产管理组织方法等）大都发源于高梯度地区，然后随着时间的推移，生命循环阶段的变化，以及生产要素条件的改变，客观上存在产业与技术由高梯度地区向低梯度地区扩散和转移的趋势。

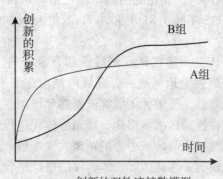

创新的双轨迹扩散模型

图 1　产业和技术的梯度扩散和转移

注：曲线 A，低有机构成，技术简单，早期就趋于稳定。如各种日常消费品生产。曲线 B，高有机构成，技术复杂，在后期阶段才开始扩散加快。如钢铁、化工等重工业产品的生产。

东部地区在新一轮产业结构的调整中，面临着产业重新布局和企业区位的再选择或迁移问题。在利益驱动和企业空间增长的规律的约束下，东部企业资本扩张的首选区位是空间邻近地区，即环长三角、珠三角的边远地区和外围地带。

我们拿珠三角来说，近年来，珠三角土地、劳动力等要素成本上升，核心地区现有资源开始出现"瓶颈"，企业边际收益不断下降。在此情况下，拓展腹地、促进产业升级已迫在眉睫。不少港商已考虑把生产设施扩展或搬迁到发展相对落后的广东省东北部。生产成本低是粤东北地区的优势之一。资料显示，粤东北地区如梅州工业用地出让最高限价为40元/平方米，大约相当于珠三角的1/3至2/3；劳动力价格相当于珠三角核心地区的2/3；同时资源丰富，电力充裕。正因为如此，珠三角核心区向粤东北转移的产业中，劳动力密集型的玩具、制衣、制鞋企业，耗能较大的陶瓷、水泥产业，以及矿产资源加工型企业占据主要部分。随着粤东北承接产业转移等"硬件"和"软件"方面的投入不断加大，其在区位方面的竞争力是其他中西部地区望尘莫及的。而广东省不同区域发展势能差则构成产业梯度转移的客观基础。广东有21个地级市，根据区位分布以及经济的发展程度，被划分为珠三角、东西两翼以及粤北山区，它们分别处于不同的经济发展阶段。2005年，珠三角的人均GDP已经达到5000美元，东西两翼约为1400美元，尚处在工业化的初期阶段。粤北山区人均GDP才1000美元，刚刚跨入工业化的门槛。珠三角与东西两翼和山区的人均GDP之比，也从1995年的3.81:1和4.71:1扩大到2003年的4.35:1和5.23:1。

再看长三角，长三角地区是我国城镇部分最密集、经济发展速度最快、综合经济实力最强的地区之一，区域内城市化水平在60%以上，人员流动频繁，商务通勤、旅游休闲的客流量逐年增加。即将进行的长三角城际轨道交通建设在推动区域城市化、城镇一体化进程的同时，将改变长三角经济格局，二线城市与区域中心的距离大大缩短，经济联动效应更为明显，是接受上海辐射、承接国际资本转移的最佳平台。比如江苏省属企业对南通市的投资，已从过去的几百万元，发展到几亿、几十亿乃至上百亿元。江苏省供电、电信等公司的投资规模从前几年每年的2亿~3亿元，扩展到现在的7亿~8亿元。

另一方面，企业区位选择趋向除了受企业空间增长规律的约束外，地方政府"围追堵截"的阻力作用和优惠政策的拉力作用，则构成东部企业向长三角和珠三角以外区位迁移的壁垒。

从 2005 年 3 月到 2006 年 3 月广东省政府接连出台了一系列促进产业省内转移的政策文件。包括：《关于我省山区及东西两翼与珠江三角洲联手推进产业转移的意见（试行）》、《广东省产业转移工业园认定办法》、《关于贯彻实施广东省产业转移工业园认定办法有关问题的通知》、《关于支持产业转移工业园用地的若干意见（试行）》、《关于印发"广东省产业转移工业园外部基础设施建设省财政补助资金使用管理办法"的通知》、《关于加强我省山区及东西两翼与珠江三角洲联手推进产业转移中环境保护工作的若干意见（试行）》。截至 2006 年 4 月，广东省各市已正式签订产业转移工业园合作协议 34 个，涉及山区及东西两翼 14 个市，以及珠江三角洲的广州、深圳、佛山、东莞、中山、珠海等 6 市。仅在去年出台的《东西两翼经济发展专项规划》中，罗列的工业重点项目就有 66 个，包括茂名乙烯扩建项目、湛江东兴炼油改扩建项目、湛江纸浆项目，以及湛江临海钢铁项目，湛江、茂名国家战略石油储备库，汕头南区化工区炼油乙烯一体化项目等一批列入"十一五"规划的项目。在广东的"十一五"规划中，广东省在东西两翼砸下重金，意图构建广东新兴的重化工业项目集聚带。而且，未来 5 年，广东安排到东西两翼和山区的重点项目达 112 个，总投资 6864 亿元，占全省总量的 48.1%、43.8%，比"十五"时期分别提高 18 个百分点和 22 个百分点。中山火炬（阳西）产业转移工业园首期开发基本实现了"三通一平"，已引进 20 家企业和项目落户。中山石岐（阳江）产业转移工业园基础设施建设累计投入资金近 1 亿元人民币，基本完成产业转移工业园外围基础设施的建设，1 家企业建成投产，4 个企业动工建设，企业总投资额约 7 亿元人民币。东莞石龙（始兴）产业转移工业园目前基本完成产业转移工业园首期开发的"七通一平"，已签订 5 份入园投资合同，总投资额 2.4 亿元。

此外，东部企业从低度产业的退出可能存在的经济性、文化和社会性壁垒既抑制了东部产业结构的升级，也阻碍了这些产业向中西部的转移。经济性退出壁垒主要来源于企业退出的沉没成本、联系成本，譬如企业拥有的大型设备等专用性资产，转移和转换成本较高；在地域空间聚集的企业已成为产业集群的一分子，则迁移的联系成本高。地域文化和感情上的障碍主要在于企业员工对企业向外迁移的抵触情绪和对本地环境的留恋，一旦企业西进，则可能丧失熟练劳动力或企业核心管理层精英。而社会性壁垒则在于企业和产业的转移，可能引发劳资纠纷，并且存在沉重的安置成本。这些壁垒就使一个企业即使在收益甚微甚至投资收益为负的情况下仍然维持在该产业中的竞争。这样一来,过剩的产能便无法释放到该产业之外,结果,整个产业的利润率就可能持续保持在低水平状态,该产业的竞争优势将荡然无存。如不加以改变,从长远来看,地区的衰落就是必然的了。

因此,尽管长三角和珠三角的传统制造业或产业链的低端环节目前仍是以其周边地区为生存和扩张区位,尚未形成向中部大规模转移的趋势,但随着东部地区内部发展差距的缩小,产业竞争的加剧和边际收益率的减少,东部产业调整和升级的步伐必将加速,在空间扩张战略牵引下,东部企业区位选择必趋向具有其"边际产业"比较优势的中部地区。

四、中部地区的产业基础与对接障碍

中部地区交通便利,市场广阔,是我国重要的交通枢纽地、农产品生产基地、能源基地和重要的原材料基地,有着比西部远为雄厚的工业基础。中部具有比较优势的产业在于农业、交通运输业、能源和原材料工业。这些产业都是与东部互补型产业,加之中部所具有的承东启西、连南接北的区位优势和综合资源优势,注定了中部是接受国际产业转移和迎接东部沿海发达地区产业梯度转移的最佳承接地,成为东部经济对外辐射、西向扩张的便捷通道和首选区域。反过来,东部临海的外向型经济也为中部提供了"借船出海"的重要平台。实施中部崛起战略,就是要充分发挥中部纵深腹地的区位优势、资源优势、产业优势、科教优势和市场优势等综合优势,在更大的范围、更深的层面、以更广阔的视野与东部企业合作,互利共赢。

中部的产业优势伴随我国东部率先进入工业化中期阶段而愈发明显。在这一阶段,重化工业成为发展的主导和支撑力量,成为经济高速增长的火车头。重化工业是以能源、原材料工业为基础,以装备制造业、石油冶炼和化学工业、电子及电器制造业等为主体的产业体系,是现代制造业的主要产业依托。重化工业用水、用电、用煤量大,能源消耗和运输量都极为可观。中部作为农业和能源原材料工业基地,恰好可以利用自身优势帮助长三角地区解决"煤荒"、"电荒"等发展的"瓶颈",从而使其产业扩张无后顾之忧。过去几十年,我国和世界化工生产主要走石油化工的路线,这几年全球石油价格屡创新高且居高不下,使煤化工产品越来越具有成本优势和发展潜力;同时,高新技术在煤化工领域的应用,使大多数石油化工产品可以通过煤化工路线生产，并大大减轻了煤化工生产对环境的污染。目前，紧邻江浙的中部省份安徽正在全力打造淮南火电，在淮北启动盐化、煤化一体化工程，充足的能源供应将吸引长三角地区的部分产业选择安徽。"十一五"时期，山西也将重点发展煤化工业，山西发展煤化工业具有得天独厚的优势：山西煤炭的储量和产量均占全国的1/3，煤炭调出量占全国市场交易量的2/3，煤层气储量达10万亿立方米，占全国总储量的1/3，是我国重要的能源基地。在中部引进的资金投资额较大的项目中，80%是能源和交通项目，展示了中部的资源优势和产业优势。交通东连、投资东引、产业东接是中部崛起成功与否的关键。全方位对接的前提是基础设施的对接。中部各省正在紧锣密鼓进行的"路桥运动"将使得中部向东南西北方向延伸的立体交通网更为通畅。基础设施的对接使得中部与东部越来越近。与此同时，国家实施的产业政策优先支持中部农业、能源、原材料产业和物流业等综合运输体系建设，从而奠定了中部发展的良好产业基础。

除了丰富的资源以外，中部六省人口众多，劳动力资源丰富，市场前景广阔。中部六省人口3.61亿，占全国人口28.1%，其中农村人口2.44亿，占全国农村人口近1/3。很多跨国公司、流通企业将中国作为重要的采购基地，甚至把全球采购中心迁至中国。目前，在华采购也逐渐呈现新的特点：采购对象由零部件采购向成套设备或系列设备产品采购扩展；采购领域由制造业向商业扩展；采购模式由单纯采购向建立生产基地和研究发展中心、国际采购中心扩展。许多跨国公司已把采购目光放在了中部六省上，将其作为中国最具发展潜力的采购市场。显而易见，无论是从生产要素和资源导向，还是从市场和效益导向上，都决定了中部地区对企业的吸引力。

随着长三角产业结构调整步伐加快，东部资本外溢、产业梯度转移现象显现。这为中部经济发展带来极为难得的机遇。

根据国家统计局发布的2004年和2005年长三角地区产业结构发展情况的报告，2005年，长江三角洲地区16个城市实现地区生产总值突破25000亿元大关，达到28775亿元，与此同时，产业结构也在调整中逐步优化。三次产业结构由上年的5.1:54.6:40.3调整为去年4.6:55.9:39.5，与全国15.2:53.0:31.8对比，明显较优。但仍呈现"二、三、一"分布。2004年各市第二产业比重上升最快，16个城市中仅舟山第二产业比重为43.1%，其他城市第二产业比重都超过50%，有的城市已经超过了60%。

如苏州达到 65.8%，嘉兴达到 60.5%，表明各市对工业经济的依赖程度均较高。2005 年，长三角地区产业结构进一步优化，三次产业结构调整为 4.1:55.3:40.6。与上年相比，第一产业比重下降 0.5 个百分点，第二产业比重下降 0.6 个百分点，第三产业比重上升 1.1 个百分点。与全国相比，第一产业比重比全国低 8.4 个百分点，第二产业比全国高 8 个百分点，第三产业比全国高 0.4 个百分点，非农产业比重高于全国水平 8.4 个百分点。长三角龙头上海的三次产业结构调整比例关系为 0.9:48.9:50.2，第三产业成为上海经济发展的"主角"，产业结构明显呈现"三、二、一"格局。从各地第三产业的发展趋势看，浙江除绍兴以外的 6 个城市第三产业发展速度均高于经济增速，占 GDP 的比重也有不同程度的提高。可见长三角产业和资本转移的势头正劲，日益显现产业高度化趋势。

与此同时，经济全球化使中国成为世界制造业市场扩张最快的国家，国际先进制造业正在形成新一轮向以中国为主体的发展中国家转移的浪潮。值得注意的是，随着现代制造业产业链环节的相对独立，跨国公司产业环节呈现区域分散化的倾向。中部地区廉价劳动力、市场占有率和投资回报率促使跨国公司把产业链的低端环节的生产企业向这里转移，而把先进制造业的生产甚至部分研发、管理和营销环节放在东部。实际上，上海总部经济已初见端倪，涌现了一批初具规模的总部经济载体。至 2006 年 6 月，入驻上海的跨国公司地区总部已达到 143 家，外商投资总公司 142 家，外资研发中心近 185 家，300 多家上市公司总部。根据我国商务部 2005 年 2 月 27 日发布的《2005～2007 年跨国公司对华产业投资趋势调研报告》，在今后 3 年，跨国公司将普遍扩大对华投资，从选择投资区域企业数的发布情况看，长三角以 47% 的压倒性优势，成为跨国公司的投资首选；环渤海地区占 22%，珠三角占 21%，其他地区占 10%。上海的目标是大力发展总部经济，使上海成为跨国公司生产基地、地区总部、研发中心、运营中心和采购中心的集聚地，以此带动上海的产业结构调整、升级、优化。《中国总部经济发展报告》披露，世界 500 强企业中已有 400 多家在长三角落户，长三角已成为中国跨国公司设立地区总部最集中的地区。同时，长三角地区也是国内大型企业最重要的集聚地，2005 年，中国企业 500 强中，长三角地区就有 120 多家，约占全国的 25%，其中，上海 44 家、浙江 42 家、江苏 40 家。2006 年 4 月，在浙江台州科技局的策划下，台州 29 家民营企业集体在上海松江区"大业领地"企业总部园购买了 23 幢楼作为研发基地。发展态势表明，以上海为龙头的长三角地区正成为中国甚至亚洲跨国公司总部集聚的高地。

就在几年前（2003年），上海还通过"173计划"等手段，与其周边城市争夺制造业投资，试图将国外投资截留在青浦、嘉山和松江三个郊县而不外溢。但眼下上海发展"3+5"生产性服务业的规划已形成并逐步实施。其中，3个重点专业性服务业是汽车服务、工程装备配套服务和工业信息服务，5个公共性服务业为技术服务、现代物流、工业房地产、工业咨询服务和其他工业服务。就连闸北这样的上海传统工业区也转型发展现代服务业。因为随着资源、环境压力日益增大，这里的传统工业耗费资源多、附加值低的比较劣势凸显。据对发达国家大城市经济发展的研究表明，一幢高级商务楼里众多生产性服务公司所产生的效益，与城乡结合部7.8平方公里区域所产生的经济效益相当。这"诱使"上海不仅要为自身制造业的发展提供支持，而且要发挥科研院所和研发、咨询、培训、物流等方面的优势，为长三角世界级制造基地提供服务支撑。因此，发展生产性服务业，利用原有工业基础，引进相关产业的研发、销售、采购、工业设计、咨询和创意中心，为高端制造业提供生产性服务，就成了它实现产业升级的新路。

然而，应该看到，中部与东部的产业对接仍存在不少障碍。首先，经济全球化条件下产业和企业区位选择的自由度相对变大，而自然资源和地理区位的影响相对减弱，这就使区域之间招商引资的竞争更为激烈。西部大开发战略和振兴东北战略某种程度上吸引了东部企业北上西进。中部成为政策洼地。有人说中部崛起战略是"水中的月亮"，安慰大于实惠。因为中部最有吸引力的不可移动要素—土地，在国家日趋严厉的"土地新政"监管下，作为招商引资王牌的吸引力日渐消失。中部六省是人口大省，工业化和城市化面临土地资源的严重约束。不仅如此，入世以来，东部企业可以更便捷地进入国际市场，获得国际资源，向海外扩张。中部，不再是唯一的可选目标区。其次，从中部自身来说，主动参与东部产业对接还存在以下问题：一是市场开放度不够，地方保护主义严重，市场竞争无序。二是政府层面的问题，根据企业调查，可归纳为政府诚信不足、行政效率低下、乱摊派、乱收费现象突出，企业经营成本和商务成本高，对企业权益保护意识淡薄，招商却不能安商，难以长期留住企业。三是思维方式和观念滞后，难以与东部对接。

五、以产业链为对接纽带，促进东、中部产业接轨

产业链就是由一系列相对独立、又相互关联的生产经营活动环节构成的创造价值的动态过程。一般体现为从产品设计、研发、原材料供应、生产加工、储运、营销、售后服务等纵向环节的链条。产业链各环节的经济职能可以在一定的区位独立，从事这部分职能的企业聚集在特定的地理空间就形成产业集群。集群内的企业既有前向与后向的纵向联系，也有与主导产业相关联的辅助产业、基础产业等形成的多圈层横向联系系统。实现产业接轨，可从产业的互补性和各种关联性入手，以产业链为纽带招商引资，可以有针对性地促进东、中部产业对接。类似地，海峡两岸的福建与台湾已基本形成相互依存的、良性发展的互补型产业格局，这或许可以给我们以启发和思考。

为加速融入东部产业链，加快两区域产业对接步伐，我们提出几点建议：

1. 统筹中部与东部的区域发展规划，建立区域利益协调机制，发展特色优势产业和互补型产业，避免无序竞争和同质化竞争。

2. 通过政策规范，建立一个有利于东部企业和产业向中部转移的市场准入机制和退出机制，降低门槛，消除民间资本的进入壁垒。允许其进入一些高利润的基础性行业。同时，针对中部国有企业比重大的特点，应积极鼓励东部民营企业参与中部国企改制。

国家统计局 2005 年 11 月公布了一组数据，在 39 个工业大类中，新增利润最多的石油开采、煤炭、通用设备等行业，民营企业进入门槛仍然很高。与此同时，江浙大量民间资本成为游资。据央行测算，浙江省"十五"期间民间资本总额可达 8300 亿元，在温州之外地域活动的温州民间资本大约在 3000 亿元左右。倘若把这些资本的 1/3 引入中部，则数量也极其可观，无疑将成为拉动中部经济快速成长的重要推动力量。

3. 扩大对内对外开放，全面提高开放水平，逐步形成区域统一市场。积极吸引国内外各类生产要素进入中部地区，加强与东部地区的经济交流与合作。促进两大区域间生产要素、商品、服务的自由流动和自由交易。

4. 建立民间商会，为两区域的产业合作交流穿针引线，积极推动多种形式的产业和企业合作，鼓励跨地区、跨部门、跨所有制兼并、联合、重组，发挥跨区域大企业的"领头羊"作用，使之产生"羊群效应"，带

动中小企业与之协作、配套，提高企业聚集度，实现集群发展。如同丰田汽车公司向美国迁移，导致一大批关联配套企业的跟进，产生明显的"追随领导者效应"。这是移植型或嵌入型产业集群形成的最佳解释。

5. 要发挥政府在产业结构调整中的导向作用，加快推进经济结构调整和增长方式转变，走新型工业化道路，着力发展节约型经济、环保型经济、特色优质型经济。以增量投入带动存量调整，突出重点产业和重大项目两大重点，引进一批投资规模大、产业带动强、纵深发展广、贡献份额高的龙头项目、基地型项目，以大项目为载体，形成产业群和项目链，以投资结构优化带动产业结构的调整和优化。

6. 实施中部城市群带动战略，发挥城市的规模经济和聚集经济，通过优化创新环境，吸引高新技术企业入驻园区，形成集聚效应。一般而言，传统工业企业注重于土地价格、劳动价格等一次性投资成本较低的区位选择，关注于制造和物流两个环节能够有机衔接的区域。而高新企业则更注重于创新成本最低的区域，注重的是研发、商务、制造、物流整体四个环节有机衔接的、并且相关产业集群发展能力强的区域。由于人力资本在高新企业中的重要作用，因此企业更加注重选择有着高质量的生活和工作环境的区域。

参考文献：

1. 陆大道等著：《中国区域发展的理论与实践》，科学出版社2003年版。
2. 阿尔弗雷德·韦伯：《工业区位论》，商务印书馆1997年版。
3. 克里斯泰勒：《德国南部中心地原理》，商务印书馆1998年版。
4. 郝寿义、安虎森主编：《区域经济学》，经济科学出版社1999年版。
5. 埃德加·M·胡佛：《区域经济学导论》，商务印书馆1990年版。
6. 魏后凯主编：《现代区域经济学》，经济管理出版社2006年版。
7. 张敦富主编：《区域经济学原理》，中国轻工业出版社1999年版。
8. 陈秀山、张可云：《区域经理理论》，商务印书馆2003年版。
9. 陶文达主编：《发展经济学》，四川人民出版社1992年版。
10. 资料来源：《世纪经济报道》2006年8月5日。
11. 资料来源：《中华工商时报》2006年8月7日。

（作者单位：安徽大学经济学院）

产业转移与中部崛起

王瑞娟

一、文献综述

中部地区塌陷是 20 世纪 90 年代后期以来学术界、中部地区所关注的重大区域经济问题。促进中部崛起已经成为我国的一项新的区域战略。围绕中部地区如何崛起，学术界和政府从不同的角度提出了各自的多条途径，为遏制中部地区塌陷，促进中部地区崛起提供了有价值的参考。而通过承接国际、国内的产业转移来促进中部崛起的研究成果较少，产业转移与中部地区产业结构调整的研究成果近期不断问世，如《基于东部发达地区产业转移的中部地区工业发展分析》（高见等，2005），《东部地区产业转移与中部地区经济发展》（陈计旺，2003），《产业转移与中部地区工业结构演化》（全春，2005），《我国产业转移与中原经济崛起》（李小建等，2004），《产业转移与区域经济协调发展》（庞娟，2000）。这些成果有的从理论角度探讨了产业转移对中部地区工业结构的影响，有的则指出中部地区承接产业转移所具有的优势以及面临的挑战。总之，国际产业转移和东部发达地区的产业转移是 21 世纪产业结构调整的一大趋势，中部地区能否抓住产业转移的机遇，积极承接发达地区的产业转移是中部迅速崛起的一个关键问题。

本文从国际和东部发达地区产业转移的大背景出发，分析产业转移对中部地区工业结构的影响。实践中，对于中部地区这样的发展中地区来说，产业转移的实质就是外部相对优势产业的移入，而最主要的内容就是工业企业的移入，因此，从某种意义上说，中部地区的产业转移问题，实际上就是一个中部地区工业结构在外力作用下演化的问题。

二、产业转移对中部崛起意义重大

中部地区能否抓住国际国内产业转移的契机，实现跨越式发展，对于21世纪中部崛起具有重要的意义。

（一）承接产业转移可促进中部地区产业技术升级

产业转移推动中部地区工业技术进步的效应主要体现在以下几个方面：一是提高了工业项目的技术进入门槛。转移主体为占据市场较大份额，获得更多的经营利润，转移项目多为资金、技术密集型的高新技术和新型工业项目，即使转移项目为劳动密集型产业，企业也必然比中部地区现有同类企业拥有更高的资金和技术密集程度进而提升了中部地区整个工业领域的技术能级。二是提高了工业领域的技术和管理素质。在转移项目管理本地化战略驱动下，转移主体大多十分注重对项目技术管理人员、普通员工先进技术和管理经验的培训，最后借助于人才流动和信息传递的扩散效应，从而提升整个区域的工业技术和管理素质。三是提高了工业企业的创新能力。大型转移项目在中部地区建立研究与开发机构，给中部地区整个工业企业提供了直接学习和借鉴的机会，从而提高他们的研究和创新能力。

（二）提升工业产业的整体竞争力

产业的转移直接或间接地促进了中部地区工业结构的优化，并最终大大提升了工业企业和产业整体的竞争力。一是大量先进工业项目的移入，使中部地区工业产业中拥有先进技术的部门大幅增加，从而使区域产业结构体现出高级化的趋势。二是拥有新技术和新组织方式的先进工业项目的移入，意味着一种新的生产函数的导入，借助于信息的传输和人员的交流，诱导和推进了较低层次工业部门的升级转型，从而逐步提高产业整体的技术和组织集约化程度。三是移入工业项目在资金、技术、人才、市场、营销等方面的竞争优势，打破了中部地区原有工业产业的低效垄断局面，改善了中部地区工业产业的市场结构，并迫使原有工业部门创新观念、技术和机制，以提升其竞争力。此外，转移企业创造、发明的一些新产品和新产业，弥补了中部地区工业市场的一些空白，使工业产业结构调整和升级的步伐加快，逐步构建相对完整的工业产业体系，提升了中部地区的整体实力和国际竞争力。

此外，产业转移对工业结构演化的积极效应还更多地体现在各种先进要素的引进，如经营理念、管理模式、营销方法、机器设备以及劳动就业、外汇创造等。转移企业的进入已整体提高了中部地区传统工业的技术装备水平和经营管理水平。

（三）加速工业产业的资本创造

产业转移项目本身给中部地区工业发展注入了巨大的资金，极大地促进了中部地区工业化的进程。但产业转移在资本形成方面更具意义的是通过其前向、后向和旁侧关联带动效应刺激相关投入品产业、下游产业以及金融保险、技术培训、法律顾问、建筑服务等旁侧产业的快速发展，形成产业的集聚，进而推动整个区域经济的振兴。据研究表明，1 美元的直接投资将会导致 3 美元的资本形成。如法国 PSAB 标致雪铁龙集团、日本日产汽车公司、日本本田汽车聚首武汉所形成的武汉汽车产业集群。实际上，即使是在利用产业转移资金改造中部地区传统工业项目过程中，企业自身资本保持不变也是极少的。

三、中部地区接受东部地区产业转移的机遇与挑战

在东部地区产业向中西部地区转移中，企业跨地区投资起主导作用。东部企业之所以进入中西部地区投资，是因为在新地区投资能获得更大的利润。从三大地带产业结构演变趋势看，东部地区产业结构升级将促使丧失比较优势的制造业向中西部地区转移，西部开发将使我国能源和部分原材料工业发展重点向西部转移。东部地区产业结构升级和西部开发对中部地区经济发展即带来机遇，又带来挑战。

（一）中部地区的传统产业面临挑战

在东部与中西部地区产业分工中，中西部地区长期扮演着向东部地区输出能源、原材料的角色，而输入的是东部地区的制造业产品。东部与中部地区之间形成的"垂直分工"，一方面是因为东部与中部地区较大的发展差距所致；另一方面是因为东部与中部地区的资源禀赋所致。但长期以来，由于西部地区远离东部地区，其资源密集型产品的运输成本过高，加之东西部地区之间运输通道的"瓶颈"制约，致使西部地区的大面积国

土长期处于勘探的空白区域，即使已勘探的丰富资源也难以得到大规模开发。除在我国独具优势的少数资源密集型产品，以及少数与东部地区经济距离较近地区的优势资源得到开发并于东部地区形成分工外，从整体上看，中部地区在我国能源、原材料发展中，以及在三大地带的分工中占主导地位。

从能源工业来讲，中部地区的优势是煤炭工业和石油工业。虽然煤炭在我国能源工业中居主体地位，但这种地位随着我国能源消费结构的变化和实施可持续发展战略的地位要下降，近年来煤炭产量的下降主要是为了压缩库存，实现煤炭市场供求的基本平衡。从中长期看，西部天然气和水电的开发，将产生替代煤炭效应，直接导致对煤炭需求的相对下降，甚至绝对下降。随着西部大开发的进程，我国煤炭资源开发的重点将逐步转向西部地区。中部地区石油的重点产区是大庆油田，产量一直占全国30%左右，但由于长期开发，后备资源严重不足，维持目前的产量已实属罕见，进一步增产的概率很小。西部地区蕴藏的十分丰富的有色金属资源及非金属矿产资源也对中部地区相关产业的进一步发展构成挑战。但中部地区这些传统产业受到挑战的还主要在于自身的发展优势正在逐步丧失。

中部地区参与全国分工的产业基本依赖于矿产资源，而矿产资源型企业发展的最主要特征是周期性，目前中部地区大多数矿产资源型产业都进入成熟阶段。其中相当一部分进入衰退阶段，从而使许多建立在资源优势基础上的矿业城市的经济陷入严重的衰退。就中部地区整体而言，虽然参与全国分工的产业还不能脱离能源、原材料等资源密集型产业，但从发展趋势看，根据工业化演进阶段，中部地区将进入向制造业为主的转变阶段。

（二）东部地区产业转移给中部地区制造业发展带来机遇

中部地区参与全国地域分工的产业主要是能源、原材料工业，但部分制造业也具有相当的竞争力，有些产业甚至在全国还具有竞争优势，如机械工业、交通运输设备制造业等，从省级行政单位看，大多数省都形成了在全国具有比较优势的制造业，如吉林的交通设备制造业、医药工业；安徽的纺织、机械、电气制造、食品、饮料等工业；江西的医药工业；河南的皮革制品、机械、食品、饮料等工业；湖北的纺织、缝纫、交通设备制造和烟草工业等，各省既有的具有比较优势的产业构成其产业结构调整的基础，但作为整体，中部地区制造业的发展仍然在很大程度上依赖于东部地区产业结构升级及由此而产生的产业转移。

东部地区在 20 年的快速经济增长中，已经成长为对世界经济产生重要影响的制造业产业带。在经济规模快速扩张的过程中，东部地区的产业结构、产品结构发生了引人注目的变化。但同时应该认识到，东部地区的产业结构、产品结构滞后于经济发展的需要。从产业结构来看，东部地区的传统制造业仍然在参与国内外分工中占主体地位，如改革开放以来经济增长最快的广东、浙江、江苏等省，其主要专业化产业仍然是纺织、服装皮革制品、文体用品等传统产业。从产品结构看，虽然相当一部分产业在大的产业分类中属于技术密集型产业，如电子工业，但所生产的部分产品仍属于劳动密集型产品；在参与跨国公司全球分工中，所承担的生产环节也主要属于劳动密集型产品；即使一些传统优势产业，其产品层次也比较低。这种产业结构和产品结构既不符合在三大地带分工中的地位，也难以支撑其自身经济的快速增长，产业结构和产品结构升级势在必行。

伴随着产业结构和产品结构升级，东部地区丧失比较优势的传统产业、劳动密集型产业将向更适合其发展的中部地区转移，东部地区产业的空间转移，不仅为中部地区经济发展提供了更多的可选择的机会，而且也是自身经济进一步发展的必要条件。东部地区传统产业的过度扩展，使得区内的劳动力资源难以满足其自身的发展。目前不仅在大中城市传统产业就业的劳动力主要来自中部地区，而且在乡镇企业和私人企业就业的劳动力也主要来自中部地区。由于外来劳动力不能在当地取得合法地位，这种劳动力及产生的人口群体给当地公共产品供给带来巨大压力，并产生难以预期的社会问题。毫无疑问，这些传统产业曾经是东部发达地区实现经济"起飞"的产业基础和资本积累的源泉，但目前这些产业已经构成产业结构升级和提高经济质量的障碍。因此，东部地区丧失比较优势的传统产业必须向更适合其发展的地区转移（陈计旺，2003）。

此外，经济增长方式转变的客观规律也迫使东部地区把劳动密集型、高能耗、高物耗等比较劣势产业向中西部转移，同时改革的深化和体制的进一步转换，为国际产业转移提供了有利的时机，展示了广阔的前景。

我国目前行业性的产业转移已露头角，从 1996 年初开始正式实施的纺织业东锭西移已启动 7 个项目，共计 26 万锭，1997 年完成 24 万锭。上海市在 1995 年就作了将 2000 家国有企业转移到西部的规划，当年就完成了 43 项。烟台市为解决劳动力价值高，原材料及能源短缺等潜在的矛盾，提出了到中西部去创业的战略。沿海地区的许多企业也出现了"产业西进"的趋势。尽管当前东部产业向中西部转移尚处在起步阶段,但已显示出勃勃生机。无论对区域产业结构调整,还是促进区域经济协调发展,产业转移都发挥着重要作用。

由上述分析可见,中部与我国东部沿海发达地区之间存在着明显的经济梯度,客观上存在东部沿海发达地区的产业向中部转移的可能性。但是,中部在接受东部沿海发达地区产业转移时还面临着西部省市区的竞争。因此,中部要根据经济梯度转移的客观规律,采取有效策略,创造条件,积极主动地抓住产业转移的有利时机,加快经济发展步伐,实现中部崛起。

四、中部地区接受产业转移的优势条件

(一) 资源和劳动力的比较优势

中部地区具有丰富的能源矿产资源、农业资源和旅游资源,中部地区有人口3.6亿,占全国比重的28.3%,2亿多劳动力,平均成本只有东部沿海地区的40%。同时农业在中部地区占有较大的比重,人多地少的矛盾导致农业实际就业不足,存在严重的隐形事业,这使得农业可以向工业提供大量的廉价劳动力。中部地区矿产资源丰富。中部地区的煤炭、黑色金属资源在全国占有主要比重,因而具有发展资源密集型产业和劳动密集型产业的良好条件。中部地区引资还远没有达到饱和程度,今后应密切关注东部发达地区和国际相关产业转移过程中的相关信息,实施多元化引资战略。在致力于吸收外资技术水平的同时,充分挖掘中部地区的潜力和优势,针对产业转移中成本竞争日趋激化趋势,适时吸收部分对成本优势和资源优势依赖程度较高的劳动密集型和资源密集型产业到中部地区投资。

(二) 区位优势

中部与东部地区毗邻,并已形成联系方便的交通运输网络,这对于出口导向型产业,以及与母公司形成企业内部分工的产业转移具有较强的吸引力。东部地区向外转移的产业中,相当一部分仍然要参与国际分工,其产品以出口为主。在劳动力成本和其他投资条件相近的情况下,运输成本就成为产业转移区位选择的主要影响因子。与西部地区相比,中部地区,尤其是与东部地区相毗邻,且有主要交通干线相连接的地区,将成为这类

产业转移的首选地区。另外一类所转移的产业，不是产品的整体转移，而是把不符合本地比较优势的零部件生产或生产的某种环节向外转移，所转移的产品与母公司在本地生产的产品还需要重新进行整合，才能为消费者提供最终产品。对于这类产业的转移，如果对所选择区位没有特殊要求，一般来讲，距母公司越近，越具有吸引力。因此，对于吸引这类产业的转移，中部地区也具有一定的优势。

（三）市场优势

占领市场是企业跨地区投资的主要目的之一，中西地区都属于欠发达地区，但中部地区的发展水平略高于西部。较高的发展水平，意味着中部地区具有较高的消费能力，中部地区的市场优势还在于，与西部相比，其人口密度和经济密度高。较高的人口密度和经济密度，使得在有效的服务范围内能形成更大的生产能力，从而获得规模经济。除此之外，西部为少数民族聚集地区，各民族在长期的发展过程中都形成具有各自民族特征的饮食、服饰习惯，而这种需求主要由当地供给，在经济发展水平较低，即恩格尔系数较高的消费水平下，由人均收入决定的消费市场将进一步缩小。因此，就平均状况而言，中部与西部地区相比，具有一定的市场优势。

五、借助产业转移促进中部崛起的主要对策

（一）积极创造承接产业转移的优势环境，提高工业转移项目的吸纳能力

随着产业转移规模的扩大，国内外经济的发展，特别是西部大开发和振兴东北老工业基地战略的实施，中部地区政策优势已经丧失，劳动力成本低廉和资源丰富的传统优势已越来越缺乏吸引力。为此，必须在继续利用原有劳动力、资源和政策优势的基础上，调整战略，创造工业转移项目吸纳的环境优势。一是改变计划经济的思维模式，适应社会主义市场经济体制的要求，转变观念和职能，积极改善投资环境，以吸引更多的区外企业投资。二是大力发展教育和技能培训。加强劳动者科学技术水平和文化素质的普及与提高，创建学习型社会，培育和造就一大批高素质的人才，为中部地区工业经济发展赢得真实而长远的优势。三是进一步扩大市场开放。

（二）国家需要制定政策措施促进东部发达地区部分产业向中部转移

产业发展总是存在惯性，即使在成熟的市场经济条件下，由于劳动力的跨区域流动和产业转移具有替代性，企业跨区域投资存在信息不对称等原因，产业转移也总是滞后于区域发展优势的转化。东部发达地区的政府，从地方利益出发，可能有意挽留在本地已丧失比较优势的产业，阻碍产业的顺利转移。上海是中国最大的城市，重要的经济中心之一，经济实力雄厚。1990 年后期，一些相对落后的制造业在上海逐渐失去优势，需要向外转移，但在政府的干预下，这些产业却"转移"到了上海的郊区。对上海而言，这对于解决其城乡一体化、城市臃肿、增加财政收入等问题，起到了一定的作用，但是，从国家的角度来看，上海的行为违背了产业转移的发展规律，阻碍了产业的顺利转移，这对于更大区域经济协调发展将产生不利影响。由于以上两个原因，在东部发达地区产业向中西部转移的过程中，国家需要从全局出发，审时度势，及时制定政策措施推动这一过程，使之顺利进行。

（三）推进以"政企分开"为重点的企业制度改革，弱化我国企业跨地区投资的障碍

企业跨地区投资是实现东部产业转移的主要途径，而地方政府对企业投资行为干预是制约企业跨地区投资的主要障碍之一。目前我国的大多数国有企业、国有控股企业和集体企业，虽然名义上是独立的经济主体，多数企业也按照现代企业制度进行了改制，但地方政府仍然对所拥有的企业或所管辖地区的重大决策产生重要影响，"政企不分"将是制约东部地区企业进入中部投资的最主要因素。由于地方政府的干预，企业的投资决策不是以利润最大化为目标，而是以地方利益最大化为目标。地方政府主要关注的是财政收入、经济增长和就业。企业的异地投资，势必在短期内影响地方财政收入和经济增长，并有可能对当地就业产生一定的负面影响。基于此，地方政府总是对"代理人"，即各种类型的国有企业的经营者施加影响，使其投资决策符合地方政府的利益，即使这种投资选择不符合地方经济发展的长期利益。因此，推进企业制度改革仍然要以"政企分开"为重点，核心是对地方政府的行为进行约束，同时应进行财政、税收体制改革，降低经济总量扩张对地方税收的边际贡献，以弱化地方政府对企业

投资选择的影响（全春，2005）。

参考文献：

1. 陈计旺：《东部地区产业转移与中部地区经济发展》，载《山西师大学报》，2003 年第 1 期。

2. 全春：《产业转移与中部地区工业结构演化》，载《求实》，2005 年第 4 期。

3. 高见、谭成林：《基于东部发达地区产业转移的中部地区工业发展分析》，2005 年第 5 期。

4. 胡星：《对我国承接国际产业转移促进区域经济发展的思考》，载《经济经纬》2004 年第 5 期。

5. 庞娟：《产业转移与区域经济协调发展》，载《理论与改革》2000 年第 3 期。

6. 李小建等：《我国产业转移与中原经济崛起》，载《中州学刊》2004 年第 5 期。

（作者单位：山西师范大学城环学院）

我国东中西产业转移的
路径选择初探
——论中西部出海出边通道建设问题

朱坚真

　　加快中西部出海出边便捷通道建设，实现我国区域经济一体化，是党中央和国务院的重大战略决策，是推动我国对外开放由东部沿海、中部沿江地带向西北、西南腹地延伸，改善生产力地区布局，促进东中西部产业结构合理化和全国经济社会持续、健康、快速发展的重大战略部署，也是中西部地区各族人民摆脱贫困奔小康的强烈愿望，对中西部地区乃至全国经济和社会振兴具有重大意义。然而，南部出海通道与西部出边便捷通道建设是一项浩大而复杂的系统工程。笔者在近 20 年东中西部经济发展与产业结构调整研究中体会到，南部出海与西部出边通道建设，必须按照构建现代市场经济体制的内在要求，处理好几个重大关系问题。由于东中西部地区的出海、出边通道并非一条，无产业经济作支撑的通道必不能带动区域经济发展。如何处理中西部地区的出海出边通道与产业转移之间的关系，并由此引申出如何处理沿海、沿江、沿边、沿线与产业布局之间的关系，"大通道"与"大流通"，"大通道"与产业布局，"大通道"与市场空间选择，沿海与内陆地区、沿海各港口城市之间，以及海港、泊位、道路、城市、产业发展序列之间的关系，等等。

　　目前完善中西部出海出边通道体系与产业经济布局面临的最大困难是资金不足。加快建设区域经济步伐，能否按传统的途径手段，或者单纯依靠中央和其他地区的支援，这是一个需要认真考虑和回答的问题。要认真探索在现代市场经济条件下中西部出海出边通道体系与产业经济建设中的若干关系问题，强调在新形势下既要联合也要竞争的必要性和重要性，即在联合的基础上，根据市场经济法则开展竞争，又要在竞争的过程中求得更高层次的联合，从而使各种资源配置合理化、最优化，促进东中西部国民经济和社会持续、健康、快速发展。

一、出海通道与出边通道的关系

中国西北、西南地区的出海出边通道至少有以下 10 条：经陇海线往东，由日照、连云港出海；经兰包线往东，由天津、秦皇岛出海；经宝成、陇海线往西，沿兰新线，出阿拉山口，到欧洲大港鹿特丹出海；沿川藏公路，至尼泊尔出境；沿长江向东经武汉，由上海出海；沿西江——珠江流域经广东至港澳出海；由滇南大理经缅甸出海；经复修后的滇越铁路入越南红河河谷，从海防港出海；经南宁至河内铁路转滇越铁路，从海防出海；经黔桂线、湘桂线、枝柳线、黎湛线、南防线，从湛江、防城、北海出海。

目前不少通道存在着以下主要缺陷：里程长，运输时间长，中转损耗大，运输费用高；铁路运力处于超负荷状态；跨国运输可能碰到某些我方难以把握的问题，如爆发战争、利益分割及领土主权等一系列问题；沿线所能辐射和带动的中国西部经济区域偏小，即辐射半径和带动扇面偏小，不能有效解决我国西部地区明显的"二元结构"矛盾，从而缩小经济中心区与外围区域的经济发展差距。党中央、国务院从我国经济社会发展和全方位对外开放的战略高度出发，明确提出要充分发挥北部湾作为西南乃至西部地区出海通道作用，将西南和华中、华南的西部地区出海通道建设重点，定位在面向东南亚、邻近港澳台、拥有众多港湾、建港条件优越的北部湾沿海地区，这是相当英明的战略决策。

如将南昆铁路作为中国西南地区便捷的出海通道主干线，其通车后整个西南、湘西、鄂西乃至西北、华北地区的货物，经湛江、海口、钦州、防城、北海等港口往东南亚、西亚、中东、西欧、非洲等地，比从东部出海要分别缩短运距 400 公里以上。海船从北部湾到印支、东南亚和西欧各大港，要比从上海港出发缩短运距 1/5 ~ 4/5，节省运输时间 1/5 ~ 2/3，节省运输成本 1/2 ~ 4/5。按照国务院批准的《西南和华南部分省区区域规划纲要》规定，加强北口通道，扩大东口通道，重点开辟南口通道，筹划西口通道，强化区域内部通道，是西南地区出海通道建设的总体战略部署。

重点建设南向便捷出海通道，与建设和利用其他出海通道并不矛盾。关键在于如何处理好出海通道与出边通道、重点建设与一般建设之间的关系。要从各通道所能辐射和带动的区域经济比较中，选择能产生巨大经济社会效益的南口通道为重点，集中人力、物力、财力，沟通北部湾沿海港口与云、贵、川及湘西、鄂等地的联系，完善南昆铁路和相配套的其他铁路、公路，改造扩建北部湾沿海港口、泊位、码头、航道，打通向南出海的主通道。

在投资有限的情况下，应遵循"非均衡、逐级递进、突出重点、兼顾一般"的原则，妥善处理区域内部出海通道与出边通道、重点建设与一般建设关系。一方面，要强调联合，建设出海通道与出边通道，光靠少数省区的力量不够，应在中央的统一部署下加强各方协作和优势互补。另一方面，由于各方所处的地理位置不同，各自有自己的优势和劣势，因而没有必要也不可能绑在一块齐步走。各方应按照市场经济条件下区域发展的不平衡性和竞争性规律，以市场经济为基本法则，扬长避短，发挥优势，开展竞争，充分利用市场竞争有效配置各种生产要素的功能，在出海通道与出边通道建设中各显神通。

在南向出海通道建设与其他出海通道建设之间的关系问题上，国家干预与市场调节之间的关系也融于其中。国务院作为中央政府应从全局的长远的目标出发，保证必要的财物倾斜和政策倾斜，支持重点项目建设，避免不必要的地方保护主义，盲目竞争和重复建设现象。

在具体项目建设上，则应实行平等的招标竞争，让有限的资金、物资、劳动力、技术等各种资源产生更大的社会经济效益。总之，在出海通道与出边通道建设过程中，既要强调国家必要的宏观调控和行政干预，保证重点项目——南口通道建设；又要以建立和完善社会主义市场经济体制为主线，在构建市场主体和规范行为等方面，积极引导市场竞争来合理配置社会资源。按照国际惯例和法则行事，充分调动各方面的积极性，全方位开拓出海通道与出边通道，多层次全方位地与国际市场接轨。既要改变传统的计划经济手段，又要克服建设中单纯依靠市场竞争的盲目性，避免资源因竞争过度带来的巨大浪费。

二、沿海、沿江、沿边、沿线之间的关系

（一）构建多功能、全方位的开放体系

中西部出海出边通道体系建设是一个庞大的体系，是在我国特殊的区域和经济地理位置上进行的。出海通道与出边通道地区既处内陆，又临大

海；既属边防海防前哨，又属"三线"建设的战略后方；既要巩固边疆，又要维护民族团结；既要脱贫致富，又要振兴经济社会；既要加强东西部联合，又要支援全国现代化建设。这种多重的历史使命和特殊的战略地位，决定了中西部在全国经济社会发展总体布局中具有举足轻重的作用。

中西部出海出边通道体系建设，无论是从对外开放还是从生产力地区布局角度看，既属于沿海、沿江开放开发的重要组成部分，又属于沿边、沿线开放开发的重要组成部分。如四川、云南大部、贵州同居长江流域，成都、重庆、贵阳等为长江上游的重要城市；而云南、广西均有漫长的国境线，昆明、南宁等城市是沿边开放的重要城市；区域性主要铁路、公路和航空一般汇集于中心城市，因而重庆、成都、昆明、贵阳、南宁、拉萨等又是沿线开放的重要城市。

（二）提高整合效益

在中西部地区内部，由于经济地理条件不同，在全方位对外开放中，有的应对沿海沿边开放给予更大的注重；有的应对沿江、沿线开放给予进一步重视。但无论如何，各省区市之间既不能强求划一，大家齐步行，也不能相互推诿，各自为政，自由放任。应当在联合协作中开展市场竞争，共同发展；在竞争中求互惠互利，促进中西部地区"四沿"开放开发和经济社会振兴。如何在进一步搞好沿海、沿江开放开发的同时，协调好沿边、沿线开放开发，使之形成互补和互动关系，产生共振和共进效应，提高整合效益，便成为西部出海、出边通道体系建设中必须正视和处理的重要问题。

应深刻认识中国西部地区在全国经济社会发展和对外开放中的战略地位与多重使命，在充分利用沿海对外开放开发辐射作用的基础上，将沿江、沿边、沿线开放开发摆在同等重要的位置来抓，作为"一盘棋"来考虑。在处理"四沿"关系时，不能以偏概全，片面强调依托原有渠道，只顾发展沿江、沿线开放开发，忽视沿海、沿边开放开发；或者，片面强调开拓新的开放渠道，只顾发展沿海、沿边开放，忽视沿江、沿线开放。

（三）充分发挥各自优势

应在联合与竞争过程中，有序地调整西部地区"四沿"开放开发的既有格局。沿海、沿江、沿线开放开发的重点，是在对外经济贸易中通过提高出口产品的技术含量和加工度，使其以垂直性产业分工为主的特征逐步向水平分工为主的特征转化。沿边开放开发，也要在对外经贸中通过提高出口产品的技术含量加工度，使其以水平性产业分工为主的特征，逐步向以垂直性分工为主的特征转化。从而使我国西部对外经济贸易在质量、水平和成本、效益方面再上一个新台阶，促进西部出口产业结构的合理化和国际化，不断提高产业档次，强化市场竞争能力。

应在联合与竞争的过程中，充分发挥"四沿"开放开发各自的优势，增加西部地区开放开发的深度，在联合开发各种资源、产业及建立区域性市场等方面进行实质性动作，不断增强区域的综合经济实力。西部出海、出边通道体系建设将有力推进西部经济由封闭式、半封闭式发展战略，向全方位、多元化的外向型发展战略转变，即向沿海、沿边转移，向铁路线、国道公路线、大江边转移，以资源为基础，以建设大通道为纽带，加快西部各省、区、市之间的合作与优势互补，大力发展区域经济，走出亚洲，走向世界。由于沿海；沿边、沿线开放主要面对的是发达国家的资源和市场，因而在对外开放中应相对更多地争取引进发达国家和地区的资金、技术和人才，以促进西部地区的生产规模、技术水平和管理水平不断提高。沿边开放，目前主要面对的是发展中国家的资源和市场，因而在对外开放中应相对将我们自己的技术人才和产品装备优势打出去，换取我们稀缺的各种资源，以保证西部地区的生产能力、技术能力和人力资源得到充分发挥。

此外，无论是沿海、沿江开放开发，还是沿边、沿线开放开发，都应在联合协作与市场竞争的过程中，以西部出海、出边通道为纽带，大力加强区域内交通运输等基础设施建设，改善区域内部的投资环境。从"四沿"开放开发的互动关系考虑，当前尤其应当加强沿海、沿边通道与沿江、沿线通道之间的沟通和衔接。如以南昆铁路为主干线的南向出海通道建设、长江航道建设和边境公路建设，要尽快达到相互连通联运，从而使沿海、沿江开放所引进的发达国家和地区的资金、技术等得以流通，促进沿边、沿线开放开发；使沿边、沿线开放所引进的周边国家的资源型产品，成为沿海、沿江开放的后劲。

（四）突出各自功能

"四沿"地区应重点发展能源、交通、邮电、通信等基础产业，以适应西部开放开发的需要。在区域内部，选择那些区位优越、交通便利、基础雄厚、科技发达及劳动者素质较高的地段，选择那些能带动区域经济发展，并对其他主要相关产业的开发和发展起较强连带影响作用的一组产业，进行重点突破，突出各自功能特点，构筑外向型的开放扇面。"四沿"地区不少城市目前已初步形成了各自的特色，兴办了各类经济技术开发区，随着区域经济的不断拓展，将来这些主要城市分布特征更为明显。从现在起，就要根据区域内各地的发展现状和城市体系合理布局原则，对主要港口城市的发展规划进行科学论证，突出各自的功能特点，形成不同重点但有紧密联系的对外开放扇面。但有些"四沿"地带产业结构水平较低，技术密集型和资金密集型产业甚少，除第一产业中的种植、养殖业，第二产业中的轻型工业以外，其他行业均很落后。产业组织规模小，数量少，产业关联效应低，组群结构不合理，营造先导型非制造业和成长型制造业的任务很重。

应在继续发挥资源型加工业的同时，大力发展生产技术先进、加工程度较高、产业关联度强且对其他行业具有明显带动作用的现代制造业，如机电工业、石化工业、海洋化工、纺织工业、橡胶工业以及新型建材工业、涂料工业等。由于现代制造业的成长需要通过大规模的投资铸就，西部目前尚不具备这种经济实力，因此必须借助外引内联的方式，来发展成长型制造业。为了避免产业结构趋同现象，构造合理化的产业结构，要依照科学的产业政策对外商投资的地区和产业等进行引导，优化生产结构、流通结构和投资结构等，以形成区域内协调有序的产业链。

"四沿"地带经济成长需要大量资金投资，在现有体制下中央和地方投资有限，除通过外引、内联多渠道筹措资金外，近期应重点发展资金积累率高的房地产、对外贸易尤其是边贸、旅游业等新兴行业。要将第三产业发展提到重要议事日程上来，大力拓宽第三产业的活动空间，为工业化和经济增长提供资金积累，促进第一、第二产业进一步发展，并为出海出边通道建设打下坚实的基础。"四沿"地带拥有加快发展第三产业的条件，具有分布合理、功能齐全、多层次、多元化的资源结构，应按照社会化、产业化、企业化的方向来发展第三产业，充分调动区域内各方面的积极性，推进区域经济一体化发展。要大力改善能源、交通、通讯等基础设施，尤其要求中央和地方增加投资，尽快使"四沿"地带形成完备的交通网络。进一步改善投资环境，放宽对外经济技术合作、承包工程及劳务输出的审批权限；对边贸进口的生产资料和生活资料，在关税、产品税、增值税等税收上给予优惠，增加外汇收入的留成比例，允许地方自己使用外汇留成比例；适当扩大边贸的空间范围和商品种类及配额等，简化和下放边贸业务出境的审批手续等，以弥补对外开放开发投资硬环境的落后，要制定有利于外引内联的优惠政策，如在外资及国内投资项目的审批、资金及税收方面给予优惠，与内地协作对外开展易货贸易换得的物资，给予出境和返回的优惠；坚持和鼓励边境民间贸易；等等。

三、"硬件"与"软件"的关系

（一）软硬并重

中西部地区地理位置独特，资源富庶，是一个待开发的宝藏。作为我国走向中亚、西亚、南亚和东南亚的基地，既有沿海、沿边、沿江的开放条件，又具有得天独厚、总体丰度和配套程度极高的资源，开放和开发的综合优势相当明显。但由于地形复杂，区域交通、通讯等基础设施建设相对滞后于经济社会发展，致使潜在的资源优势无法转化为现实的经济实力。特别是交通运输已很不适应日益增长的进出口货物及旅客流动的需要，如四川每年约有 4000 万吨货物积压待运，贵州每年约有 700 万吨需要运输的货物上不了路。落后的交通封闭了这块资源富饶的宝地，制约资源的开发，束缚了外向型经济的发展。因此，切实解决基础设施尤其是交通运输建设问题，是西部地区联合开放开发和整个经济活动的基础。没有这个"硬件"，整个西部地区经济社会发展就会受到限制，其他产业的扩张便无法顺利进行。

近几年来中央和中西部地区陆续安排了一批"硬件"建设项目，作为实施中西部区域推进策略的重要环节。这些项目有的已竣工，有的正在兴建，有的准备动工。特别是西南五省区七方围绕西南地区南向便捷出海通道这一重点，在突出以联合促开发的同时，强调以开放促开发，提出100 多项交通建设项目为增强区域对外开放和开发整体功能的骨干工程。南向便捷出海通道主干线——南昆铁路，与南昆铁路配套的几条铁路先后竣工。区域内其他铁路的建设、改造或前期准备工作也在积极进行中。以各方省会城市为中心的高等级公路建设全面展开，港口码头基础设施建设和内河航道整治抓紧进行，机场建设和改造工作进展较快。部省合作和跨省区联合开发能源，兴建工矿企业和企业集团，发展区域通信网络和邮电设施，完善各项服务配套设施等，都取得了重大进展，在加快出海出边通道建设中，逐步形成了联合发展，百舸争流的新局面。

(二) 调整好软件与硬件的内部关系

随着国际国内形势的变化发展，中西部出海出边通道体系建设将面临着许多挑战与机遇。因各种原因，目前西部地区出海、出边通道体系尚有许多经济技术变量，以及这些变量之间的相互关系，还不是十分明朗。在资金供给紧张的情况下，先搞什么，后搞什么，才能达到最佳的总体经济社会效益，这是一个需要认真研究的问题。要组织有关力量，研究分析近中期中西部出海出边通道体系建设中，沿海沿边进出口量与抵达这些区域的客货通过量（流量）之间的因果关系，着重探讨现阶段沿海沿边进出口量及待开发的口岸进出口量，现阶段西部各方的不同客货流量。并预测随着中西部出海出边通道体系完善以后，通过铁路、公路、水路、航运等各种形式，抵达不同方向的客货流量，进一步分析在资金短缺和体制转换条件下，沿海沿边地区的港、泊、路、城及产业等的建设序列，以选择最佳的投资开发模式。在建设中应利用市场机制配置资源的基础性作用，在具体项目开发上全面推行招标、投标制度。新建项目不涉及特定地区或不受资源限制的，都要经过招标选定建设的地点。建设项目的设计、工程承包、设备供应和施工等，都要通过招标、投标择优选定，不能按行政办法分配任务。

要打破地区、部门封锁，坚持形式多样、互惠互利、共同发展的原则，大力促进区域经济内部的联合，使各个建设项目相互配套、相互衔接，尽快发挥最大的效益。各省、区、市要尽量避免各自为政、孤军深入的不合理状态，牢固树立全局观念和整体效益目标，逐步形成"因道兴港、因港兴城、港为城用、港城合一"的发展序列。通过沿海港口城市的辐射作用，推动内陆地区经济的相应增长，建立沿海与内地协调发展的新格局，促进中西部地区国际国内经济的大发展，使该区域经济社会发展步入辉煌。在抓紧抓好"硬件"项目建设的同时，我们不能忽视"软件"项目建设。

当今世界正在向海洋世纪迈进，中外历史证明，谁拥有海岸线，谁拥有港口，谁就有可能成为辐射周围地区的区域经济中心，就可能掌握经济发展的主动权。北部湾沿海地带是靠东南亚最近的地区，其经济影响力可形成两个扇面：对内的扇面是整个大西南以及海南、广东西部，湖南南部等区域；对外的扇面是东南亚地区特别是中南半岛，直延伸到太平洋周边国家和地区，构成了一个资源十分丰富、经济增长潜力巨大的区域。新加坡、曼谷、香港、胡志明市等已成为这一区域的中心城市，待加速发展的沿海港口城市——海口、湛江、南宁、钦州、北海、防城港等市的先天条件，比已开发的东部港口城市毫不逊色。在西南地区出海通道体系建设中，包括湛江、南宁、北海、钦州、防城港等市在内的北部湾沿海地带，在区域经济发展中的战略地位与作用日显重要，将其作为大西南沿海地带对外开放的重点区域，并重视和处理好各港口城市的合理分工与协调发展问题，对加快西南地区出海通道建设与区域开放开发步伐，具有极其重要的战略意义。

西部开发是一项长期的事业，社会主义市场经济体制的建立，经济现代化的实现和城乡居民物质文化生活状况的根本改善，都不是短时间可以达到的。必须进行深入的调查研究，制定科学规划，逐步推进，分步实施，长期发展。我们既要只争朝夕，防止消极等待和无所作为，又不能操之过急，不能违背客观规律盲目冒进。北部湾沿海城市在开放开发和经济建设中，必须坚持把自主的区域协作联合的基础作用与合理的市场调节作用有机结合起来，按照社会主义市场经济体制及其运行机制的内在要求，将港口城市之间的协调发展真正置于市场经济发展之中。只有这样，才能取得较好的经济社会效益，达到更高层次的联合，推动大西南出海通道体系和经济建设转入有序的良性发展之路。要正确处理好建设中的各种关系，争取用20年左右的时间，形成一个功能齐全，设备配套，技术设备先进，管理科学，产业布局合理，与国际航运发展要求相适应，经济效益较高的北部湾城市群体，发挥其内外辐射两个扇面的枢纽功能，成为西部地区乃至全国与世界各国经济贸易往来的海上运输门户，为西部社会发展经济振兴作贡献。"软件"项目建设的重要性并不亚于"硬件"。因为深化改革和扩大开放开发的目标定位在建立社会主义市场经济体制上，西部地区经济社会腾飞与否，西部地区出海、出边通道体系建设成功与否，其基本功能充分发挥与否，在很大程度上取决于社会主义市场经济体制及其运行机制的成熟与否。所以，西部地区出海、出边通道体系建设必须把建立一个高效能的经济体制及其运行机制，作为现阶段工作的关键性软件抓紧抓好。要结合西部各地的实际情况，在重点推进财政分税制、工商税制、金融体制、外汇管理、投融资体制、价格形成机制、外贸体制及现代企业制度等项改革方面，用"三个有利于"为指导来"换脑筋"，不断创新，开展区域联合和合理合法竞争，顺利实现经济体制及其运行机制的转换，从而从根本上促进西部和全国国民经济转入良性循环的轨道。

四、"大通道"建设与对外开放重点区位选择的关系

（一）"大通道"是一个有机的体系

中西部出海出边通道体系建设是一个有机的整体，是一个"大通道"。党中央、国务院关于加强西部地区出海、出边通道体系建设的战略构想，正是顺应国际经济发展趋势和我国出口市场多元化的需要。21 世纪世界经济重心逐步向亚太地区转移，处于亚太经济圈的中国尤其是西部地区，显然也要随着国际经济发展的趋势适当调整发展策略。在国际经济一体化、区域经济集团化的发展中，以港口为主要依托的通道带动周围经济社会发展是普遍规律。从自然地理条件、产业结构及社会政治、传统文化等因素综合考虑，西部地区对外开放潜力最大的地区是西亚、中亚、南亚及东南亚。西部地区联合起来与西亚、中亚、南亚及东南亚开展区域经济技术合作，具有广泛的基础，且双方经济技术合作具备了一定的条件。西部出海、出边通道体系建设，将成为连接中西部与西亚、中亚、南亚及东南亚的重要通道。西南处在中国与东南亚及南亚的结合部，西南出海出边通道建设对西南地区经济发展起着纽带作用，是巩固边疆，发展西南多民族经济，增强民族大团结的金腰带。南向出海便捷通道建设的主要战略意义，是中国西南、华南地区与东南亚及南亚国家之间的区域经济贸易合作。如果离开了这一点，南向通道建设就没多大意义。

西南各方应重视东南亚及南亚市场作为本区域对外开放的重点区位价值，联合起来开拓东南亚市场。通过联合与竞争，将中国西南、华南与东南亚及南亚的跨国性产业协作系统建立起来。西部在开拓西亚、中亚、南亚及东南亚市场的同时，还必须巩固和扩大原有的通道，尤其是沿江通道，巩固和发展原有的国际市场，尤其是欧、美、日、韩等发达国家市场，巩固并提高在这些市场中的占有率和市场份额，建立全方位、多元化、有重点的国际市场空间结构。要进一步拓宽西部对外经济技术合作的领域，有效地开展招商引资活动。在"引进来"的同时，积极地"闯出去"，支持有条件的企业跨国经营，参与国内外市场竞争。要进一步改革外贸体制，扩大自营产品出口能力，拓展与进出口关系密切的各种业务，加快出海、出边通道体系建设步伐，尽快形成新的开放效应。要以出海、出边通道体系建设为契机，重点发展西亚、中亚、南亚及东南亚的"三

来一补"业务，放宽外商投资领域，改善投资环境。通过区域联合协作和正当竞争，发展国际旅游业、国际工程承包和国际劳务输出业务，多渠道引进外资加快基础设施和第三产业的发展。

（二）"大通道"与"大流通"之间的关系

与"大通道"相联系，"大流通"也是一个现代化、国际化的概念。"大流通"不光是指流通领域，正如"通道"不光是单纯的交通一样，两者所包含的内容和范畴相当广泛。将中西部地区出海、出边通道体系建设放在全国全世界的角度来认识，就必须以建设高度国际化、市场化的区域经济为着眼点，从交通、通讯、能源及资金融通等起步，通过联合协作和市场竞争，建立全方位、多功能、多层次、多渠道的立体型、网络型的通道系统。因而"通道"不仅包括交通，而且包括通讯、能源、港泊、城市等基础设施建设，包括与此相关的配套服务体系建设。与此相适应，"大流通"不仅包括有形的物资流、资金流、人才流、技术流，而且包括信息流等；不仅包括国内市场的大流通，而且包括国际市场的大流通。可见，"大通道"与"大流通"是辩证统一的关系。

中西部地区应在中央宏观经济政策指导下，在"大通道"和"大流通"方面树立"一盘棋"思想，顾全大局，注重联合。与此同时，又要根据市场经济法则，从本地实际情况出发，明确各自权限，转轨定位，在较大范围内取消政府主管部门对企业的直接管理体制，摆脱直接管理微观经济的束缚，大胆引入市场竞争机制加快基础设施和市场主体建设，通过市场机制最终实施宏观调控。按照建立现代企业制度的要求，着重发展生产要素市场，规范市场行为，打破地区、部门的分割与封锁，反对不正当竞争，创造平等竞争的环境，发挥市场机制在资源配置中的基础性作用，形成联合开放、竞争有序的大市场。充分利用国际国内两个市场、两种资源，优化资源配置，促进国内经济与国际经济相互接轨。重点扩大商品现货市场规模，大力发展农副产品批发市场和生产资料市场，积极稳妥地发展规范化的商品期货市场，加强集市、包储、批发交易机构，大型商场、运输网络等市场硬件建设；进一步完善社会保障体系，搞活劳务市场，促进劳动力合理流动；进一步规范房地产市场，稳定发展产权交易市场；积极贯彻中央关于金融体制改革的各项措施，加快专业银行向商业银行转轨，并规范与发展非银行金融机构；进一步深化投融资体制改革，逐步建立法人投资和银行信贷的风险责任；等等。通过配套改革，以重建社会主义产权市场为中心，加速建设"大通道"尤其是南向便捷出海通道，最终形成国内国际"大流通"的新格局，有效地疏通国内外物资流、资金流、技术流、信息流和人才流。

（三）"大通道"与产业布局的关系

产业布局与交通、通讯、能源等基础设施建设是密切相关、互为因果的，"大通道"建设本身就是产业布局。交通运输等基础设施和服务体系的建设与运行，是各个产业部门和社区生产经营的先决条件。没有基础设施及服务体系，整个区域经济活动和产业布局就无从谈及。其次，一个区域经济的发展，从来不是单一部门的发展，而是多个经济部门相互依存、共同作用的结果，区域经济的扩张离不开区域基础设施的相应发展。所以，"大通道"建设是改善西部地区产业布局的重要途径和手段，是其他产业发展的先导性产业，对中西部地区经济社会发展起着关键性的作用。

在中西部地区出海、出边通道体系建设中，必须按照"发挥优势、扬长避短、推进联合、保护竞争"的基本原则，科学制定各产业的发展序列，进行生产力的地区布局，形成科学合理的区域生产力体系。应坚持"内外结合、双向循环"的发展策略，克服传统计划经济观念，避免自给自足、自成体系、自我服务、各自为政和行政指令现象，通过区域联合增强整体开发和建设力量，产生"整体大于部分之和"的整体效应，最大限度地发挥规模经济效益，促进区域一体化。与此同时，要克服区域合作中的排他性，打破区域封闭，推动区域经济形成内外双向循环。实行科学的产业政策。应根据中西部总体发展战略的要求，结合各省市区各产业现状及资源特征，制定一套有利于基础产业和主导产业成长，促进结构优化的区域产业政策，特别是产业技术政策、产业组织政策及产业区域布局政策等，使中西部区域经济在追求最优增长目标的同时，与全国经济发展相互协调统一。实行灵活优惠的人才政策。西部区域在未来的发展中，人力资源的预备严重不足，受过各种专业技术教育和培训的劳动力比例偏低。劳动力尤其是高素质的劳动力作为生产要素，在区域经济增长中具有至关重要的作用。要采取多种办法大量引进各类专业人才和管理人才，在生活待遇、工资福利、家属安排、物质奖励等方面实行特殊优惠政策。

在沿海地带，重点建设国际海运中转港口及港口产业，营造外贸、金融、信息、房地产、旅游等先导型非制造业和机电、石化、建材等成长型制造业，在继续发挥水产品、矿产品、农副产品等资源加工业的基础上，大力发展生产技术先进、加工程度高、产业关联度强且对其他产业具有明显带动作用的现代制造业，如机电、石化、海洋化工、精密仪表仪器、橡胶工业以及高中档服装业、新型建材业、涂料工业等，还要有选择地发展高新技术产业，尽快形成沿海大工业、国际转运、商贸、旅游开发地带。

在沿江沿线地带，充分发挥中心城市和的辐射带动作用，扩大经济中心区的聚集效应，利用西部区域丰富的水电资源和矿产资源优势，重点建设重化产业带。继续改革、改组、改造西部"三线"工业，有步骤地建立以成都、重庆、昆明、西安、兰州、贵阳、南宁、柳州、拉萨等中心城市的主要高新技术产业区。以长江三峡工程为枢纽，建立能源、水利、航运、旅游、精细加工为重点的产业开发区，在长江、珠江、澜沧江、雅鲁藏布江等主要江河流域上游，加强灌草联动的水土保持措施，发挥植被对旱涝的保护调节作用，以涵养水源为中心，以营林为基础，建设持续利用的林业带，改变以大量消耗资源和粗放经营为特征的传统发展模式，保证我国经济、社会、环境协调发展。

在沿边地带，应以边贸为龙头，大力发展基础产业，发展边贸双方具有较大资源互补性和经济势差能的产业，重点建设边境经济合作区和出口工业开发区，形成完整的贸易产业体系。在继续发展商贸、旅游、交通、通讯、金融、房地产、信息产业的基础上，将条件较好的口岸城市城镇建设好。要优先发展对区域经济增长具有先导性作用的基础产业，特别是交通、通讯、能源、科技开发、教育、城市公共事业等产业。在产业序列上，应优先发展第三产业，大力发展第二产业。稳定提高第一产业。优先发展为生产和生活服务的行业，主要是商业、贸易、物资、金融、保险、房地产、旅游、饮食、劳务、仓储、文娱、卫生等行业；优先发展与科技进步相关的新兴产业，主要是信息、咨询及各类科技服务业。在近中期；必须尽快改变交通运输业的滞后状态，克服交通运输对区域经济发展的"瓶颈"制约，下大力气建设统一的区域交通网络，以此作为建立区域性市场体系、增强市场竞争力的基础。因为"大通道"建设的主要目标，是发展双向循环的区域经济，完成本区域由封闭、半封闭向全方位开放的历史性转变，促进国民经济更快更好地上新台阶。只有发展统一交通运输，形成跨越省界国界、越过高山峻岭，奔向海岸线的现代化立体交通体系，中西部才有出路、才有希望。对贫困地区和少数民族地区，要增大扶贫开发强度，继续采取以工代赈等行之有效的办法，加强贫困地区的基本农田、水利设施、人畜饮水、乡村道路和生态治理工程建设。

实施西部大开发是一项规模宏大的系统工程，是一项艰巨的历史任务。21世纪应集中力量抓好那些关系西部地区开发全局的重点工作。既要依据自己的力量，抓住机遇，加快发展，又要借助中央扶持。对基础设施建设除中央财政投入外，允许在对地方经济发展有重大意义的项目上发行长期、超长期的地方基础设施建设债券。继续强化规范的财政转移支付制度，在利益分配关系上体现对西部的倾斜。进一步放宽外资与东部资金在西部各产业中的准入条件，实施更有吸引力的税赋优惠。在淘汰过剩生产能力的过程中，以国家收购过剩设备或贴息封存等方式取代由地方承担损失的行政性"关停并转"。

中西部地区经济落后在很大程度上，是由于从计划经济体制向市场经济体制转变的速度缓慢，人们不能摆脱计划经济理论、政策、体制和观念的束缚，不善于通过改革搞活经济。要加快西部经济发展，必须加快国有企业改革。在国有经济改革中，应坚持有进有退，采取具体措施逐步退出一些可以退出的领域，盘活国有资产存量。

21世纪，经济全球化进程将不断加快。西部地区具有丰富的自然资源和劳动力资源，具有广阔的市场，对国外投资者具有很大的吸引力。西部开发必须坚持两个开放，对区外开放和对国外开放同时并举。政府要对外商投资实行比东部更加优惠的政策，以吸引更多外资。与此同时，也要十分重视吸引东部投资。给外资以政策优惠，给东部地区的投资者以政策优惠；给公有制经济以政策优惠，给非公有制经济以政策优惠。开发西部，不仅要利用国外资源和市场，也要利用东部的资源和市场。要鼓励和引导东部地区支援西部地区的开发建设。东部地区经济近20年的经济持续高速发展，自我积累、自我发展能力已大大增强，特别是改革开放初期，中央对沿海开放地区实施多种优惠政策，使东部地区得益较多，东部地区有能力、有义务支援中西部地区的开发建设。

参考文献：

1. 朱坚真：《南海周边国家及地区产业协作系统问题研究——兼论中国——东盟自由贸易区产业协作模式》，海洋出版社2003年版。

2. 朱坚真：《中国西部开发论》，华文出版社2001年版。

3. 朱坚真：《21世纪初西部开发的路径选择》，载《中央民族大学学报》，2003

年第4期。

4. 朱坚真：《略论西南出海大通道建设与南中国海海洋资源开发战略的有机结合》，载《海洋开发与管理》，2001年第3期。

5. 朱坚真：《我国空间投资布局的基本原则与思路》，载《改革与战略》，2001年第3期。

（作者单位：广东海洋大学）

东西部经济增长的城市
效应、产业效应比较

刘晓红

一、引言

改革开放以来，中国经济总量增长迅速，但在空间分布上表现出不均衡性。经济学家樊纲称之为："带着问题的增长，在增长中解决问题。"为促进经济均衡发展，政府实施了西部大开发政策。但是，东、西部经济差距仍表现为持续上升趋势。东、中、西三大地带之间的差距对全国地区差距的贡献份额已从 1978 年的 30.95% 上升到 1998 年的 51.29%（蔡昉等，2000）。东、西部经济失衡有两个主要因素：一是区位因素。东部地处沿海，交通便利；西部深居内陆，区位劣势明显。二是政府选择性发展战略因素。改革开放初期，国家对东部实行了倾斜式优惠政策，东部经济快速发展起来，具有先发优势。回流效应使大量外资、人力资本持续向东部集聚，形成完善的产业群和城市群体系，东部经济在循环累积效应下，持续快速增长；而同时，西部面临严峻的后发劣势。

二、区域经济增长的城市效应

城市化定义为："人类生产方式由乡村型向城市型转化的历史过程，表现为乡村人口向城市人口转化及城市不断发展和完善的过程，又称城镇化、都市化。"城市化水平指的是："衡量城市化发展程度的数量指标，通常以一定地域内人口占总人口的比例来表示。"城市化是厂商、劳动力最优选择的结果。厂商根据利润最大化原则，选择了城市集聚经济的规模效益。劳动力根据效用最大化原则，选择了城市的高收入和丰富的生活享受。城市化的发展路径体现为外延式发展和内涵式发展。外延式发展指的是城市人口的增长和城市规模的扩大；内涵式发展指的是城市经济增长和环境与文化的建设。

中国 2002 年的城市化水平为 39.1％。从表 1 可以看出，我国目前处于工业化和城市化加速发展阶段，工业产值在三大产业中居于首位，工业集聚效应促使城市规模扩大，功能完善。工业化和城市化是必经之路是对我国经济发展的理性认识。工业化推动城市化的发展，为城市化提供物质基础，城市化为工业化的深入发展提供优越的平台。在城市化发展的加速阶段，大量的农业剩余劳动力从农村涌入城市，呈现人口向城市的迅速集聚特征。

表 1　　处于不同城市化阶段（城市化水平）城市的主要特征

城市化阶段划分	初期阶段（0～30％）	加速阶段（30％～65％）	后期阶段（>65％）
各阶段主要特征	城市化水平较低、发展缓慢	人口向城市迅速集聚	城镇人口比重增长趋缓甚至停滞
	前工业化社会，以第一产业发展为主	工业化社会、以第二产业为主，第三产业比重逐步上升	后工业化社会，第三产业占主导地位
	以农业聚落为主	城市数量迅速增加，城市地域拓展	城乡区域一体化，并出现逆城市化和中心城市郊区化现象

（一）东、西部城市发展现状

东、西部工业化和城市化发展水平存在巨大差距。从表 2 可以看出，东、西部经济指标的巨大差距和城市数量、密度的巨大差距，而且城市的规模和发展水平也存在着明显的巨大差距。城市化对经济增长的影响在于，以第二产业和第三产业为主体的城市劳动生产率远高于第一产业为主体的农业劳动生产率，城市化水平越高，经济水平越高。从 2002 年我国各地区的数据来看，人均国内生产总值最高的 3 个直辖市，其城市化水平高达 70％以上，东部沿海除山东，其余均在 40％以上，均值为 44.4％。中部除黑龙江，其余均在 20％～40％，均值为 38.5％；西部 12 省市，除内蒙古较高为 42.7％，其余均在 18％～40％之间，均值为 30％。

表2　　　2000 年份地带省会城市和计划单列市主要经济指标

地区	城市数（个）	城乡居民年底储蓄余额（万元）	工业总产值（万元）	地方财政预算收入（万元）	固定资产投资总额（万元）
东部地区	16	162661394	258542924	20434428	64183689
中部地区	8	37266507	39185751	3008471	14668371
西部地区	11	43711121	37466970	2423948	18566417

表3　　　新中国建立以来东中西三大经济地带城市密度变化

年份	城市密度（座/万平方公里）					地区差距		
	全国	东部	中西部	中部	西部	东/中西	东/中	东/西
1957	0.18	0.54	0.13	0.26	0.06	4.15	2.08	9.00
1965	0.18	0.49	0.12	0.25	0.06	4.08	1.96	8.17
1976	0.20	0.49	0.15	0.30	0.07	3.27	1.63	7.00
1978	0.20	0.50	0.15	0.30	0.07	3.33	1.67	7.14
1980	0.23	0.57	0.18	0.36	0.08	3.17	1.58	7.13
1985	0.34	0.83	0.26	0.48	0.14	3.19	1.73	5.93
1990	0.49	1.33	0.35	0.69	0.17	3.80	1.93	7.82
1995	0.67	2.13	0.42	0.84	0.21	5.07	2.54	10.14
1998	0.70	2.21	0.45	0.88	0.21	4.91	2.51	10.05

（二）城市群体系的建立

城市群的形成与发展是一系列复杂的经济、自然以及各种内在规律相互作用的社会经济过程。城市群是以特大城市或大城市为核心，大城市或二级城市为次中心，以交通信息网络、商品与生产网络、人才与技术网络、旅游网络、文化网络为纽带，通过不同层次、不同结构和不同功能的大小城市有机结合而成的地域集合体。城市群的发展不局限于行政区划，是城市化发展的内在需求和必然结果，是区域经济综合竞争力提高的产物，意味着城市在文化、教育、服务、知识等方面都将建立紧密地联系，意味着生产要素在城市群间的一体化流动。

东部城市群发展表现出快速增长的趋势。长江三角洲，是我国乃至亚洲和全球经济最活跃、最具竞争力的区域之一。在工业化的推动下，区内城市化的进程快速发展。20 世纪 90 年代以来，长江三角洲城市化加速发展，区内城镇建成区总面积已超过 6300 平方公里，占地区总面积的

6.36%，形成了具有鲜明地域特征的城市化规模。而且，长江三角洲地区通过交通设施的大量投资和建设，将区内城市通过快速、便捷的交通网络连接起来，呈现出城市群的发展格局。上海铁路局在"十五"期间，以总投资超过前 10 年总和的大手笔构建华东路网新格局，通过沪宁、沪杭、宁杭高速交通体系、宁沪高速铁路及沿海、沿江公路与铁路运输系统连成一体，使得长江三角洲交通成为区域一体化的重要拉动力量，构成区域经济一体化机制新的动力。

东部沿海地区对交通设施的巨额投资，不仅加速了城市群的形成，而且极大地推动了区域经济发展。交通设施水平决定物流规模和速度。有专家估计，在中国工业生产中，物流占整个生产周期的 90% 和生产成本的40%。2000 年中国物流成本，据摩根斯坦利公司估计约为中国 GDP 的20%（约 2150 亿美元）；据世界银行估计约为中国 GDP 的 16.7%，我国物流环节每年的损失高达 2700 亿美元。高昂物流费用的原因是交通设施落后，信息流通迟缓。物流成本降低可以通过改善交通设施和信息流通，加速商品的流动实现。另一方面，通过打破区域间和行业间壁垒，提高国内商品市场和生产要素市场的一体化水平实现。物流收益来源于规模和流转速度。扩大商品流通。提高周转率，将大大缩小物流单位成本，提高物流系统收益。物流是商品流通渠道，决定着工业化水平。物流效率提高意味着工业化水平的提高。

（三）经济增长的城市效应

城市化发展水平将改变资本和技术的供给。首先，表现为吸引资金的跨区域流入。投资的增加会提高产出和就业水平，乘数模型说明投资的增加将会引起更大的乃至数倍的 GDP 的增加，投资所引起的 GDP 的增加量会大于投资本身的增加量。美国经济学家的研究表明，1948～1994 年不同要素对经济的贡献中，资本的贡献率为 32%。其次，将吸引更多的科技人才，增加城市技术市场的供给。技术是知识经济时代的发展引擎，经济学家索洛通过对美国经济的实证研究，发现技术进步对经济增长有很大贡献。如表 4 所示，在 1948～1994 年美国经济的发展中，教育、科研以及其他知识上的进步对总产出增长的影响则占到了 38%。城市化发展不仅吸引高科技人才，而且将吸引更多的农村剩余劳动力。农村剩余劳动力大量涌入，为城市提供了充足的低成本劳动力。所以，城市化发展引起生产要素中资本、技术和劳动力供给的增加，随着资本的深化、人力资本的累积，以及全要素生产率的提高，带来总产出的增加，乘数效应使国民经济产生更大的增长。

表4　　　　　　不同要素对 1948～1994 年美国实际
GDP 的贡献

	每年的%	所占比重
实际 GDP 的增长（私有企业部门）	3.4	100
投入品的贡献	2.1	62
资本	1.1	32
劳务	1.0	30
全要素生产率的增长	1.3	38
教育	0.4	12
研究和开发	0.2	6
知识和其他资源进步	0.7	20

改革开放以来，东部城市化发展迅速。与之形成鲜明对比的是，西部城市化发展长期停留在较低水平。城市化发展水平的差距成为区域经济差距持续加大的一个重要原因。所以，西部经济增长应从城市化发展为切入点，加快西部城市群体系的建立。然后，以城市化发展吸引生产要素流入，进而改善区域资本、人力资源禀赋，取得经济快速增长。由此看来，城市化发展对西部经济增长具有极其重要的意义。

三、区域经济增长的产业效应

产业链、产业群是经济增长的源泉和动力。地区产业结构优劣是一个地区经济发展质量和水平的重要标志，地区产业结构的变迁决定着地区工业化、城市化的进程。西部地区拥有丰富的国土资源、矿产资源、旅游资源，然而西部的产业结构存在诸多问题：产业结构以基础产业为主，结构演化迟缓；现代经济与传统经济之间，大中型企业与地方企业之间，存在"双重封闭"的二元结构；形成了与资源组合条件结合程度高的产业链缺损，优势产业技术老化，资源转换效率低。

西部经济传统工业衰落，新产业链尚未形成，国民经济增长乏力。西部急需培育新的优势产业链和产业群，获得经济增长的动力。政府需要做的是提供新产业发展的政策环境和产业环境。政府政策的倾斜和地方政府的基础设施投资，犹如培养基，在市场缺乏厂商生存的适宜环境时，通过政府的优惠政策来吸引厂商的进入，推动经济的自生性增长（林毅夫，2000）。鉴于目前我国产业的空间布局，制造业已在东部沿海地区发展起来，为避免产业的重复建设和对资源市场的恶性竞争，西部新的发展战略可以定位于研发和高科技产业。利用西部科技、科研、科教势力发展信息产业、软件产业等高新技术产业。

（一）西部传统产业的可持续发展

西部传统产业发展应坚持可持续发展原则。对可持续发展的定义是："既满足当代人的需求，由不对后代人满足其自身需求的能力构成危害的发展。"可持续发展内涵的基本原则有：公平性、持续性和共同性，包含了"可持续"和"发展"两个核心概念。其中"发展"受到经济、社会和生态等因素的制约，以保证地球生命支持系统为基础；"可持续"描述系统的性质，包括生态、经济和社会之间的协调发展和相互关联，而生态持续是基础、经济持续是条件、社会持续是目的。以牺牲环境来发展经济的做法使西部付出了高昂的环境成本，新的产业发展规划应考虑环境因素，在保护环境的基础上发展经济。

西部资源型传统产业应拓展新的方向，主要有以下三个方向：（1）建立绿色深度开发矿产资源的产业链，通过与外资合作，或引进先进技术，对资源进行科学开发和深度加工，提高矿产品的附加值。根据区位理论，矿产品加工是资源导向型的产业，由重到轻的加工过程，厂商的区位选择接近资源产地。矿产资源的科学开发和深加工将为西部经济的增长和环境的改善作出贡献。（2）扩展和延伸自然、文化和历史旅游资源的产业链。西部地区具有丰富的地形、地貌，有悠久的历史和民族风情。旅游资源作为无烟工业，是西部地区得天独厚的阳光产业，会为西部带来更多的就业机会和大量的资本积累。（3）依托杨凌农业科技产业园，发展高科技农业。通过提高农产品的科技含量，提高农业的产出效率，变劣势产业为优势产业，为工业化提供坚实的物质基础。

（二）产权变迁与西部产业发展

发展经济学家帕金斯所言："让市场运行是一个比'校正价格'、'私有化'、'解除控制'之类的口号所包含的意义更为复杂得多的过程。在大多数情况下，让市场运行不仅涉及企业行为方式的根本转变，而且涉及政府发挥其职能的方式的重大变化。一个高速增长的国家必须学会使市场和官僚机构能够有效的运作。"帕金斯所描述的正是转型经济所面临的问题。西部产业中国有企业仍占很大比例，产权改革是西部产业变迁的重要内容。

产权指财产使用权、收入独享权、自由转让权。财产使用权，使所有者自由决策生产和消费；收入独享权，使所有者有足够的激励使财产增值；自由转让权，使社会资源自由流动，达到最优配置。企业产权交易市场是资本市场的重要补充，它是国有资产顺利退出的有效渠道，中国经济转型和国有企业改革对产权交易市场有特殊的需求。市场经济中，社会资源主要通过资本市场实现配置和再配置，资本市场不仅在增量方面增加资产，更重要的是能在存量资产上起到流通作用，它对于调整经济结构，优化资源配置发挥着巨大的作用。西部产业增长的路径为：产权改革—完善市场机制—确立新兴产业链、产业群—吸引外资—实现经济增长。多种所有制并存形成竞争格局，市场化水平提高促进公平竞争，于是形成产业链和产业群。区域经济的活跃将吸引外资的进入，新资本和新技术的流入，进一步促进竞争，提高市场化水平，区域经济在这一循环发展过程中取得增长。

（三）外资与西部产业发展

根据波特的钻石模型，经济增长可分为：生产要素推动发展阶段，投资推动发展阶段，创新推动发展阶段和财富推动发展阶段。这与工业化的四个时期是相呼应的。工业化初期的起飞阶段，中期的增长推进阶段，后期的高额消费增长和生活质量增长阶段。我国处于工业化的中期，属于投资推动阶段。投资是本阶段经济持续增长的决定因素。由于西部的区位劣势，基础设施和环境落后，使西部很难吸引大量的外来投资。另一方面，西部落后的经济发展状况，使内部资本缺乏，民间投资严重不足。

改革开放以来，我国在吸引外资和进出口贸易方面取得了巨大的进展。外资的引入促进经济快速增长。从总量来看，我国外贸进出口额由1978 年的 206 亿美元增长到 2002 年的 6207 亿美元，增长近 30 倍；1979～2002 年实际利用外资高达 6234 亿美元，其中外商直接投资 4462亿美元。我国的外资依存度 2002 年已高达 49%；所利用外资已相当于我国国有资产的 1/2，表明我国已深深地融入经济全球化之中。然而，西部的区位和经济劣势，使东部沿海在吸引外资方面占有了绝对的优势。从表

5 可以看出，新增外商投资呈现严重的区域不均衡分布。东部地区占了新增外商投资企业的 89.06%，西部地区呈现负增长。新增外商认缴资本中，东部地区占了 84.62%，西部地区仅占 4.01%。外资的选择性流向使东、西部资本差距进一步加大，西部资本短缺更加严峻。

表5　　　　　2002 年我国新增外商投资的国内地区分布

单位：户、亿美元

地区	新增外商投资企业			新增外商认缴资本		
	数量	增长（%）	比重（%）	数量	增长（%）	比重（%）
东	27666	28.07	89.06	440.73	46.97	84.62
中	2421	24.60	7.79	59.24	96.75	11.37
西	976	-6.60	3.45	20.85	-2.09	4.01
合计	31063			520.82		

　　外商选择东部的原因一方面是东部得天独厚的区位优势，另一方面来自东部产业群的集聚效应。良好的地理位置和市场环境使东部成为外商首选区位，进而产生棘轮效应，吸引更多的外资。西部的区位劣势和产业群的缺失，使西部陷入低水平恶性循环，于是导致巨大差距。改善投资环境是吸引外资的关键。投资环境包括自然环境、市场环境和社会环境。西部经济落后，建设资金有限，城市基础设施水平低，城市环境与东部有明显差距。市场环境体现在市场化水平，经济服务体系、多种专业人才和产业的集聚效应。社会环境指是否具备国际化的社会生活环境等。市场环境是吸引外资的激励因素，直接影响外资的收益，是主要因素。自然环境和社会环境是吸引外资的福利因素，虽是次要因素，但不可或缺。对于投资环境，区域政府的宏观引导大有可为。政府可以加大对基础设施的投资力度，出台优惠的引资政策，提高政府管理效率等。然而，由于西部区域政府财政收入有限，所以中央政府应继续加强对西部财政扶持力度。

四、结论

　　在西部经济发展中，重要的是内生性增长。城市化的发展、产业结构变迁是增长的关键因素。西部应加快城市化发展，建立西部城市群发展体系，以增强区域竞争力，扭转与东部在要素竞争中的劣势格局。对于西部具有优势的资源类产业，遵循可持续发展原则，在使用中应考虑价值补偿，避免掠夺性开发和利用。同时，加快产权制度改革，改善投资环境，积极吸引外资，加快建立高新科技产业体系，从而实现区域经济的快速增长。

参考文献：

1. 樊纲：《"崩溃论"与中国经济》，载《财经问题研究》，2002 年第 10 期。

2. 陈甫军、陈爱民主编：《中国城市化：实证分析与对策研究》，厦门出版社 2002 年版。

3. 阿瑟·奥沙利文著：《城市经济学》，美国麦格劳－希尔教育出版公司 2000 年版。

4. 刘石慧、王正卫：《长江三角洲地区城市发展趋势研究》，载《财贸研究》，2003 年第 11 期。

5. 康民、秦生主编：《西部经济概要》，甘肃人民出版社 2001 年版。

6. WCED. World commission on environment and development. Our common future〔M〕. Oxford University Press，Oxford，1987.

7. PEARCE D，E BARBIER，A MARKANDYA. Sustainable development：economics and environment in the Third World〔M〕. Edward Elgar，Aldershot，1990.

8. 巨章：《产权、管理与企业绩效》，载《中国工业经济》，2003 年第 5 期。

9. 杨公仆、夏大慰主编：《产业经济学教程》，上海财经大学出版社 2002 年版。

10. 李晓峰、郭洪仙：《2002 年我国新增外商投资探析》，载《财贸研究》，2003 年第 11 期。

（作者单位：嘉兴学院）

东中西部区域差异与区域协调发展研究

徐承红　李强森

　　区域差异包括自然差异、人文差异、经济差异、组织体制差异等等，这一概念本身并不含有价值判断的成分，它只不过是一个具有描述性意义的中性概念。我们应该允许适度的区际差异存在，因为没有差异，也就无所谓优势，这是经济发展不平衡的客观反映；也是区域间竞争与合作的基础。但是，区际间差异过分悬殊则会影响资源合理配置、社会安定和国民经济的可持续发展。改革开放二十多年来，我国东西部的经济都得到快速发展，但东西部的区域经济差异不仅没有缩小，相反是更加拉大了。因此，研究这种区域差异，找到形成这种差异的原因，对于研究西部地区实现跨越式发展，缩小与东部地区的经济发展差异具有重要的意义。

一、区域差异的研究视角和理论解释

　　区域差异是指在一个统一的国家内部，一些区域（省市、自治区一级行政单元）比另一些区域有着更快的经济增长速度、更高的经济发展水平和更强的综合经济实力。

　　区域差异是用来对区域进行比较的一个概念，它所反映的是区域在质和量方面的不同，其内涵是相当广泛的，可以表现为不同地区之间的自然、历史、经济、社会、文化、政治、制度等方方面面存在的差异。区域经济差异是区域差异的一个重要方面。我们进行区域经济差异的比较，不应仅是从某一要素（收入差距）单方面进行比较，而应进行多方面要素的综合比较；不应仅是对各地区经济增长（资产存量、资本和劳动投放）进行比较，而应主要对一定时期内不同地区相对产出结果进行比较。区域经济差异应该是指经济、社会以及影响其发展的各方面经济要素（自然、资源、基础设施、城市建设、区域创新等）组成的"集合体"的比较，也即区域间社会经济综合实力水平的差距比较，因此我们用"区域经济竞争力"来表示这种"集合体"，因为"区域经济竞争力"是一个综合性的概念，而不是单一的经济元素，所以它更能综合地反映一个区域的发展差异问题。

二、分析区域经济竞争力差异的方法选择

（一）考查区域经济竞争力差异的指标体系构建

区域经济竞争力的研究在世界经济论坛和瑞士洛桑国际管理学院（IMD）每年一度的国际竞争力评价报告推动下，在理论和应用上都得到了深入发展。IMD 在早期用八个要素建构了一个国际竞争力模型，现在用四个要素替代了原先的八个要素，它们分别是：经济表现、政府效率、商务效率、基础设施。哈佛大学教授迈克尔·波特在 1990 年的《国家竞争力》一书中，提出了区域竞争力模型即著名的"钻石模型"。他认为，区域竞争力集中体现在一个区域的产业竞争力上，而一国的特定产业是否具有国际竞争力取决于这些因素：要素状况、需求状况、相关产业与辅助产业，企业战略、结构与竞争，机遇作用以及政府作用。

在波特国家竞争力的基础上，我们认为区域经济竞争力是指某个特定区域在国内经济竞争中形成并表现出来的生存和发展并由此获取收益的能力，是利益主体之间比较生产力的竞争，是该区域在国内竞争中表现出来的综合实力的强弱程度。其主体和核心是核心竞争力，同时受辅助竞争力或潜在竞争力的影响，通过区域之间的竞争过程，最终形成区域经济竞争力的综合实力。因此区域经济竞争力评价模型如下：

区域经济竞争力 = 核心竞争力 + 辅助竞争力（基础竞争力 + 环境竞争力 + 潜在竞争力）+ 综合经济竞争力

上述三大竞争力指标之间相辅相成，构成区域经济竞争力的有机整体。由于篇幅的原因，本文省略指标体系所构建的过程，直接提出区域经济竞争力指标体系（见表 1）。该指标体系根据系统性、科学性和可行性相结合原则、"硬性"指标与"软性"指标相结合的原则、静态指标和动态指标相结合的原则，建立四层指标，其最上层为目标层共 3 个一级指标，反映研究对象的总体目标，以下依次为二级子系统 9 个指标、三级子系统 19 个指标、四级子系统 72 个指标。

表 1　　　　　　　　区域竞争力评价指标体系

一级指标	二级指标	三级指标	四级指标
核心竞争力	产业竞争力	产业结构高级化程度	第一产业产值、第二产业产值、第三产业产值、第一产业产值比重、二、三产业产值比重、第三产业产值比重
	企业竞争力	企业规模	企业数量、大中型企业数（个）
		企业管理水平	综合生产率
		企业经营	产品销售率、工业成本费用利润率
	涉外竞争力	国际商品市场竞争力	进出口商品总额（亿美元）、进出口增长率
		国际资本市场竞争力	实际 FDI（万美元）、FDI 增长率（%）
		国际旅游市场竞争力	旅游创汇总额（百万美元）、国际旅游数（万人次）
		经济外向度	外贸依存度（进出口/GDP）、外资投资总额（万美元）、外商企业进出口总额（万美元）
辅助竞争力	基础竞争力	资源	土地面积、人均耕地面积（公顷）、森林覆盖率（%）、人均水资源（立方米）、人口数（万人）
		交通	铁路密度（每平方公里铁路公里数）、高等级公路比重、货物周转量（亿吨公里）
		电讯	邮电业务总量（亿元）、人均邮电业务量（元）
		能源	发电总量（亿千瓦小时）、人均发电量（千瓦小时）
		房地产开发	房地产开发经营收入（亿元）、住宅投资累计总额（亿元）
	环境竞争力	国民素质（健康、文化、生活质量）	出生率（‰）、死亡率（‰）、万人医生数（人）、万人医院床位数（张）、文盲、半文盲占 15 岁及以上比例（%）、大专以上教育程度人口比例、普通高校在校学生数（万人）、高校学校数（所）、居民消费价格指数、全部职工平均工资收入（元）
		政府能力	地方财政收入（百亿元）、就业率（%）
		金融实力	金融机构存款余额（千亿元）、金融机构贷款余额（千亿元）、居民存款余额、人均储蓄
	潜在竞争力	科技投入	R&D 支出（亿元）、R&D 投入占 GDP 比、科技活动单位科研经费总额（亿元）、科技活动单位科研经费占 GDP 比重
		科技成果	专利受理量（件）、专利授权量（件）
		科技转化	技术市场成交合同金额（万元）

一级指标	二级指标	三级指标	四级指标
综合实力竞争力	总量竞争力		国内生产总值（亿元）、社会固定资产投资（亿元）、财政收入（亿元）、农业总产值（亿元）、工业总产值（亿元）、工业增加值率、社会消费品零售总额（亿元）
	速度竞争力		GDP增长率、财政收入增长率
	人均竞争力		人均GDP（元/人）、人均固定资产投资（元）、人均农业总产值（元）、人均工业总产值（元）、城镇人均可支配收入（元）、农民人均纯收入（元、人均消费品零售额）

（二）评价计算方法

首先根据区域经济竞争力评价体系，利用2005年《中国统计年鉴》相关统计数据，可得到评价全国31个省市自治区的区域经济竞争力指标矩阵。在本文中采用加权平均法构建区域经济竞争力的评价模型，首先计算出每个省份的二级指标的竞争力指数，再根据二级指标的竞争力指数，计算出一级指标的竞争力指数，最后根据一级指标的竞争力指数，计算出区域经济竞争力指数。

$$f_{2i} = \sum_{j=1}^{p} W_{2ij} X_{2ij}$$

其中：f_{2i}为第i个二级指标的竞争力指数，X_{2ij}为第i个二级指标包含的第j个四级指标的标准化数据，W_{2ij}为第i个二级指标包含的第j个四级指标的权重，j=1，2，…，P为第i个二级指标所包含的四级指标个数。

（三）各级指标指数和权重的确定

（1）四级指标权重的确定和指数（以企业竞争力为例）。通过对企业竞争力所属四级指标的原始数据用Z-SCORE标准化公式进行标准化处理，再计算企业竞争力相关矩阵的特征值、特征向量及贡献率（见表2）。

表2　　　企业竞争力相关矩阵的特征值、特征向量及贡献

特征向量	x3	x4	x5	x6	x7	特征值 λ	贡献率	累计贡献率
t1	0.589971	0.609512	0.392858	0.354993	0.008442	2.26975477	0.454	0.454
t2	-0.067828	-0.041681	0.460315	-0.34449	0.814309	1.33901337	0.2678	0.7218
t3	-0.407593	-0.327333	0.493345	0.694295	-0.035866	0.96688878	0.1934	0.9151
t4	-0.0442	0.138552	-0.623585	0.512051	0.572534	0.33560342	0.0671	0.9823
t5	0.692277	-0.7074	-0.039046	0.10519	0.088027	0.08873965	0.0177	1

由表2选取前3个主成分 Z_1，Z_2，Z_3 提取信息可达91.51%（累计贡献率）。进一步计算前3个主成分对指标 X_j（$j=3$，4，5，6，7）的贡献率，并把每个指标 X_j 贡献率进行权重归一化，得主成分法权重，其结果见表3。

表3　　　企业竞争力所属四级指标主成分法权重归一化表

指标	x3	x4	x5	x6	x7
权重	0.21	0.21	0.19	0.20	0.19

根据原始数据，计算出四级指标的均值 $\bar{L}_i$ 和标准差 s_i。再计算出变异系数 V_i 为，并对 V_i 作归一化处理，便可得企业竞争力所属四级指标的变异系数法权重，其结果见表4。

表4　　　企业竞争力所属四级指标变异系数法权重归一化表

指标	x3	x4	x5	x6	x7
权重	0.30	0.27	0.10	0.01	0.32

根据前面的分析，企业竞争力所属四级指标最终的权重由组合法给出，其结果见表5。组合权数为：（指标 x_i 的变异系数法赋权结果为 $W_i^{(1)}$，复相关系数法赋权结果为 $W_i^{(2)}$）

$$W_j = \frac{W_j^{(1)} W_j^{(2)}}{\sum_{j=3}^{7} W_j^{(1)} W_j^{(2)}} \qquad j=3,4,\cdots,7$$

表 5　　　企业竞争力所属四级指标组合赋权法权重归一化表

指标	x3	x4	x5	x4	x7
权重	0.31	0.28	0.09	0.01	0.31

　　其他各个四级指标的权重根据上述同样的步骤求得。

　　（2）二级指标权重的确定和指数。二级指标指数由其所属的四级指标指数与其权重乘积加总直接得到。二级指标权重由主成分分析方法确定。其样本值为二级指标指数，计算步骤和四级指标主成分法权重确定步骤相同，结果见表6（计算步骤省略）。

表 6　　　　　　　　二级指标主成分法权重归一化表

指标 一级指标	核心竞争力			辅助竞争力			经济综合实力竞争力		
二级指标	产业竞争力	企业竞争力	涉外竞争力	基础竞争力	环境竞争力	科技竞争力	总量竞争力	人均竞争力	速度竞争力
权重	0.57	0.24	0.19	0.29	0.26	0.43	0.435	0.154	0.411

　　（3）一级指标权重的确定和指数。一级指标指数由其所属的二级指标指数与其权重乘积加总直接得到。一级指标权重由主成分分析方法确定。其样本值为一级指标指数，计算步骤和四级指标主成分法权重确定步骤相同，结果见表7（计算步骤省略）。

表 7　　　　　　　一级指标主成分法权重归一化表

指标	核心竞争力	辅助竞争力	经济综合实力竞争力
权重	0.340	0.203	0.456

（四）区域经济竞争力（零级指标）指数

　　区域经济竞争力（零级指标）指数由一级指标指数与其权重乘积加总直接得到（见表8）。

表8　　　　　　全国各省市区经济竞争力指数及排名

	省份	区域经济竞争力	排名	核心竞争力	排名	辅助竞争力	排名	经济综合实力竞争力	排名
东部	北京	0.982	1	0.524	6	1.004	1	1.354	1
	福建	0.103	10	0.072	11	-0.051	15	0.046	10
	广东	0.927	3	1.882	1	0.849	2	0.313	6
	海南	-0.573	29	-0.784	31	-0.532	29	-0.557	26
	河北	0.119	9	0.240	9	0.081	11	0.182	8
	江苏	0.665	4	1.043	3	0.518	4	0.995	4
	辽宁	0.231	7	0.201	10	0.237	7	0.235	7
	山东	0.526	5	0.586	5	0.461	5	0.788	5
	上海	0.951	2	1.173	2	0.837	3	1.288	2
	天津	0.147	8	0.337	8	0.207	9	-0.346	19
	浙江	0.486	6	0.622	4	0.342	6	1.057	3
中部	安徽	-0.187	18	-0.401	25	-0.116	17	-0.317	17
	河南	-0.018	13	-0.332	22	0.032	15	0.056	9
	黑龙江	0.137	9	0.475	7	0.135	10	-0.205	15
	湖北	-0.015	12	-0.182	15	0.035	14	-0.089	13
	湖南	-0.114	16	-0.179	14	-0.085	16	-0.191	14
	吉林	-0.307	22	-0.313	20	-0.310	24	-0.287	16
	江西	-0.328	23	-0.455	27	-0.283	23	-0.416	22
	山西	-0.178	17	-0.240	18	-0.188	18	-0.062	11
西部	甘肃	-0.436	26	-0.440	26	-0.407	26	-0.577	27
	广西	-0.343	25	-0.574	28	-0.283	22	-0.424	23
	贵州	-0.604	30	-0.574	29	-0.599	30	-0.630	29
	宁夏	-0.514	28	-0.395	24	-0.523	28	-0.594	28
	青海	-0.436	27	-0.125	13	-0.499	27	-0.646	30
	陕西	-0.062	15	-0.288	19	0.0493	13	-0.379	20
	四川	-0.015	11	-0.321	21	0.064	12	-0.083	12
	西藏	-0.022	14	-0.612	30	0.228	8	-0.649	31
	新疆	-0.261	19	-0.056	12	-0.270	20	-0.432	24
	云南	-0.334	24	-0.207	16	-0.340	25	-0.436	25
	内蒙古	-0.282	21	-0.236	17	-0.283	21	-0.329	18
	重庆	-0.276	20	-0.371	23	-0.241	19	-0.350	21

三、东中西部区域经济竞争力差异分析

（一）东中西部区域经济竞争力差异总体评价

东部地区、中部地区和西部地区分别是 11 个、8 个和 12 个省份。由表 8 可以明显地看出总体的区域经济竞争力特征如下：

1. 东部、中部、西部的经济竞争力是呈阶梯状递减，中西部与东部的差距十分明显，而西部与中部的差距要小得多。经济竞争力在全国位于前十位的省份其中就有 9 个是东部地区省份，占该地区省份数的 82%；排名 11～20 位的中部地区有 6 个，占该地区省份数的 75%，西部地区有3 个，占该地区省份数的 25%，分别是四川（11 位）、西藏（14 位）、重庆（20 位）。

2. 从各地区内部差异看，东部地区大于中部地区，中部地区大于西部地区（东、中、西部经济竞争力指数变异系数分别为 1.08，－0.79，－0.46）。

在东部地区经济竞争力指数最高是北京 0.982，最低是海南－0.573，该地区内部差异是 1.555。导致海南省竞争力低下的重要原因是海南省三次产业比率较低，第一产业占 GDP 的 36.90%，农业总产值全国倒数第四，工业总产值全国倒数第一，人均工业总产值居倒数第四位，对外经济联系低，进出口额在全国排倒数第七，外资企业数排第二十一位，说明海南在吸引外资方面落后于平均水平。

在中部地区经济竞争力指数最高的是黑龙江 0.137，最低是江西－0.328，该地区内部差异是 0.465，可见中部地区内部经济发展差异不大。

在西部地区经济竞争力指数最高的是四川－0.015，最低是贵州－0.604，该地区内部差异是 0.589，西部经济竞争力指数变异系数为负值，其内部差异不大。

（二）形成东中西部区域经济竞争力差异的因素分析

东中西部区域经济竞争力差异的总体状况的评价是由其一级指标—核心竞争力、辅助竞争力、经济综合实力竞争力三个方面推算所得的结果，从这三个方面的具体分析（见表 9），我们可以看到形成差异的原因。表9 直观地表明，在一级指标—核心竞争力、辅助竞争力、经济综合实力竞争力三个方面中西部和东部相比都存在较大差距，特别是西部与东部的差距尤为明显，在这些差距中，表现最突出的是经济综合实力竞争力上的差距，在核心竞争力上的差距次之，在辅助竞争力上的差距最小。三个一级指标竞争力指数在地区间的变动特性和经济竞争力指数是一致的，也是呈东中西部逐级递减，中西部差距较小。

表9　　　　　　　　各地区经济竞争力比较分析

地区	区域经济竞争力	核心竞争力	辅助竞争力	经济综合实力竞争力
东部	0.415	0.536	0.359	0.487
中部	−0.126	−0.203	−0.097	−0.189
西部	−0.301	−0.348	−0.259	−0.461
中东部差距	0.541	0.739	0.447	0.676
西东部差距	0.716	0.884	0.609	0.948
西中部差距	0.175	0.145	0.162	0.272

注：表中竞争力指数是各地区所以省份相应竞争力指数的平均值。

1. 一级指标经济综合实力竞争力。位于前十位的省份，东部地区有9个，占该地区省份数的82%，中部地区有1个，占该地区省份数的13%；排名11~20位的东部有1个，占该地区省份数的9%，中部有6个，占该地区省份数的75%，西部有3个，占该地区省份数的17%，分别是四川（12位）、内蒙古（18位）、陕西（20位）。形成这种差距的主要原因是西部地区在总量竞争力、速度竞争力、人均竞争力、地区市场容量、金融活动等各方面与东部地区有很大差距，除了四川排在全国第12位，其他省份的相关竞争力指数都很低。具体表现在：第一，西部地区各省市区国民生产总值和国民生产总值增长率、财政收入明显低于东部和中部地区，这说明西部地区政府在公共产品提供上和对区域市场管理能力上与东部地区存在较大的差距。第二，西部地区在固定资产投资上与东部地区存在较大差距，随着西部大开发的推进，一些大的投资项目表面上看是增加了西部的投资，如西气东输、西电东送等，到2003年底，西部开发新开工重点工程将达到50项，投资总规模7000多亿元，实际上这些投资大多都购买了东部企业的设备，促进了东部地区的更进一步发展，而西部投资的不足更导致西部地区社会总需求不足，投资的高速增长并没有带来经济的高速增长；而且相比较而言，西部地区改革开放严重滞后，投资软环境令人担忧；西部地区投融资机制还较为单一，投资增长主要依靠基建投资和国有经济投资来拉动。第三，西部地区在国民生产总值和人均国民生产总值方面也明显低于东部。第四，西部地区在农业总产值、人均农业总产值、工业总产值、人均工业总产值、城市人均收入、农村人均纯收入、社会消费品零售总额、社会存贷款总额、人均储蓄总额等各方面与东部相比相差悬殊。

2. 一级指标核心竞争力。位于前 10 位的省份，东部地区有 9 个，占该地区省份数的 82%，中部地区有 1 个，占该地区省份数的 13%；排名 11～20 位的东部地区有 1 个，占该地区省份数的 9%，中部地区有 5 个，占该地区省份数的 63%，西部地区有 5 个，占该地区省份数的 45%，分别是新疆（12 位）、青海（13 位）、云南（16 位）、内蒙古（17 位）、陕西（19 位）。而且东部、中部、西部的核心竞争力仍然呈阶梯状递减，中西部与东部的差距十分明显，而西部与中部的差距要小得多。这种差距主要表现在产业的发展、企业的经济效益等方面。西部地区各省的核心竞争力中除了新疆、青海分别列第 12、13 位外，其他各省、市都在第 15 位以后。根据我们对西部各省核心竞争力的 18 个指标进行分析可以看到：第一，西部各省的第一、二产业比重普遍偏高，就工业结构分析，西部地区采掘工业和原料工业产值占 36.5%，比全国平均值高 7.6 个百分点，比东部地区高 10.8 个百分点；高附加值的制造业特别是高新技术产业比重低，有明显的资源型、粗放型结构，体现为全员劳动生产率水平低等，西部第一产业的劳动生产率比全国平均值低 31%，第二产业的劳动生产率比全国平均值低 19%，第三产业的劳动生产率比全国平均值低 34%；企业数量和大企业数量都远远少于东部和中部地区，表现出区域市场的活跃程度不高，工业增加值率、工业增长率、利润率普遍远低于东部地区。第二，西部地区进出口增长率、实际 FDI、国际游客人数、外贸依存度、外企数目以及实际利用外资额等指标都远远低于东部地区、中部地区。2005 年，西部 12 省市区外贸依存度和外资依存度分别只有 8.51% 和 0.83%，远低于全国平均水平，更低于东部地区水平；西部 12 省市区实际利用外商直接投资占全国比重由 4.55% 下降到 3.80%。虽然西部地区有着充足的与中亚以及其他国家的接壤的边境线，具备边境贸易的有利条件，但是西部地区在充分利用这一资源发展对外贸易上与东部地区相比还有相当的差距。

3. 一级指标辅助竞争力。位于前 10 位的省份，东部地区有 8 个，占该地区省份数的 73%，西部地区有 1 个，占该地区省份数的 17%，分别是西藏（8 位）；排名 11 ~ 20 位的东部地区有 2 个，占该地区省份数的 18%，中部地区有 6 个，占该地区省份数的 75%，西部地区有 3 个，四川（12）、陕西（13）、重庆（19 位）占该地区省份数的 25%。这种差距主要表现在基础设施竞争力、国民素质竞争力和科学技术竞争力等方面：第一，西部地区有独特的地貌，丰富的自然资源等比较优势，西部地区人均耕地面积远远高于东部，但传统的发展模式、近年来的乱砍滥伐造成的环境破坏更加束缚了西部地区的经济可持续发展。第二，西部地区的铁路密度、高等级公路比重明显落后于其他两个地区，同时西部地区邮电业务总量和人均邮电业务量低、货物周转量也明显处于落后境地；第三，从人力资源看，西部文盲比率明显高于东部地区，大专以上人口数、高等学校数目等远远低于东部，如果考虑人才资源在地区间的流动的话，人力资源要素向东部的流动更使得西部地区在人才资源方面的匮乏可见一斑；第四，在 R&D 支出和科技活动经费方面西部地区更是无法与东部之项背，鉴于科技投入的巨大差距，西部地区在技术市场成交额专利量方面的劣势也就不难理解了。第五，西部地区居于内陆，交通的基础设施不发达，发展的自然地理条件使经济发展受到很大制约。

总之中西部与东部的差距是全方位的，各地带具体的二级指标指数也都反映出东高、中部较低、西部最低的情况，并且在差距上也呈现东西部差距最大，东中部次之，中西部最小的态势。从东西部的差距来看，人均竞争力指数、总量竞争力指数和涉外竞争力指数之差都呈较高数值，其次企业竞争力指数、科技竞争力指数也有相当的差距，说明今后西部要努力缩小与东部的差距，必须从这些方面采取行之有效的在整个区域全面优化配置资源的区域协调发展措施。

四、西部地区缩小经济发展差异，实现东西部协调发展的对策措施

1. 建立规范的区域补偿机制，通过规范和大规模的财政转移支付，对落后地区施行多样化的资金援助和税收激励制度。区域补偿政策在促进经济协调发展上具有转移和调节地区收入的作用，从而能够直接调整和重组地区经济发展功能。建立规范的区域补偿机制，实行财政转移支付，目的就是要援助落后地区，缩小地区间过分悬殊的发展差距。财政转移支付

的数额应根据因素法来确定，所考虑的因素应包括人口、人均收入、地方财政能力、城市化水平以及一些特殊的情况等。另外，还应当逐步提高财政用于支援相对落后贫困地区的比重。利用财政投融资手段，鼓励私人企业向落后地区投资。对扶贫开发的项目要建立补贴机制，对外地在贫困地区兴办的企业可实行各种优惠政策。对贫困户发展的种养殖业项目施行贴息政策。

2. 加大西部地区的公共产品和基础公共设施建设，以帮助落后地区建立自我发展的内生能力。基础设施落后是西部地区经济发展的瓶颈性制约因素，公共产品和基础设施的建设不仅包括交通、通信、水利等生产性基础设施，还包括教育、卫生、文化等社会性基础设施的建设。应当采取中央政府直接投资、财政专项补助、发行中长期建设债券、银行优惠贷款等多种方式，集中有限财力对西部加大对交通基础设施的建设，发展现代交通网络，增进西部各经济区域间的物质流动，形成方便快捷的综合交通运输网络，一方面加紧完善公路、铁路、水路网络，最大限度地发挥现有交通在基础设施的区与协作中的作用；另一方面，加快西部向外的通道建设，结合国家财政政策，积极推进大运量的城际交通建设，建设一个纵横交错的现代化交通网络。

3. 加大西部经济发展总体规划，实施区域内部的重点突破战略。长期以来，西部地区经济发展中的一个突出问题是缺乏总体规划，散点式平面推进，有限的生产要素不能形成聚集效应，产业分布分散；关联度甚低，不能发挥有效的区域带动功能。因此，在当前新的历史条件下，西部地区应当实施重点培育经济增长极核的发展战略，必须高度重视构建以大城市为中心的城镇体系，以其为战略支撑点，带动产业升级，强化产业集中的规模效应和辐射作用，推动西部经济的较快增长。

4. 培育优势产业集群、实现产业结构的优化升级以带动整个区域经济的发展。以区域特色产业为依托，通过相关产业和企业在区域内的积聚形成有地方特色的产业体系，以这种产业体系明显的群体优势和区域品牌效应，带动当地的经济发展。西部地区特色产业集群的培育，是以西部特色资源为依托，以市场需求为导向，以提升竞争力为目标，着力培植具有市场前景、对整个经济发展具有较强关联带动作用的特色产业，并集中力量，聚合各种生产要素，完善产业体系，形成特色产业集群。这种产业集群的建立所形成的竞争优势将会使区域经济得到快速增长，同时会加速城市化进程，在城市化的过程中，核心区的增长极作用会逐渐扩大，它将通过其扩散效应带动广大农村地区尤其是偏远地区的经济发展。

　　5. 实现东西部区域之间的有效合作是实现区域之间协调发展的重要举措。实现区域的协调发展，除大规模的投资以外，还应该主要通过寻求东西部之间有效的合作来实现地区之间的协调发展。因为政府计划内的投资在国家基本建设投资中所占的比重会逐年减少，而地区之间的经济合作，特别是 90 年代以来的地区经济技术合作政策的实施，对于减轻地方保护主义和缩小地区差异有积极的贡献，主要表现在：一是市场力量对地方保护主义的冲击；二是通过区域合作，核心经济区的市场经济观念等一些无形的理念向边远落后地区输送，是影响区域经济发展的重要因素；三是区域合作对于企业融资、知识溢出、技术获取都具有积极的意义。因此，东西部之间有效的合作对于实现东部产业转移，技术、资金、人才等向西部的扩散带动效应起着积极作用。

参考文献：

1. 韦伟：《区域差异对经济发展影响的考察》，载《中国工业经济》，1994 年第 11 期。

2. 徐承红：《产业集群与西部区域经济竞争力研究》，西南财经大学出版社 2006 年版。

3. 魏后凯：《关于促进东西部地区经济协调发展的若干政策问题》，载《经济体制改革》，1996 年第 5 期。

（作者单位：西南财经大学中国西部经济研究中心）

新疆伊宁边境经济合作区及
伊犁州发展调查报告

肖金成

我国从 1992 年开始设立边境经济合作区。全国先后共设立了 14 个，其中新疆 3 个，即伊宁、博乐、塔城。伊宁市隶属于新疆伊犁哈萨克自治州，是伊犁州的首府，是我国西部重要的边境城市，总人口 43.03 万。20 世纪 90 年代初，为加快实施沿边开放战略，参照东部沿海地区对外开放成功经验，我国分别批准伊宁市等 14 个边境城市为沿边开放城市，并批准设立边境经济合作区。2006 年 9 月 23～26 日，在国务院西部开发办和新疆发改委的协助下，我们一行 3 人，去伊宁市对边境经济合作区的发展及伊犁州进行了调研。① 报告如下：

一、伊宁边境经济合作区基本情况

伊宁市被批准为沿边开放城市，有其深刻的历史原因和现实的基础。伊宁古称"宁远"，始建于 1762 年，为清代伊犁九城之一，自古以来就是内地与中亚、西亚各国的交通咽喉与贸易集散地。1952 年正式建市，是当时新疆三大城市之一。全市总面积 675.5 平方公里，现辖 8 乡 1 镇 3 场，8 个街道办事处，生活着哈萨克、维吾尔、汉等 35 个民族。现已发展成为基础设施比较完善、交通通讯较为发达，颇具现代气息的西部名城。通往霍尔果斯的铁路正在建设，机场可起降波音 737、757 等大中型客机，距伊宁 96 公里的霍尔果斯口岸是通往哈萨克斯坦的国家一类口岸。

伊宁合作区位于城市西郊，国家批准规划面积 6.5 平方公里，经过 13 年的开发建设，建成区 5.1 平方公里，地面建筑面积 90 多万平方公里，基础设施和固定资产投资 13.4 亿元人民币，其路网面已达注册各类

---

① 参加调研人员为肖金成、李青、张永明。

企业 200 余家，其中工业企业 50 多家，建成了以绿色食品、林产品、生物制药、新型建材、房地产、商贸物流为主的企业群体。合作区北依火车站，南傍伊犁河，规划控制面积 30 平方公里。其规划理念是既是新型工业园区，又是伊宁市新城区，与城市总体规划及环境生态功能规划相一致。在建成区 5.1 平方公里内，实现了路通、电通、信息通、给水通、排水通、暖通和场地平整的"六通一平"，与老城区连为一体，成为现代化气息很浓的城市新区，具备了众多大型企业入区的能力。

伊宁合作区管理委员会根据新疆维吾尔自治区人大颁布的《合作区管理条例》所赋予的职权，加快体制创新，加大招商引资力度，积极"走出去，请进来"，全面开展多层次的交流与协作，与众多疆内外的政府经济部门、驻外办事机构、科研院所、中介组织建立了紧密的联系。国家西部大开发战略实施以后，合作区的发展步伐明显加快，招商引资和园区建设不断取得新的突破，经济保持了较快增长，引进合同资金 24.85 亿元，引进项目 59 个，其中工业项目 43 个。引进和培育了安琪酵母、统一食品、金鹰纺织、雄丰塑业等一批颇具实力的企业。区内大部分企业都是东部地区和中部地区企业投资的。规模以上工业企业 14 个，有 8 个是东、中部地区的企业或私人投资。

安琪酵母（伊犁）有限公司是由湖北安琪酵母股份有限公司投资建设的，一期投资 1.2 亿元，二期投资 0.53 亿元。现已建成年产高活性干酵母 15000 吨生产线，利用甜菜糖的下脚料制作酿酒酵母、营养酵母、生物饲料等。产品约 30% 销往中亚各国。2005 年完成产值 9173.2 亿元，利润 1599.2 亿元；2006 年 1~8 月份，产值已达 9946.4 亿元。其母公司的生产规模、市场占有率均居于国内同行之首，产品在国内市场占有率达 35% 以上，出口 60 多个国家和地区。

浙江金鹰伊犁亚麻纺织有限公司前身为伊犁毛纺织厂，2002 年 4 月被浙江金鹰（集团）公司收购后重组设立的企业。具有 20000 锭的规模，年生产高、中档亚麻纱 3500~3800 吨，年产值 1.9 亿~2.1 亿元。2005年完成工业产值 13900.5 亿元，利润 1736.8 万元；2006 年 1~8 月份，产值达 8679.5 万元，利润 1004.2 万元，产品远销国内外。

伊犁阿旺都食品有限公司是天津广美集团 2003 年在伊宁合作区投资设立的外向型农产品深加工企业。首期投资 4500 万元，建成 7500 平方米方便面厂房一座，产品注册商标为"大碗面"，月出口量达 4 万~10 万箱，主要出口中亚五国及巴基斯坦、阿富汗等国，深受各国经销商的欢迎与信赖，并在上述国家占据了一定的市场份额。2005 年完成产值 1222.5 万元，利润 15.2 万元；2006 年 1~8 月份，产值 740.5 万元，利润 7.4 万元。

伊犁百信草原蜂业有限公司由南京老山药业股份有限公司控股的企业。其前身为"伊犁天山阿合奇蜜蜂养殖场"，原是一家集蜜蜂养殖、产品研发、生产、营销于一身的专业化股份制企业，下辖 1000 余家会员蜂场。2004 年 7 月，中国蜂业龙头企业——南京老山药业股份有限公司顺利实现对伊犁百信蜂业的重组。老山药业投资 600 万元，占股 51%。此举不仅大大充实了企业的行业技术力量及资本实力，还一举奠定了百信蜂业在西北乃至周边中亚国家蜜蜂产业的优势地位。公司依托西部天山独具特色的野生蜂业资源，源源不断地为蜂产品专业化生产提供大量高品质原料。公司产品涉及山花蜜、蜂王粉、蜂王浆、格瓦奇饮品、野酸梅蜜浆六大系列 20 多个品种。

二、边境经济合作区发展面临的问题

伊宁边境经济合作区设立以来，尤其是西部大开发以来，基础设施不断完善，入区企业不断增多，带动了伊宁市经济的发展，但面临的问题也很多。

(一) 边境经济合作区的定位不明确

我国建立边境经济合作区的初衷是在边境地区划定一定区域，通过优惠政策，完善基础设施等加强同相邻国家的经济贸易合作，充分利用相邻国家的各种优势，吸引投资者经商办企业，拉动当地经济的发展。其比较典型的模式是边境自由贸易区、出口加工区和增长三角区。边境自由贸易区一般认为是国际自由贸易区概念的缩小，即相邻两国相互间均给予对方以优惠（并不要求完全对等）的条件下，沿边境两侧有严格限制的范围内允许两国民众自由进出、自由贸易的区域。有时在区内还有保护和鼓励投资的优惠。出口加工区模式则是在靠近边境、港口和国际机场划出一定区域，采取"境内关外"的管理办法，以优惠政策鼓励进口原料出口产品的企业入区投资办企业。"增长三角"是指两个或两个以上相邻国家各自辟出一块土地，以特殊的经济政策联合开发、共同管辖，通过吸引投资、贸易和技术转让，在互利的基础上进行合作，达到共同发展的目的。"增长三角"在我国一般称为跨国经济合作开发区，其选址应满足以下要求：（1）靠近边境地段，便于多国跨国合作。（2）地处交通干线，对外联系方便。（3）具备合作开发的资源和自然条件。（4）有一定的基础设施和基础产业。（5）大宗生活必需品可就近供应解决。伊宁边境经济合作区虽然其他条件都具备，但离边境口岸尚有90多公里，且不具备"封关"的条件。因此，作为跨国经济合作开发区显然是不合适的。由于在定位上不明确，十几年来，国际经济合作几乎没有什么进展，国家也没有在政策上给予什么优惠措施。合作区只在两个方面取得了一定成效，一是国内合作，引进了一些东部中部规模不太大的企业；二是城市建设和房地产开发。作为伊宁市的新城区，规划和基础设施建设成效比较显著，无论是城市面貌和生态环境，还是投资条件都有非常大的改观。从其准确定位来看，作为国家级或自治区级经济技术开发区更为合适。

（二）基础设施建设资金严重短缺

作为国家级边境经济合作区，国家只是给了一顶帽子，建设资金要靠市政府自筹。对于东部地区来说，似乎不成问题。但对于西部地区来说，是一个很难解决的问题。伊宁合作区批准规划面积6.5平方公里，经过13年，才建成5.1平方公里。除了入区企业少这一因素之外，基础设施建设资金短缺是一个关键因素。13年来，管委会对基础设施投资仅2.1亿元，每平方公里仅4000元。面对财政收入与建设资金需求矛盾突出的问题，合作区管委会采取"适度负债，超前开发，滚动发展，逐步推进。"的发展思路，引入经营城市的理念，发挥土地资源的基础性配置作用，自己筹一些，银行贷一些，保证了合作区建设与发展的基本需要。显而易见，资金短缺是影响合作区发展的关键因素。我们发现，合作区内，颇有成效的是房地产开发。有两家房地产公司，一家是上海城投资开发有限公司，由上海中汇投资发展总公司和上海巨洋置业有限公司共同投资，规划建设89万平方米，总投资15亿元，现已建成15万平方米。另一家是伊宁市华厦置业有限公司，由浙江八达建设集团公司、浙江五州房地产公司及香港荣华集团共同出资设立，规划建筑面积28万平方米，总投资3.2亿元，现已建成16万平方米。我们感到，地方政府以地生财，经营城市确为无奈之举，这是我国长期以来在全国采取"给政策，不给钱"的结果。我们也调查了其他一些边境经济合作区，情况大体类似，给我们的感觉，所谓"国家级"就是国家给予一些地方向别人"忽悠"的招牌。西部大开发以来，这种状况发生了一些变化，但在开发区建设方面，仍未走出这一误区。具体到伊宁来说，人口 40 多万，工业基础薄弱，农业生产条件虽好，但对财政没什么贡献，因此，用于合作区基础设施建设的资金十分有限。伊犁州和新疆维吾尔自治区一样都是吃饭财政，且有很多地区需要支持。如伊犁州有 8 个国家一类口岸，除伊宁边境经济合作区之外，还设有奎屯—独山子石化工业园、霍尔果斯口岸工业园、清水河工业园三个重点工业园区，这些口岸和工业园区都需要重点支持，而用于支持的资金尚不知从何而来。

（三）入区的企业数量少，规模小，带动力不强，尤其是面向中亚出口的企业不多

边境经济合作区设立以来，入区企业 50 多家，规模以上工业企业仅 14 家，最大的企业安琪酵母总投资 2 亿多元，工业总产值 1 亿多元。直接面向中亚的企业只有阿旺都食品有限公司等很少几家，这些企业又绝大多数是西部大开发以来新设立的，可见，西部大开发以前基本没有几家到边境经济合作区投资的企业，可见边境经济合作区本身没有太大的吸引力。分析原因，有以下几个方面：一是中亚国家的经济尚在恢复之中，还没有大量进口的能力；二是伊宁边境经济合作区离口岸有一段距离，铁路也未修通，相对于霍尔果斯口岸附近地区，没有太大的优势；三是基础设施建设由于资金短缺而进展缓慢，影响了招商引资的进程；四是与东部沿海地区相比没有比较优势，投资环境尤其是投资软环境与东部相比还有较大差距；五是伊宁市虽是伊犁州的首府，但城市人口较少，市场需求不大，且产业配套能力很低。以上是东中部地区和外资企业尤其是大型企业不到区内投资的主要原因。最近，一些大企业甚至巨型企业纷纷来伊犁洽谈投资事宜，但多数是奔着当地资源和能源来的，制造业企业并不多，因此，对边境经济合作区没有太大的兴趣。

（四）金融及其他服务业不适应产业发展的需要，融资渠道不畅，企业资金筹措困难

城市规模小，产业基础较差，银行业和金融服务业及其他服务业发育不全。据管委会调查，约 90% 的企业反映资金紧张，认为担保难，贷款难，手续烦琐。由于中小企业难以取得信贷担保，很难获得银行贷款。融资难，影响了企业的生产经营，限制了经济发展。不仅固定资产投资难以取得贷款，有订单的流动资金贷款也难以取得。前述上海城投资开发有限

公司虽投资数亿元开发房地产，居然在伊犁没有融到一分钱，实在有些匪夷所思。这不能不说是金融业本身的问题。据了解，新疆维吾尔自治区的存款额远远大于贷款额，伊犁州的情况也是如此。欠发达地区银行资金流向发达地区在我国已是普遍的长期的现象。要改变这种现象实属不易，只有通过组建政策性银行或迫使现有的政策性银行将重点转向欠发达地区才是有效之策。

（五）高素质的专业人才、管理人才匮乏，企业管理落后

新疆过去是高工资地区，改革开放后，财政分灶吃饭，工资水平已低于平均水平，人才大量流失。吸引人才、留住人才成了难题。伊犁州本来属于农业地区，工业企业技术人才和管理人才本来就比较缺乏，又难以以高工资、高福利吸引人才，所以，企业难以招收到优秀人才，企业经营管理就难以上升到更高的水平。民营企业大多都是家族性企业，管理层主要是家庭成员，即使对外招聘管理者，由于缺乏制度约束，也很难让业主放心。这成为民营企业很难迅速发展壮大的根本原因。虽然从统计上看，有限责任公司已经占到80%的比例，但调查显示，许多企业制度创新相对滞后，管理落后，存在生产专业化分工与专业化管理水平低下之间的矛盾，也存在加快资本积累、扩大企业规模与投资主体单一、资金缺乏、难以进行社会融资之间的矛盾，严重制约了企业的发展壮大。

三、促进伊犁州扩大开放、促进经济发展的若干建议

伊犁哈萨克自治州位于新疆西部，西北与哈萨克斯坦为邻，东北与俄罗斯、蒙古国接壤。土地肥沃，水源充足，宜农宜牧宜林，资源十分丰富，素有"塞外江南"的美誉。昔日因是"反修"前哨，边疆要冲，工业基础比较薄弱，如今成为祖国向西开放的门户，西部最具发展潜力的区域。特别是中哈霍尔果斯国际边境合作中心的建立为伊犁州的对外开放和经济发展带来了新的机遇。

（一）以中哈经济合作中心的设立为契机，促进霍尔果斯的对外开放与国际合作

中哈霍尔果斯国际边境经济合作中心已经国务院批准设立，并于2006年6月3日奠基开工建设。该中心是我国与其他国家建立的首个国

际边境经济合作中心，建立在中哈国界线两侧毗邻接壤区域，跨越中哈两国边境，紧邻中哈霍尔果斯口岸。主要功能是贸易洽谈、商品展示和销售、仓储运输、宾馆饭店、商业服务设施、金融服务、举办各类区域性国际经贸洽谈会等。该中心总面积4.63平方公里，其中中方区域3.43平方公里，哈方区域1.2平方公里，对该区域实行封闭式管理，其中中方区域适用中国法律法规及政策措施。同时，在中方境内靠近中心的位置将建成面积为9.73平方公里的配套区域，作为支撑中心发展的产业基地，重点进口中亚国家原材料进行加工并面向中亚市场出口加工产品。国务院赋予了合作中心和配套区域目前国家赋予保税区、出口加工区、物流园区的各种优惠政策。以此为契机，霍尔果斯将获得更快发展。但如不能充分发挥优势，进一步优化发展环境，机遇也会转瞬即逝。建议国家对合作中心和配套区给予重点支持，像对待特区和开发区那样，除在政策上支持之外，在体制上、地位上、定位上给予明确，在资金上给予重点支持。应将合作中心明确为边境自由贸易区，将配套区明确为国家出口加工区，并成立由国务院西部开发办直属的出口加工区管理委员会。

（二）将伊宁边境经济合作区明确为国家级经济技术开发区

霍尔果斯合作中心和配套区的建立对伊宁边境经济合作区带来的冲击是显而易见的，某种程度上已取代了伊宁合作区的地位。但伊宁合作区作为伊犁州政治经济中心重要支撑的地位不会改变。合作区现已发展成为第二、第三产业并重的新城区，通过优化投资环境、更加优惠的政策、廉价的能源和丰富的资源，将会吸引更多的东中部的投资者来区内投资，从而集聚更多的产业和人口。伊宁市的产业规模和人口规模就会迅速扩大，由"塞外江南"变为"塞外明珠"或"塞外杭州"，成为新疆乃至西部重要的经济"增长极"，进而带动伊犁州的经济发展。因此，重新认识和定位边境经济合作区，科学布局开发区、工业园区、经济合作区和边境自由贸易区，对伊犁的长远发展具有十分重要的意义。建议将伊宁边境经济合作区明确为国家级经济技术开发区，国家和自治区政府在政策上、资金上和体制上给予重点关注，最终将伊宁发展成为中亚地区的发达的现代化经济中心城市。

（三）将伊犁州作为西部大开发的重点地区

伊犁州气候宜人，伊犁河谷有可耕地1800万亩，已开垦利用705万亩，待开发利用1100万亩。平均降雨量700多毫米，适宜种植多种农作物。伊犁州境内已发现矿种9类86种，铍、白云母、钾长石居全国首位，铬、钯居全国第二，黄金、煤炭、铜、铁等23种矿产居新疆首位。煤炭远景储量3000亿吨，阿舍勒铜矿是全国规模最大的铜矿之一。伊犁州水能蕴藏量1248亿千瓦，具有水火共济的能源优势。伊犁有气势雄伟的冰川雪岭、星罗棋布的高山湖泊、万亩葱郁的茫茫林海、水草丰茂的辽阔草原，源远流长的文化脉络，丰富珍贵的文物古迹，旅游资源十分丰富。如此多的优势，在全国也不多见。地处边疆，过去是劣势，现在是优势。哈萨克斯坦经济发展很快，其他中亚国家的经济也在迅速恢复，为伊犁州带来了机遇，也提出了挑战。抓住机遇，就能加速发展，失去机遇，就将永久失去中心地位，就会被永久地边缘化。建议国家将发展伊犁作为重要战略予以考虑。

（四）探索东中西合作共建合作区、开发区、工业园区的新模式

改革开放尤其是西部大开发以来，国家和自治区批准伊犁州规划建设了若干个合作区、开发区及工业园区，对当地招商引资起了重要作用，但也给当地财政带来了越来越大的压力。由于资金不足，基础设施建设缓慢或不完善，不同程度地制约了招商引资的进程。"十一五"规划纲要提出了促进东中西协调互动，鼓励东西合作的方针。我们认为，比较有效的方式是东西部合作建设开发区和工业园区。可以采取政府和企业、行政手段和市场手段相结合的办法。东部地区办的比较成功的开发区可以到西部边疆地区合作建设开发区和工业园区。西部地区的政府以优惠价格提供土地，东部地区的开发区提供资金和管理人才，按照东部地区开发区那样的体制进行管理，税收和利润进行分成，做到互利双赢。伊犁清水河江苏工业园对此进行了探索。清水河江苏工业园位于伊犁霍城县境内，2005年启动建设，规划面积3平方公里。该园区以规划为龙头、标准厂房建设为着力点，全力打造在集约用地、产业聚集、吸纳投资、配套服务等方面的特色和优势。2005年利用江苏援疆资金1000万元，完成2.1公里主干道硬化、绿化、亮化。2006年，利用江苏援疆资金3000万元启动了15000平方米的标准化厂房、园区服务中心、污水处理厂和垃圾处理站四大配套工程。不到一年，即引进太湖钢构、懋盛棉业、亚太肠衣等14家江苏企业入区投资，投资总额2.7亿元。这种模式已显现出良好的效果。建议通

过进一步研究，总结经验，由国务院西部开发办公室制订办法，鼓励东中西共建开发区或工业园区，推动东中西合作。

（五）鼓励东部地区的产业向西部地区尤其是新疆伊犁转移

要发挥伊犁州的优势，促进伊犁地区的经济社会发展，靠当地积累肯定是缓慢的，靠中亚国家外商投资的阶段尚未到来，其他国家的外商由于国际关系复杂，且不了解当地情况，很难到西部去投资。而东部地区的很多企业由于受土地和能源制约，在产业升级的压力下，有向外转移的需求。建议国家出台相关政策，鼓励和支持企业到新疆及伊犁去投资。鉴于新疆尤其是伊犁土地资源丰富的现实，可适当放宽对土地的限制，并鼓励利用非耕地，土地价格也可放开。建议在电网建设、电价方面进行直供试点，利用丰富能源和低电价吸引高耗能产业向西部转移，但应注意不能把高污染和落后设备转移到西部地区。通过建立出口加工区鼓励进口原材料加工后再出口的企业到伊犁出口加工区内投资办企业。此外，通过一定措施加快发展金融服务业，为到西部投资的企业提供比较良好的金融服务及其他中介服务。

（作者单位：国家发改委国土开发与地区经济研究所）

新疆与东部地区产业合作现状与政策诉求①

李　青

2006年9月20～27日，我们在新疆乌鲁木齐、博尔塔拉州、伊犁州进行了调研，具体考察了两州五市即乌鲁木齐市、伊犁州的奎屯市、伊宁市、独山子市以及博尔塔拉州的博乐市（含部分辖县），并在新疆维吾尔自治区发改委、新疆生产建设兵团发改委、博尔塔拉州发改委、伊犁州发改委、奎屯市发改委的组织下与众多相关部门和企业进行了座谈，实地考察了乌鲁木齐经济开发区、博乐市及其博乐边境经济合作区、阿拉山口口岸、奎屯市及其经济技术开发区、独山子市、伊宁市及其边境经济合作区、霍尔果斯口岸、清水河开发区等，对新疆与内地其他省区特别是东部地区经济合作的现状、新疆维吾尔自治区与中亚地区经贸关系现状等有了进一步的了解和认识。

本报告将主要阐述西部大开发战略实施以来新疆维吾尔自治区的总体变化、西出东联的主要状况以及调研中遇到的一些政策性问题。

一、西部大开发以来新疆维吾尔自治区在全国经济地位的变化

自2000年起中国开始实施西部大开发战略，尽管在此之前的一二十年内关于西部开发的问题一直时断时续地被学术界所讨论和建议，但是一直未能上升为国家层面的发展战略。此次西部大开发无论是政策重点还是政策手段，不仅与改革开放前对内地的投资建设有明显不同，也与改革开

① 本文是2006年9月对新疆维吾尔自治区调研的报告。感谢新疆维吾尔自治区、新疆建设兵团、博尔塔拉州、伊犁州、伊宁市发改委、新疆社会科学院、阿拉山口口岸及霍尔果斯口岸管理局等众多单位的积极支持，并特别向对调研工作予以大力支持与协同的新疆维吾尔自治区发改委区域经济研究张永明所长致谢。

放以来学术界讨论中所关注的角度不尽相同。与此前的实践与探讨相同的是，此次西部大开发战略是自上而下由政府发动为主的，国家计划和财政手段在其中起了特别重要的作用；而不同的是，这次西部大开发战略从开始实施时就注意到政府与市场、全局与重点、中央与地方的关系，不独以政府作用支撑此战略，更重要的是，这次西部大开发战略将近期内（5～15年）的政策重点和发展重点放在改善发展的基础条件和基础环境上，即基础设施、生态保护和建设和教育事业等方面，这对于西部地区的长远发展意义极大，也是国家区域政策的重要进步。

西部开发战略实施6年来，在国家推动下，西部地区的发展条件特别是基础设施条件确实有了较明显的改善，并由此改善了西部地区的区位条件、奠定了西部地区进一步发展的基础。目前西部地区比较突出的问题是如何在基础改善的条件下取得经济社会更快发展，特别是以优势产业为核心的产业结构调整和产业发展，逐步实现西部地区生态保育、经济发展、社会进步、人民富裕的目标。

从近6年来的统计数据看，全国区域经济有两个看似相反却有内在联系的特征：

（1）西部地区在全国经济中所占份额继续下降：2000～2005年东部地区 GDP 占全国的份额[①]上升了2.23个百分点，而中部、西部地区分别下降了2.09和0.14个百分点（见表2）。在西部12省市区中占全国份额下降的省市区有6个，下降幅度依次是四川、云南、重庆、新疆（0.08个百分点）、广西和甘肃，而份额下降是由于经济增长速度较低所致，6年中新疆经济增长速度仅次于云南居西部诸省市区倒数第二，由此新疆由西部地区唯一人均 GDP 超过全国平均值的省份变为低于全国平均值的省份了，这一转变自2004年开始，与内蒙古正好相反（见表3），当然这不能否认内蒙古在近两年来的快速增长是由特殊机遇造成的，并存在不可持续性的风险。

表1　　　　2000～2005年西部各省市区 GDP 的变化　　　单位：亿元，%

	2000	2001	2002	2003	2004	2005
内蒙古	1401.0	1545.8	1734.3	2150.41	3020.0	3822.8
广西	2050.1	2231.2	2455.4	2735.13	3433.5	4063.3

---

① 此处全国 GDP 以各省市区 GDP 之和计。

续表

	2000	2001	2002	2003	2004	2005
重庆	1589.3	1749.8	1971.3	2250.56	2691.5	3069.1
四川	4010.3	4421.8	4875.1	5456.32	6379.6	7385.1
贵州	993.5	1084.9	1185.0	1356.11	1677.8	1942.0
云南	1955.1	2074.7	2232.3	2465.29	3081.9	3472.3
西藏	117.5	138.7	161.4	184.5	220.3	250.6
陕西	1660.9	1844.3	2036.0	2398.58	3175.6	3674.8
甘肃	983.4	1072.5	1161.4	1304.6	1688.5	1928.1
青海	263.6	301.0	341.1	390.21	466.1	543.2
宁夏	265.6	298.4	329.3	385.34	537.1	599.4
新疆	1364.4	1485.5	1598.3	1877.61	2248.8	2639.6
全国	89468.1	97314.8	105172.3	117390.2	159878.3	182320.6
东部地区占全国%	57.29	57.50	57.86	58.49	58.38	59.52
中部地区占全国%	25.58	25.41	25.12	24.57	24.72	23.49
西部地区占全国%	17.13	17.09	17.01	16.94	16.90	16.99

注：2004 年 GDP 为调整后的数据。

资料来源：国家统计局 2001～2005 年历年《中国统计年鉴》、《中国统计摘要·2006》。

表 2 　　2000～2005 年西部各省区 GDP 占全国份额的变化　单位:%

	2000	2001	2002	2003	2004	2005	2000～2005 年份额变化
内蒙古	1.57	1.59	1.65	1.83	1.89	2.10	0.53
广西	2.29	2.29	2.33	2.33	2.15	2.23	-0.06
重庆	1.78	1.80	1.87	1.92	1.68	1.68	-0.09
四川	4.48	4.54	4.64	4.65	3.99	4.05	-0.43
贵州	1.11	1.11	1.13	1.16	1.05	1.07	-0.05
云南	2.19	2.13	2.12	2.10	1.93	1.90	-0.28
西藏	0.13	0.14	0.15	0.16	0.14	0.14	0.01
陕西	1.86	1.90	1.94	2.04	1.99	2.02	0.16
甘肃	1.10	1.10	1.10	1.11	1.06	1.06	-0.04
青海	0.29	0.31	0.32	0.33	0.29	0.30	0.00
宁夏	0.30	0.31	0.31	0.33	0.34	0.33	0.03
新疆	1.52	1.53	1.52	1.60	1.41	1.45	-0.08
31 个省合计	100.00	100.00	100.00	100.00	100.00	100.00	

注：2004 年 GDP 为调整后的数据。

资料来源：国家统计局 2001～2005 年历年《中国统计年鉴》、《中国统计摘要·2006》。

表3　　　　2000~2005 年西部各省市区人均 GDP 的变化 单位：元/人

	2000	2001	2002	2003	2004	2005
内蒙古	5872	6463	7241	8975	12767	16067
广西	4319	4668	5099	5969	7460	8746
重庆	5157	5654	6347	7209	9623	11002
四川	4784	5250	5766	6418	7895	9020
贵州	2662	2895	3153	3603	4317	5222
云南	4637	4866	5179	5662	7012	7826
西藏	4559	5307	6093	6871	8103	9074
陕西	4549	5024	5523	6480	8588	9908
甘肃	3838	4163	4493	5022	6467	7455
青海	5087	5735	6426	7277	8693	10030
宁夏	4839	5340	5804	6691	9198	10087
新疆	7470	7913	8382	9700	11337	13184
全国	7086	7651	8214	9111	12336	13985
西部为全国的%	0.68	0.69	0.71	0.73	0.69	0.70

注：1. 此表中西部地区平均人均 GDP 为算术平均值。

2. 2004 年 GDP 为调整后的数据。

资料来源：国家统计局 2001~2005 年历年《中国统计年鉴》、《中国统计摘要·2006》。

（2）全国省际差异自 2004 年以后有所缩小：近年来由于内地能源、原材料产业的快速增长，使得内地一些省份人均 GDP 上升较快，引起了 2004~2005 年全国人均 GDP 省际差异的缩小（见图1）。值得注意的是，这种缩小仍然不那么令人乐观，正如内蒙古的情况一样。

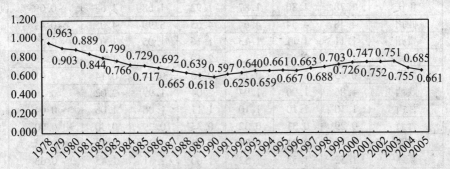

图1　1978~2005 年我国人均 GDP 的省际差异

注：2004 年 GDP 为调整后的数据。

资料来源：国家统计局 2001~2005 年历年《中国统计年鉴》、《中国统计摘要·2006》。

就新疆维吾尔自治区的情况而言，有几个基本特征：

（1）6 年中新疆维吾尔自治区的经济增长速度较低但较平稳。

（2）在全国经济中的相对地位在下降。

（3）由人均 GDP 高于全国的省区变为低于全国的省区。

（4）但同时，发展机遇明显，特别是作为中国与中亚地区经贸合作前沿的区位和大量重要、短缺、特色资源正待开发。因此近年来内地特别是沿海地区对新疆的投资明显增加了，这包括以能源为代表的国有资本和以其他加工业、贸易为代表的民间资本的进入。

表4　　　　2000～2005 年西部地区 GDP 增长速度及其排序　　　单位：%

	2000	2001	2002	2003	2004	2005	2000～2005 增速	2000～2005 增速排序
内蒙古	9.7	9.6	12.1	16.8	19.4	21.6	14.76	1. 内蒙古
广西	7.3	8.2	10.5	10.2	11.8	12.7	10.09	2. 西藏
重庆	8.5	9.0	10.3	11.5	12.2	11.5	10.49	3. 青海
四川	9.0	9.2	10.6	11.8	12.7	12.6	10.97	4. 四川
贵州	8.7	8.8	9.1	10.1	11.4	11.5	9.92	5. 陕西
云南	7.1	6.5	8.2	8.6	11.5	9.0	8.48	6. 宁夏
西藏	9.4	12.9	12.9	12.1	12.2	12.2	11.93	7. 重庆
陕西	9.0	9.1	9.7	10.9	12.9	12.6	10.69	8. 广西
甘肃	8.7	9.4	9.4	10.1	10.9	11.7	10.03	9. 甘肃
青海	9.0	12.0	12.4	12.1	12.3	12.2	11.65	10. 贵州
宁夏	9.8	10.1	10.2	12.2	11.0	10.3	10.59	11. 新疆
新疆	8.2	8.1	8.1	10.8	11.1	10.2	9.41	12. 云南
西部*	8.5	8.8	10.0	11.3	12.7			
全国	8.4	8.3	9.1	10.0	10.1	10.2	9.35	

注：1. 西部 * 为国家统计局公布数。

2. 2006 年全国 GDP 增长速度为国家统计局 2006 - 08 - 29 发布的新调整数，《中国统计摘要·2006》上数据为 9.9%。

资料来源：国家统计局《中国统计摘要·2006》。

二、新疆与东部地区经济合作的基本状况

（一）新疆对外来投资的吸引力集中体现在区位优势和特色资源上

通过调研，我们更加认识到，新疆的突出优势在于两方面，一是处于中国与中亚地区经贸合作前沿的区位；二是具有重要的、短缺的、特色的矿产资源、农牧产品资源、旅游资源上。近年来新疆维吾尔自治区外来投资也主要集中在这些方面。

首先，新疆是中国相邻国家最多、国境线最长的省区，与 8 个国家接壤，有 5600 公里的边境线，它也是我国批准开放陆路口岸最多的省区，目前共有 17 个开放口岸。近年来，随着中亚特别是哈萨克斯坦经济的快速发展、上海合作组织对经济合作的逐渐重视、中亚自由贸易区的建设、已经正在开始建设的中哈经济合作区等条件，不仅表明中国与中亚地区的经贸关系有了更重要的意义（尽管目前双方的贸易额只占中国对外贸易总额的 1% ~2%），而且突显了新疆作为前沿地区的战略意义和经济地理意义，使新疆由边陲变前沿，事实上，新疆外贸总额的 2/3 是对中亚地区的，并已占到全国对中亚地区贸易总额的 90%（2004 年），在其 17 个开放口岸中有 12 个是对中亚地区的，是名副其实的前沿重镇。

近年来新疆在东联西出的战略地位逐渐显现。目前新疆已与哈萨克斯坦、吉尔吉斯斯坦、塔吉克斯坦、蒙古、巴基斯坦 5 个周边国家开展了直达运输，共有直达国际道路运输线路 101 条，其中客运线路 50 条，货运线路 51 条，有 16 个公路口岸。2005 年新疆国际道路客运量 21.36 万人次、货运量 167.15 万吨，同比增长 14.96% 和 16.73%，均高于经济增长速度。此外，2004 年连云港至霍尔果斯全长 4395 公里的高等级公路完成建设，它已成为国内重要的东西运输走廊。① 与这条公路基本并行的是全长 1.1 万公里的新欧亚大陆桥，新疆正处于其中间位置。新欧亚大陆桥可辐射 30 多个国家和地区，覆盖世界人口的约 75%，② 在中国境内则可连

---

① 《中国在新疆构建"东联西出"交通大通道》，中国城市交通网 2006 - 10 - 23，转引自北京市规划委员会网 www. bjghw. gov. cn。
② 《中国新疆参与中亚五国区域经济合作研究》课题组：《中国新疆参与中亚五国区域经济合作研究》，2006 年 4 月（内部资料）。

通中部东部地区，触及国内中心城市和市场。这一区位条件有利于新疆实施内外向并举的"双向战略"，但成功实施此战略的要求也是较高的，即要提高新疆输出性产品的规模和竞争力。

其次，新疆有大量待开发、待保护的优势资源。如土地资源丰富、人均占有量大；水土光热资源特殊，能生长养育许多特色农产品；矿产种类全、储量大，目前发现的矿产有 138 种，其中，9 种储量居全国首位，32 种居西北地区首位，其中石油（占全国陆上石油资源的 30%）、天然气（占全国陆上天然气资源的 34%）、煤（占全国的 40%）、金、铬、铜、镍、稀有金属等战略性、短缺性资源储量丰富。新疆旅游资源丰富而独特。按照《中国旅游资源普查规范》的资源分类，在中国旅游资源 68 种基本类型中新疆至少拥有 56 种。新疆的生物资源种类繁多、品种独特、特性优良，开发利用和保护的潜力很大。①

（二）新疆现有招商引资的主要方式

1. 通过会展进行招商：如参加广交会、乌洽会（乌鲁木齐投资贸易洽谈会）、厦洽会（厦门海峡两岸投资贸易洽谈会）、农产品博览会等进行招商引资和对外宣传。

2. 多种形式有针对性的实地招商活动：以项目为中心进行向外地相关企业和政府部门进行宣传推介。

3. 通过提供以土地和税收为核心的优惠政策吸引投资：与国内大多数地区一样，新疆维吾尔自治区和地州政府制定了鼓励投资的多项政策，并在用地和税收上给予优惠。

4. 通过对口援助吸引投资：新疆维吾尔自治区现有不同渠道的东中西对口援助活动，在调研中我们发现，这些对口援助在招商引资中发挥了积极作用，如伊犁州的清水河江苏工业园，其大部分投资来自于对口援助的江苏省、奎屯市经济技术开发区内最多的企业也是来自于对口援助的江苏省，尽管这些对口援助项目具有明显的盈利性质。湖北省对口援助的博尔塔拉州近年来累计支援资金 5000 多万元②。

（三）新疆与东部地区经济合作的基本状况

近年来新疆外来投资增加较快，外来投资的增加明显表现出受新疆特

---

① "新疆概况"，www. china. org. cn。
② 博尔塔拉州发改委：《汇报材料》，2006 年 9 月 23 日。

殊资源和对中亚贸易区位的吸引，因此企业主要集中在三类：一是开发石油、天然气、煤炭资源的大型国有企业，国内能源短缺使之加快了对新疆能源开发的进度；二是以沿海特别是长江三角洲地区为主的民营企业，它们跨多个行业，企业规模不等，大部分企业都延续其在原生产地的行业；三是以对中亚地区出口为主的贸易企业，也主要以民营企业为主。除了这几类以外，还有一些企业投资于第三产业，如房地产、餐饮、商业，不过本次调研我们集中了解东部制造业在新疆的投资情况。

根据新疆维吾尔自治区招商局提供的资料，2006 年 1～9 月全区（不含兵团）落实执行项目金额总计 523.51 亿元，其中引进区外（含国外）到位资金 429.18 亿元，同比增长 52.98%，其中引进外省到位资金 209.46 亿元，同比增长 39.81%；引进中央石油企业到位资金 212.09 亿元，同比增长 62.24%；引进国外到位资金（实际利用外资）9523 万美元（折合人民币 7.63 亿元），同比增长 114.24%。可见，在外来资金中，占最大比重的是中央石油企业，增长最快的是外资。

1～9 月全区（不含兵团）新签项目数 1733 个，其中包括一些知名企业，如中国核电集团有限公司、中国电力投资集团公司、中国非金属矿业公司、民生银行、西部发展控股有限公司、农夫山泉集团、维维集团、江苏春蕾集团、浙江金鹰集团公司、上海复星（高科）集团有限公司、山东登海种业股份有限公司、江苏澳洋科技、山东中国重汽公司、跃进汽车集团、广东新广国际集团、中国万向控股有限公司、中粮屯河集团公司、大连实德集团、郑州东方企业集团、苏宁电器、安邦保险、上海家饰佳控股集团、上海中科电气集团、山东乐悟集团、上海凯暄矿产、浙江华孚色纺有限公司、湖州建工集团、浙江威莱集团、华芳集团、清华同方股份公司、中国华电、中国路桥（集团）云南公司、中国国电、香港珍宝巴士、南方物流等。这些知名企业来自浙江、江苏、山东、上海几个沿海省市的较多①。

从调研情况看，新疆维吾尔自治区与东中部地区经济合作方面的特点主要表现在以下方面：

1. 外来投资总数并不很多但近年来增加较快。

2. 外来企业以沿海为主，其中浙江省企业最多，再次体现出浙江民营经济对市场的敏锐度创业活动。

---

① 新疆维吾尔自治区招商局：《自治区 2006 年 1～9 月招商引资情况》，2006 年 10 月。

3. 外来企业投资动力在两个主要方面：一是开发利用新疆的优势资源，特别是石油、煤炭，以及棉花、特色水果、皮毛等农畜产品；二是利用新疆毗邻中亚的地缘优势开展贸易活动。

4. 外来企业以招商引资方式引进居多，主动投资的较少（但石油、煤炭等重要资源的开发更多服务于其企业本身的投资战略，有些不招自来）。

5. 企业规模、技术水平不等。企业规模和技术水平总体不高，但也有一些知名企业。

6. 企业多独立投资，关联效应不明显，产业集群尚未形成。

7. 企业集中在园区的特点较明显，但基本没有形成集群。

8. 与科研机构联系很少，总体上缺乏自主创新能力；

9. 现有对口援助引进外来企业有作用，如奎屯江苏援助、清水河江苏援助等。

调研了解到的新疆维吾尔自治区和各州外来投资的基本情况以及各地区的发展条件与设想见表5。

表5　　　　　近年来东部地区对新疆的投资简况

地区	特　　点	现状成果
新疆维吾尔自治区	总面积166万平方公里，总人口2010万人（2005年底）。与8个中亚、南亚国家接壤，是我国西部边陲和对中亚地区开放的前沿。 2005年新疆GDP在全国排名第25位，人均GDP排名第14位，GDP增长率排名第29位。 面临的机遇： （1）中亚自由贸易区的建设； （2）中哈经济合作区的建立； （3）对石油、天然气、煤炭等重要资源持续的巨大市场需求； （4）东部地区土地等生产要素短缺和涨价压力以及产业结构调整压力。 潜在的结果： （1）新疆成为中国对中亚地区经贸合作的前沿，承担特殊功能； （2）依托重要资源，提升加工能力、产品输出能力和竞争力，促使工业化和城市化水平提高，成为东出西进内外双向发展的区域； "十一五"规划目标②：	2006年1~9月全区（不含兵团）落实执行项目金额总计523.51亿元，其中引进区外（含国外）到位资金429.18亿元，同比增长52.98%，其中引进外省到位资金209.46亿元，同比增长39.81%；引进中央石油企业到位资金212.09亿元，同比增长62.24%；引进国外到位资金（实际利用外资）9523万美元（折合人民币7.63亿元），同比增长114.24%① 。

地区	特　点	现状成果
新疆维吾尔自治区	（1）中心任务：以经济建设为中心，稳疆兴疆，强区富民。 （2）两个重大突破：在推进新型工业化、加快对外开放上取得重大突破。 （3）实施四大战略：以市场为导向的优势资源转换战略、全方位开放战略、科教兴新和人才强区战略、可持续发展战略。 （4）培育六大支柱产业体系：国家重要的能源基地和石油天然气化工、重化工产业体系；国家重要的矿产资源生产加工基地和矿产资源勘探开发体系；特色农牧产品生产基地和纺织、绿色食品加工产业体系；高新技术产业基地及相关科研、服务体系；民族特色旅游商品生产基地和特色旅游产业体系；向西出口加工基地及现代物流产业体系。 （5）重点提升八个水平：农业产业化水平、新型工业化水平、城镇化水平、对外开放水平、科技教育水平、城乡居民物质文化生活水平、就业和社会保障水平、社会稳定安全和文明水平。	
新疆建设兵团	现有 4 个新建城市、14～15 个开发区，兵团辖 7 万平方公里，主要为耕地和工厂，总人口 256 万人，其中就业人口 98 万人。目前产业结构为 40：25：35。 近年来外来投资增加较快，主要有两个特征： （1）以非公有制经济为主； （2）以东部地区为主，其中以浙江省投资最多。	目前共有 332 个外来项目，投资总规模为 197 亿元，其中到位资金 132.1 亿元。 在外来投资中，以浙江、江苏、山东省最多。其中： 浙江省有 64 个企业，投资总额 197 亿元，到位资金 24.8 亿元； 江苏省有 49 个企业，投资总额 7 亿元，到位资金 3.8 亿元； 山东省有 33 个项目，投资总额 11.2 亿元，到位资金 2.5 亿元[③]。
博尔塔拉蒙古族自治州	博州成立于 1954 年，总面积 2.7 万平方公里，辖博乐市、温泉县、精河县、阿拉山口口岸行政管理区和新疆生产建设兵团农五师及所属 11 个团场，州首府为博乐市，市内建有边境经济合作区（1992 年）。 全州共有蒙、汉、维、哈、回等 38 个民族，人口 40 余万。 博州探明湖盐、芒硝、花岗岩、石灰石、钨、锡、铂、钼等近 40 种矿产资源，旅游资源和农	目前全州 2/3 的企业都是外地投资。其中精河工业园有 3 家规模较大的项目：香港投资的精汇公司（生产硫化碱）、新疆广东商会注册的天山化工公司（生产硫化碱）、湖北省投资的精河县仙桥棉业公司。

续表

地区	特　　点	现状成果
博尔塔拉蒙古族自治州	产品资源也较丰富，植物油加工、电力、轻革、棉纺为支柱产业。 　　机遇：（1）博乐—精河—阿拉山口被新疆维吾尔自治区列为天山北坡经济带的重要组成部分； 　　（2）精伊霍铁路从精河县起始，能促进精河县发展并改变全州经济格局； 　　（3）阿拉山口目前已是仅次于满洲里的全国第二达陆路口岸，西出的铁路交通便利。 　　州"十一五"区域发展设想④： 　　（1）巩固提升"东工"（东部以工业为主）、"西农"（西部以农牧业为主）的区域经济格局。 　　（2）建设博乐—精河—阿拉山口新兴经济区：博乐市以发展现代加工业、对外贸易、旅游业为主，发挥区域中心城市的带动作用；精河县地处北疆铁路、公路交汇处，是阿拉山口、霍尔果斯口岸功能的延伸和拓展，建成向西出口加工基地和货物集散中心；阿拉山口口岸以发展边境贸易、货物储运和落地货物加工为主。	到2005年底，边境经济合作区招商引资项目79个，投资1.6亿元⑤。
伊犁哈萨克自治州	伊犁州成立于1954年11月，辖塔城、阿勒泰两个地区和10个直属县市，是全国唯一既辖地区又辖县市的自治州，首府伊宁市总面积35万平方公里，人口419万，市内建有边境经济合作区。伊犁州工业主要以农牧矿产品为原料，主要有纺织、制革、乳品、制糖、煤炭、电力、炼铁、黄金、建材、食品、卷烟等行业。 　　伊犁州水土资源、动植物资源、矿产资源和旅游资源都很丰富，地缘条件优越，全州有8个国家一类口岸，首府伊宁市距全国最大的公路口岸霍尔果斯96公里，从精河—伊宁—霍尔果斯的精伊霍铁路正在建设，2008年通车，将使霍尔果斯成为公路铁路口岸。 　　全州现有三个工业园：霍尔果斯口岸工业园、清水河江苏工业园、奎屯——独山子石化工业园。 　　机遇：（1）围绕中哈石油管道，中石化在独山子建设1000万吨炼油、120万吨乙烯工程，将促进石油加工业及下游产业的发展； 　　（2）精伊霍铁路的建成将提高新疆与中亚地区贸易吞吐能力，提高伊犁州的战略地位；	"十五"期间伊犁州执行的区外企业236家，总投资额60.4亿元，到位资金32.2亿元⑥。 　　2001年以来伊犁州共引进规模以上企业31个，分布在十余个省市，特别是自2004年以来招商引资的成果比较显著，其中成果最多2005年共引进12个规模以上企业。 　　在这31个企业中近一半来自浙江省，共有14个企业；江苏省次之，有3个企业；山东、福建、河北、四川各2个企业；上海、贵州、河南、甘肃、湖北各一个企业。这些企业主要分布于轻工及纺织行业，少量企业分布在化工、钢铁、建设、煤炭行业，表明新疆特色农副产品对外来投资有较大吸引力⑦。外来企业多为延续在原生产地的行业。

地区	特　点	现状成果
	（3）中哈经济合作区的建设（霍尔果斯）也将带动伊犁州、新疆的出口及加工能力，增强通道功能。	这些企业技术水平和规模不等，硬件条件明显较好，比起内地许多同等城市的工业园，在基础设施建设、厂房建设方面都更好一些。
伊犁州奎屯市	奎屯市位于天山北麓、奎屯河畔。现辖 1 乡、5 个街道办事处，人口约 30 万。距乌鲁木齐市约 250 公里。 奎屯市与独山子市、乌苏市被称为天山北麓的金三角地区，三市距离相近，产业结构具有互补性，交通便利，经济社会发展基础较好，其中奎屯市已成为区域性的商贸服务业中心，市内有自治区级经济技术开发区。	2004～2006 年，奎屯市经济技术开发区及天北新区⑧共引进投资额 1000 万元以上的外地企业 20 个，全部来自沿海地区，总投资额 8.84 亿元。 由于江苏省是奎屯市的对口援助地区，因此吸引来的江苏企业最多，有 8 家、浙江企业 5 家、上海企业 3 家、河北企业 2 家、广东企业 1 家、北京企业 1 家。行业主要是当地原料条件较好的纺织、矿产加工、食品、饲料业，也有部分房地产业⑨。

注：①新疆自治区招商局：《自治区 2006 年 1～9 月招商引资情况》，2006 年 10 月。
②《新疆维吾尔自治区国民经济和社会发展第十一个五年计划纲要》，www. xinjiang. gov. cn，2006 – 02 – 07。
③2006 年 9 月新疆建设兵团发改委提供。
④博尔塔拉自治区发改委提供的"十一五"规划纲要。
⑤博尔塔拉自治区发改委："汇报材料"，2006 年 9 月 23 日。
⑥伊犁州招商局：《伊犁州直'十五'期间区外投资项目汇总表》，2006 年 9 月 27 日。
⑦伊犁州招商局：《外省企业来伊投资情况（规模以上）》，2006 年 10 月提供。
⑧天北新区是新疆建设兵团农七师和地方共同建设的一个城市新区。
⑨奎屯市经济开发区及奎屯市发改委提供。

三、新疆与东部地区经济合作的主要问题

奎屯市经济技术开发区针对本地情况对东中西合作中存在的问题进行了很好的归纳，这些也是我们调研过程中所见的普遍性问题。即：

（1）东中部投资企业规模小，大多是对新疆原料进行初级加工，技

术含量不高，产品附加值较低。

（2）企业之间关联度小，还未形成产业链或集群发展。

（3）部分企业受到运力、运距和运输方式的影响，产品成本上升。

（4）对中亚五国及俄罗斯等国丰富的资源、巨大的时常和便捷的进出口方式未予以重视，现在这些国家与我国的贸易大多以边境小额贸易进行，较少贸易壁垒和技术、环保壁垒。

（5）融资环境不佳，受到当地银行信贷权限和地区整体经济发展水平的影响。

（6）部分企业由于资本规模、市场、技术水平、人力等原因，运营不善或投资失败①。

在我们的调研中还发现下述值得注意的问题：

1. 区位制约：新疆既具有位于国内中心市场和欧亚市场中间的地理位置优势，也具有地处边陲，远离国内中心市场，运距长运费高的劣势，同时由于新疆本地市场有限，大量输入性产品进入国内中心市场的成本较高，一般技术水平的企业存活压力大，因此必须强化企业竞争力，加快技术应用和创新，提高产品附加值，从这意义上讲新疆转变经济增长方式的压力更大更迫切。

2. 产业配套条件较差，不易形成产业集群：由于新疆相对地广人稀，多数开发区都是平地起家，缺乏长期产业发展积累起来的企业网络，因此在新疆投资的企业往往是产业链较短、依托当地资源优势的前向联系企业，一些企业因在当地找不到配套企业而无法投资。因此我们在城市和开发区所见的不少企业都是"独立嵌入"型的，规模较小、带动力较弱，虽然区内企业相邻布局，但缺乏企业关联，构不成企业网络，因而几乎不具备产业集群的形态。

3. 劳动力素质不高，难以满足企业劳动力需求：管理人才、技术人才普遍缺乏，劳动力素质有限，一些企业难以招聘到所需人才和普通劳动力，也抑制了其投资意愿。

4. 土地限制、电价过高，限制了投资：在严格的土地管理制度下，新疆现有开发区和城区扩展十分困难，由于这些地区起步晚、规模小，但近年来投资增长较快、有投资意愿的企业也在增加，但目前难以提供产业发展的足够空间，一些企业因为用地限制而无法投资。尽管用地约束是我

---

① 奎屯市经济技术开发区："东中部企业投资简况"，2006年9月。

国各省市的普遍形势，因用地指标而制约企业投资的情况亦不是个例，但对于新疆这一地广人稀、存在大量可利用而未利用的戈壁荒滩的地区，是否能够采取相对灵活而有针对性的土地管理政策，值得进一步探讨。

四、若干值得注意的政策问题

我国是一个幅员辽阔、地区条件差异大的大国，一个统一的政策往往难以涵盖复杂的地区情况，因此国家宏观政策或全国性的政策应该是既有统一性又具差别化的，统一规则下的一致性与共同框架下的灵活性相结合。在此次调研中我们感到如下几个问题需要从政策上加以细化或区别化处理。

1. 土地问题（土地多、指标少）。如前所述，新疆是我国地广人稀且有大量待开发资源的省区，人地矛盾不十分突出，土地后备资源也较多，存在大量可改造利用的戈壁荒地，所以一方面可提供许多新增用地，另一方面新的发展建设又对用地有新的需求，但总体上土地供求关系处于相对宽松的动态变化中。在这种情况下，如果实施严格的土地制度可能产生一些不尽如人意的结果，比如：（1）由于用地限制，一些新的企业、新的投资不能进入，将延缓新疆的资源开发和企业发展，也使一些产业转移不能进行；（2）可能制约新疆城市化——城区扩展受阻，农村向城市的地域转化不能完成；（3）戈壁荒地可改造利用的土地资源被闲置。那么，对于新疆这一比较特殊的地区，是否可以采取相对宽松的土地政策，比如：允许城市或开发区将附近的戈壁荒地等非建设用地作为建设用地，按一定系数折算成通行的用地指标经有关部门下达？

2. 资源产品的本地使用和收益问题（用得少、收得少）。新疆拥有石油、天然气等重要的战略性资源，煤炭资源也很丰富，对新疆能源资源的开发应有利于新疆的发展和富裕，近年来大型国有能源企业在新疆的投资较多，但存在一些体制上的问题（当然此问题在我国资源型地区普遍存在），可归结为资源属地的利益问题。

问题之一是资源本地使用的问题（即产品用得少）：新疆石油、天然气、煤炭、电力资源产品主要是供给区外的，服从于统一的市场调度，而能供新疆本地消费的能源产品很少，能否考虑资源产品的当地留成制度，或一定数量的优惠价采购制度以支持当地经济发展——我国大量的资源产品产地都是相对欠发达地区。

　　问题之二是资源开发的本地收益问题（即财政收得少）：长期以来我国资源价值被低估、作为地方税收的资源税额过低，而中央企业所得税上属中央财政，同时地方对资源开采企业的制度约束和社会责任约束较少，因此在资源开采地区普遍存在着地方收益少、地方生态代价大、中央资源开采加工企业与地方经济两张皮、强财与富民目标一致等问题，即外来嵌入式的企业与地方经济社会发展缺少关联甚至带来负效益的问题（其实本地民营资源开采加工企业也不同程度存在此问题）。尽管自去年起国家已提高了部分资源税税额，但总的来看资源开采（特别是新疆这样中央大型资源开采加工企业较多的地区）地区从资源开发中获利较少。当然这种情况首先和根本上取决于财政体制的调整，但能否从选择新疆这样的地区进行改革试点，使地方更多地从当地资源开发中受益？

　　3. 中央政府对发展中亚经济贸易促进问题（中央弱、地方强）。相对于与东北亚、东盟国家的贸易来说，我国与中亚地区的贸易相对规模较小、来自中央政府的推动也相对小一些，尽管与中亚地区的经济合作正在深化，中亚自由贸易区也正在着手建设。这种情况使得新疆的区位优势、资源优势和产业优势不为外界所全面了解，尽管有面向中亚和内地的乌鲁木齐投资贸易洽谈会、新疆喀什·南亚中亚商品交易会等形式，但都是以新疆维吾尔自治区为主进行的，力度远不及南宁东盟博览会、中国国际投资贸易洽谈会（厦门海峡投资贸易洽谈会）等由中央政府指导和推动的活动。为此，建议中央政府和新疆维吾尔自治区政府共同着力于整体性、有步骤的投资促进和贸易促进工作，包括加大宣传中霍经济合作区等，提高中国对中亚地区的影响力，加强双方对外贸易关系，进一步发挥新疆的地缘优势，提高新疆在中亚地区的竞争力，保障新疆的稳定和发展，这是战略性的措施。

　　　　　　　（作者单位：中国社会科学院数量与技术经济研究所）

第二篇

地区发展与产业整合

中部地区优势产业发展研究

安树伟

自 2004 年中央明确提出中部崛起战略以来，中部地区正面临着重大的发展机遇，中部崛起离不开产业的支撑。在"东中西互动、优势互补、相互促进、共同发展"的战略格局中，中部地区必须充分挖掘、提升比较优势，把比较优势转化为竞争优势。其中一个重要方面就是要选择优势产业，通过对优势产业的培育获取竞争优势，最终提升产业的竞争力。

一、优势产业的含义

优势产业是指一定时期内某一国家（或者地区）所拥有的在某一范围内具有相对竞争优势的产业或产业群体（刘树成，2005）。一般说来，每一个国家（或者地区）都有自己的优势产业。在一定时期，一个国家（或者地区）哪些产业会成为优势产业，往往和这个国家（或者地区）的资源禀赋（包括自然资源和人力资源）、科学技术水平、科技发展路径、所处的发展阶段、地理位置、国际产业分工等密切相关。

优势产业不同于支柱产业。支柱产业一般是指那些现有规模较大，对地区经济贡献率较高的产业部门，构成了整个国民经济和地区经济的支柱（李悦，2004）。而优势产业代表产业发展的未来趋势，是产业结构演变的突破口和切入点。从产业演变的过程看，大多数支柱产业是由过去的优势产业演进而来的。所以，优势产业的选择和确定是受时间和空间条件制约的，优势产业的选择不能停留在现有支柱产业的范围之内，必须选择高成长率的产业并使之及时向支柱产业转化；支柱产业的振兴必须以优势产业的不断更新选择为基础。

优势产业也不完全等同于主导产业。主导产业是在经济成长中起主导作用的新部门，这些部门能有效地吸收新技术，本身具有较高的增长率，并且能够影响和带动其他部门发展（罗斯托，1988）。与主导产业相比，优势产业特别强调该产业部门所具有的竞争优势。当然，多数地区主导产业本身就是优势产业。

二、中部地区优势产业的选择与确定

（一）中部地区优势产业的选择

根据比较优势、专业化程度、产业关联程度、产业竞争力、产业发展潜力五方面指标的分类值对中部地区优势产业进行分析和选择（表1）。如果加总值为5，则说明该行业优势明显，是具有绝对优势的产业；如果为2~4，则说明该产业具有较明显的优势，是具有相对优势的产业；如果为1，则说明该产业具有较明显的劣势，是具有相对劣势的产业；如果为0，则说明该产业不具有优势，是具有绝对劣势的产业。

表1　　　　　　　　中部地区优势产业的选择

优势产业类型	行业名称	专业化	产业关联度	竞争力	产业发展潜力	比较优势	合计
绝对优势产业	煤炭采选业	1	1	1	1	1	5
	食品制造业	1	1	0	1	0	3
	石油加工及炼焦业	1	1	0	1	0	3
	黑色金属冶炼及压延加工业	1	1	1	0	0	3
	有色金属冶炼及压延加工业	1	1	1	0	0	3
	有色金属矿采选业	1	0	0	1	0	2
	非金属矿物制品业	1	0	1	0	0	2
	电力、燃气及水的生产和供应业	0	1	1	0	0	2
相对劣势产业	食品加工业	0	0	1	0	0	1
	饮料制造业	1	0	0	0	0	1
	烟草加工业	1	0	0	0	0	1
	造纸及纸制品业	0	0	1	0	0	1
	医药制造业	1	0	0	0	0	1
	普通机械制造业	0	1	0	0	0	1
	电气机械及器材制造业	0	0	0	0	1	1
	仪器仪表及文化办公机械制造业	0	0	1	0	0	1

续表

优势产业 类型	行业名称	专业化	产业关联度	竞争力	产业发展潜力	比较优势	合计
绝对劣势产业	石油和天然气开采业	0	0	0	0	0	0
	黑色金属矿采选业	0	0	0	0	0	0
	纺织业	0	0	0	0	0	0
	化学原料及化学制品制造业	0	0	0	0	0	0
	化学纤维制造业	0	0	0	0	0	0
	金属制品业	0	0	0	0	0	0
	专用设备制造业	0	0	0	0	0	0
	交通运输设备制造业	0	0	0	0	0	0
	电子及通信设备制造业	0	0	0	0	0	0

（二）　中部地区优势产业的确定

以上通过定量方法对中部地区优势产业进行了选择，但由于定量指标不可能涉及优势产业选择的各个方面，故按此选择的优势产业并不能完全反映中部地区的实际情况。

第一，中部地区优势产业要发挥资源优势，但又不能囿于资源优势。前面通过定量方法所选择的优势产业主要反映了中部地区的资源优势。发挥资源优势不仅是欠发达地区产业发展起步阶段必须遵循的最主要原则，也是欠发达地区产业长期发展必须遵循的重要原则。但是产业尤其是优势产业的发展绝不能囿于资源优势（国务院发展研究中心发展战略与区域经济研究部，中部六省政府发展研究中心，2006）。一个地区的经济发展如果过分依赖于自然资源，则有可能陷入"资源依赖"的陷阱之中，难以实现产业结构的调整和升级；从发展趋势看，区域经济发展及其产业竞争力越来越依赖于规模经济、外部性及产品的差异性，资源尤其是自然资源在经济发展中的重要性逐步降低。因此，中部地区优势产业的选择和培育，需要发挥资源优势，但是发挥资源优势并不是中部地区产业发展必须遵循的唯一原则。这也说明，中部地区要致力于创造一种有利于高等要素不断生成、发展、提高和升级换代的环境，只有这样，才能提升中部地区的产业竞争优势，因为高等要素是极其稀缺和难以仿效的，只有经过长期投资和培育才能创造出来，它在竞争中的作用越来越重要。

第二，中部地区优势产业的选择与培育，既要立足于现有基础，更要重视培育新的优势产业。在长期的发展过程中，中部地区已经在全国形成了具有重要影响的能源原材料产业和食品等产业部门。中部崛起首先要依托这些具有优势的产业部门，因为这些产业的发展不仅是进一步积累工业化所需资金的需要，也是积累工业化所需知识和经验的需要。但是，仅依靠这些优势产业并不可能实现中部崛起，中部地区必须培育更多的优势产业。

根据以上分析，同时参考"十一五"时期中部各省重点发展的产业，提出中部地区的优势产业为：（1）特色农副产品精深加工业，包括食品工业和烟草工业；（2）能矿资源开发及高载能产业①，包括煤炭的开采与加工、电力工业、钢铁工业、有色冶金、煤化工；（3）高新技术产业，包括新材料、生物医药、电子信息、光机电一体化等；（4）装备制造业，包括交通运输设备制造业、数控机床、电力冶金矿山等成套设备。

三、构建"丰"字型优势产业带

中部地区优势产业的发展，要适当集中力量，突出重点领域和重点区域，使其逐步走上专业化、特色化和集群化的道路，要谨防各地搞低水平重复建设。在产业空间布局上，要充分发挥地区优势，加强专业化分工，鼓励各地特色产业向专业化、集群化方向发展，不断延长产业链条，发展产业链经济，提高产业配套能力。要依托主要交通干线和中心城市，以高新区和开发区为重点，实行重点开发，逐步在中部地区建成以京广铁路为一级产业带，陇海铁路、长江、浙赣—湘黔铁路为二级产业带的"丰"字型优势产业带，和一批具有规模效应和市场竞争力的工业走廊和优势产业基地，由此带动整个中部地区经济社会的持续快速发展，推动中部尽快崛起。

（一）京广铁路优势产业带

中部地区京广铁路优势产业带贯穿中部的河南、湖北、湖南，向北延伸可以包括山西的同蒲—太焦铁路沿线的大同、朔州、太原、长治、晋城

① 高载能产品就是在产品价值中能源价值比较高的产品。从产业角度看，生产高载能产品的产业，就是高载能产业。高载能产业在生产过程中必然伴随着高耗能，所以高载能产业本质上就是高耗能产业。

等城市，连接了中部地区的近 30 个大中城市，形成中部地区辐射面最宽的优势产业带。山西的煤炭采选、钢铁工业、装备制造业，河南的食品工业、有色冶金，湖北的汽车工业、钢铁工业、高新技术产业，湖南的交通运输设备、高新技术产业等在全国具有相当的优势。因此，要加紧发展京广沿线的城市和地区，促进生产要素向本产业带的集中，促进经济结构调整，优先发展高新技术产业化和装备制造业，促进京广铁路优势产业带的尽快形成，使之成为我国 21 世纪新的产业发展空间。这对于东部沿海发达地区积极参与国际竞争，进行产业结构升级具有重要意义。

本优势产业带南部的长株潭，要按照现有城市格局，结合区位特征，引导城市功能，做强综合竞争力，建设成为提升综合竞争力的核心增长极、促进我国中部地区崛起的战略支撑点。

（二）陇海铁路优势产业带

中部地区陇海铁路优势产业带的主体是郑汴洛工业走廊，向东可以辐射河南的商丘和安徽的淮北，向西则辐射河南的三门峡和山西的运城。本优势产业带逐步建成以现代制造、高新技术、能源、石化等产业密集区为支撑，以沿线城市为结点的产业发展带。

郑州是中原城市群的核心城市，带动中原城市群发展的龙头，中原地区区域性金融中心和全国性商贸物流中心，中国重要的先进制造业和高新技术产业基地。应继续加大产业结构调整力度，提升制造业的层次，发展高新技术产业。

洛阳是中原城市群的副中心城市，中原西部地区区域性中心城市，全国重要的装备制造业和原材料基地，河南省重要的科研基地。应凭借雄厚的工业基础和科技条件，着力发展先进制造业、火电、电解铝、石油化工等优势产业，同时加大对于高新技术产业的投入力度，进行老工业基础改造。

开封位于河南省的东部，是欧亚大陆桥双向对外开放的中心城市之一。其发展方向是郑州市的重要功能区，中原城市群重要的轻纺、食品、医药和精细化工基地。

（三）长江优势产业带

中部地区沿长江优势产业带西起湖北宜昌，东至安徽马鞍山，集中了中部地区的 19 个大中城市，既是我国重要的黄金水道，又是沟通东中西部的纽带和桥梁，具有广阔的腹地和国内市场。沿江的湖北、湖南、安徽、江西，应优先发展长江沿岸地区，充分重视沿江产业布局，加快产业和要素的聚集；修建沿江铁路，大力发展加工业、高新技术产业，引导冶金、石化、电力、汽车、建材等大耗水、高载能、大运量的优势产业以及水路联运、江海联运等扩散性强的产业沿江布局，形成临港工业区、高科技园区、出口加工区等多元综合体，尽快形成沿江优势产业带，并以此带动航运发展（国务院发展研究中心发展战略与区域经济研究部，中部六省政府发展研究中心）。

积极推动武汉城市圈建设。按照"基础设施一体化、产业布局一体化、区域市场一体化、城乡建设一体化"的总体部署，加快武汉城市圈内交通、产业、市场、科技对接，促进圈内资源共享、产业融合和企业重组，形成武汉辐射周边、周边支持武汉的格局。加快发展高新技术、机械制造、冶金及新材料、农产品加工等产业群。重点发展高技术、深加工、高附加值的先进制造业和现代服务业，积极推动轻纺、食品、建材、化工等传统产业向周边城市转移或延伸，把武汉建成全国重要的先进制造业基地、发达的交通枢纽和现代服务业中心（湖北省发展和改革委员会，2006）。

着力加快安徽沿江城市群建设，推动沿江城市跨江合作和联动发展，尽快形成以长江及重要交通干线为主轴、以先进制造业为主导的产业密集带和城市群（安徽省发展和改革委员会，2006）。进一步加快沿江地区公路、跨江大桥、城际铁路、水运、航空等交通建设，形成对接长江三角洲经济圈、连通中西部的快速便捷的立体交通网络。积极开发长江黄金水道，优化整合岸线资源，上下游统筹开发，提高集约利用水平。就近承接长江三角洲地区的产业转移，不断壮大原材料、化工、汽车、电子等支柱产业。

加快昌九工业走廊建设，发挥南昌人才、科技优势和产业带动作用，积极利用九江沿江港口辐射作用，联动发展沿线城镇和工业园区，把昌九工业走廊建设成为石油化工、汽车机械、冶金建材的产业密集区（江西省发展和改革委员会，2006）。

（四）浙赣—湘黔铁路优势产业带

中部地区浙赣—湘黔铁路优势产业带，以浙赣—湘黔铁路为主轴线，东起江西上饶，经鹰潭、南昌、萍乡，西至湖南怀化。从目前的产业基础、人口分布和区域资源环境出发，应以上饶、鹰潭、南昌、新余、宜春、萍乡、株洲、娄底、怀化为节点，建设浙赣—湘黔优势产业带。在浙赣—湘黔优势产业带上，南昌的冶金、机械、航空工业，上饶的汽车工业，鹰潭的有色金属冶炼及加工，新余的钢铁工业，宜春的机械工业，萍乡的煤炭工业，株洲的机车工业等在中部地区乃至全国均具有重要的地位。要积极引导周边生产要素向该区域集中，扩大中心城市对经济发展的聚集效应和辐射带动作用，把浙赣—湘黔优势产业带建设成特色鲜明、技术水平高、配套能力强、布局合理、功能互补的优势产业集聚区，成为开放程度高、外向型明显、大规模承接沿海产业转移的开放型经济密集区。这一优势产业带的建设对于中部地区承接长江三角洲的产业转移具有重要意义。

四、中部地区优势产业发展的方向和重点

（一）提升特色农副产品精深加工业

中部地区农畜产品资源丰富，且特色鲜明，适合现实市场消费水平升级和多样化的要求，具备开发和培育绿色产品、特色产品和名优产品的资源基础。但中部农副产品的加工增值有赖于农产品加工业的发展。中部特色农副产品精深加工主要有食品工业和烟草工业。

食品工业的发展重点是：（1）提升粮食和畜禽加工两大优势。培植骨干企业，以精深加工、品牌营销、集约发展引领食品工业结构升级，完善食品安全生产体系，推进粮食、油料、畜禽、水产、果蔬等农产品精深加工，做强做精面制品、肉制品和淀粉加工产品链，培育壮大乳制品、果蔬、油脂、休闲食品等高成长性行业。（2）大力发展绿色食品、保健食品和功能性食品（南昌大学中国中部经济发展研究中心，2006）。一是要营造和优化绿色生态。围绕食品原料基地，有效解决环境污染和农产品质量安全问题，实现食品原料基地化、技术生态化、过程清洁化和产品无害化。二是研究和开发新的绿色食品、保健食品和功能性食品。以绿色产品、保健食品和功能性食品的标准体系、质量监督检测体系、质量认证体系、标准推广体系等的建设为标志，规模开发和营销真正的无公害、无污染、质量稳定、营养结构更加合理的绿色食品、保健食品和功能性食品。（3）积极培育和发展名牌产品。应保护现有名牌产品，充分挖掘历史名

牌产品，积极培育和发展新的名牌产品。壮大优势企业，形成以名牌产品为主导、产业集聚发展、竞争优势明显的产业格局。

适度发展烟草工业。整体而言，中部地区的烟草工业不具有优势，但在局部地区（如湖南、河南等省）还是具有一定优势的。鉴于烟草工业并不是国家鼓励发展的产业，因此，中部地区宜适度发展烟草工业，发展方向是充分发挥品牌效益优势，抓住国家培育具有国际竞争力的烟草集团的机遇（湖南省发展和改革委员会，2006）。

（二）做强能矿资源开发及高载能产业

中部地区的能矿资源开发及高载能产业主要包括煤炭的开采与加工、钢铁工业、有色冶金、煤化工，其发展方向与重点如下：

（1）煤炭的开采与加工。一是保持煤炭产量适度增长，加强对煤炭生产的宏观调控。提高煤炭洗选率和资源转化率，加快采用高新技术和先进适用技术，提高煤炭工业装备水平，提高资源回收和综合利用水平；在资源开采环节，要执行严格的准入制度，提高开采规模、开采技术、生产安全、资源回采率等方面的准入标准，杜绝无序开发；调整改造中小煤矿，依法关闭不具备安全生产条件、破坏资源和污染环境的煤矿。二是整合焦化工业。关闭取缔所有改良焦、小机焦以及不符合产业布局、不具备化产回收和污染防治设施的焦化项目；加大化产回收，支持焦化企业建设一批化产回收和热能利用项目，发展化产深加工。三是在近煤富水地区建设一批大型坑口电站。搞好资源综合利用，在煤矸石、洗中煤、煤层气（瓦斯）、煤气富集地区建设一批综合利用的发电项目。四是加强对煤炭资源的规划与开发管理（南昌大学中国中部经济发展研究中心，2006）。加强煤炭资源勘探，统筹规划，合理开发，减少煤炭开发对生态环境的影响。

（2）钢铁工业。在我国传统九大钢铁工业基地中，中部地区集中了太原、武汉、马鞍山三个。2001～2004 年黑色金属冶炼及压延加工业的区位商由 1.34 提高到 1.40；相对产值利润率由 0.96 提高到 1.07。中部地区钢铁工业的发展，要合理调控钢铁产能，提高产品档次，建成全国重要的精品钢基地。骨干企业在扩大规模的同时，要着力强化科技创新能力；提高技术装备水平，根据市场需求和资源环境承载能力，进一步控制生铁、普钢生产总量；优化钢种结构，扩大硅钢、新型建筑结构钢、优质合金钢、汽车用钢、优质齿轮钢及轴承钢等品种。大力发展汽车板、硅钢片等高附加值产品，把武汉建成世界一流钢铁企业、全球最大的冷轧硅钢片生产基地和全国汽车板材主要生产基地。

（3）构建四条有色金属产业链。利用河南、山西得天独厚的铝土矿资源优势，延长和完善铝产业链条，目前要重点发展民用和工业用铝型材；发挥江西、湖南、安徽、湖北铜、铅、锌资源优势，打造强大的铜、铅、锌产业链；加快锑产品的升级，不断扩大锑深加工产品（如阻燃剂、催化剂、颜料等）的比例，加速构建采选—冶炼—高附加值锑化工产品的产业链；加大对钨、钼、铋高新技术产业的投资力度，形成从钨、钼、铋精矿直到高档次硬质合金，高品质钨丝、高级合金、新能源材料和精细化工产品的产业链。

（4）煤化工。中部地区尤其是山西，要将煤化工发展放在更加突出的战略位置，稳步提高煤化工增长速度和占全部工业增加值的比重。进一步完善煤化工的技术路径和产业模式，培育一批在全国具有重要影响力的骨干企业和一批国家级煤化工技术研发中心（山西省发展和改革委员会，2006），使之成为全国最具代表性的煤化工基地。应以甲醇精细化工为龙头，一是发展优质、清洁液体能源产品；二是发展甲醇精细化工产品。

（三）积极发展高新技术产业

面对高新技术产业在世界范围内的迅速发展，以及东部沿海发达地区高新技术产业的崛起，中部要崛起必须发展高新技术产业，而中部发展高新技术产业又缺乏相应的创新环境与创新能力。在这种背景下，应在以下方面努力：

（1）在科研院所集中、科技实力较强的地区形成具有局部优势的高新技术产业。武汉、合肥、长沙等地集中了我国大量的电子信息、生物技术与新医药、新材料、软件人才，应将各种资源组合起来，重点突破若干项高新技术，有可能使中部在某些方面超过东部。

（2）用现代手段对中部优势资源进行深加工。将高科技用于对中部优势资源进行深加工，是应用高科技促进中部崛起的另一条途径。如江西、湖南等省拥有丰富的中药材资源，可以推动医药企业和研究机构向园区集聚，构筑医药技术创新平台。培植优势品种，提升产业层次。积极引进、吸收和应用先进的提取、纯化和制剂技术，加快产业化。加快名优中成药、新型医药制剂、现代中药等的二次开发，着重在中药饮片、中药保健品等方面创出特色。

（3）用高新技术改造传统产业。一方面要推广计算机辅助设计，引进企业的生产设备和生产工艺，提高企业的技术装备水平；另一方面要通过信息化带动工业化，利用互联网和电子商务改造传统工业，主要是改造传统的管理方式，重组业务流程，加强财务、销售、生产制造和采购等各个生产子系统的协同性，从而达到降低成本、提高市场竞争力的目的（王金祥、姚中民，2006）。对于产品有市场前景、因技术落后而丧失竞争力的，要通过技术改造、增加技术含量而达到改造的目标；对于产品无市场前景、污染较严重的，可通过高新技术工业群形成中的兼并手段，实行产品结构和所有制结构的调整，如改造没有可能则应解决淘汰。

（4）充分发挥高新区的作用。中部地区共有 9 个国家级高新技术产业开发区，另有 36 个省级高新技术产业开发区。但是这些高新区尤其是国家级高新区的高新技术产业，与全国相比仍有相当差距，其营业总收入、工业总产值、产品销售收入等主要经济指标仅相当于全国的 4.0% 左右。因此，必须采取切实措施充分发挥这些高新区在技术创新、产业集聚、体制和技术等方面的功能，提高技术创新能力，使创新成为中部经济发展的根本动力；进一步壮大高新技术产业，改造传统产业，使高新区成为中部新型工业化的主要基地。

（四）加快发展装备制造业

总体上，中部地区的装备制造业在全国没有明显的优势，但是，中部地区的太原、大同、长治、武汉、襄樊、洛阳、郑州、南昌、株洲等均是我国重要的老工业基地，也是我国重要的装备制造业基地，这些城市的交通运输设备、数控机床、冶金矿山设备等在全国占有相当优势，具有发展装备制造业的较强实力和基础。中部地区装备制造业的发展方向是：抓住国家振兴装备制造业和提高装备国产化水平的机遇，围绕有优势的装备制造行业，努力突破核心技术，积极引进战略投资者，研制一批对产业升级有明显带动作用的重大技术装备，培育一批集研发设计制造于一体、具有国际竞争力的大企业、大集团。

参考文献：

1. 刘树成主编：《现代经济辞典》，凤凰出版社、江苏人民出版社2005年版。
2. 李悦主编：《产业经济学》（第二版），中国人民大学出版社2004年版。
3. W. W. 罗斯托：《主导部门和起飞》，载 W. W. 罗斯托主编：《从起飞进入持续增长的经济学》，四川人民出版社 1988 年版。

4. 国务院发展研究中心发展战略与区域经济研究部、中部六省政府发展研究中心：《中部崛起战略与对策》，经济科学出版社 2006 年。

5. 湖北省发展和改革委员会：《湖北省经济和社会发展第十一个五年规划纲要》，2006 年。

6. 江西省发展和改革委员会：《江西省国民经济和社会发展第十一个五年规划纲要》，2006 年。

7. 安徽省发展和改革委员会：《安徽省国民经济和社会发展第十一个五年规划纲要》，2006 年。

8. 南昌大学中国中部经济发展研究中心：《中部地区优势产业发展研究》，经济科学出版社 2006 年。

9. 湖南省发展和改革委员会：《湖南省国民经济和社会发展第十一个五年规划纲要》，2006 年。

10. 山西省发展和改革委员会：《山西省国民经济和社会发展第十一个五年规划纲要》，2006 年版。

11. 王金祥、姚中民：《西部大开发重大问题与重点项目研究》，中国计划出版社 2006 年版。

（作者单位：山西师范大学）

西部民族地区的省际贸易与经济增长关系研究①

郑长德

一、区际贸易与经济增长：分析框架

（一）区际贸易与经济增长

区际贸易，是一个国家内部各地区间进行的商品贸易往来。此种商品贸易往来可以是产业间的，也可以是产业内，还可以是同种产品间的贸易。区际贸易作为国际贸易的一个特例，有相同的理论基础。例如，亚当·斯密的绝对成本假说、大卫·李嘉图的比较成本假说、赫克歇尔—俄林的要素禀赋理论等都可以用于解释区际贸易。保罗·克鲁格曼的新贸易理论可以用于区域间的产业内贸易。用博弈论的方法可以分析区际间同种产品的贸易为什么可以增进两个地区的福利。这里的重点不在为什么会有区际贸易，而在于区际贸易与地区经济增长间的关系。

区际贸易作为一种影响区域经济增长的主要贸易形式，通过使地区间要素价格的均等化，提高贸易区域的实际收入，有效地使用每个区域的资源赋有量，最终实现区域的经济增长。关于区际贸易和经济增长的关系可以在经济增长的贸易基础模型框架下进行分析。该模型是一种需求驱动（Demand Driven Model）模型，其基本思想是将区域的产业部门按照是否向区域外"出口"产品和劳务而分成基础部门和非基础部门，基础部门向非基础部门提供需求，区域经济的增长取决于基础部门和非基础部门的比例，这一比例越高，则区域经济增长率越高。

---

① 基金项目：国家社科基金"西部民族地区经济发展问题研究"（批准号：04XJY035）阶段性成果。

区域的产出可分为两部分：贸易的产出和区域消费的产出。即基本部门和非基本部门（服务部门）。用公式表示：

$$Y = Y_x + Y_1$$

其中，Y 为总产出，Y_x 为基本部门产出，Y_1 为服务部门产出。这里，Y_1 是由经济的总产出水平决定的，因为它包括于为基本部门的服务和为城市居民的服务，因而有：

$$Y_1 = a + bY = a + b(Y_1 + Y_x)$$

这里，a 与 b 为参数。从而有：

$$Y_1 = \frac{a}{1-b} + \frac{b}{1-b}Y_x$$

$$Y = \frac{a}{1-b} + \frac{1}{1-b}Y_x$$

设总产出和基本部门的产出的增长率分别为 y，y_x，于是有：

$$y = y_x \frac{Y_x}{a + Y_x}$$

所以，区域经济的增长由区域外对地区基础部门出口产品的需求及其变动引起的。这种区域外需求的增长通过乘数作用而最终决定了区域经济的增长幅度。设 N 代表区域外的净需求，Bi 代表国外的净需求，Br 代表国内其他地区的净需求。那么，依据该模型，有：

$$Y_x = f(N)$$
$$= f(Bi + Br)$$

$$\frac{\partial Y_x}{\partial Bi} > 0; \quad \frac{\partial Y_x}{\partial Br} > 0$$

这样，不同地区的区际贸易差额决定了区域经济发展速度，从而影响区域经济发展差距。

（二）贸易条件与经济增长

区际贸易条件是一个地区输出商品的价格与输入商品价格的比率，设 P_x 为输出商品的价格总指数，P_m 是输入商品的价格总指数，于是区际贸易条件（T）可定义为：

$$T = \frac{P_x}{P_m} \times 100\%$$

如果一个地区的 T 值不断增加，则意味着该地区输出商品价格总水平比输入商品价格总水平上升的幅度大（或下降的幅度小），就表明该地区贸易条件得到改善。相反，也就意味着该地区区际贸易条件恶化。如果贸易条件有利，从区际贸易中获得的贸易利益就较多。反之，如果贸易条件不利，从区际贸易中获得的贸易利益就少，甚至为负。

如果一个地区的区际贸易条件恶化，对该地区居民的福利水平是不利的。Bhagwati（1958，1968）分析了所谓的"贫困化增长"（Immiserizing growth），即由于技术进步或者要素积累带来的经济增长，如果导致贸易条件的严重恶化，那么该地区居民真实收入的损失就会超过因经济增长本身带来的福利所得。如图 1 所示，AB 和 A'B'是地区增长前和增长后的生产可能性曲线，增长前的生产、消费和福利分别是 E、C 和 U。增长后的生产、消费和福利分别在 E'、C'和 U'。贸易条件从 EC 退化到 E'C'，福利从 U 下降到 U'。也就是说，贸易条件恶化带来福利水平的下降。①

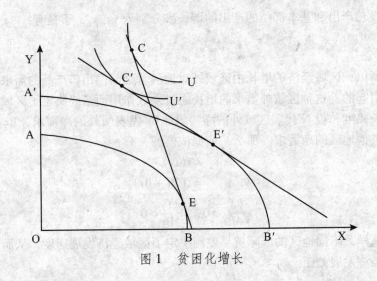

图 1 贫困化增长

二、西部民族地区的区际贸易

根据我国现行的国民经济核算体系，地区支出法生产总值中的货物和货物净出口，除包括本地区国际收支平衡表中反映的对外名义进出口及与国外的非贸易往来部分外，还包括地区间货物和货物的流入流出，即省际

---

① Bhagwati, Jagdish, "Immiserizing Growth: A Geometrical Note", Review of Economic Studies, June 1956.

贸易。设 N 表示地区生产总值中的货物和劳务净出口，Br 代表省际贸易差额，Bi 代表国际贸易差额，因此有：

$$N = Br + Bi$$
$$Br = N - Bi$$

这里，地区的国际贸易差额数据采用按商品进口目的地和出口货源地统计的外贸进出口值。如果 Br < 0，则表示区际贸易处于逆差状态；反之，Br > 0，就表示区际贸易处于顺差状态。

按照上面的公式，这里计算了 1992 年以来西部民族地区的省际贸易差额，见表 1 和图 2。显然，1992 年以来，西部民族地区绝大多数时间处于省际贸易逆差状态，而且省际贸易逆差的数额在逐年递增。2005 年西部民族地区 10 个省市区（不含西藏）的省际贸易逆差就达到 4282.78亿元。

表 1　　　　　　西部民族地区省际贸易（1992～2005 年）　　　单位：亿元

年份	内蒙古	广西	重庆	四川	贵州	云南	甘肃	青海	宁夏	新疆
1992	-52.18	-38.93		-5.38	-19.91	-51.66	-45.38	-16.93	-27.06	-98.15
1993	-66.14	-25.11		16.08	-31.31	-79.17	-42.70	-15.94	-30.12	-136.86
1994	-50.39	-3.60		59.47	-30.42	-37.40	-51.11	-20.60	-33.13	-144.97
1995	-21.99	-106.75		-13.96	-103.69	20.64	-39.12	-30.58	-33.80	-48.90
1996	-31.87	-131.66	23.57	24.14	-149.71	34.84	-46.34	-35.32	-36.33	-53.51
1997	-47.36	-87.51	-13.56	-8.15	-178.74	-77.72	-71.61	-46.80	-37.05	-81.70
1998	-29.43	-124.05	-22.18	-2.45	-194.39	-102.00	-45.51	-49.00	-55.46	-172.91
1999	-32.41	-82.53	-16.55	31.44	-256.75	-155.14	-44.14	-54.57	-68.68	-75.61
2000	4.10	-151.55	-109.74	-5.42	-286.46	-276.36	-44.62	-78.07	-103.25	12.33
2001	-4.51	-186.23	-144.46	3.28	-362.08	-297.35	-44.25	-117.28	-145.67	-54.94
2002	-127.24	-149.67	-215.91	-61.77	-367.08	-202.98	-50.26	-137.06	-183.79	-173.38
2003	-331.52	-173.61	-414.07	-17.71	-352.30	-297.57	-72.35	-163.68	-239.57	-265.32
2004	-567.89	-87.08	-476.60	-17.71	-379.40	-405.52	-82.94	-181.53	-277.47	-298.18
2005	-603.69	-147.21	-640.34	-340.59	-692.03	-820.45	-137.15	-197.88	-296.36	-407.09

注：各地区对外贸易净出口值采用按进口目的地和出口货源地统计数；人民币汇率按年平均汇率中间价。"-"为省际贸易逆差。

资料来源：作者根据《新中国五十五年统计资料汇编》、《中国统计年鉴》（1994～2006 年）相关数据计算得到。

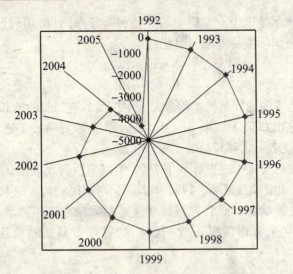

图2　1992～2005年西部民族地区的省际贸易差额
（不含西藏，单位亿元）

表2　　　　　　　西部民族地区省际贸易差额占地区
生产总值的比重（绝对值,%）

年份	内蒙古	广西	重庆	四川	贵州	云南	甘肃	青海	宁夏	新疆
1992	12.37	6.02		0.46	5.86	8.35	14.28	19.34	32.54	24.40
1993	12.42	2.88		1.08	7.53	10.16	11.47	14.54	29.01	27.07
1994	7.39	0.30		2.97	5.84	3.84	11.32	14.90	24.73	21.52
1995	2.64	7.13		0.56	15.99	1.71	7.07	18.44	19.91	5.93
1996	3.24	7.75	2.00	0.81	20.57	2.34	6.49	18.82	18.77	5.87
1997	4.37	4.82	1.00	0.25	22.10	4.73	9.17	22.49	17.57	7.78
1998	2.52	6.52	1.55	0.07	22.21	5.69	5.23	21.84	24.38	15.48
1999	2.58	4.23	1.12	0.85	28.16	8.36	4.74	22.59	28.44	6.47
2000	0.29	7.39	6.87	0.14	28.83	14.14	4.52	30.84	38.88	0.90
2001	0.29	8.35	8.16	0.07	33.37	14.33	4.09	39.78	48.82	3.70
2002	7.22	6.10	10.69	1.27	30.98	9.09	4.34	40.57	55.81	10.85
2003	15.27	6.35	17.79	0.32	25.98	12.07	5.55	41.99	62.17	14.13
2004	20.94	2.62	17.36	0.27	23.82	13.70	5.32	38.98	60.27	13.55
2005	15.50	3.61	20.33	4.61	34.97	23.62	7.09	36.42	48.90	15.63

资料来源：根据表1计算得到。

　　从省际贸易差额和地区生产总值的比值看，1992 年西部民族地区（不含西藏）省际贸易差额占地区生产总值的比重为 8.68%，到 2005 年该比重上升到 14.45%（见图 3）。分地区看，大多数地区该比重处于上升的态势。

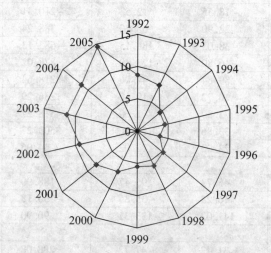

图 3　1992～2005 年西部民族地区省际贸易差额占地区
生产总值比重的变化（%）

　　从全国看，东部地区大多数省市省际贸易呈现顺差状态，且其顺差额持续增加，特别是上海、北京、江苏、河北、山东等地最为典型，中部地区省际贸易差额较小，基本处于平衡状态，与西部民族地区省际贸易逆差的持续扩大形成鲜明对比（见表 3）。那些省际贸易收支净流入的地区在国内市场竞争中处于强势地位，基本上是发达地区赢得了欠发达地区的市场，赢得了更多生存和发展的市场空间，在全国的省际贸易中得益较多。① 而西部民族地区生存和发展的市场空间受到了挤压，在全国的省际贸易中得益较少。

---

　　①　朱泽山：《区际贸易差额与区域经济协调发展》，载《全球经济失衡与中国经济发展》，经济管理出版社 2006 年版。

表3　　　　　　　　中国各省市区的省际贸易差额　　　　　单位：亿元

	1992 年		2005 年	
	国际贸易差额	省际贸易差额	国际贸易差额	省际贸易差额
东部地区				
北京	-124.58	146.98	-1367.42	1133.35
天津	-18.55	12.53	-210.31	432.57
河北	22.90	68.20	388.24	764.19
上海	-38.03	188.15	-683.13	1231.46
江苏	-16.80	123.40	878.02	576.44
浙江	89.84	44.06	3218.64	-2602.75
福建	10.72	-19.62	1236.29	-906.56
山东	73.80	-1.60	518.27	760.44
广东	-33.86	128.46	3503.27	-1053.34
海南	-22.02	22.02	-34.06	35.59
东北地区				
辽宁	45.73	95.47	188.90	-9.48
吉林	16.25	-35.85	-150.18	118.02
·黑龙江	141.02	-133.32	90.90	801.15
中部地区				
山西	31.42	-47.72	288.08	-318.40
河南	9.46	56.54	176.99	36.95
湖北	1.43	42.86	-131.49	62.34
湖南	29.23	-58.93	61.64	-162.07
安徽	-22.49	36.37	73.53	-84.12
江西	8.16	-36.46	28.57	-66.09
西部地区				
内蒙古	6.68	-52.18	-59.74	-603.69
广西	13.02	-38.93	-1.54	-147.21
重庆			46.24	-640.34
四川	3.40	-5.38	41.79	-340.59
贵州	2.18	-19.91	18.88	-692.03
云南	2.69	-51.66	-18.34	-820.45
西藏	-1.77	-45.38	6.79	-124.44
陕西	-1.95	-16.93	125.53	-246.14
甘肃	4.31	-27.06	-63.46	-137.15
青海	1.24	-98.15	11.20	-197.88
宁夏	3.95	-52.18	35.58	-296.36
新疆	2.77	-38.93	137.91	-407.09

资料来源：根据《新中国五十五年统计资料汇编》、《中国统计年鉴（1995）》和《中国统计年鉴（2006）》相关数据计算得到。

　　当然，区际贸易差额的存在并不能说明全部问题。实际上，如果处于逆差状态的地区购入的商品和劳务填补了本地供给的缺口，这将对本地经济社会发展有利，例如，浙江、广东、福建的省际贸易呈现的逆差状态，主要是在外区购进了大量的工业原材料和燃料动力，而且这三个地区的国际贸易呈现的是顺差状态，也就是说，国内的省际贸易逆差得到了国际贸易顺差的补偿，而且这三个地区国际贸易差额和省际贸易差额的和为正值，说明它们从其他地区购进的商品和劳务有助于生产发展、经济增长，有助于从国际市场上赢得更大的生存和发展空间，起到了以国际市场带动国内区际贸易的作用。

　　但是，对于西部民族地区的省际贸易逆差，一方面在地区生产总值中的比重高，如2005年西藏、宁夏的省际贸易差额占其地区生产总值的比重接近50%。区际贸易逆差占地区生产总值的比重较高，会带来地区经济发展的市场空间缩小，引发区际利益矛盾。

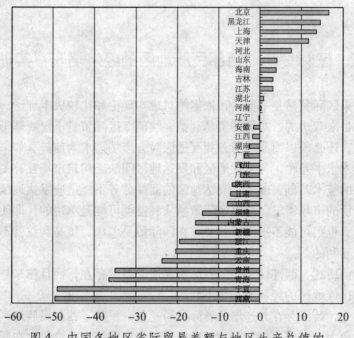

图4　中国各地区省际贸易差额与地区生产总值的
比重%（2005年）

另一方面，从西部民族地区区际贸易的商品构成看，调出的主要是资源性产品和原材料产品，这些产品需求价格弹性低，调入的主要是工业制成品和高新技术产品，这些产品需求价格弹性高。况且在现有的价格形成机制下，资源性产品和原材料产品政府管制程度高，而工业制成品和高新技术产品主要由市场定价，再加上政府对主要蕴藏于西部民族地区的资源的产权管制，使得西部民族地区在区际贸易格局中面临不利的贸易条件。

再者，即使是西部民族地区调出的传统优势产品，近几年的调出量在下降，例如，云南近几年的传统优势产业——矿产品、农产品的调出下降[①]，说明这些产业的竞争力在下降。

此外，西部民族地区的省际贸易逆差的绝对数大于国际贸易的顺差数，且有的地区是区际贸易和国际贸易双逆差，结果区域的货物和货物的净出口为负。

这些都说明，从区际贸易看，西部民族地区处于"贫困化增长"状态。

三、区际贸易与西部民族地区的经济增长：实证分析

如果区际贸易是平衡的，依据绝对成本理论和比较成本理论，区际贸易能够带来双边的、对等的贸易利益。然而，区际贸易不仅要基于存在贸易利益，还必须以商品、劳务相互适应对方市场需求为前提。如果地区间存在技术水平差距，欠发达地区和发达地区间缺乏构筑市场互补关系的相同水平的技术基础，或者欠发达地区的商品劳务不能适应发达地区生活质量提高后的市场需求，这时区际贸易从利益就可能是单边的，即使贸易是双边的，也很可能不平衡，只要存在区际贸易差额，贸易利益就不一定是对等和互利的。

如前所述，西部民族地区省际贸易逆差持续存在，而且越来越大。这对西部民族地区的经济增长是不利的。

首先，持续存在并递增的省际贸易逆差，反映了西部民族地区产业的整体竞争力在减弱。一方面西部民族地区传统优势产品竞争力在减弱，而

---

① 梁双陆、杨先明：《中国西部地区省际贸易逆差研究》，载《云南社会科学》2005年第5期。

另一方面工业制成品和高新技术产品尚处于很低的发展水平上，尚未形成竞争优势。

其次，西部民族地区的货物和货物的净出口为负，抵消了投资、消费和外贸净出口对经济增长的贡献，抑制了经济增长。前面在对西部民族地区经济增长的分析中，我们发现地区货物和货物的净出口对经济增长的贡献率和拉动率在西部民族地区的绝大多数时期都是负的。这里再利用西部民族地区（不含西藏和重庆）10 个省区 1992～2005 年的面板数据进行分析，结果见表 4。显然，各地区的省际贸易差额对其经济增长有抑制作用。

表4　　　　省际贸易差额与经济增长：Pooled Least Squares

Variable	Coefficient	Std. Error	t – Statistic	Prob.
省际贸易逆差占 GRP 比重	– 0. 099696	0. 024938	– 3. 997706	0. 0001
固定效应				
内蒙古	11. 49199	甘肃	9. 290213	
广西	10. 68689	青海	7. 139959	
四川	10. 62752	宁夏	6. 009636	
贵州	6. 983846	新疆	8. 200368	
云南	8. 438185			
R – squared	0. 251229	Mean dependent var		10. 16905
Adjusted R – squared	0. 193135	S. D. dependent var		2. 510855
S. E. of regression	2. 255392	Sum squared resid		590. 0682
Log likelihood	– 276. 0555	Durbin – Watson stat		0. 614519

再其次，西部民族地区持续递增的区际贸易逆差强化了其与东部发达地区的发展差距。例如，分析贵州 1992～2005 年的省际贸易差额占地区生产总值的比重和贵州与江苏的相对人均地区生产总值（＝贵州人均地区生产总值／江苏人均地区生产总值）间的关系，如图5所示，两者间的相关系数为 0. 867，即省际贸易逆差的绝对值越大，贵州与江苏人均地区生产总值间的差距越大。因此，省际贸易逆差强化了西部民族地区与发达地区的发展差距。西部民族地区省际贸易的持续逆差还扩大了其与发达地区的技术发展差距。

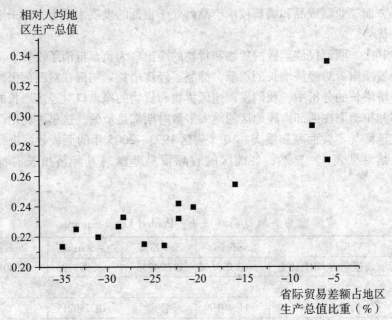

图 5 贵州与江苏的相对人均地区生产总值和贵州
省际贸易差额的关系

四、结论与政策建议

本文的研究表明,1992 年以来,西部民族地区绝大多数时间处于省际贸易逆差状态,而且省际贸易逆差的数额在逐年递增。这种持续存在并递增的省际贸易逆差,反映了西部民族地区产业的整体竞争力在减弱,抵消了投资、消费和外贸净出口对经济增长的贡献,抑制了经济增长,强化了其与东部发达地区的发展差距。

省际贸易状况是省与省之间经济发展水平与综合经济实力较量的结果,西部民族地区省际贸易呈现逆差格局既有深刻的历史背景,又有诸多现实因素的影响。经济发展水平的相对落后决定了贸易逆差格局的必然性,基础设施落后引起的交易成本过高阻碍了区际贸易应有的发展,国家宏观经济管理政策中的"一刀切"对西部民族地区的发展也有不利影响,[1] 地方保

---

① 东部地区优先发展的国家战略实施了 20 多年后,现在东部地区已经形成市场化发展机制,但西部民族地区尚未形成。国家出台一项东西部同时实施的宏观经济政策,在市场机制作用下,东部地区对西部地区的极化效应强于辐射效应,只会导致东西部地区发展差距的扩大。

护主义也限制了西部民族地区区际贸易的发展。

西部民族地区省际贸易逆差加剧表明中国区域经济严重失衡，对于实现区域经济协调发展是极其不利的。因此，中央政府、东部地区和西部民族地区的各级政府应对此有充分的认识，积极支持西部民族地区区际贸易的发展。

首先，继续大力发展交通运输基础设施，弱化西部民族地区地理位置相对劣势。区域间贸易是通过相互连接的交通设施和可接受的运输成本来实现的。西部民族地区在地理空间上远离国内主要消费区达 2000～4000 公里，相当比重的贸易价差被运输成本抵消掉，如果运输成本和其他物流成本得不到大幅度降低，西部民族地区的贸易扩张将是不确定的。因此，发展交通运输基础设施，降低单位距离的运输成本，弱化地理位置相对劣势是西部民族地区发展区际贸易的根本途径之一。我们看到，在西部开发中，中央政府已将改善西部同外部联系的交通条件作为投资的主要项目，有理由相信，随着交通运输基础设施的改善，西部参与国内区际贸易的进程将大大加快。

其次，降低西部民族地区省际贸易持续逆差的关键是尽快提升其产业竞争力。因此要合理选择产业方向，提升西部民族地区参与区际贸易的能力。影响贸易的因素虽然有很多，但贸易的基础是产业。合理选择产业方向是提升西部民族地区参与区际贸易的能力的关键因素。随着资源性产品价格基本完全放开，导致西部民族地区利益流失的价格扭曲因素已不复存在，但初级产品与加工制成品相比所占的价格劣势地位不会有根本性改变。这意味着，西部民族地区如果仍以"输出初级产品、输入制成品"的贸易格局参与区际贸易竞争，对提升其贸易能力与利益不会有太大帮助。同时，按照某些学者的主张大力发展轻工业也未必是最佳选择，因东部地区已在这一领域占据绝对优势，西部再以这些行业与东部展开贸易，结果可想而知。根据已有的产业基础，寻求市场、环境需求和自身优势叠合的有效空间，才是西部民族地区在国内区际贸易中占据一席之地的关键。从目前情况看，西部民族地区在石油、水电、天然气、钢铁、有色金属等能源原材料及国防军工制造和电子工业方面具有特色并有较大的潜力。但劳动生产率、资本及技术等条件的低下与不足制约着其向商品优势和产业优势的转化。对此国家和地方政府应给予政策上的重点扶持与重点培育，设法让其形成专业化生产体系的现实优势。同时，应加速技术创新，以便把这些产业的总体技术水平提升到能满足国内产业升级的需要并且可与外商抗衡的高度。

再次,改善贸易条件,为西部民族地区开拓区际贸易提供有力保证。贸易条件的改善包括区域外和区域内两个方面。从区域外看,改善区际贸易条件一方面要求国家完善国内统一市场的建设,打破地区封锁,实现政策平等和规则统一;另一方面要求各地区放弃各自为战、恶性竞争的旧习,建立相互依赖、共同发展的国内产业及贸易格局。从区域内部来看,贸易条件的改善一方面取决于市场化改革,以培育独立的市场经济主体,另一方面要全面振兴批发商业,商贸流通业尤其是大型批发贸易流通业作为生产与消费的中介,在区际贸易中的作用是非常重要的,它不仅可以将本地区产品销售到其他地区,而且还具有开拓市场需求、创造市场需求的特殊功能。东部地区区际贸易扩张在很大程度上取决于其发达的商贸流通业。而西部地区不仅原有的商品流转体系基本瓦解,连体制外新增的流通组织也极少。因而建立发达的批发商业应是促进西部贸易发展的有效途径。

长期以来,西部民族地区相互分割和垄断的市场结构以及残缺不全的市场体系是制约其国内、国际分工的重要因素,也是其外向型经济发展水平低的重要原因。因此,打破地区垄断,建立统一市场,促进要素的自由流动,建立和健全市场体系(如劳动力市场、资本市场、技术市场和企业家市场等),是当前西部在发展对外贸易方面所应该做的基础性工作。唯有如此,才能以发达而高效的国内分工带动国际分工发展,进而带动对外贸易的繁荣。

最后,加大名牌战略实施力度,把提高产品质量和档次放在战略重点位置上,要发展和创造更多的名牌产品,重点是加强对市场的深层研究,加强西部民族地区产品结构调整的力度,适当压缩某些长线产品,增加名、优、新、特产品的生产和供给,实行质量等级品率和名牌优质优价并与生产、销售收入、分配挂钩,还需要引导和提高名牌产品生产企业的自我激励意识和自我保护意识,引导企业按国外的先进企业标准组织生产,使名牌产品要形成一定的经济规模,积极参与国际竞争,使西部民族地区的轻工产品赶上世界先进水平。同时,要强化促销工作,做好产品广告宣传,提高企业知名度,在消费者心中树立起良好的产品形象和企业形象,鼓励省内工商企业加强联合,联手推销地方工业品。

(作者单位:西南民族大学经济学院)

总部经济产业价值链与空间价值链

——西部地区总部经济发展研究

张永庆

一、总部经济产业价值链与空间价值链

当今，作为新的产业经济与区域经济增长点，总部经济发展模式在中国呈现良好的发展势头。总部经济发展带来企业总部和加工生产基地在空间上分离，总部向中心城市集群布局，产业加工基地向成本比较低的、远离中心城市的地区集群布局，形成区域性的"总部——生产基地"发展模式，构成了总部经济产业价值链与空间价值链。[①] 总部经济发展模式，在解决西部地区二元结构，带动城乡协调发展方面，具有巨大的实用空间与发展潜能。

（一）总部经济

所谓总部经济，是指企业总部在具有优良的基础设施环境与良好的商务服务业基础，人才、技术、信息、知识、资本等资源比较密集的中心城市（尤其是国际化城市）集聚，通过包括财务结算、投融资管理、市场营销、技术研发以及人力资源管理等总部经济活动带动总部产业及各类相关服务业发展，形成总部产业集群；通过企业总部与周边地区产业基地分工协作形成企业价值链，以及围绕核心产业与关联企业分工协作形成产业价值链，而发展起来的一种经济形态。

---

① Zhang Yongqing. *The Development of Headquarters Economy in Shanghai*: *Construction of the Value Chain at the Level of Industry and Space*. Globalising Worlds: Geographical Perspectives on Old and New Value Chains, Commodity Chains, Supply Chains Conference, 27 June – 1 July 2006, Auckland, New Zealand.

（二）总部经济产业价值链

企业总部等向特定区域的聚集，形成了总部经济产业集群与相关产业价值链。首先，企业总部的聚集以及企业总部的决策功能、市场管理功能、研发功能、投融资功能、财务结算功能等总部功能的发挥，形成了以研发、营销、结算、资本运作、战略管理等为核心的全新的产业模式——总部产业，并带动包括高技术服务业（软件业、计算机服务业、专业技术服务业、网络通讯服务业等）、专业服务业（人才服务、法律服务、会计服务、管理与公共关系服务等）和其他商务服务业等协调总部产业发展的总部型服务业的发展，总部产业和总部型服务业以总部基地为中心互补联动、集聚发展，形成总部产业集群。① 其次，企业总部通过指挥在它周边地区的工厂、办事处、子公司和其他相关机构，进行资金、生产、贸易、人才和信息的集中运作与协调管理，形成了企业价值链（见图1）。同时，核心企业与关联企业围绕主导产业，通过前向关联、后向关联以及旁侧关联所形成的分工协作，形成了相关产业的产业价值链（见图2），涉及不同产业领域的企业总部与其生产企业以及他关联企业的相互整合，形成了各具特色的产业价值链，如IT产业链、汽车产业链等。

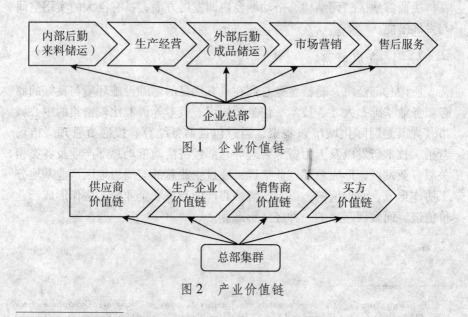

图1　企业价值链

图2　产业价值链

① 杨亚琴、王丹：《国际大都市现代服务业集群发展的比较研究》，载《世界经济研究》，2005年第1期。

（三）总部经济空间价值链

总部经济所体现的空间价值链主要包括企业空间价值链与产业空间价值链两个部分。从企业来看，总部经济集聚的企业总部是一个大企业、大集团内部的融资中心、结算中心、研发中心、营运中心、公关中心等，而企业的生产环节、物流环节与上述诸环节实现了在地域上的分离，形成了一个合理的空间布局，从而形成了以总部为核心，以企业价值链为纽带，辐射周边与相关区域生产基地的企业空间价值链——即企业总部与生产基地的价值链体系。从产业来看，总部经济聚集了相关产业的诸多企业总部，形成了相关产业的高端决策及综合管理与生产、原材料供应及物流环节的空间分离，建立了以产业价值链为纽带，以总部基地与周边产业基地分工协作的产业空间价值链——总部基地与产业基地的价值链体系。

二、总部经济与西部地区城乡协调发展

解决西部地区二元结构的一个重要目标是实现城乡一体化发展。所谓城乡一体化，是指相对发达的城市和相对落后的乡村地区之间，通过打破相互分割的壁垒，逐步实现人口、技术、资本、资源等生产要素的合理流动和优化组合，形成优势互补、有序开发的发展格局，促使城乡在经济、社会、文化、生态上协调发展，逐步缩小直至消灭城乡之间的基本差别，从而使城市和乡村成为一个有机发展的整体。

总部经济的发展，能够有效地整合中心城市战略资源和和周边区域常规资源，对集聚企业总部的中心城市以及相关中心城市经济区域的发展，均产生重要而深远的影响。在西部地区重要的大城市和特大城市地区发展总部经济，对发挥西部地区中心城市与乡村地区各自的比较优势，解决西部地区二元经济结构，带动城乡协调发展，具有重要的现实意义，是实现城乡一体化的有效方式和重要途径。

（一）总部经济有利于西部中心城市的快速发展

总部经济是把中心城市大量的优势资源，如人力资源、科技资源、金融资源、信息资源、政策资源等，进行充分利用、充分整合的一种经济形态。在西部地区重要的中心城市集聚企业总部，发展总部经济，可以发挥中心城市人才、信息、资本、科教等高端生产要素集聚的优势，带动总部

产业及由总部需求所衍生出来的金融、保险、会计、法律等现代服务业的发展，形成总部产业集群，即提高了西部地区中心城市生产要素利用率及生产效率，又可以促进中心城市产业结构的优化升级和城市功能转型，推动西部地区中心城市快速发展，强化中心城市的集聚和辐射效应，如成都发展总部经济有力地带动了成都现代服务业、高新技术产业的发展，大大强化了其中心城市的功能；重庆市渝中区解放碑的 CBD 吸引了金融机构近 90 家，世界 500 强企业及其他外资办事处 70 多家，国内企业办事处 80 多家，中介机构 300 多家，聚集了 2/3 的驻渝境外银行、保险机构，解放碑 CBD 正成为重庆市总部经济发展的龙头，也大大强化了重庆中心城市的功能。[①]

（二）总部经济发展有利于消除西部地区"二元经济结构"

总部经济也是有效开发相关中心城市周边区域资源的一种经济形态，如土地、劳动力和自然资源等。在西部地区重要的中心城市发展总部经济，通过中心城市企业总部与周边生产基地、产业基地的企业价值链与产业价值链的形成，可以充分开发利用周边地区土地、劳动力、物质资源等低端的生产要素，逐步形成城乡有机联系的经济体系，从而有力带动中心城市周边地区区域经济的发展，缩小二元结构带来的城乡发展的差异，形成区域经济合作发展的新模式，实现总部所在区域（中心城市）与制造基地所在区域（中心城市近域和远域地区）共赢的发展局面，如成都发展总部经济带动了温江、双流、郫县、龙泉驿、新都乃至四川省内眉山、乐山、资阳等周边地区的发展。

三、西部地区发展总部经济的战略与对策

（一）构建平台，促进发展

发展总部经济既需要良好的综合环境条件，包括良好的基础设施、优美的城市环境、浓厚的商业文化、开放的市场体系、发达的现代化服务业等等；也需要优良的微观基础条件，包括经济开发区、高新技术产业园区、总部基地的规划和建设等。因此，西部地区具有发展总部经济条件的

---

① 甘丰录：《成都重庆奏响总部之争"狂想曲"》，载《中华工商时报》，2006 年 6 月 21 日。

中心城市，要加强城市基础设施建设，努力改善城市环境，加快发展以金融、保险、会计、法律、信息、咨询等现代服务业为主的第三产业，搞好经济开发区、高新技术产业园区、中央商务区（CBD）及总部基地的规划建设，通过积极构筑总部经济的发展平台，促进总部经济快速发展。

（二）制定规划，有序推进

发展总部经济不是一句时髦的口号，而是一项长远和系统的工作。政府对总部经济发展的宏观指导和空间规划，是保证总部经济科学、持续发展的重要前提。因此，要结合各个中心城市的特点，从区域本身的产业基础和产业环境来确定总部经济的产业定位，处理好总部经济与加工制造业、高新技术产业集群及其产业链发展的关系，从整体上统一规划总部经济的发展；处理好总部集群布局与分散布局的关系、近期总部基地建设与总部经济长远发展的关系，整体规划好总部聚集区的布局。

（三）把握机遇，扩大开放

随着西部大开发的深入，区域交通条件的改善，越来越多的跨国公司，已经将西部中心城市作为国际制造业转移、商务流程外包和发展现代服务业的重要阵地，呈现出资本加速西进的趋势。[1] 因此，西部地区的重要中心城市，要把握发展机遇，努力扩大开放，加速引进国际跨国公司总部或跨国公司地区总部、国内重要国有和民营企业总部，促进总部经济发展。如《成都市国民经济和社会发展第十一个五年规划纲要》明确提出，"大力发展总部经济。科学规划，合理布局，建立科技商务、现代商贸、金融服务、现代制造、产品研发等不同类别的总部经济区。"截至2005年底，仅世界500强企业就有108家在成都设立了分公司、研发中心或分支机构。[2]

（四）完善政策，强化保障

总部经济的健康发展离不开产业政策的指导与相关措施的保障。因此，西部中心城市政府应围绕为入驻的企业总部提供财税、资金、人才等方面的优惠政策和保障措施，以及金融系统为入驻的企业总部提供流动资

① 李一斐、边锋：《西安打造中西部总部经济高地》，载《中华工商时报》，2006年6月14日。
② 《成都欲执中西部"总部经济"之牛耳》，载《金融投资报》，2006年5月23日。

金方面的支持等，进行比较系统的分析研究，制定出更为系统完善的政策措施，如上海市通过颁布《上海市鼓励跨国公司设立地区总部的暂行规定》、《〈上海市鼓励跨国公司设立地区总部的暂行规定〉实施细则》、《浦东新区关于〈上海市鼓励外国跨国公司设立地区总部的暂行规定〉的实施办法》等，为跨国公司在上海设立地区总部，提供包括税收、户口、资金管理、出境便利等优惠条件。

四、总结

无论从总部经济理论还是实践的角度看，在西部地区重要的中心城市发展总部经济，即有利于充分发挥中心城市的优势，也利于中心城市区域经济的发展，是缩小西部城乡差距，促进城乡协调发展有效方式。

（作者单位：上海理工大学沪江产业经济研究所）

"泛珠三角"区域合作机制探析

冯正仁

　　研究"泛珠三角"区域合作机制，如果仅限于《泛珠三角区域合作框架协议》中提到的"行政首长会议"、"秘书长会议"、"部门衔接会议"，显然远远不够。它们仅仅是"泛珠"合作机制的表象，并且还是很不充分的表象，反映的只是"泛珠三角"区域合作中政府推动合作的机制；同时，也没有提及区域合作的市场机制。本文既要充分研究这些合作机制的表象，还要研究它们的本质。在本文运用的耗散结构论的分析框架中，合作机制是系统内部和系统间各种要素的非线性作用机制，正是由于这些非线性机制在"泛珠"区域合作中充分发挥作用，才有可能使合作各方的系统结构无序的走向有序，低序的走向中序，中序的走向高序，高序的向更高序列演进。

一、总体描述

　　区域经济合作是不同地区的经济主体依据一定的章程、协议或合同，在贸易、要素流动、基础设施建设、产业调整、环境保护等领域在地区之间进行交流与合作，以便获取尽可能大的经济效益、社会效益和生态效益的活动。"泛珠三角"区域合作机制是推动和保障区域合作健康运行的规则体系和运作体系，在区域合作中起着关键性作用。

　　"泛珠三角"区域合作机制主要包括目标机制、动力机制、运行机制和协调机制四个大的部分。四大部分构成一个相互联系、相互作用的有机整体。其中，目标机制是合作联盟要达到的一系列目标组合，它是牵动合作联盟建立的最初和最终的动因；动力机制是联盟内的各方成员加入联盟并能够积极参与合作的利益动机，以及如果不参与合作将因被"边缘化"而使利益受损的压力，它对"泛珠三角"目标机制的实现起着推动作用；运行机制是"泛珠三角"区域合作联盟的运行规则，它受目标机制的指引；协调机制是对区域合作中出现的问题进行交流、沟通、仲裁的机构和规则，合作中出现的问题往往是与目标机制的要求不一致的。

（一）目标机制

"泛珠三角"区域合作的目标组合包括制度目标、实体目标和终极发展目标三个层次，是手段和目的相结合的有机体系。制度目标是创造公平、开放的市场环境；实体目标是加快基础设施建设步伐、实现多层次产业升级、建设良好生态环境；终极目标是实现"泛珠三角"区域的可持续发展，提升该区域在全国经济乃至亚洲和世界经济中的地位。

政府是实现制度目标的主体。"9+2"（"泛珠三角"）各方政府在区域合作与发展方面所要实现的制度目标就是为市场制度提供恰当的制度基础和制度框架，拆除由于行政区划、市场割据导致的各地区和各部门之间设置的"藩篱"，创造公平、开放的市场环境。按照耗散结构论的系统发展观，开放是系统从无序到有序、从低序到高序之源，因此，保证区域成为一个开放系统是合作各方政府的重要选择。同时，地方政府还需维护良好的市场秩序，促进区域市场的建立与完善，弥补制度缺损和市场失灵，通过制度目标的实现以保证实体性目标和终极性目标的实现。

政府不仅是实现制度性目标的主体，同时也是实现实体性目标的主体之一。实体性目标中的生态环境的保护与建设、基础设施的建设与完善，政府都是重要角色，甚至是主要角色。生态建设具有公益性，其享用不具排他性，无需付费。由于不可能收费，尽管生态环境对人们具有重大价值，以追求经济利益最大化的企业是不会去投资的，这就需要以政府为主体建设生态环境。基础设施建设虽然也可收费，但由于投资额过大，回收周期很长，除了能够很快有投资利润的项目，多数项目政府都不得不进行投资。

企业是实现区域实体性目标的主体。区域产业升级、区域要素流动、区域内和区域间的资源配置与组合、区域内和区域间部分基础设施的建设，都是由企业完成的。同时，企业虽然不是生态环境建设的投资者，但企业的生产经营活动对生态环境的影响却是至关重要的。一般来说，企业在与生态环境的关系上，外部正效应小，负效应大。如果不能引导企业大大减少负效应，增大正效应，"泛珠三角"区域合作的生态改善和可持续发展的终极目标就不可能实现。

（二） 动 力 机 制

"泛珠三角"区域合作的动力主要来自于对合作利益的追求。合作各方之所以愿意加入联盟，主要源于加入联盟比不加入联盟能够获得更大的利益。如果其中一方不能达此目的，该方就会退出；如果进入联盟的其中几家比不进入联盟获得的利益更少，甚至受到损害，就会危及整个联盟的存在。

因此，"泛珠三角"区域合作机制至少要解决两大问题：一是区域合作联盟必须建立产生更大效益的合作机制，即 $9+2>11$。如果 $9+2=11$，建立"泛珠"联盟就没有必要；如果 $9+2<11$，则已经建起的"泛珠"联盟也会解体。二是"泛珠"合作联盟必须建立妥善的利益分配机制，即合作各方都应从合作产生的更大的利益中获得适当的份额。哪怕建立联盟后比联盟前产生出更大利益，但在利益分配过程中处理不好相互间的关系，有的获得过多，有的获得过少，有的没有获得，或者获得与付出差异过大，都会对联盟的存在、巩固和发展产生极大的不利影响。

（三） 运 行 机 制

显然，"泛珠三角"区域合作有了目标，有了动力，并不等于就能运行起来。联盟要能启动、运行，还需要有相应的运行机制。这里的运行机制主要包括两个大的部分，市场机制和各地方政府的磋商机制。两者关系互补。"9+2"区域内市场机制的完善和正常运行需要各地方政府的合作与磋商；各地方政府合作与磋商的最重要的制度性目标就是要消除地方壁垒、形成区域内的统一市场，使市场机制能够在区域范围内真正起到优化资源配置的作用。

市场机制又包括价格机制、供求机制和竞争机制，而价格机制又包括利率机制和工资机制等要素价格机制和产品价格机制，它们又分别和竞争机制、供求机制紧密联系。"9+2"各方中，之所以资金和产品从大珠三角流向其他8省区，劳动力和能源原材料从其他8省区流向大珠三角，主要原因是价格机制、供求机制和竞争机制在同时联动、协同发挥作用。

地方政府的磋商通过行政首长会议、秘书长会议、各部门会议进行。行政首长会议主要负责理清思路、确定合作意向；秘书长会议主要负责将行政首长会议确定的思路和意向进行落实；部门会议主要将行政首长会议和秘书长会议意向、落实的项目在省区间进行相互衔接。这三个方面的政府磋商机制是保证"泛珠三角"区域合作正常运转的重要机制。

（四） 协调机制

当运行过程中出现与区域合作目标不相吻合、相关利益不能妥善解决从而影响联盟的生存和发展时，需要进行协调，需要有效的协调机制。区域合作中的协调机制应包括协商机制、仲裁机制和补偿机制。

协商机制的形式既可以通过行政首长会议、秘书长会议、部门会议的方式，也可以设立专门的就运行过程中出现问题进行协商的机构。在产生的问题比较少的情况下，可以借用运行机制中的三种会议形式进行协商。但随着联盟的展开，出现的问题日益增多，三种会议形式的主要功能不是协调而是运行，就有必要设立专门的协商机构。不管采取什么样的形式，协商都必须遵循同样的协商原则，即平等互利、互谅互让的原则，同时还需制定相应的协商规则，各方均需按照这些规则进行协商。在协商过程中，有多边共同问题的协商，也有单边特殊问题的协商。

协调区域合作中出现问题的办法最好是协商达成一致。但协商的过程总是一个艰难的过程，相当一些时候难于达成一致意见。一旦出现协商不能达成一致的情况，就会使联盟的存在和发展出现问题。因此，有必要进入协调的另一个程序，即仲裁程序，相应地要有适当的仲裁机制。仲裁机制中首先应有一个权威机构，同时应制定相关的仲裁规则，可将"泛珠"合作运行机制中的行政首长会议赋予仲裁的权威。一是因为这个会议是"泛珠"合作中最高级别的会议，理应具有权威性；二是因为大量的问题会通过专门的协商机构通过协商解决，只有少量的重大问题需要进入仲裁程序，不必担心行政首长会议因事务太多而力不从心。如果通过行政首长会议进行仲裁，可制定2/3多数通过原则。

协商和仲裁的过程，多数情况下涉及利益关系的调整。其实质是合作过程中的付出得不到相应的回报，需要通过协商或仲裁进行利益的补偿。这就需要利益补偿机制的完善。例如，追求可持续发展、改善生态环境是"泛珠三角"区域合作的重要目标，要从根本上治理生态环境的恶化问题，必须从珠江源头和上游开始大规模地实施退耕还林还草等治理工程，这就会让大批的老百姓放弃土地的耕种，给他们带来经济上的损失。整个珠江流域享受了改善生态环境的好处，但治理生态环境的成本却是由源头和上游的老百姓承担，这显然不合道理。问题产生了，首先是协商，或者协商不成需进入仲裁，但无论协商还是仲裁，利益补偿都应当是不言而喻的。但如何进行补偿，补偿多少，通过什么机制进行，这就要解决利益补偿机制问题。需要相关的机构进行操作，并制定相应的规则，按照这些规则进行补偿。

二、主要特征

"泛珠三角"所需的合作机制不是一般的合作机制，而是高效合作机制。"9 + 2"联盟合作机制应当突出高效特征。建立高效合作机制尤为必要。建立高效合作机制对提升合作各方系统结构有序度和系统功能具有重大意义。

高效率的合作机制既反映在生产方面，又反映在市场交换方面，还反映在利益分配方面。这些都与市场机制密切相关。在市场机制发挥作用不好或者"市场失灵"的领域，还要充分发挥好政府磋商机制的作用。

高效合作机制是各方通过合作博弈形成的。2005 年诺贝尔经济学奖得主罗伯特·奥曼因其在非合作博弈领域的贡献而获奖，但他在合作博弈领域内也作出了重要的原创性贡献，对我们这里的研究有重要启示。

合作博弈中的高效合作机制体现了分配与生产之间的辩证关系。合作博弈主要研究的是联盟的形成，而联盟的形成和巩固的关键是解决联盟成员的收益合理分配问题。只有很好地解决了这一问题，才有可能保证联盟内的局中人具有留在联盟内的动力。合作博弈中的"核"是指不能被其他方案优超的分配方案的集合，"不能被优超是指在现行分配方案下，找不到另外的联盟和分配方案，使得该联盟在该分配方案下能改善其内部所有成员的收益分配"。这显然反映了"帕累托最优"的要求。经济学上著名的埃奇沃思曲线是一系列资源配置的帕累托最优点所形成的轨迹，与合作博弈中的"核"在内涵上相通。罗伯特·奥曼还提出了通过局中人之间的相互谈判形成合作博弈解——"谈判集"的思想，这对研究泛珠三角区域合作机制同样有重要的启示作用。

高效合作机制在资源配置方面要体现"帕累托（Pareto）最优"的要求。

在这里，我们所说的"泛珠"合作机制要体现帕累托最优的要求，亦即其合作的规则要能够使"9 + 2"合作各方的资源配置达到最优状态，找不到其他更好的方法来改变这种状态。

在没有"泛珠三角"区域合作联盟之前，由于没有相应的约束规则，为了各自的利益，省区之间总是希望对方开放市场，而自己则设置各种障碍，使资源和产品的流通发生困难，从而不能有效配置资源。因为各方采取同样办法对付另一方，结果带来的是市场割据，把自己封闭起来。热力学第二定律和耗散结构论告诉我们，封闭会使系统的"熵"增加，无序度或混乱度增大。系统在自发的进化过程中，封闭条件下处于熵增状态。要使熵减少和系统有序度增加，只有通过开放吸收系统外的"负熵"，系统外进入系统的"负熵流"大于系统内部产生的熵，系统才有可能使其"总熵"减少而提高其有序度，减少混乱度，形成系统的耗散结构。耗散结构论的创始人普里戈金使用以下公式将这种状况表述为：

$$ds = dis + des$$

其中，ds 是系统的总熵，dis 是由热力学第二定律决定的系统内部不断增加的熵，des 是由与外界交换物质、能量而减少的熵。如果是一个封闭系统，显然 des 为 0，而 dis 是不断增加的，因而总熵不断增大，系统不断趋于混乱无序。只有当开放系统通过与外界交换物质、能量，并由此从外界所获得的"负熵"量 des 大于系统内部产生的"熵"，系统的"总熵"才会减少，有序度才会增大。

这里我们所说的"9＋2"区域体现帕累托最优的高效合作机制，就是要使合作各方尽可能建立统一市场，消除壁垒，建设基础，使物流、人流、资金流、信息流不受阻碍，各方能够最大限度地与其他省区交换物质和能量，吸收尽可能多的"负熵"，大幅度减少"总熵"，从而增加自身系统的有序度。

高效合作机制在优化资源配置的同时应反映合作各方的利益诉求。

即使在资源的分配上能够体现"帕累托最优"，"泛珠"高效合作机制还必须体现合作各方的利益诉求。因为资源配置体现的整体最优，并不等于每个合作成员都有了最优的选择。就从市场的全方位开放说，如果我们将"负熵总量"作为合作开放带来的利益或好处的话，我们会发现，在完全开放市场、由市场机制决定资源配置的情形，有的合作方获得的"负熵"远大于其他合作方。虽然"负熵总量"的分割会有多有少，但如果少到不足以抵消系统内增加的熵，这样的合作方的系统就会减少有序度，增加混乱度。因此，在"负熵总量"的分配上，应在市场机制作用的同时，增加政府间的协商力度，避免这样的状况出现。因为一旦出现这种状况，势必使那些不能通过区域合作获得足够大的"负熵"以减少"总熵"的合作方考虑退出联盟，危及联盟的生存。

高效合作机制要能使各方产业结构在不长时期内上档次、上台阶。

当运用耗散结构论来研究和解释高效合作机制时，我们发现，高效合作机制就是一种非线性机制。通过开放，通过非线性机制的作用，与外界不断交换物质、能量和信息，由交换的"微涨落"转换成为系统内部结构的"巨涨落"，使"泛珠三角"各方系统的结构从低序向中序、从中序到高序、从高序向更高序列演化。使各方的产业结构和制度结构在不长时期内上一个新台阶。这样的高效合作机制在泛珠三角区域合作的实践中是"政府推动，市场主导"的运作机制。

三、具体分析

具体层面，"泛珠三角"区域合作机制由两个大的部分组成：一是基于市场配置资源的合作机制；二是基于政府推动的区域合作机制。

（一）基于市场配置资源的合作机制

基于市场配置资源的合作机制主要有两个方面：一是"9＋2"各方经过磋商达成的各种合作协议；二是"9＋2"每年举行的大型经贸洽谈会。

基于市场机制作用的合作协议有多边协议和双边协议。"泛珠三角"多边合作协议一般是由所有合作方经过反复磋商后形成的。双边合作协议是两方根据自己的特点，在"9＋2"的框架协议内进行谈判磋商达成的。从泛珠三角许多基于市场机制作用的合作协议中我们看到它们有以下一些特点：第一，合作的原则一般均是自愿参与、互利共赢、市场主导、开放公平、优势互补；第二，合作内容主要是合作各方在制度、机制和基础设施层面为打造一个自由竞争市场以利于资源的优化配置提供环境，以及促进各方在物质、能量和信息方面的交流与合作；第三，合作的运作机制都采取联席会议、办公室沟通、部门衔接、中介协调、举办论坛等方式进行。

合作协议中，"开放公平"反映了形成"耗散结构"所要求的系统的开放性；"优势互补"反映了区域内各系统的远离平衡态和相互交换物质能量信息；"互利共赢"反映了"泛珠"合作博弈不是"你输我赢"的"零和"博弈，而是每个合作方"共赢"的"非零和"博弈，同时也反映了这里的合作机制是一种非线性作用机制。

同时我们还看到，区域合作中以市场机制为特征的"非线性作用机制"不是由市场本身自发形成的，而是由地方政府间的相互磋商、相互沟通、相互衔接、相互协调形成的。只有这样，才能使相互封锁、市场割据的混乱无序局面向市场统一的有序化转变,从而使市场机制能够在区域合作范围内充分发挥优化资源配置的作用。

基于市场机制作用的经贸洽谈会是以市场机制为基础的泛珠三角区域合作的重要形式,也是市场机制作用的具体形式。"9+2"大型经贸洽谈会,自合作联盟成立以来,一年举行一次,到目前已举行过三次,每次都取得了丰硕成果,达成数以千亿元计的合作项目。这里我们要强调的是经贸洽谈会上达成的项目完全体现了市场机制的作用,是市场优化资源配置的结果。如此众多的合作项目也反映出区域合作各方处于远离平衡态,具有很强的互补性,可以在区域合作中互惠互利,相得益彰。

除以上的大型经贸洽谈会,"9+2"合作各方还会有一些涉及其中几方的中型经贸洽谈会甚或双方进行的小型经贸洽谈会。无论是哪一种类型的经贸洽谈会,其中处于基础性作用的机制都是市场机制。

(二) 基于各方政府推动的合作机制

"泛珠三角"合作区域内统一的市场机制的建立不是自发形成的,而是政府推动的结果。地方政府不仅在推动统一的区域合作市场机制的形成方面发挥重要作用,而且在为区域市场创造环境方面同样起到非常重要的作用。各地方政府推动建立区域合作的统一市场机制和创造良好的区域市场环境,主要是采取行政首长会议、秘书长会议、部门会议、区域合作规划、区域政策协调、区域间首长率团协调等一系列形式进行的。

"泛珠三角"行政首长联席会议负责定合作思路、合作方向、合作定位。例如,首届泛珠三角论坛上,香港特别行政区行政长官董建华提出了香港在区域合作中的定位和合作思路:在合作过程中,香港将借助金融中心、物流中心的地位,以及服务业的种种优势,充当一个高层次的服务中心。同时香港发挥国际化和高度开放的优势,引领大珠三角的企业,走向全世界。澳门特别行政区行政长官何厚铧对澳门在区域合作中的思路是:充分利用澳门与葡语系国家的历史因素,进一步巩固和加强我国与葡语系国家在经贸方面的合作,澳门非常乐意作为各方与葡语系国家的经贸合作平台。海南省省长卫留成的思路是:希望能够加强与其他省区之间在旅游方面加强合作,共同打造泛珠三角旅游联盟。湖南省省长周伯华认为:湖南具有资源优势,有中心区位优势,已进入订单农业阶段,可以成为农副产品的供应基地。泛珠三角合作,将有利于湖南由农业大省向经济强省发展,承接港澳的辐射。云南省省长徐荣凯认为:云南将发挥在建立中国东盟自由贸易区中特殊的区位优势，在泛珠三角经济合作中，承担好与东盟国家经济和社会发展方面进行沟通的"任务"。四川省省长张中伟认为：泛珠三角区域合作是东中西合作的典范，是四川加快发展的机遇，四川将主动参与，加强合作，谋求共同发展。四川具有市场、人才储备等优势。贵州省省长石秀诗提出：贵州将利用能源优势，来支持和加快泛珠三角的发展。江西省省长黄智权提出：江西可以在"9＋2"的框架下，跟长三角合作，起一个桥梁的作用，打造"三个基地一个后花园"。福建常务副省晶晶：谋划在泛珠三角区域合作中打造海峡西岸经济区。广西自治区主席陆兵提出广西要充分发挥在建立中国—东盟自由贸易区和泛珠三角区域合作中的战略作用，东靠西联，南向发展，加强与泛珠三角各方、各省区市及东盟各国的全面经济合作。广东省省长黄华华虽说广东不当头，其实正如一位外国领事所说，广东在泛珠三角区域合作中起到"引擎"作用。

随着泛珠三角区域合作的不断展开，行政首长会议对区域联盟中各自的定位也在不断深化。

秘书长协调会议体现了作为政府推动的"泛珠三角"区域合作机制的高明之处。正是因为有了秘书长协调会议，行政首长会议确定的合作定位和合作意向才有可能通过秘书长办公会议得以进一步落实。行政首长会议作为推动"泛珠三角"区域合作当然是最重要的，如果没有它，就没有区域合作的第一推动力。但同样不能忽略的是，这个第一推动力需要不断的接力才会有实实在在的效果。这个接力的第一棒就是秘书长办公会议具体组织和安排，将行政首长会议形成的思路转变为具体的工作任务。

部门衔接会议是"泛珠三角"区域合作政府推动机制的重要组成部分。"9＋2"每个省区本身就是一个不小的经济体，它的具体运行是依靠各部门来组织的。因此，行政首长会议达成的意向，不仅需要秘书长会议将其变为具体的工作任务，还需要各个部门进行对接。这个衔接工作的好坏同样直接影响到合作机制的运行效果。它同样是政府推动的合作机制的重要一环。按照"细节决定成败"的观点，部门衔接会议在"泛珠三角"区域合作机制中同样举足轻重。可以认为，"9＋2"一系列的部门合作协议，就是政府间各部门相互衔接的重要成果。

区域间行政首长率团互访不是多边合作机制，而是双边合作机制。行政首长率团，一般要带上秘书长、各相关部门负责人，以及相关大型企业的老总，以便能够及时落实双方会谈意向，使双方合作能够扎实推进。

共同制定"9＋2"区域合作发展规划，是区域合作机制的重要方面，是区域合作的目标机制。正是目标机制的指引，区域合作的各方才有方向，才有动力。制定了区域合作发展规划，就使得"泛珠三角"区域合作减少了盲目性，增强了自觉性。由于这一规划是由政府及其各部门直接推动的，我们就自然将其作为政府推动机制的重要组成部分。如果说行政首长会议、秘书长会议、部门衔接会议、行政首长率团互访是政府推动合作的合作机制的形式的话，区域合作发展规划则是与上述形式相对应的合作机制的重要内容。

作为政府推动的合作机制的一个部分，各省区政府间进行区域政策协调是必不可少的。像"泛珠三角"区域合作发展规划一样，区域政策协调同样属于政府推动合作的重要内容。在中央统一的大政策下，各省区也有制定地区政策的空间。如果"9+2"各方不进行区域政策协调，各吹各的号，各唱各的调，显然就与没有进行合作时一个样，区域合作规划就是空话，合作项目也难以落实。这必然导致各系统间物质、能量、信息交换的混乱无序状态。其实，举行区域合作的行政首长会议、秘书长会议、部门衔接会议的区域合作机制形式，区域政策协调是必须涉及的重要内容。

正确处理好市场主导与政府推动之间的关系。

市场机制是高效配置资源的机制。通过这种机制，能够优化"泛珠三角"区域内的资源使用效率。但在非合作博弈的情形，据博弈论的经典案例，各方可能走入"囚徒困境"。这就是大家都希望对方开放市场，自己则将市场封闭起来。其结果，形成地区间的市场分割状况，各区域总体上形成资源配置效率最差的困局。从前面的"耗散结构论"分析中我们知道，封闭会使系统走向混乱无序。就"泛珠三角"各方来说，如果各自将自己封闭起来，不仅处于低序系列省区会走向无序，就是处于高序系列的省区，由于系统内部的"熵"增加不断使系统走向无序，没有"负熵流"进入而降低"总熵"，系统仍然会在高序状态走向无序，从而降低其所处的序列。

由于纯粹市场机制的调节也可能带来三大问题，一是市场的自由竞争会走向垄断；二是市场的外部负效应；三是公共产品的短缺，从而出现"市场失灵"，这必然会带来市场调节的低效率或无效率。因此，在"泛珠三角"区域合作中，应当同时发挥"市场主导"和"政府推动"两大机制的作用，以保证区域合作各方的资源高效配置。这样，"9+2"区域合作机制的运行，就需要正确处理好市场主导和政府推动之间的关系。

正确处理两者间的关系，应当确立这样的原则：即市场机制是"泛珠"合作配置资源的基础；政府推动是打破各地方政府分割市场、建立统一市场秩序、提供公共产品、解决"外部负效应"、在更大范围内形成市场机制配置资源的保障。

参考文献：

1. 陈栋生等主编：《区域协调发展论》，经济科学出版社 2005 年版。

2. 胡军、刘少波、冯邦彦主编：《CEPA 与"泛珠三角"发展战略》，经济科学出版社 2005 年版。

3. 普里戈金、斯唐热：《从混沌到有序》，上海译文出版社 1987 年版。

4. 里夫金：《熵：一种新的世界观》，上海译文出版社 1987 年版。

5. 汤正仁等著：《9 +2 合作与中国区域经济新版图》，贵州人民出版社 2005 年版。

6. 王丽星、郜巍：《由耗散结构论再分析市场经济》，载《生产力研究》1999 年第 2 期。

7. 汤正仁：《耗散结构论的经济发展观》，载《经济评论》2002 年第 1 期。

8. 李亚军：《浅论邓小平区域经济发展战略——基于耗散结构理论的思考》，载《经济问题探索》2003 年第 7 期。

9. 李惠武：《CEPA 与广东大珠三角和泛珠三角经济协作区》，载《广东经济月刊》2003 年第 11 期。

10. 齐峰、张稷锋：《泛珠三角区域合作机制的构建》，载《海南大学学报》（人文社科版）2004 年第 3 期。

11. 王攀、赵肖峰：《"9 +2"行政首长热论泛珠三角》，载《瞭望新闻周刊》2004 年第 23 期。

12. 郭亦乐等：《以政府推动市场运作 实现泛珠三角区域合作》，载《台声》2004 年 7 月。

13. 陈栋生：国务院西部开发办公室资助项目《促进东西合作政策研究》。

14. 陈栋生：《东中西合作互动促进区域协调发展》，载《新视野》2004 年第 5 期。

15. 凌广志等：《市场机制主导泛珠区域合作》，载《瞭望》2004 年第 23 期。

16. 汤正仁：《泛珠三角区域合作透视》，载《经济评论》2006 年增刊。

17. 孙红玲：《泛珠三角与统筹东中西部协调发展的思考》，载《湖南社会科学》2004 年第 5 期。

（作者单位：贵州行政学院）

财政分权、地方政府行为与地区经济增长

——基于省际面板数据的分析

王文剑　覃成林

一、文献回顾与问题提出

中国自 1978 年以来的经济体制改革既是由计划经济体制向市场经济体制转型的过程，也是政府将在计划经济时代所掌握的资源配置权力逐步分解和下放的过程。在这个过程中，改革沿着两条基本的分权路径演进，一条是政府向市场分权，即政府放松对市场的管制，从市场领域逐步退出，放弃或部分放弃对资源配置的管制权力；另一条是政府内部纵向和横向的分权，特别是中央政府改革财政体制，逐步将财政收支权力下放给地方政府，实行财政分权。那么，这种改革对经济增长究竟产生了什么样的影响呢？学术界比较一致的意见是中国的经济市场化改革推动了经济持续、快速增长。至于政府的财政分权体制改革对中国经济增长是否具有积极作用，迄今还没有形成较为一致的意见。

西方主流的财政分权理论表明，由于资讯传递耗费了有限的资源，且地方政府比中央政府能够更准确、有效地利用地方政府资源来做决策，因此，地方政府能更有效率地提供地方公共服务（Hayek，1945）。这意味着，财政分权是有利于促进经济增长的。钱颖一、温加斯特等人（1996）认为，1979 年以前建立的 M 型层级行政管理结构，使得中国的中央政府可以利用指标竞争，对地方政府官员形成强有力的激励机制，而财政分权硬化了地方政府的预算约束，增加地方政府对国有企业的救助成本，成为阻止政府无效支出的一种承诺工具，从而对中国经济改革绩效产生有意义的影响。Ma（1997）使用地方政府的财政平均留成比例衡量财政分权，也发现中国的财政分权促进了中国经济增长。Lin 和 Liu（2000）通过构造边际留成比例这一衡量财政分权的指标得出了相同的结论。张晏

(2005) 认为，中国的财政分权与经济增长关系存在显著的跨时间差异和跨地区差异，分税制改革后财政分权对经济增长具有正向影响，且在不同的经济发展程度、不同地理位置的地区之间财政分权效应呈现明显的差异。与之相反，Zhang 和 zou（1998）运用省级人均预算内外财政支出与中央人均预算内外支出的比值考察中国财政分权与经济增长的关系，结论显示中国的财政分权与经济增长之间呈负相关。殷德生（2004）的研究证明，中国的财政分权实际上对经济增长并不具有计量意义上的显著作用，但却加剧了地区经济发展的差异程度。胡书东（2001）的实证检验则表明，只有财政支出内部的经济建设支出的分权程度与国民经济绩效呈显著的正相关关系，但一般的财政分权程度的扩大并不一定就能够促进国民经济的增长。此外，王绍光（1997）从宏观经济的角度研究发现，中国出现了过度分权倾向，且不利于宏观经济稳定。

　　以上的研究都侧重于对财政分权程度变化与经济增长关系的直接检验和考察，但没有考察财政分权对地区市场经济制度发育及其经济增长效应的影响。财政分权体制下中央政府相对放松了对地方政府财政收支及相应的经济决策行为的控制，但也加剧了地方政府财政支出和地方政府之间竞争的压力，因此，财政分权程度的变化直接影响到的应是地方政府行为，地方政府行为的变化也将影响到本地区的市场经济制度及其经济增长效应，并最终影响到地区经济增长。张维迎、栗树和（1998）和朱恒鹏（2004）认为分权化改革后，地方政府由于预算约束硬化，从扩大财政收入和"甩包袱"的自利角度出发，对公有制企业进行改制，积极推动本地企业的民营化。然而，陈抗等（2002）人通过博弈模型分析和实证检验，认为分税制改革后，分权体制下地方政府行为对本地经济从"援助之手"转变为"攫取之手"。在地方这一层次上，还出现了传统行政垄断型的市场结构的复归（杨灿明，2000）。"政府采取干预政策是为了服务于自己的政治目的，如果导致社会福利水平的提高，那纯粹是一种巧合"（Shleifer，1998）。我们推断，在财政分权体制下，即使地方政府行为促进了地区经济制度向市场化方向转型，但也并不意味着此后在任何地区和任何时候其行为都一定有利于市场经济制度发挥其经济增长效应。因此，考察财政分权对地区市场经济制度的经济增长效应的影响，有利于深化财政分权与地区经济增长之间关系的研究。

　　本文认为，对于转型国家来说，财政分权对经济增长的影响更大程度上是通过地方政府行为对市场经济制度的影响得以实现的。然而，值得注意的是，受经济制度、结构和财政分权模式上的跨地区差异影响，不同地区的地方政府行为会表现出显著的"非同质性"特征（高鹤，2004）。因此，本文着重考察在不同的市场经济制度环境下各地区地方政府行为在财政分权体制下为缓解财政支出和地方政府之间的竞争压力，将对本地区市场经济制度发育产生哪些不同的影响，并试图证明，这种不同的影响是造成财政分权效果及其对地区市场经济制度的经济增长效应的影响具有跨地区差异的关键原因。文章第二部分，探讨了财政分权体制下地方政府行为对市场经济制度影响的跨地区差异；第三部分，构造面板分析模型，对我们的经验判断进行实证检验；最后是结论。

二、经验判断

依据 20 世纪 80 年代初农村经济体制改革的成功经验，中国从 1985 年开始在全国推行地方财政包干的财政分权改革。在这种改革模式下，地方政府在向中央交纳一定比例的收入之后，可以占有剩余部分，1988 年后地方政府完全可以控制本地区的财政支出范围。但这是一种较为粗放的分权，关于中央和地方政府在财政收入的分配比例虽然有制度规范，中央却经常随意变更，使中央与地方政府之间形成了一种互相不信任的氛围，并没有形成较为稳定的分权模式，实际上形成了缺乏制度保障的中央与地方之间在财政资源上的动态博弈关系，导致了地方政府通过不断隐瞒本地收入的方式，将大量财政资源截留到地方。到了 20 世纪 90 年代初期，中央财政收入占财政总收入的比重急剧下降，1993 年中央预算内财政收入仅占总预算内财政收入的 22%，中央预算外财政收入仅占总预算外财政收入的 17.2%，出现了过度分权的倾向。为了提高中央财政收入在财政总收入中的比重，1994 年中国实行了分税制改革，以提高中央财政收入占总财政收入的比重和财政收入占 GDP 的比重。这次改革实际上是一次加强中央财政集权的措施。分税制按照税种类别明确划分了不同层级政府之间的财政资源，大幅度提高了中央预算内财政收入占总财政收入的比重，1994 年当年该比重就上升到了 55.7%。但分税制改革后，中央在将地方预算外收入纳入预算体系监管的前提下，承认了地方政府对预算外资金的汲取和支出权力，因而，在基本上没有改变地方政府财政支出规模的前提下，得到了中央与地方的"一致同意"，改变了以往较随意的财政分权模式。这一重大的财政体制改革一方面提高了中央财政收入的汲取能力，缓解了中央财政支出的压力；

另一方面，在法律层面上将中央与地方之间的分权关系予以制度化，形成了一种影响深远的较为稳定的财政分权体制。地方财政预算内外总支出份额在1994年大幅度上升，始终保持在70%以上。可见，直到分税制改革后，中国才开始出现较为严格意义的财政分权体制。

财政分权体制的形成和稳定对地方政府行为产生了重大的影响，主要表现在两个方面：一是显著地硬化了地方政府的预算约束和加大了财政支出压力。通过成立国地税两个征税机构，税种在中央与地方之间进行制度上的划分，使分税制改革前地方政府擅自减免税，将税源截流到地方的行为得到遏制，尽管预算外收入作为一种激励地方政府的重要手段得到了保留，但是也部分地纳入了中央的监控体系之下，尽管制度外收入并没有得到有效遏制，但与改革前地方政府的财政汲取能力相比，中央实际上还是大大地削弱了地方政府的税收权力。同时，中央政府进一步加强了对金融体系的控制，如建立垂直领导的国有银行体系，控制了地方政府通过金融体系擅自融资的渠道。总之，中央政府对地方政府收入权力的削弱和财政支出管制的加强，以及金融体系的集权化，使地方政府面临着更强的预算约束和更大的财政支出压力。二是加剧了地方政府之间的竞争。中央政府进一步强化M型管理组织体系，建立明确的指标考核体系，加强对地方政府的激励机制。在计划经济时代中央控制着主要资源，地方政府之间的竞争主要是"兄弟之争"。然而，在财政体制改革，特别是分税制改革后，地方政府获得了明确的地方税收收益，同时获得了一定程度的独立事权，并相应地承担了一定程度的责任，地方政府之间的关系过渡为两个相对独立的经济主体之间的关系（周业安，2003）。财政分权不仅使中央对地方的调控方式从行政命令为主过渡到了以经济手段为主，更改变了地方政府之间的关系，加深了地方政府之间对各种经济资源的竞争。因此，因预算约束的硬化而增大的地方政府财政支出压力，进而引发地方政府之间的激烈竞争，成为目前研究中国财政体制和分税制改革以来地方政府行为的主要前提。

中央政府在进行财税改革时更多地考虑了中央对地方政府发展经济的激励和中央政府的财政集中度问题，在一定程度上忽视了财政分权效果的跨地区差异。实际上，不同地区由于存在不同的工业化水平、所有制结构、市场化程度等方面经济制度和结构差异，这些差异可能对不同地区的地方政府行为产生不同的激励，并使财政分权对经济增长和地区社会经济制度变迁的影响产生跨地区差异。我们认为其原因是，分权体制下，不同地区的地方政府在参与地区竞争和缓解财政支出压力时，所采取的行为和路径不同，因而对市场经济制度的影响表现为"非同质性"特征。具体讲，在市场化、民营化、对外开放程度和产业结构非农化较高的地区，在财政分权体制下，地方政府具有相对强烈的动机更进一步扩大经济市场化和对外开放程度，为非公有制经济的发展创造更宽松的制度环境，扩大非公有制经济规模和效益，这样既能从非公有制经济发展和对外开放中获得更多的财政资源，满足自身的财政支出需求，也能进一步发展和壮大本地经济。在不具有上述优势条件的地区，由于自身经济基础薄弱，地方政府在预算内财政收入无法满足财政支出需求的情况下可能会加大对体制外和预算外收入的汲取力度，加重了对经济资源的攫取行为，从而可能变为一种"掠夺型"政府（周业安、赵晓男，2002）。同时，高效运行的市场经济制度并非一时可以建立起来，而原有的制度体系在路径依赖的影响下，在短时期内很难产生内生性的自我更新，在发展本地经济和赶超先进地区的压力下，地方政府拥有强烈的动机进一步加强对经济资源的控制，这些地区的地方政府可能会将发展经济的主要手段放在对市场经济的干预上，比如，实施地方保护主义，推行片面工业化的赶超战略，集中财力投资到基础设施建设，鼓励国有经济投资，干预基于市场选择的投资行为等等，从而成为一种具有"保护型"特征的政府（周业安、赵晓男，2002）。

中国各个区域之间历来在经济增长、人均收入和财政收入等方面存在严重的不平衡，改革开放后中央实行向东部地区倾斜的政策，使东部地区经济发展取得了"先发优势"，但也导致 20 世纪末中国成为世界上少数几个地区差异最大的国家之一。按照新制度经济学的观点，国家与地区之间差异主要应表现在制度上的差异，资本效率和劳动力效率的提高是经济增长的一部分，而不是其原因（诺斯、托马斯，1990）。樊纲等人（2000）的研究表明，决定经济发展水平的关键因素在于政府对经济干预的程度以及非公有制经济发展的程度，而这两个因素都是制度层面的。图1～图5反映了1994年之后，东中西部地区地方政府行为特征、产业结构非农化、对外开放、市场化和民营化等方面的差异，① 其中民营化、对外

---

① 由于海南和西藏部分省份的数据不可得，我们将其删除，重庆市建立直辖市较晚，我们将其与四川省合并，所考察的省份合计 28 个。同时，对三大地带得划分标准，我们采用严冀等人（2005）的标准，具体来说，东部地区包括：北京、天津、辽宁、上海、江苏、浙江、福建、山东、广东；中部地区包括：吉林、黑龙江、河北、内蒙古、山西、广西、河南、湖南、湖北、安徽、江西；西部地区包括：四川、云南、贵州、陕西、甘肃、青海、宁夏、新疆。这一划分标准有两个方面的合理性：一是基本符合各个省份的地理特征；二是反映了中央的一些经济政策的实施原则，如改革开放后开放次序的选择及西部大开发和中部崛起政策的实施。

开放和市场化这三个重要的衡量市场经济制度水平的指标，东部地区明显高于中西部地区。

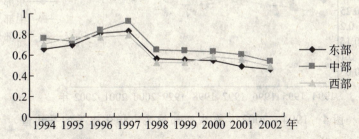

图1　1994～2002年东中西部地区预算外收入比预算内收入平均值①

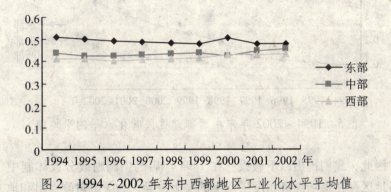

图2　1994～2002年东中西部地区工业化水平平均值

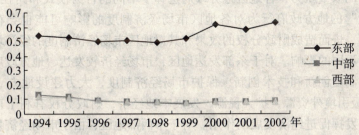

图3　1994～2002年东中西部地区进出口与GDP比值的平均值

---

　　① 陈抗等人（2003）使用预算外收入和制度外收入之和作为衡量地方政府"攫取之手"的指标，将预算内收入作为衡量地方政府"援助之手"的指标。由于体制外收入估计目前不能形成统一的方法，我们使用预算外收入比预算内收入，近似地替代地方政府对地区经济发展的行为特征。实际上这一指标低估了地方政府的"攫取之手"的行为能力。

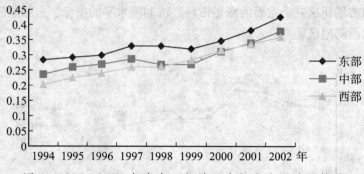

图4   1994~2002年东中西部地区市场化水平的平均值

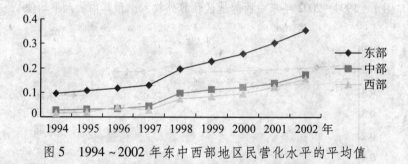

图5   1994~2002年东中西部地区民营化水平的平均值

因此，我们提出以下假设：在1994年后的中国财政分权体制中，由于各地区存在市场经济制度层面上的显著差异，为缓解财政支出和地方政府竞争的双重压力，各地区地方政府选择了不同的行为模式和路径，"非同质性"的地方政府行为对各地区市场经济制度的影响可能也会存在显著差异，进而造成财政分权的效果和其对地区市场经济制度的经济增长效应产生不同的影响。对于东部发达地区，市场经济较发达，地方政府倾向于通过制度创新和技术创新，保护市场经济制度，大力建设地方"软环境"，吸引境外资源，扩大税源，发展本地经济，财政分权有利于市场经济制度发挥促进经济发展的作用。对于中西部地区，由于市场经济发展水平滞后，地方政府为缓解自身压力，可能更加倾向于加强对市场的控制，表现出"保护型"或"掠夺型"的行为特征，这两种行为都可能造成财政分权不利于市场经济制度的经济增长效应。以上是基于经验判断得出的基本假设，需要我们在实证上予以证实，下面我们通过建立panel data分析模型，对以上假说进行检验，并对结果进行必要的分析。

三、经验检验

（一）模型设定与变量选取

为了验证以上假说，我们利用柯布－道格拉斯型的生产函数，建立基本的经济增长模型。第 t 期的生产可表述为：

$$y(t) = A(t)k(t)^a \tag{1}$$

其中，y 是人均产出，k 是人均资本，A 为技术水平。对方程（1）的左右两边同时取对数并对时间进行一阶微分，得到了人均产出增长率，记为：

$$\Delta y(t) = grw(t) = \Delta A(t) + \alpha \Delta k(t) \tag{2}$$

从方程（2）中我们可以看出，人均产出增长率取决于两个因素：人均资本增长率和技术进步率，这里 $\Delta A(t)$ 不仅反映了技术的变化，而且还反映不同地区制度和跨时期差异，以及其他地区特定且不可观察到的特征。这里的 $\Delta A(t)$ 主要包括以下变量（见表1）。①

表1　　　　　　　　　　　变量定义

变量缩写	定　义
Grw	地区人均 GDP 的实际增长率
k	按照可比价格计算的劳均资本增长率
FD	人均地方财政支出/（人均地方财政支出＋人均中央财政支出），反映财政分权的程度*
Mark	非公有制经济社会投资占总社会投资的比重，反映一个地区的市场化程度
Nonsoe	非国有单位职工占总职工人数的比重，反映一个地区的民营化的程度
Ind	第二产业产值占 GDP 的比重，反映一个地区的工业化程度
Tra	对外进出口贸易总额占 GFP 的比重，反映地方经济对外开放程度
Gov	政府消费支出占全社会最终消费的比重，反映政府支出行为对经济的干预程度
Wbn	预算外收入与预算内收入的比例，反映地方政府收入行为对经济的干预程度

---

① 为了提高模型的稳健性，我们在原有模型的基础上，加入了工业化水平、预算外与预算内的比和政府消费支出，反映地区经济结构、地方政府行为对经济增长的影响。并选择民营化、对外开放和市场化三个指标作为考察市场经济制度水平的变量。

变量缩写	定　义
Fdnonsoe, Fdtra, Fdmark	为各个制度变量与财政分权哑变量的交互项，反映 FD 对各个制度变量的影响[**]

注：[*] 对财政分权指标的设立总是会引起很大的争论。我们运用所采用的测定财政分权程度的指标，比较符合国际上的通行做法。但为了使研究结果具有一定的比较意义，我们最终采用这一指标。

[**] 经过检验，各个制度变量与 FD 的乘积的相关系数比较高，均在 0.80 以上，如果直接用制度变量与 FD 的乘积作为交互项，将产生严重的共线性问题，降低最后结果可信性。因此，我们参照罗长远（2005）的做法，引入 FD 的哑变量。这一变量的处理方法是：计算各省的 FD 在考察期内的算术平均值，然后和全国 FD 的算术平均值进行比较，如果某一省的 FD 的算术平均值大于全国的平均值，则 FD 的哑变量 FD = 1，否则为 0。这一做法很好地避免了多元共线性问题。

数据来源：《新中国五十五年统计资料汇编》和1994～2002年《中国财政统计年鉴》。

经过对 FD 滞后 3 期的变量与其进行 panel data 回归分析后，发现 FD 具有显著的外生性特征，这一结果与乔宝云（2005）、Lin 和 liu（2000）的结论一致。[①]

这样，经济地区增长的回归模型可变为以下模型来描述[②]：

$$grw_{it} = \beta_0 + \beta_1 k_{it} + \beta_2 fdnonsoeit + \beta_3 fdmark_{it} +$$
$$\beta_4 fdtra_{it} + \sum_{j=6} \beta_j \cdot Y_{ijt} + \varepsilon_i + \gamma_t + \phi_{it} \qquad (3)$$

这里，t 代表年份（即：1994～2002 年），i 代表区域，ε 代表区域性干扰，γ 代表时间性干扰，ϕ 为随机扰动项，Y_{ijt}是一组控制变量。

（二）计量结果分析

表 2 显示了我们基于方程 2 的分析结果，Hausman 检验结果说明，对东中西部地区的变量均支持固定效应。对固定效应的回归，我们采用了 GLS 方法，其结果见表 2。根据表 2 显示结果，我们得出以下结论。

1. 在东部地区财政分权有利于民营化和对外开放发挥出推动经济增长的作用。FDNONSOE 和 FDTRA 的系数均为正，且具有 5% 显著的水平。在东部地区，由于市场经济制度水平较高，在财政支出和地方政府竞争的

[①] 杨开忠等人（2003）认为财政分权可能内生于经济增长，但他们没有给予实证证明。我们更倾向于认为财政分权具有外生性特征，因此，下文仅考察财政分权指标对其他指标的作用，而这也正是本文最关心的内容。

[②] 我们认为在 1994 年后，中国才建立起相对稳定的财政分权体制，因此将考查变量的时间范围确定为 1994～2002 年之间。

表 2　　　　　被解释变量 GRW（经济增长率）

（全样本：1994～2002 年）

变　　量	东　　部	中　　部	西　　部
C	0.298 ***	0.156 ***	− 0.088 *
	(0.076)	(0.043)	(0.055)
K	0.527 ***	0.373 **	0.205 **
	(0.051)	(0.069)	(0.050)
NONSOE	0.348 ***	0.280	0.122
	(0.046)	(0.060)	(0.083)
MARK	0.080 **	0.010 *	0.033
	(0.055)	(0.072)	(0.064)
IND	0.209 **	0.069 **	0.121 **
	(0.052)	(0.038)	(0.121)
TRA	0.165 ***	0.069 *	0.247
	(0.052)	(0.095)	(0.134)
FD	0.211 ***	− 0.220	− 0.107
	(0.081)	(0.062)	(0.052)
GOV	− 0.248 *	− 0.416 *	− 0.076
	(0.137)	(0.213)	(0.095)
WBN	− 0.051 *	− 0.044 **	− 0.019 ***
	(0.016)	(0.016)	(0.017)
FDNONSOE	0.159 **	− 0.305 *	− 0.233
	(0.068)	(0.099)	(0.103)
FDMARK	− 0.113	− 0.239 ***	− 0.175 *
	(0.077)	(0.090)	(0.086)
FDTRA	0.481 **	0.137	0.080
	(0.059)	(0.138)	(0.182)
调整后的 R²	0.66	0.69	0.79
误差	0.020	0.017	0.011
F 值	21.73	31.23	11.04
观测值	81	99	72
组数	9	11	8
Hausman 检验	− 59.02	110.34	101.39

注：（1）括号内的数字为标准差；

（2）*、 ** 、*** 分别表示显著性水平为 10%、5% 和 1% 。

双重压力下，财政分权水平越高，地方政府就更加积极地推动本地企业民营化，通过各种制度创新，为民营企业创造良好的发展环境，使民营化对经济发展的推动作用更好地得到发挥。东部地区在率先享受国家对外开放的优惠政策，经过 20 多年的发展，经济发展具有鲜明的外向型性特征，对外贸易成为本地经济发展和增加财政收入的重要支持因素，财政分权程度越高，东部地区地方政府更加倾向于鼓励出口，使国际贸易发挥出更好的经济增长效应。

2. 在中西部地区财政分权对民营化的经济增长效应具有负面影响。FDNONSOEDE 交互项的系数在中部地区在 10% 水平上显著，在西部地区不显著。可能的原因是，一方面，由于中西部地区市场经济制度基础较差，在财政支出压力下，不得不增加预算外收入和制度外收入。如，据中央电视台《新闻调查》报道，安徽省某镇政府由于本地财政资源匮乏，向当地民营企业借款，并长期拖欠，造成一些企业因资金不足而破产。另一方面，地方政府为追求本位利益，通过各种行政性收费掠夺当地企业的剩余。据新华社记者对湖北省赤壁市的报道，2001 年该市各种行政收费标准达 2500 项，乱收费导致当地企业萎缩（周业安，2002）。这些"掠夺型"行为无疑会增加企业经营负担，不利于民营企业和当地经济的发展。我们的研究结果可能表明，即使地方政府为了"甩包袱"和发展本地经济而推动本地企业民营化（朱恒鹏，2004），但是，如果没有一个良好的地方政府财政支出管理模式，实际上可能并不利于民营化发挥出促进经济发展的作用。

3. 在中西部地区财政分权对对外开放的经济增长效应都具有正影响，但不显著。中西部地区地方政府为发展本地经济，扩大税源，也效法东部地区积极鼓励企业发展出口贸易，为扩大出口贸易创造条件。但这一变量之所以不显著，可能的原因，一是对外贸易总量在中西部地区不高，对地区经济增长的促进作用不大，如图 3 所示，相对于东部地区中西部地区的对外贸易总量很低；二是在财政分权体制下地方政府为维护本地区的经济利益和财政资源，具有强烈的动机保护本地企业的发展。由于不发达地区对当地企业缺乏相应的清晰的发展战略，更多地考虑搞活现有企业，会采取积极的地方保护主义，限制境外货物流入本地。"尽管发达地区与不发达地区都可能存在地方保护主义，但显然后者对当地的经济影响要大得多"（周业安、赵晓男，2002）。因而，地方保护主义限制了进口量的增加，不利于对外开放对经济促进作用的发挥。

4. 财政分权不利于东中西部地区市场化进程，但在中西部地区更加明显。这说明东中西部地区的地方政府随着财政分权程度的加大，都具有干预投资市场的行为。可能的原因，一是在政府竞争的压力下，为发展本地经济，地方政府更倾向于将有限的财政资源投入到基础设施建设上，改善投资环境，吸引境外资源，以显示出更好的政绩。如"长三角"在新的一轮经济发展的竞争中，各地上演了新一轮的"机场建设大战"，目前长三角地区每万平方公里的机场密度为 0.8 个，超过美国每万平方公里 0.6 个的水平（周黎安，2004）。二是受地方政府控制的国有经济投资往往能够得到当地国有银行的大力支持，国有经济投资具有鲜明的地方政府自主投资的特征，充分体现出地方政府推行赶超式发展战略的意图。罗长远（2005）的研究证明，FDI 流入对中国国内资本的"挤出"和"挤入"效应因资本来源的经济性质不同而存在显著差异，由于国有经济容易得到银行融资的支持，FDI 对国有经济具有显著的"挤入"效应，而对缺乏银行金融支持的来自民营经济的投资具有显著的"挤出"效应。同样在现有的金融体制下，国有经济投资也会对民营经济投资产生显著的"挤出"效应，考虑到国有经济利润是地方政府重要的财政收入来源之一，这无疑反映了政府"与民争利"的现象。地方政府深入介入投资市场，一方面对来自非公有制经济的资本产生一定的"挤出效应"，不利于非公有制经济的发展；另一方面也不利于资本市场的完善，干扰了市场在资本配置过程中的作用，降低了市场化对经济发展的促进作用。这一问题在经济发展水平相对落后、市场机制不完善的中西部地区更为突出。

此外，从表 2 显示的其他变量看：（1）民营化、投资的市场化、对外开放程度在东部地区对经济发展都具有正的影响，这说明放松对市场的管制将有助于地区经济发展。但西部地区由于市场经济制度相对落后，三个变量推动经济增长的作用不再显著，在中部地区它们的显著性也相对较低。这个结论与严冀等人（2005）结论比较一致。（2）预算外收入与预算内收入的比值在东中西部地区对经济增长具有负面影响，这说明各个地区地方政府的"攫取之手"强于"援助之手"时对地区经济增长均具有负面作用，这与陈抗等人（2003）的结论基本一致，加强对预算外收入的管理，约束地方政府干预市场的行为，有利于经济增长。（3）在东中西部地区工业化对经济增长都具有显著的促进作用，这说明各个地区的资源从低生产率的农业部门流向高生产率的部门能够提高总产出。（4）财政分权对经济增长促进作用，其系数在东部地区具有 1% 的显著水平，而在中西部地区则不再显著。我们的结论与张晏（2005）的不太一致的地方是，我们的计量结果显示，财政分权在中西部地区的经济绩效虽然为负但不明显；而她的结论是，财政分权在中西部地区对经济增长具有显著的负效应。

四、结论

分税制改革后，地方政府承受了更大的财政支出和参与地区竞争的压力，由于市场经济制度的差异，不同地区的地方政府在缓解压力时所采取的行为和路径也不相同。我们的实证结果表明财政分权效果和其对市场经济制度的经济增长效应的影响存在跨地区差异。东部地区由于具有较好的市场经济制度基础，财政分权程度的扩大，有利于地方政府采取保护市场经济制度的行为，促进对外开放和民营化发挥出较好的经济增长效应，财政分权对经济增长的促进作用也比较明显；而中西部地区由于市场经济环境较差，财政分权程度的加大，地方政府行为不利于市场经济制度发挥促进经济增长的作用，财政分权对经济增长也具有不显著的负面影响。

上述研究结论为我们提供了有价值的政策信息。基于以上研究成果，可以获得以下几点政策建议。（1）财政分权体制应更加关注对不同地区地方政府行为的影响，考察财政分权的效果应结合不同地区既有的社会经济制度，防止财政分权带给地方政府的激励和压力时，却造成地方政府行为过度干预市场的现象，应使放松市场管制与财政分权两个制度形成"激励相容"。（2）加强对地方政府的财政支出管理，防止在分权体制下地方政府预算外和体制外财政收入的恶性膨胀，这样做有利于规范地方政府行为和市场机制的发育，这一点在中西部地区尤为重要。（3）中西部地区应减少地方政府对对外贸易的干预，对广大中西部地区来说，在对外开放程度上与东部地区的差距最大（见图3），如果加大外开放程度，可弥补与东部地区的制度差异，更能实现对东部地区的追赶，实现区域间的协调发展。（4）要逐步使政府减少对投资市场的参与程度，发挥市场对资本的调节作用，减少地方政府违反市场规律的行为，将地方的财政支出更多地向公共财政支出倾斜，提供市场无法提供的公共物品和公用事业，并规范目前地方政府的竞争模式，遏制在财政分权体制下地方政府之间的恶性竞争。（5）加大对中西部地区转移支付力度，减轻这些地区财政支出压力，帮助这些地区市场经济制度的建立和完善，防止地方政府为满足财政支出需要对本地经济采取"竭泽而渔"的行为。

参考文献：

1. Friedrich A. Hayek, The Use of Know Ledge in Society, *American Economic Review*

35，1945. pp. 519 – 530.

2. Yingyi Qian and Barry R. Weingast, 1996：China's Transition to Markets：Market-Preserving Federalism, *Chinese Style*, *Journal of Policy Reform*, 1996, 1, 149 – 195.

3. Ma, Jun. 1997. Intergovernmental Relation and Economic Management in China. *Macmillan press.*

4. Lin Justin Yifu and Zhiqiang Liu. 2000. Fiscal Decentralization and Economic Growth in china. *Economic Development and Cultural Change* 49（1）：1 – 22.

5. Shleifer, A. 1998, *the Grabbing Hand*：*Government Pathologies and their Cures.* Cambridge, Mass：Harvard University Press.

6. zhang, T. and H. Zou, 1998, Fiscal Decentraliztion, Public Spending, and Economic Growth in China, *Journal of Public Economics* 67, pp. 221 – 240.

7. 张晏：《分权体制下的财政政策与经济增长》，上海人民出版社 2005 年版。

8. 殷德生：《最优财政分权与经济增长》，载《世界经济》，2004 年第 4 期。

9. 胡书东：《经济发展中的中央与地方关系——中国财政制度变迁研究》，上海人民出版社 2001 年版。

10. 王绍光：《分权的极限》，中国计划出版社 1997 年版。

11. 张维迎、栗树和：《地区间竞争与中国国有企业的民营化》，载《经济研究》，1998 年第 12 期。

12. 朱恒鹏：《分权化改革、财政激励和公有制企业改革》，载《世界经济》，2004 年第 12 期。

13. 陈抗、Arye L. Hillman、顾清扬：《财政集权与地方政府行为变化——从援助之手到攫取之手》，载《经济学（季刊）》，2002 年第 2 期。

14. 杨灿明：《地方政府行为与区域市场结构》，载《经济研究》，2000 年第 11 期。

15. 高鹤：《财政分权、地方政府行为与中国经济转型：一个评述》，载《经济学动态》，2004 年第 6 期。

16. 周业安：《地方政府竞争与经济增长》，载《中国人民大学学报》，2003 年第 1 期。

17. 周业安、赵晓男：《地方政府竞争模式研究——构建地方政府间良性竞争秩序的理论和政策分析》，载《管理世界》，2002 年第 12 期。

18. 诺斯：《制度、制度变迁与经济绩效》，上海三联书店 1994 年版。

19. 樊纲、王小鲁、张立文：《中国各地区市场化进程相对指数 2000 年报告》，中国经济改革研究基金会国民经济研究所工作论文，2002 年。

20. 严冀、陆铭、陈钊：《改革、政策的相互作用和经济增长——来自中国省际面板数据的证据》，载《世界经济文汇》，2005 年第 1 期。

21. 罗长远：《外国直接投资、国内资本与中国经济增长》，上海人民出版社 2005 年版。

22. 乔宝云：《增长与均等的取舍——中国财政分权政策研究》，人民出版社 2002 年版。

23. 杨开忠、陶然、刘明兴：《解除管制、分权与中国经济转轨》，载《中国社会科学》，2003 年第 3 期。

24. 周黎安：《晋升博弈中的政府官员的激励与合作》，载《经济研究》，2004 年第 6 期。

（作者单位：河南大学黄河文明与可持续发展研究中心）

区域产业互动：条件、方式、策略

——浙赣产业互动考察后的思考

尹继东

一、区域产业互动的内涵

产业互动是区域经济发展中依据市场规律而实现的产业互补、互利、互促的一种经济合作与竞争的行为，这种竞合过程推动了企业的科技进步和产业升级。

产业互动并非完全是产业的转移与承接。以浙赣两省为例，产业互动不仅是指江西承接浙江向其产业转移的过程，它更多的是包括两省产业间的竞争合作和互补配套的关系。

就目前的情况来看，对发达地区而言，产业互动包含着产业的调整升级和战略层面上的产业合作；对欠发达地区而言，它包含着以下三个方面：(1) 产业转移机遇中的承接；(2) 在市场竞争和科技进步的条件下，发挥后发优势的反梯度转移；(3) 战略产业发展中的竞争与合作。

二、浙赣产业互动的条件

(一) 发达地区产业集聚的报酬递增，不足以弥补要素价格的上升

在此条件下，产业具有向低要素价格区域转移的可能性。在发达地区，产业的集聚形成了内部及外部的分工协作体系，完善的供应链系统使企业投资报酬递增。分析温州的打火机生产行业，温州有 5000 余家打火机生产的相关企业，它们形成了产业集群，分工协作体系使打火机生产成本低，报酬递增。但是，随着生产规模的扩大和产业的发展，生产要素的价格将呈上升趋势，土地、劳动力、融资成本、原材料等价格上涨，从而

形成一种分散力，使得原有产业有可能向要素成本低的区域转移。

永康市也存在着相似的情况。永康市五金产品 2006 年销售收入达 300 亿元，该市 2006 年财政收入为 23 亿元，其中 90% 来自于五金加工产业。目前，土地供给已制约了永康市五金产品生产企业的发展。土地供给只能满足该行业需求的 1/4。此外，该行业工资水平较高，一般为 2000～3000 元/月。因而，永康市五金加工行业已出现了向周边县扩散的趋势。

据估计，浙江省未来十年土地需求 1000 万亩，而每年的土地供给仅有 17 万亩。浙江现在的人均土地 0.5 亩，到 2020 年将下降到 0.3 亩。土地的制约使一些产业向外转移，资本向外扩散。

面对土地、能源、原料等的供给制约，浙江提出了"腾笼换鸟"的要求，推动产业结构调整、产业升级：要把低附加值、低效益、低产出、高消耗、高污染的产业逐步淘汰掉，腾出空间发展投入少、效益高、消耗低、污染少的产业。这种结构调整趋势为欠发达地区承接一些产业的转移提供了可能，如劳动密集型产业。

（二）浙赣经济依然存在明显的梯度和互补关系

从 GDP 总额来看，浙江为 15649 亿元，江西为 4618.8 亿元，浙江是江西的 3 倍。预计到 2010 年，浙江的经济总量将达 5 万亿元，而江西仅为 1 万亿。除此之外，两省在其他经济指标上也表现出较大的差异（见表 1）。比较浙赣两省的经济指标可知：（1）江西的农业与浙江有较大的互补性；（2）浙赣人口差异不大，但浙江的人均财政收入是江西的 4.3 倍，因而对江西而言，其自身资本积累有限，需要大量引入外部资本；（3）浙江城镇居民人均收入为江西的 1.9 倍，农村人均收入为 2.05 倍，由此可推测江西的农村剩余劳动力价格仍然会较低；（4）从城乡差距来看，浙江小而江西大，相对浙江而言，江西的农村劳动力更具有转移的动力。因而浙赣两省的经济水平存在梯度性，江西具有承接发达地区产业转移的条件。

表 1　　　　　　　2006 年浙江与江西经济状况比较

指标 地区	GDP （亿元）	三次产业结构	财政收入（亿元）		居民收入（元）		恩格尔系数（%）	
			总量	地方	城镇	农村	城镇	农村
浙江	15649	5.9:53.9:40.2	2567.5	1298.2	18265	7335	32.9	37.2
江西	4619	17.0:50.2:32.6	518.1	305.3	9551	3585	39.7	49.3

相对于非农用地供给紧缺的浙江而言，江西有着较为优越的条件。江西现有 94 个工业园区，非农用地储备 44 万亩，因此江西具有低地价优势，其工业发展仍有较大的潜力。此外，江西矿产资源相对丰富，特别是铜、稀土、钨、钽泥等，为需要接近原料产地的加工业的发展创造了条件。

（三）区域产业互动的环境条件发生了变化

科学发展观的落实，使欠发达地区的招商引资已提升为招商选资。需要引进的应是低消耗、低污染、高成长型产业。

欠发达地区经历多年的经济积累，具备了更好的发展条件和环境，在产业互动上已经具备了与发达地区在更高层面上实施产业互动的基础。

与此同时，人们的社会消费结构已经发生了变化，城乡居民的消费层次已经提高。人们的消费物品已从 20 世纪 90 年代的吃和穿转向现在的通讯、电脑、住房、汽车等住和行方面。因此传统产业的增长趋缓，而满足人们新需求特点的产业发展迅速。发达地区必须考虑这一需求结构的变化，发展新的产业。而欠发达地区也有条件在市场变化中形成自己的特色。发达与欠发达区域的产业互动重点已不在传统产业上。

三、区域产业互动的方式

欠发达地区与发达地区的产业互动可以从不同角度来看，其形式应该是多样化的。从目前已有的互动方式看主要有以下几种：

1. 资源依托型互动。目前，不少浙商的对外投资主要用于对欠发达地区的资源开发利用，如开矿、水泥生产等。他们利用原料产地发展加工业，如贵溪铜产品工业园 90% 是浙商投资。此外，还有小水电开发，江西小水电的 80% 被浙商买断开发。

2. 市场导向型互动。在非日用品产业发展中，发达地区推动产业升级的一个重要模式是构建全国性的营销网络。产业扩散随营销网络的延伸来实现，其特点是营销性和市场开拓性，而不是生产性。但是，生产随着营销走、随着市场走，生产需靠近消费市场或靠近资源市场。在销售网络进入后，就有可能就地设厂。如台州的电动车在九江市的布点就是以市场为导向。同时，欠发达地区可利用发达地区的市场渠道，如江西利用义乌、温州等全国性、国际性的市场网络，通过一定的合作方式，把江西的产品推出去，并在经济一体化上加强互动。

3. 物流通道型互动。欠发达地区缺乏有效的物流通道，从而制约了经济发展。发达地区主要分布在沿海地区，交通便利，走向国际市场比较便捷。目前江西已与厦门达成铁海联运，它从 2006 年的亏损逐步向盈亏平衡，再向盈利方面发展。上海港以 80% 的控股比例开发九江港。目前，江西有意向与宁波建立铁海联运，宁波港吞吐能力强，通关条件好，同时江西的浙商占全部客商的 1/3，这些有利条件使得宁波港有较高的积极性来发展。

4. 空间引导型互动。利用欠发达地区产业发展的空间来集聚企业，形成相互配套协作的产业组织，特别是较好区位的地域空间，更具有吸引投资和产业转移的引力。江西有 94 个工业园区，且储备了 44 万亩土地，可以充分利用这一经济载体，实现与发达地区的产业集群性开发。同时，利用经济发展空间推动与发达地区的产业体系上的优势互补。

5. 资本联结型互动。如可以引进外部资金推动产业升级，引进外部资金改造国有企业，引进外部资金投资基础设施建设。江西现有高速公路1780 公里，"十一五"期末将达到 3000 公里，可以考虑允许民营资本进入。江西新钢的 500 万吨薄板、江铜 10 万吨电解铜项目都可以推向市场，寻求战略投资者，在项目上实现资本的联结。通过合资、参股、独资等各种方式，推动产业的互动发展。

除上述互动方式外，欠发达地区与发达地区产业互动的形成还可以有产业链延伸互动、整体转移互动、片断转移互动等各种形式。

四、推动区域产业互动的策略与措施

对于发达与欠发达地区，其推动产业互动的策略和措施会有较大的差异。就欠发达地区而言，应有以下的策略思考：

1. 产业互动要有利于发达地区和欠发达地区的产业结构调整、升级。欠发达地区要充分利用后发优势，避免走发达地区在产业发展过程中走过的弯路。要根据环境友好、资源节约、产出高效、人力资源优势发挥等原则，完善和提升区域产业结构，增强区域经济实力。

2. 加强产业发展的环境建设。不仅是交通、通讯、物流、能源供给等条件，更重要的是人文环境建设，体制机制创新，配套服务体系建设等。要杜绝"不吃饭不办事"，"吃完饭再办事"的不良作风和习气。要避免引进企业的"孤岛效应"，当地企业应增强与引进企业的配套协作，形成带动效应。要加强产业服务，只有有效的产业服务，才能实现招商引资。外商投资和产业转移的条件常常是：借鸡生蛋、借窝孵蛋、借市融资、借船出海、借梯登高、借台亮相、借脑生存、借网辐射。这些方面的环境好，外商就愿意来投资设厂。

3. 积极引导本土企业发展，这是与发达地区产业互动的根本性条件。只有本土企业的创新创业，才能有效地承接发达地区的产业转移或主动地对接发达地区的产业体系。同时，本土企业发展得好，有利于吸引外资投入，一方面能寻求更好的配套体系，另一方面可以鼓励外资更有信心投入。

（作者单位：南昌大学经济与管理学院）

东陇海经济带区域旅游资源整合开发初探①

胡安俊　沈　山　吴　婧　刘　瑜

一、问题提出

东陇海经济带区域在行政范围上包括徐州市和连云港市两个地级行政单元，含徐州市区（泉山区、九里区、鼓楼区、云龙区、贾汪区）、铜山县、丰县、沛县、邳州市、新沂市、睢宁县；连云港市区（新浦区、连云区、海州区）、东海县、赣榆县、灌云县、灌南县等 18 个县级行政单元。从宏观区位上看，本区处于长三角经济区和京津冀经济区之间的交接地，是东部地区联系我国中西部地区的枢纽地区，是中原文化、江淮文化与齐鲁文化的接壤带；从中观背景看，本区是苏鲁豫皖四省的省际边缘区，经济发展水平相对滞后，2006 年本区人均 GDP 相当于江苏省平均水平的 48%；从微观背景看，本区的经济基础、发展阶段、文化、旅游资源等都有很强的一致性。同时，本区处于陇海—兰新线的东段的战略位置，其经济发展直接联系着整个大陆桥经济的崛起。江苏省委省政府一直致力于推动东陇海线经济带的建设，"十一五"规划纲要中，明确提出了"全面推进沿江、沿沪宁线、沿东陇海线、沿海等区域发展，推动产业布局进一步优化，促进区域协调发展"。并对旅游开发，提出了"加强旅游资源整合，着力构建环太湖旅游圈、沿长江旅游带、沿海旅游带、沿东陇海线旅游带、古运河旅游轴'一圈三沿一轴'的空间布局框架"。

东陇海经济带区域具有空间整体性、文化同源性、资源互补性、交通便利性等基础条件，长期以来，一直努力建立区域合作新模式，努力实现经济洼地崛起。然而，在行政壁垒和地方主义下，无论是试图建立科层

① 基金项目：江苏高校哲学社会科学一般项目。

（行政管理/等级式）的伙伴关系、自发的伙伴关系还是混合式的伙伴关系，无论是从自上而下、自下而上还是从水平方向的合作入手，都没有建立起真正的合作关系。面对国际化、全球化的竞争，面对与长三角地区日益扩大的差距，基于区域共同发展的地方合作再次被推向新的境界。以旅游整合开发为先导的区域共同发展的新模式，就成为更深层次的区域合作的基石。

二、东陇海经济带区域旅游资源评价

（一）区域旅游资源特征

本区旅游资源丰富，截至 2006 年，本区拥有连云港花果山风景名胜区、徐州淮海战役烈士纪念塔园林等 7 个国家 4A 级景区，徐州龟山汉墓等 6 个国家 3A 级景区，连云港市高公岛风景游览区、徐州中央电视台外景基地汉城等 5 个国家 2A 级景区（见表 1）。此外，还拥有省级、市级等旅游景点近百处。自徐州市和连云港市分别于 2000 年、2003 年被评为中国优秀旅游城市后，旅游资源层次不断提升，旅游吸引人口不断上升。

表 1　　　　　　东陇海经济带区域的国家 A 级景区

级别	连云港市国家 A 级旅游景区	徐州市国家 A 级旅游景区
4A 级	连云港花果山风景名胜区、连云港连岛旅游度假区、连云港渔湾景区、连云港孔望山风景区	徐州淮海战役烈士纪念塔园林、徐州市云龙湖风景区、徐州新沂市马陵山景区
3A 级	连云港市灌云县大伊山风景区、连云港市石棚山景区、连云港市桃花涧景区	徐州龟山汉墓、徐州市滨湖公园、徐州市戏马台
2A 级	连云港市高公岛风景游览区、连云港市安峰山烈士陵园、连云港市东海猎趣园、连云港市宿城世外桃源风景区	徐州中央电视台外景基地汉城

总的说来，东陇海经济带区域的旅游资源（见表 2）分为以下几个方面：

（1）历史古迹类旅游资源。具有代表性的有三汉墓（狮子山汉墓、北洞山汉墓、龟山汉墓）、汉化像石馆、新沂马陵山风景名胜区。

（2）水体旅游资源。如连云港渔湾自然风景区、神州第一堤——西大堤、海滨浴场、船山瀑布、东海温泉、桃花涧、微山湖，徐州云龙湖和拔剑泉等。

（3）自然风景区资源。徐州丹尼森游乐园、徐州泉山森林公园和连云港花果山风景区等。

（4）园林、城镇民俗类资源。新沂古镇窑湾古民居、徐州西游记艺术宫、快哉亭、彭圆、徐州民俗博物馆、连云港苏马湾生态园等。

（5）宗教文化类资源。徐州云龙寺、《西游记》国际旅游文化节、艾山九龙彭祖气功养生旅游等。

（6）军事文化资源。淮海战役纪念陵园、淮海战役血战碾庄遗址等、刘邦兵败彭城的拔剑泉、脱险的"皇藏峪"，以及韩信十面埋伏的九里山，张良洞箫齐奏、四面楚歌的子房山等。

（7）工农业观光旅游节。农村旅游、木材国际展览会、大蒜国际展览会、银杏国际展览会、维维工业观光旅游等。

表2　　　　　　　东陇海经济带区域主要旅游资源与类型

类别	滨海沙滩	山岳森林	主题公园	节庆活动	连云海港	宣传特色
连云港	东西连岛沙滩浴场、苏马湾渔场、黄窝浴场、海州湾浴场海滨	花果山、锦屏山、孔望山、渔湾、东磊、宿城	海州古城、海底世界	连云港之夏、玉兰花会、花果山登山节、中国风筝节，《西游记》国际旅游文化节	连云港港集装箱码头（大陆桥东起点桥头堡标志）	孙悟空的老家、最大的汉字（神）、最古老的玉兰花、最长的大堤等
类别	古代遗址类	古建筑民居	主题公园	节庆活动	革命文化类	宣传特色
徐州市	大彭氏国遗址、狮子山汉墓、龟山汉墓、汉画像石、兵马俑	戏马台、乾隆行宫、苏轼放鹤亭、快哉亭、户部山古民居	徐州汉城、沛县汉城	徐州汉文化国际旅游节、徐州云龙山庙会、徐州彭祖庙会、徐州伏羊节	淮海战役纪念塔（烈士陵园）、碾庄战役纪念陵园	五省通衢，两汉之都，楚汉雄风

（二）区域旅游资源开发存在的问题

旅游资源开发是一条紧密的链条，景点、旅客、市场和导游是旅游资源的开发"链条"上的"链环"。让我们对各"链环"逐一把脉，找出症结。

1. 景点规模相对较小、观光时间相对短暂。东陇海经济带区域的旅游资源是山水与文化的相融，多数旅游景点具有十分浓厚的文化底蕴。然而，多数景点在文化的"外显"挖掘上尤欠功夫，使得旅客只是对文化景观进行简单感知，无法体验到文化风情、文化艺术的内在美。

除连云港花果山风景名胜区外，多数景点规模相对较小、可资观光要素组织不够协调，致使观光时间相对短暂。风俗民情、工农业观光旅游等参与性旅游景点层次低，参与性较差。

2. 旅客消费档次较低，多以省内为主。2006年，江苏全省共接待海外旅游者445.19万人次，实现旅游外汇收入27.88亿美元；接待国内旅游者1.9996亿人次，实现国内旅游收入2011.28亿元。全省实现旅游总收入2283.48亿元。其中东陇海经济带区域连云港国内外游客接待量突破770万人次，实现旅游总收入67亿元；徐州市国内外游客接待量突破1000万人次，旅游总收入达到90亿元；但是两市旅游总收入只占全省的7.5%。一方面说明区域旅游开发潜力巨大，另一方面也说明了区域旅游开发存在一定问题。

客源地分布。省内客源地分布主要集中在本地、宁镇扬等城市，其中本地客源占30%；省外以安徽、河南、陕西、山东等省市为主，旅游消费档次较低。

游客的社会经济特征。游客中首先以城镇游客为主，以纯旅游为目的的观光和休闲度假者居多，其次为商务、会议和公务，健康疗养等其他旅游目的所占比重相对较小。

游客的消费特征。游客旅游停留时间短，一日、两日游居多；旅游消费水平较低，人均花费、人均日花费只占全省平均的56%；消费构成仍以餐饮、住宿花费为主，购物性消费、纪念性商品消费和娱乐休闲性消费较少。

3. 旅游市场竞争加剧，非优资源开发存在恶性循环。随着交通运输条件的不断完善，旅游半径的扩大，区域旅游市场竞争全面加剧。同时，随着周末旅游的全面普及，一日、两日游成为旅游行为首选。旅游资源互补性组合不够，特色的旅游线路组织不够合理，导致旅客的选择空间受到限制，区域性旅游收入受到影响，区域旅游整合开发受到抑制。非优区位性旅游资源、非优品质性旅游资源开发无法获得效益。

4. 旅游制度、行规不合理,旅游景点收入对导游依赖性强。旅游资源的系统结构包括景观、风情、艺术。景观、风情可以通过感知体验得以满足,而对于更深层次的文化艺术则需要解读。导游是景点和旅客之间的桥梁,本区景点的多属于文化型,决定了旅客对导游的依赖性。同时,现行的旅游制度、行规不合理,旅游景点收入对导游依赖性也较强,这样造成旅游发展的畸形。

三、东陇海经济带区域旅游资源整合开发基础

(一) 从区域战略位置上审视,整合开发是区域发展的内在要求

相对滞后的社会经济基础,是区域携手开发的动力。本区处于长三角经济区与京津冀经济区之间的低谷地带,处于江苏、山东、安徽、河南四省的省际边缘区,经济发展水平与各省的核心地区都存在较大的差距。从所处的发展阶段,区内两市徐州和连云港皆处于工业化初期到中期的过渡阶段,徐州市三次产业结构 13.9 : 50.5 : 35.6,城市化水平 44.1%;连云港市三次产业结构 20.5 : 44.2 : 35.3,城市化水平达到 38.1%。两市都面临着经济增长方式转变、拓展就业、富民强市、提高区域竞争力的重任。两市内在的一致性,使得双方都在努力构建全方位协作体系。例如,徐州都市圈的构建,高层论坛等等,都是合作的集中表现。

本区的战略位置及共生关系,要求区域联合开发。本区处于陇海—兰新线的"龙头"这一战略位置,决定了担负对"整个陇海经济带"的带动作用。同时,从区域结构看,本区是特色的区域双核结构,连云港与徐州双核实际上是"口腹"关系,"口"不大,难以发展"腹";"腹"不发展,"口"也常常处于挨饿的状态。为此,共生关系、全球化国际化的竞争压力,要求只有区域整合开发才能提高区域竞争力。

(二) 从区域完善的基础设施看,为区域旅游整合开发创造了条件

公路方面,本区拥有京沪、京福、连徐、徐宿等高速公路,104、204、205、206、310、311、327 等国道。铁路方面,陇海铁路、京沪铁路、新长铁路、徐沛支线等贯穿本区。航空方面拥有观音机场和白塔埠机

场。水路方面拥有京杭运河、盐河等河渠。此外，还有十分便利的省道，前景看好的徐州都市圈基础设施规划等都为旅游整合开发创造了条件。

（三）从区域开发的阶段性判断，区域旅游资源整合开发是合作先导

区域合作具有阶段性，根据长江三角洲城市经济协调会近15年来的在区域合作方面的经验，区域合作大抵经过信息交流、专题合作和共同市场建设三个阶段。东陇海经济带区域尤其是自淮海经济区成立来，徐州、连云港多次召开高层论坛，加强信息交流。徐州都市圈规划的实施，在基础设施、旅游、物流等方面都做了细致的规划，这都为本区旅游整合开发提供了很好的基础。然而鉴于当前区域发展水平较低，区域整合开发方面没有形成很好的基础，这决定了区域整合开发须从低层次的旅游合作做起。本区旅游资源组合别具特色，既有一定的内在一致性，又有互补的先天优势。可以追寻历史脚步的文物古迹，可以阅览优美秀丽的山水风光，课题探寻激情四射的军事文化基地，可以度假舒适休闲的浪漫海滨。

（四）从构建旅游开发经济链条看，区域资源整合开发势在必行

构建旅游开发经济链条，是提高旅游业发展层次关键，而区域整合开发恰恰是构建旅游开发经济链条核心。本区旅游资源有多种组合，具有潜在的强强整合的优势。为此，本区从旅游资源组合着手，就汉墓组合、古城古遗址组合、山水组合、自然风光组合、园林民俗组合、军事文化组合展开合作，发挥组合拳优势，逐步建立旅游资源开发良性链条，打造新的旅游品牌。

四、东陇海经济带区域旅游资源整合开发构架

鉴于本区旅游资源的结构、经济发展水平的制约，旅游资源整合开发应该充分利用空间上的整体性、文化上的同源性、资源上的互补性、区域交通的便利网络性，携手开发极具核心竞争力的旅游产品和开拓全国客源市场，形成徐州—连云港旅游特色链条。

（一）区域旅游资源整合开发的基本原则

区域旅游资源整合开发，必须遵循阶段性，按照循序渐进、步步为营的原则，逐步建立合作成果。基本原则包括：

1. 区域旅游资源整合为先导，区域市场一体化建设作保障。
2. 行政区内景区合作为先导，行政区间联袂为延伸。
3. 东陇海经济带内资源整合为先导，东陇海线经济带外资源整合为扩展。

（二）政府引导，规划保障，企业连锁，协会沟通的开发体系

区域旅游发展需要有一个整体的发展思路作为指导，即需要做一个跨越行政区域划分的区域旅游整体规划，对于区域内旅游发展的方向和目标进行统筹安排。旅游发展规划的制定和实施能够有效整合区域旅游经济资源，形成区域旅游特色，并促进区域内部有序发展、避免出现内部竞争的混乱局面。总结起来，规划是区域合作的标准和方向标。

在市场主导的基础上，区域旅游合作必须注重平等的、旨在增进共同利益的协商制度，建立多形式、多层次的协商机构，扩大协商范围，充实协商内容，规范协商程序。当前徐州都市圈旅游规划为本区旅游开发提供了方向标。有方向标后，最重要的是旅游局"联姻"。即从大局的利益出发，做好政策上的协调，做到力往一处使。两市的高层一方面努力提供区域整合开发的条件，发挥科层优势；另一方面，定期召开高层论坛，构架自发伙伴关系，就旅游整合开发做好政策的一致性。

组建区域性的旅游企业集团，实行跨地区网络经营，逐步解决旅游产业规模大而企业规模小、经营分散、整体竞争力不足、经济效益不理想等问题。鼓励旅行社、旅游饭店以签约的形式，跨地区联合经营，统一卖价，平等互利，共同争取市场份额。

统筹区域旅游合作，旅游行业协会要起到跨行业、跨系统、跨地区的沟通和监督作用，要打破条块隶属关系，打破所有制概念的局限。在利益多元化的市场机制下，旅游行业协会不仅需要协调行业内企业与企业间的关系，也需要协调行业与行业间，行业或企业与政府间的关系。

（三）从资源组合营销到线路扩张引导，不断拓展旅游产业链条

旅游资源组合营销是区域旅游资源整合开发的重要举措，旅游资源区

域一体化是旅游资源整合开发的高级阶段。区域旅游资源组合营销策略的可以这样设计：区内组合，区间联袂的开发模式，不断拓展旅游产业链条。

区内组合是指区内旅游资源组合的策略，构建系列性的旅游产品组合，包括：徐州汉墓组合（狮子山汉墓、北洞山汉墓、龟山汉墓）；古城古遗址组合（邳州—新沂）；山水组合（微山湖、云龙山水，花果山、东海海滨）；自然风光组合（徐州泉山、连云港孔望山）；园林民俗组合（徐州彭园、徐州民俗博物馆、新沂古民居）；军事文化组合（淮海战役纪念塔、九里山拔剑泉）；现代工农旅游组合（生态农业旅游、木材加工国际展览会、大蒜国际展览会、银杏国际展览会、维维工业观光旅游等）。

区间联袂一是指东陇海经济带内徐州和连云港两个城市间旅游产品的联袂组织；二是指东陇海经济带区域与周边区域的区间联袂开发。徐州、连云港两个城市之间的联袂主导产品应该重点体现从文化景观向自然景观的转换，从陆地景观向滨海景观的转换，从观赏性景观向参与性景观的转换。主要包括：汉墓为代表的文化景观 + 花果山神话景观；以淮海战役纪念塔为代表的军事文化景观 + 滨海旅游景观；徐州现代工农旅游 + 东海温泉休闲度假旅游。区间联袂二主要是以东陇海经济带为轴心向周边景区的扩张联系。主要包括东陇海地带景区与中原景区的联袂、东陇海地带景区与曲阜景区的联袂、东陇海地带景区与盐城景区的联袂、东陇海地带景区与宿迁淮安景区的联袂。

区间联袂的过程就是区域旅游资源一体化的过程。需要强调的是这个过程具有阶段性。

（四）统一品牌运作、统一市场营销，逐步推进旅游整合开发一体化

品牌凝固特色，品牌就是特色。旅游品牌满足游客心理和精神上的需要，所以旅游业的竞争已经由最初的资源竞争过渡到品牌竞争的时代。

东陇海经济带区域旅游业创立品牌的具体方式是建立 CIS 识别系统（Corporate Identity System）。设计东陇海线旅游资源统一的旅游品牌名称、标记，凸现徐州的汉文化特色（楚汉雄风）和连云港的滨海神话（山海神韵）特色。（1）MI 理念识别系统。设计统一的口号和广告，以及条例和手册，用以规范旅游系统从业人员的理念思维；（2）BI 行为识别系统。在职能部门的规划下建立统一的组织制度和规范化管理，特别是规范旅游组织的营销活动；（3）VI 视觉行为系统。要在都市圈内建立同一旅游标

志、标准书体、标准广告等，统一设计大区域旅游品牌的包装（如旅游组织服装统一、印刷品统一、账票符号的统一等）。加大市场营销开发力度，在旅游开发和管理上进行投资，构建"徐州—连云港"市场营销网络和信息平台，逐步推进旅游整合开发一体化。

参考文献：

1. 罗小龙、沈建法：《长江三角洲城市合作模式及其理论框架分析》，载《地理学报》，2007 年第 62 卷第 2 期，第 115～126 页。

2. 马晓东、翟仁祥：《论旅游文化资源及其开发——以苏北地区为例》，载《人文地理》，2001 年第 16 卷第 6 期，第 89～92 页。

3. 马晓东、沈正平、丁正山等：《基于区域合作的徐连旅游带建设》，载《人文地理》，2005 年第 2 期，第 57～61 页。

4. 中国旅游网，http：//www. cnta. gov. cn/index. asp。

5. 徐州都市圈，http：//xzdsq. cnxz. com. cn。

6. 江苏省统计局：《江苏省统计年鉴（2006）》，http：//www. jssb. gov. cn/。

（作者单位：徐州师范大学城市与环境学院）

关于京津冀农业区域合作的探讨

王　军　董　谦　张桂春

随着国家"十一五"规划对区域统筹理念的推进，继长三角、珠三角快速发展之后，以区域合作协调推动京津冀一体化构建中国经济增长"第三极"再次成为关注的焦点。从 2004 年国家发改委正式启动《京津冀都市圈区域规划》，2005 年到 2006 年国务院相继批复的《北京城市总体规划》和《天津城市总体规划》，从"大北京"到"首都地区"和"新畿辅"概念的相继提出，到天津滨海新区的频频出现，构筑京津冀地区"一轴三带"的空间构想，到河北省新提出用 15 年时间的打造沿海经济强省战略，这些多是对区域发展宏观战略和第二、三产业、城市体系的关注，而以 32 个贫困县包围首都地区的贫困带存在并且河北与京津的区域差异不断拉大的现实，让我们不能忽视作为农业大省的河北省怎样在京津冀一体化进程中做强，不但应受到河北省的重视，还应得到京津地区的关注。因此，加速推进京津冀农业区域协作势在必行。

一、京津冀农业区域合作的必要性与可行性

（一）京津冀农业区域合作的必要性

1. 农业是京津冀可持续发展的共同依托。从自然条件看，河北省与京津同属华北平原暖温带大陆性气候旱作耕作区，相同的农业自然条件是京津冀城市化进程的发展中的难以分离的自然基础。从历史看，冀北和冀南地区历来是"京畿重地"是军事重地和农产品的供应地。在明清时期，京畿区域内部经济联系日益密切，北京、保定、天津鼎足而立，形成三大中心城市，彼此互补和互动，以保定为中心的地区为北京提供经济作物和服务业劳动力，天津则称为海运粮食和其他物资到北京的重要港口。从目前京津城市的重新定位看，河北省农业的安全、健康的发展是京津可持续

发展必须依赖的基础和保障。

2. 河北省农业在京津经济一体化中不能被边缘化。北京强大的政治集权统治以及全国服务首都的行政体制，使京津冀区域发展不平等，要素流动不对称。使河北省历史上一直处于农产品供应的从属地位，进贡有余而平等合作不够，难成均衡发展的市场。而河北省农业结构自成体系独立发展，难享京津恩惠，京津强大的需求对河北省的辐射带动极其有限。使京津冀农业关系方面不断积累下列问题：河北各市与京津间合作经营规模小，市场欠发育，产业化程度低，抵抗市场风险能力弱，农民增收不足等。其结果有二：一是农业大省大而不强；二是出现环京津贫困带。巨大的区域差异、产业失调和城乡失衡构成京津冀都市圈最大的风险，使河北省农业在京津冀都市圈中与其他省份相比地位有不断下降趋势，再加上不被重视出现边缘化，成为京津都市圈发展中最大的外部经济。制度经济学认为，非合作的本质是非合作的成本损失不足够大到等于必须合作的带来的受益，以及市场机制还没有发展到在区域产权界定清晰下的经济要素平等交易的程度。因此，河北省农业要走出京津经济边缘化走向一体化必须进行区域合作。

3. 区域统筹、新农村建设和京津冀一体化是河北省农业强省的动力。"十一五"规划中强调促进城乡和区域协调发展；解决好"三农"问题为全党工作的重中之重，推进社会主义新农村建设要实行工业反哺农业、城市支持农村，强化政府对农村的公共服务，建立以工促农、以城带乡的长效机制；京津冀区域一体化要进行观念体制创新，以及该区域广大农民对和谐富裕的新农村和解决"三农"问题增加收入的强烈愿望，这些都成为协调京津冀区域农业可持续发展的内在动力。

（二）京津冀农业区域合作的可行性

1. "一线两厢、两环开放战略"和京津城市总体规划共同关注河北的农业强省。河北省农业的持续发展是京津一体化和谐发展的标志。处理好京津冀农业的合作是京津冀发展的共同答卷。《北京城市总体规划（2004—2020年）》提出：要采取差异化战略，加强北京在京津冀地区、全国和全球产业链中的合作与分工，尤其要重视在京津城镇发展走廊形成各具特色，功能互补、布局合理的区域产业协作体系。《天津市城市总体规划（2004—2020年）》强调了以天津港建设为重点，优化内部交通网络，加强区域性重大交通设施的建设和整合，加强城市对外交通联系，与北京共同构筑区域一体的双核心交通枢纽，完善现代化综合交通体系。河北省从 1995 年提出"两环开放带动"战略，2000 年提出建设成首都的生态屏障，京津绿色食品的生产和供应基地，京津的科技转化基地和工业配套加工基地，到 2004 年提出"一线两厢"战略构想，都把京津冀合作统筹区域经济发展放在突出的战略地位，为京津冀农业合作提供了宏观政策利好，预示着政府启动，市场主导的宏观战略发展思路的不断清晰。

2. 河北省农业区位商上升，农业专业化加强，农业比较优势不断加强。区位商是一个地区特定部门的产值在地区全部产值中所占的百分数与该部门在全国的产值在全国全部门产值中所占的百分数的比值，用来衡量一个地区专业化水平。当区位商 ≤1 时，说明该地区专业化程度低于全国，属于自给性部门。当区位商 >1 时，说明该地区专业化程度高于全国，专业化水平高。

河北省农业区位商呈上升趋势，并在 2003 年超过 1，已属于农业专业化地区，而北京、天津的专业化程度都比较低，尤其是北京市的农业区位商还呈现逐年下降的趋势，表明京津两市城市的农业对外依赖性加强。河北省在京津农业专业化方面具有互补性，所以具有区域合作的可行性。

二、京津冀农业区域合作存在的主要问题

（一）河北省农产品的供应难以满足京津市场的多元化消费需求

近年来，城镇居民的农产品消费偏好朝着健康、营养价值更高的食品结构转变。据统计，京津八大类传统食品消费结构中，粮食消费呈下降趋势，奶及奶制品、干鲜瓜果、肉禽及制品类消费需求增长显著，而且对绿色农产品的需求上升，而水产品和菜类的变化不大。这种趋势为河北省农产品服务京津市场提供了结构性需求定位。而北京人均收入 2005 年达到 17653 元，城镇居民家庭平均每人月总收入为 1822.26 元，居全国第一位具有相当的购买力。然而河北省在京津市场供应的产品主要停留在大众化产品阶段，优质的绿色无公害农产品数量不多，名牌农产品更少，特色农产品不突出，造成河北省农产品在京津市场的地位不突出。其结果一方面在京津市场份额不足，难以抵御全国各地的优质品牌性农产品在京津市场的竞争；另一方面农产品的低价格，影响了河北省面向京津的"菜篮

子、米袋子"工程的收益，限制了京津冀农业的合作。

（二） 河北省的品牌性优质农产品供应不足

农产品品牌可以树立产品形象，提高产品的竞争力，稳定和扩展市场，提高市场占有率，获得更高的溢价收益。随着消费者对品牌食品、绿色食品需求愈来愈多，品牌意识和食品安全意识越来越强，一些地方开始实行品牌销售。

根据对北京市最大的农副产品批发市场——北京新发地农产品批发市场的调查表明：1993 年河北省农产品在批发市场上的占有量是 40%，到 2005 年仅为 41.8%。尽管河北省在运输上有一定距离优势，但是，全国很多省市县的特色品牌农产品借助北京市场流通快，价格高的特点，使农民收益也多，抵消了河北省运输的优势，单位运输费用的边际收益高；而河北省的农产品的名优特产品少，市场价格低，使单位运费的收益低。

（三） 京津冀农产品专业市场尚处在初级阶段

京津冀的农贸市场是保证农产品交易的保证和基本条件，河北全省的消费市场和生产资料市场的总数较多，但农产品专业性市场较少。根据《中国市场统计年鉴（2001）》统计资料，京津冀农产品消费和农资贸市场占消费品和生产资料市场总数的比例分别为北京为 66.02%、天津48.29%、河北省 15.87%。河北省的农产品专业市场成熟度还比较低，有待进一步发展。从 1994~2002 年的 8 年间，河北蔬菜在北京的市场份额不过 10%。从 1996 年启动环京津菜篮子工程启动，河北的蔬菜种植面积以每年 100 多万亩的速度递增，春缺秋淡成了历史。河北省有六大蔬菜产区（如张家口、承德错季蔬菜产区等）和八大果品带构成了围绕京津的资源优势，但还没有形成市场优势。

（四） 京津冀物流配置的 "绿色通道" 网络尚不完善

公路交通是京津冀农产品运输的主要途径。虽然京津冀的交通网已经建成以北京为辐射中心的交通框架，但是对于农产品的便捷的运输物流体系还很不完善，作为运输中的低收费、低运费消耗、有利于鲜活农产品的高效率流通网络的物流运输体系——绿色通道，虽然国家级省级高速公路的绿色通道 2005 年基本建成，但还没有建立省内各市、区甚至县域间的网络格局。影响了农产品流通快捷，甚至造成鲜活农产品的一定损失和成本增加，影响了农民减负增收。从目前包围在京津与河北交界的收费站来看，过路费用太高是削减了河北农产品进入京津市场的价格优势，削弱了京津市场的亲和力。

三、建立京津冀农业合作的对策建议

根据上述理论并针对京津冀农业合作的存在的问题，本文提出以下对策建议。

（一）从合作的体制和机制上转化观念，消除政策障碍

构建京津冀合作的机制关键在权与利益的重新配置，应对行政区域管辖权，财税收益权和管理权之间按照区域一体化和可持续发展的长期目标进行创新和优化，建立各种体制创新模式。首先，京津冀三方要打破行政限制去规划制定协调发展的政策。其次，河北省各市也要打破封闭性在服务京津的过程中克服狭隘的利益纷争，进行服务京津的农业分工合作，建立农产品大市场。再其次，首都北京在观念和政策上要克服官本位，重视市场平等交易商本位，把与周边的平等的双赢功能构架起来，实施对周边地区农产品平等交易，合理补偿的价格政策和财税政策。对农业合作中的管理、分配和收益进行跨区域的考虑。尤其要改变现有的税收金融政策，对服务京津的河北农民倾斜，使农产品价格相对其他省市有优势，才能激发河北农民服务京津的积极性。对河北省不发达地区应以市场潜力巨大和自然资源丰富为资本，换取京津地区的资金和技术，实现以有换无，取长补短，变潜能优势为现实优势。

（二）强化河北省服务于京津的战略性合作定位

河北省历来重视发展与京津的传统友谊和协作关系，曾多次调整与北京、天津合作的战略定位。1986年提出了"依托京津、服务京津、共同发展"的路线；1993年提出"依托京津、利用京津、服务京津、优势互补、共同发展"；1994年提出"外向带动、两环结合、内联入手、外引突破"的对外开放方针；1995年提出了"两环开放带动"战略。2000年河北省提出要遵循区域经济发展的规律，充分发挥环京津的区位优势，努力将河北省建设成首都的生态屏障，首都的"护城河"，首都的后花园，京

津绿色食品的生产和供应基地，京津的科技转化基地和工业配套加工基地，抢抓奥运商机，大力发展奥运经济。2004年，河北省又提出了统筹城乡和区域经济发展的"一线两厢"战略构想，把做好环渤海、环京津工作放在十分突出的战略地位。2006年提出建立沿海经济强省战略。从上述的战略规划的变化看服务京津是共同发展的基石。

（三）强化京津冀一体化中农业合作的区域规划

加强京津冀农业合作，应将这种关系定位为由偏利共生向互惠共生的战略联盟式合作关系。京津将环京津地区作为发展的腹地，河北省应加强服务型环京津的六大基地（产业带）建设，即生态屏障与水源涵养基地、绿色农牧产品加工供应产业带、农业产业转移基地、农业科技成果转化基地、自然生态和文化旅游休闲度假基地、劳务输入基地。而环京津地区可以把京津作为商品市场、资金、技术和产业来源地、旅游客源地。京津冀三方都要将整个区域发展看作一个整体，统筹规划发展目标、内容、合作步骤，以相互带动谋共同发展，才能使京津冀农业区域合作走向可持续发展。从被动和盲从尽快转变为主动的发展，依托京津的资金、技术、人才优势反哺河北，形成京津市场紧密依赖的核心农业带。

（四）降低进入门槛，开通市县级绿色通道网络建设，降低农产品物流成本

提高河北省农业服务京津功能，必须将农产品的服务成本降低，而降低运输成本是当务之急。为此应尽快进行京津农产品的绿色通道的机制的构建，减少和免收跨区域过路收费和进入农贸市场的行政性收费。克服行政性歧视，提高对河北省农产品的开放程度。对河北各县市可以利用本地资源对京津经济发展起重要影响的增长极的农业小区作为与京津联系点，积极提出合作意向，使对方树立平等合作的意识。

建立有效的营销组织。河北由于缺乏整体组织生产与行销，失去了不少在京津的市场服务功能。例如，蔬菜市场，河北前有保定、廊坊的暖棚菜，后有张家口、承德的错季菜，自然生产条件得天独厚，但由于没有整体谋划及规模开发和市场营销，至今对京津的蔬菜供应仍属零散型，这不仅没有发挥出河北的优势，也导致京津市场供应不及时，双方利益都受到损失。

（五）大力发展城郊农业、有机农业、特色农业和观光农业满足京津市场需要

根据京津消费结构更注重品牌、特色和安全度的变化，特色产品被受青睐，而河北省针对这一特点要努力吸引京津冀多方投资发展有地方特色的优质农产品原料基地，开发名牌产品、绿色产品基地、强化营销环节，并在特产区，发展高效的观光农业和休闲农业，将农业与旅游业结合在一起，利用田间景观、农业经营活动和农村自然环境以及亲手采摘等活动吸引游客前来旅游消费。形式可以为：观光农园、农业公园、教育农园、休闲农场、森林旅游、民俗旅游等，吸引京津市场的游客开发周末农业旅游市场，可以充分利用与京津的区位优势，采取梯度开发，重点突破的途径，择优开发，共同投资，大力发展短途农业旅游项目。根据京津消费结构更注重品牌、特色和食品安全度的新变化，大力发展特色农业、城郊农业、有机农业、观光农业和品牌农业，共同开发，强化营销，打造名牌、强化优势，差异化发展，多元化经营，最终提高农民收入。

（六）发挥政府、农村合作社和农民的积极性，共建大市场

农业要强省，第一，政府要站出来，主动与京津对接。提高自己的核心竞争力，注意土地的集约化经营，农产品的整体化，可以利用京津会展的节日效应扶大、扶优、扶强、扶品牌。借鉴海南省政府表彰在运输、农产品销售中有贡献的农户的做法提高农民服务京津的积极性；第二，要扶持自己的农业合作组织，培养能驾驭现代市场的新型农民经纪人队伍。打破过去"农不言商"的旧观念，让农民商人带领农民走出去，富起来。据世界粮农组织调查数据显示，农产品从生产到销售，农民只能从中获利20%，更多的利润都被流通环节占有了。减少中间环节，这样才能让农民挣到更多的钱；第三，政府用补贴等方式大力扶持龙头企业，改造农业基础设施，重视农业的信息化工作。第四，培养了解市场、会分析市场行情的信息分析师。指导农户如何种植更适应市场的产品，提高产品的市场竞争力。

（七）建立京津冀协调功能或机构，确保农业区域安全，避免区域和城乡差距拉大

从体制上寻求突破，尽快建立和启动京津冀政府高层间多形式多层次沟通协调机制，使合作不能只局限在一些县、企业的小规模浅层次的合作

层面上。建议在中央建立高于省部级的区域职能协调机构或在京津冀政府内设立相应的职能部门或各区域办事机构，对于长期合作项目应开展长期的高层论坛和联席会议等政府沟通机制，尤其还要重视非官方的组织的合作作用。

构建京津冀农产品物流、市场供需的安全评价机制，通过预警机制完善配置京津冀农业合作。对许多位于生态脆弱的京津流域上游的特色农业区，实际为京津提供着一定的生态服务职能，因此应当逐步实施补偿性造血性开发补偿性投资，进行开发建设。

参考文献：

1. 于刃刚、戴宏伟：《京津冀区域经济协作于发展》，中国市场出版社 2006 年版。

2. 牛凤瑞、盛广耀：《三大都市密集区——中国现代化的引擎》，社会科学文献出版社 2006 年版。

3. 刘荣增：《城镇密集区发展氧化机制与整合》，经济科学出版社 2003 年版。

4. 张召堂：《中国首都经济圈发展研究》，北京大学出版社 2005 年版。

5. 北京社科联、天津社科联、河北社科联、河北工业大学：《京津冀协同发展论坛论文集》，2006 年第 11 期。

6. 河北省人民政府：《河北农业农村经济若干重要问题研究》，河北人民出版社 2006 年版。

7. 杨连云：《京津冀都市圈——正在崛起的中国经济增长第三极》，载《河北学刊》，2005 年第 4 期。

8. 陈秀山、孙久文：《中国区域经济问题研究》，商务印书馆 2005 年版。

9. Masahisa Fujita, Paul Krugman AnthonyJBvenable, 梁琦译：《空间经济学中城市、区域与国际贸易》，中国人民大学出版社 2005 年版。

10. 侯景新、尹卫红：《区域经济分析方法》，商务印书馆 2004 年版。

11. Furubotn E. G., Richter R., 姜建强、罗长远译：《新制度经济学》，上海人民出版社 2006 年版。

12. 王方华、陈宏民：《都市圈经济一体化发展研究》，上海三联书店 2007 年版。

13. 王亭亭、贺文：《京津冀区域经济一体化基本构想》，载《河北学刊》，2002 年第 3 期。

14. David R. Lee, Christopher B. Barrett, John G. McPeak, Policy, technology, and management strategies for achieving sustainable agricultural intensification [J], agriculture economics, 34 (2006): 123 – 127.

（作者单位：河北农业大学商学院）

湖北产业集群发展研究

湖北产业集群发展课题组

一、产业集群发展的研究基础

（一）基本内涵

1. 产业集群的概念。目前，国内外对产业集群的概念还没有形成统一的界定。一般是指在特定领域中由一群在地理上相对集中，且有相互关联性的企业、专业化供应商、中介服务组织、相关产业的厂商和相关机构（如大学、制定标准化的机构、产业协会等）构成的群体。其含义包括：一是企业在地理位置的集中度。指在一定区域内关联性企业的相对集中。这种区域集中多数是指在大中城市及其周边，工业园区、开发区内，县域或专业镇等。二是产业的关联度。企业之间形成上、下游产品的链接，它不是简单的企业聚集，而是相关产业形成关联性很强的聚集。三是支撑该产业的服务体系相对健全。如产业集群研发中心，产品检测检验中心，展示展销中心，产业协会等群体。

2. 产业集群形成的条件。产业集群的形成和发展并不是一种偶然的经济现象，是市场配置资源、合理运用产业要素的客观要求，是特定历史背景、经济制度、文化环境以及人力资源等条件下共同作用产生的结果。一个地方能否形成产业集群主要取决于是否有适合某种产业产生的独特自然因素或人文因素，或是特定历史背景、良好的相关产业关联度、关键的创新企业，即是否具有吸引可移动生产要素的独特不可移动要素。从湖北省产业集群的发展变化过程来看，无论其是由哪种形式发展而来，需要具有以下条件：广义和狭义资源都得到充分利用；产业发展有一定基础；有一定的工业经济和技术实力；有良好的工商业传统；有一定的市场竞争优势；有一个关键性企业；有必要的基础设施；有政府的强力支持。

3. 产业集群的发展阶段。产业集群的发展过程分为萌芽、快速成长和成熟三个阶段:

（1）萌芽阶段。企业由于某一地区的区域因素和集聚效应的共同作用而在这一地区聚集。此时企业生产相同或相似产品，专业化分工不明显，企业间联系很少；企业间的关系以竞争为主，合作和信息交流很少发生；几乎不存在公共和私人机构；集群内存在一些基于家族、朋友关系的私人联系，但很少被用于促进经济组织间的关系。此时集群获得的集聚效应主要是共享自然资源和地方基础设施如能源、交通、通讯、市场设施等，而吸引企业进入集群的主要因素是相对优越的区域因素。

（2）快速成长阶段。企业的进一步聚集产生了对投入品的更多的需求，吸引了原料和设备供应商以及辅助性企业如运输、服务企业的进入。同时企业也有了扩大产出的要求，产生了企业间的专业化分工。此时产业集群获得的集聚效应大大增加，包括了专业化分工协作产生的低成本、高灵活性优势和知识溢出产生的"产业氛围"以及专业技术人才的聚集等，集群进入快速发展时期。

（3）成熟阶段。快速发展阶段企业的聚集在带来高的正面效应的同时也带来了不断增加的负面效应，此时负面效应增加的速度大于正面效应增加的速度，产业集群发展的速度减慢了。但产业集群的规模仍在继续增长。在这一阶段，一直被快速增加的正面效应掩盖住的负面效应对集群的发展产生了重大影响。拥挤带来的成本增加侵蚀了聚集产生的成本降低，分包产生的协调成本增加减少了专业化分工带来的低投资、低管理成本和高灵活性的优势；聚集带来的竞争程度的急剧增加削弱了企业间的合作和信任；知识溢出带来的知识泄漏降低了企业的创新动力，从而减弱了产业集群以知识溢出为基础的创新环境的优势。

对于已经形成产业集群的区域，政府应分析产业集群所处的发展阶段，对不同阶段的产业集群采取相应的扶持政策。在产业集群发展的过程中，还要保持集群内的生态平衡，防止集群的负向演变，实现集群的可持续发展。因此，政府对产业集群的规划对区域经济发展有极其重要的作用。

4. 产业集群发展的重要作用。产业集群在经济社会发展中的作用与地位，具体体现在以下方面。

（1）产业集群为激发地方经济发展活力奠定坚实基础。产业集群一旦形成，民间经济固有的发展活力经过集聚后将加倍放大，为地方经济形成日益完整的产业链条和合理的资源配置格局奠定基础，为地方经济的整合和拳头产业的形成奠定基础，为地方经济的技术创新和整体进步奠定基础。产业集群的活力与优势主要体现在：有利于节约成本；有利于推进技术创新；有利于开拓市场；有利于规模扩张；有利于推动产业结构升级。

（2）产业集群成为提升区域竞争力的重要途径。产业集群是产业与区域的有效结合，通过产业、产品及关联企业的聚集，产生聚集效应，对推动区域经济的发展发挥着十分重要的作用。由于产业集群是围绕相关产业发展形成若干关联企业集群、形成关联产业链的，其竞争优势来源于专业化、集中化、网络化和地域特色化。随着相关产业的聚集，规模的不断扩大，物流、资金流和信息流的形成，带动了区域经济竞争力的增强。

（3）产业集群成为促进区域经济发展的重要增长点。产业的聚集，逐步发展形成相关产业链，随着产业链的加长加粗，增加了就业，带动了服务业的发展，从而带动区域经济的发展。

（4）产业集群成为中小企业成长的摇篮。产业集群能够促进小企业的发展。中小企业由于企业规模小、竞争力能力弱、融资渠道不畅，信息资源欠缺，人才技术匮乏，而产业聚集，使众多企业形成群体，资源共享，信息共享，企业自身相互繁衍、孵化，产生聚集效应。产业集群中技术溢出和衍生企业的便利性能够促进新创企业不断产生，公共服务部门的职业培训、技术支持可以有效地弥补中小企业的先天不足。在我们调查的63个县市区的179个销售过亿元产业集群中，形成关联企业5711家，职工106万人。事实说明，产业聚集度高的地方，中小企业发展较快，它是促进中小企业发展的有效形式。

（5）产业集群成为促进农村工业化与城镇化的重要载体。产业的聚集，使企业不断繁衍，培训和造就了一批产业大军，带动了产业工人的聚集，成为农村工业化和城镇化建设重要载体。实践证明，产业聚集度高的地方，工业发达，市场繁荣，小城镇建设好。产业集群促进了发展中国家的农村工业化进程，是实现新型工业化的有效路径，已经成为县域经济乃至城区经济的重要支撑。

（6）产业集群成为带动一批龙头企业成长壮大的助推器。产业集群的形成一般都至少有一个关键性企业，通过关键性的骨干企业的衍生、裂变、辐射带动、创新与被模仿而逐步形成产业集群。

（7）产业集群成为扩大招商引资的金字招牌。产业集群对外来投资的最大吸引力是配套成本较低，这正是许多外来投资者最关注、最看重的。从地方政府来说，创造较好的园区环境，在一定的范围内集聚一批配套型企业，比减税让利具有更大的吸引力和更小的机会成本。

5. 当前我国产业集群发展的模式。目前我国的产业集群可分为四大类：

第一类，市场主导型，或营销主导型。浙江省是典型代表。主要是依靠当地企业家精神和工商业传统发展起来的传统产业（产品）集群，由专业市场加民营甚至自发作坊形成。近年来，浙江省很多地方出现了"生产在一家一户、规模是千家万户"特色产业集群，有的称为专业镇或区块经济。围绕龙头企业或名牌产品，一家一户从事产品加工，千家万户合作形成社会化大生产。人们称其为"小产品、大市场"、"小企业、大合作"、"小买卖、大发展"、"小集群、大作为"。浙江省产值超过亿元的各种区块经济 500 多个，其中，产值超过 10 亿元的 150 多个，超过 50 亿元的 30 多个，有的还超过 100 亿元。其中，一些产业集群已成为我国的重要制造业基地，产品占有很高的市场份额。浙江温州的打火机和眼镜出口占全国的 90%，嵊州的领带产量占全国的 80%。

第二类，外资主导型。广东、江苏是代表。是由外商直接投资驱动下形成的资本密集的外向型加工业集群，外商投资，一个带头，一群跟进，促成集群。

第三类，资源或传统主导型。如北京中关村就是依托密集的国家高科技资源形成的高科技产业集群，又被称为"北京模式"。

第四类，大企业主导型。如青岛海尔、海信、澳柯玛等，形成的家电集群。广东、浙江的产业集群基本上是自发的、一个村一个镇为特点。青岛的模式往往是一个大龙头企业加上一批配套企业。

（二）理论基础

产业集群的发展，在理论界也影响了高度关注，人们从不同的视野，对产业集群发展进行了系统研究。这些理论主要有以下四个方面：

1. 分工和专业化理论。分工和专业化理论认为，递增报酬的实现依赖于劳动分工的演进；不但市场的大小决定分工程度，而且市场大小也由分工程度所制约；需求和供给是分工的两个侧面。该理论认为市场的大小不但由人口规模，而且由有效购买力决定。而购买力由生产率决定，但生产率又依赖于分工水平，这意味着一个动态机制产生了某种良性循环，使分工水平和市场大小不断增加。根据该理论可以通过制定和实施产业政策，推动产业集群专业分化，优化其经济效率，了解区域内不同专业的收入弹性和生产率的上升率，熟悉不同专业的关联关系和强度，选择拳头产品、关键专业化技术加以扶植，减少分工过程中的各种因体制而造成的摩擦（即交易成本），加强专业关联的时空协调。

2. 新产业区理论。新产业区理论认为，生产系统或生产系统的一部分在地理上的集聚是由生产驱动的标准化大批量产品的刚性生产方式转变为由市场驱动的小批量定制产品的柔性生产方式的产物，新产业区为技术创新提供了特殊的本地社会文化环境，成为柔性生产综合体。新产业区是由服务于全国或国际市场的中小企业组成的，是既竞争又合作的中小企业的综合体，它为竞争优势产业提供了区域创新环境。区内独立企业之间通过中介机构结成稳定的合作网络，从而促进技术创新和区域发展。新产业区内的中小企业在互相竞争的同时互相联系，互相补充，作为一个集体，其生产是相当灵活和多样化的。这种集体的灵活性保证了对高度多样化的消费需求和投入供应的及时反馈，对新技术和市场信息的快速吸收，以及对劳动力资源的有效使用、培训和分配。正是由于市场供求的高度不确定性，促使了中小企业间生产的分离，以及对外部规模经济和范围经济的依赖，以此适应瞬息万变的市场需求。

3. 社会经济网络理论。社会经济网络理论认为，新古典经济学和新制度经济学对于企业和市场的分析多是不全面的，它们强调了企业和市场的不同——生产和交易，从而忽略了其相同点——交易。该理论重视企业之间的互补性活动，强调区域的资源优势，注重个体行为与网络的互动关系，研究多层次网络与集群内部合作。把影响规制结构的三要素——不确定性、交易频率和资产专用性，与资源依赖的观点结合起来，并用特定资源依赖替代资产专用性。在内在化成本低和行为主体之间的信任程度低的情况下，不确定性、交易频率和特定资源依赖程度较高，这些资源依赖较可能由企业看得见的手所协调的；在较低的外在成本情况下，不确定性、交易频率和特定资源依赖程度较低，这些资源依赖较可能采用市场看不见的手的方式；在较低的召集成本和较高的内在化成本或者行为主体之间信任程度高的情况下，不确定性、交易频率和特定资源依赖程度较高，资源依赖的协调较可能由作为企业间契约的网络来协调。

4. 区域竞争优势理论。区域竞争优势理论认为，产业集群的示范效应有利于培育地方产业集群并促使其升级，有利于地方政府提升区域竞争力，是应对全球化挑战的重要战略工具。

二、湖北产业集群的发展现状

（一） 基本情况

近年来，湖北省产业集群有了长足发展。据近期我们对全省 63 个县（市、区）的调查，共有销售收入过亿元的产业集群 179 个（其中销售收入过 10 亿元的产业集群 40 个，30 亿元的产业集群 4 个），关联企业 5711 家（其中规模以上企业 1857 家，集群龙头企业 515 家），职工总人数 106.79 万人，年销售收入 1292 亿元。其中，采掘业 2 个，关联企业 16 个，从业人数 3793 人，2005 年销售收入 2.2 亿元；纺织服装业产业集群 29 个，关联企业 962 家，从业人数 21.74 万人，年销售收入 203 亿元；食品饮料制造业 30 个，关联企业 1222 家，从业人员 39 万人，年销售收入 129 亿元；医药化工业产业集群 11 个，关联企业 130 家，从业人员 4 万人，年销售收入 59 亿元；化学工业产业集群 17 个，关联企业 237 家，从业人员 5 万人，年销售收入 129 亿元；机械制造业产业集群 36 个，关联企业 1211 家，从业人员 15 万人，年销售收入 280 亿元；汽车零部件产业集群 8 个，关联企业 238 家，从业人员 4.7 万人，年销售收入 66 亿元；建材产业集群 10 个，关联企业 495 家，从业人员 2.6 万人，年销售收入 34 亿元；竹木加工业 5 个，关联企业 32 个，从业人员 2 万人，年销售收入 19 亿元；同时还有采掘工业、能源工业、皮革制品等年销售收入过亿元的产业集群 10 多个。

（二） 发展特点

湖北省产业集群的发展形成主要有以下特点：

1. 依托资源优势，培育产业集群。在调查的 179 个产业集群中，有70% 是资源型产业集群。罗田是全国闻名的"板栗之乡"，20 世纪 70 年代以家庭作坊式的手工生产起步，目前已有各类加工企业 162 家，其中产值过 1000 万元的 6 家，从业人员 1.2 万人，年加工板栗 2500 吨以上，年销售额 10 亿元，占全县国内生产总值的 30%。潜江市发挥水产优势，发展水产养殖和水产加工，目前有各类渔场 207 个，水产品产量 8.65 万吨，全市有 8 家规模较大的水产品加工企业，年加工能力 5.1 万吨。荆门被誉为"中国磷都"，东宝区围绕磷矿资源的开发转化，培育了以洋丰集团为核心的 10 多家磷化企业，从业人员 2500 多人，年产各类肥料 200 万吨，2005 年实现产值 22 亿元，成为华中地区最大的磷复合肥生产基地。还有洪湖水产、应城石膏、鹤峰山野菜、随州三里岗香菇、英山茶叶、竹山绿松石、通山石材等一大批以资源开发为主的各具特色的产业集群。

2. 依托骨干企业，带动产业集群。石首、公安、洪湖、曾都、钟祥、枣阳、谷城、丹江口、十堰郊区、郧县等地，积极发展与全国较大的汽车集团公司配套的汽车配件，形成了以汽配为主体的汽配走廊。据对其中 5 个县的汽配产业调查，共有汽配企业 210 家，职工 3.8 万人，销售产值 67.57 亿元，汽配产业成为 5 个县的支柱产业。京山轻机集团是一家大型上市公司，京山县充分发挥其品牌、支柱和市场优势，发展机械产业群，全县已有 18 家关联企业，职工 4600 多人，销售产值 17 亿元。安陆市依托原国有东方红粮食机械厂，逐步改制裂变，粮机企业已发展到 25 家，职工 2850 个，年销售收入 2 亿多元，成为全国第二大粮食机械制造基地。目前相类似的还有云梦包装，枝江、稻花香酒业，大冶劲酒，武穴医药化工，东宝磷化工，通城砂布等。

3. 依托特色产业，壮大产业集群。仙桃市彭场镇，原由几个民营无纺布生产企业起步，通过几年来的企业孵化，派生出相关企业 116 家，其中无纺布加工企业 65 家，职工 1.5 万多人，全镇无纺布企业年销售额 13 亿元，彭场已成为全球最大的无纺布制品中心。鄂州市燕矶镇金刚石刀具从 1983 年起步，到目前已发展到相关企业 168 多家，从业人员 8000 人，年销售收入 5 亿元，产品占有国内市场份额的 60% 以上，目前已成为全国最大的金刚石刀具城。新洲区徐古镇积极引导农民发展蘑菇生产，成立了蘑菇协会，为种植户提供产前、产中和产后服务，从 1997 年起步到目前，已发展蘑菇基地 23 个，种植户 2800 多户，蘑菇加工厂 11 家，总产值 3 亿元，形成了产、加、销、贸、工、农一体化的蘑菇产业化格局，成为农民发家致富的重要途径。全省形成一乡一业特色产业的还有武穴市花桥小五金、蕲春县刘河塑料、曾都区三里岗香菇、赤壁市赵李桥竹木等。

4. 依托工业园区，形成企业集群。近年来，各地在积极推进新型工业化过程中，引导县域工业向工业园区聚集发展，形成企业集群，既节约了土地，促进了小城镇建设，又发挥了聚集效应，增强了区域竞争力。汉川以荷沙公路沿线工业基础较好的 8 个乡镇，规划发展汉川经济技术开发区、马口纺织工业园、福星科技园，形成金属制品、纺织服装、食品医药等主导产品的产业聚集，其中马口工业园纺织规模已达 85 万锭。大冶市工业园区聚集各类项目236个，其中近两年投资过亿元的项目7个，过5000万元的项目9个，三大板块经济预计在2007年销售收入可突破70亿元。

5. 依托科研院所，做强产业集群。即在实力较强的科研机构、大专院校的支持下，引进高科技企业，并取得某个产业产品的领先优势和人才优势逐步发展而形成的产业集群。这类产业集群后来大都被政府所扶持。如聚集了五大产业、7000多家企业（其中高新技术企业1600多家）的武汉东湖高新区就是由大批走出高校和科研院所的教师和研究人员，创办企业而形成的。八峰村地处鄂西南鹤峰县境内海拔1000多米的高山上，他们以北京、天津等地的大专院校、科研院所为依托，围绕氨基酸系列，进行深度开发和综合利用，已生产18个系列产品，成为全国最大的氨基酸工业基地。应城精细化工产业集群主要集中在应城市长江埠赛孚工业园，自20世纪90年代初以来，长江埠赛孚工业园就挂靠"三大一科"（大企业、大专院校、大集团、科研机构），与清华、武大、四川天然、燕山石化、仁博化工等大专院校和大型企业建立了稳定的科技协作关系，引进了一大批从事精细化工生产的高科技企业，建成了赛孚高科技精细化工园，被列为国家火炬计划精细化工新材料产业基地。目前园区内已有精细化工企业35家，其中产销过5000万元的企业16家，赛孚化工、汉星公司等5家企业被评为省级高新技术企业；集群企业吸纳员工4200人，其中高级技术人员88人，享受国务院特殊津贴的专家2人；形成了6大系列200多个品种的化工产品，有机硅、电解有机氟、病毒唑中间体等产销规模全国第一，电镀添加剂产销规模全国第二。

6. 依托传统技艺，创建产业集群。主要是依托区域的特种资源、土特产品、传统技艺、特种工艺发展特色产业，并且把它做大，形成一定的规模。如武穴市除形成了医药化工主导产业外，有梅川食品、龙坪塑革、花桥五金三个产业集群。其中梅川食品产业集群聚集各类食品加工企业100多家，产值达到12.6亿元，成为"鄂东食品第一城"。龙坪塑革产业集群网络32家民营企业，成为全国六大证件革生产基地之一。花桥五金木螺钉产业集群鼎盛时期聚集企业43家，年产值达6亿多元，被中国五金行业协会授予"中国钉都"称号。

7. 依托中心城市，发展产业集群。没有石油就没有大庆，没有二汽就没有十堰。只有立足已有产业基础，并充分发挥产业集群的优势，才能得到进一步的发展和壮大，否则，背离这个基础和优势，综合实力将无从谈起。随着产业集群的发展壮大，市区发展空间不足，必会制约产业集群的发展。为了适应产业集群的发展，制定并实施相关的促进产业集群发展的政策措施，在承载产业集群发展平台方面，开辟工业园区，结合实际情况，适应产业集群的发展，必须提供支持发展的市区空间。如以武汉为核心，初步形成了以汽车、钢铁、石化、光电子、新医药、新材料等资金技术密集型产业为主的现代制造业和高新技术产业聚集区。

8. 依托政府规划，培育产业集群。产业集群说到底是产业链、价值链上企业的空间聚集，这种聚集现象的发生必须要有适宜企业生存发展的制度环境。政府利用规划可以把一批企业吸引到一定空间地域内。需要引起重视的是，政府应该从传统的行政命令向公共服务职能转变。如湖北省各地各类高科技园区、工业园和开发区等，是通过政府规划、引导、促成的，其中一部分成功地形成和发展成了产业集群区。政府要进行体制创新、培育良好的信用环境，按国际惯例优化自身的经济管理机构和职能设置，改变管理经济的运作制度、程序和方法，提高政府效率和公共服务质量。政府可以通过资源在空间和产业中的重新配置引导产业集群的发展。例如对特色产业的支持会起到很好的示范作用，吸引产业链上下游企业的集中和聚集，在具体的产业带、产业园区，政府可以通过提供各种服务引导企业之间的交流和协作。

（三）存在的问题

湖北省产业集群的长足发展，对加快区域经济健康协调发展，转移农村劳动力，增加农民收入，促进农村小城镇建设，增强区域竞争力，发挥了重要作用，一些产业集群已经成为县域经济的重要支撑。但是，湖北省产业集群起步较晚，发展不够成熟，从目前看，主要存在以下问题：

一是产业集群规模小。湖北省 63 个县市 179 个亿元产业集群中，10 亿元以上产业集群只有 40 个，平均每个产业集群企业个数为 33 个，平均销售收入为 7.2 亿元。而同期，浙江省工业产值在 10 亿元以上的制造业产业集群 149 个，工业总产值 1 万亿元，约占全省经济总量的一半，每个产业集群平均工业产值达 67 亿元。其中，50 亿元以上的 35 个，100 亿元以上的 26 个，200 亿元以上的有 6 个。无锡市 15 个产业集群，集聚企业 3000 多家，每个产业集群年销售收入都在 15 亿元以上。

二是集群创新能力弱。湖北省大多数产业集群尚未发育成熟，产品档次不高，科技含量不高，在竞争中，主要是建立在低成本、低价格的基础上，自主精品名牌不多。如汽车配件生产企业，其产品大多是"大路货"，对本地骨干企业的依赖性较强，难以参与国内和国际市场的竞争。粗加工产品较多，核心企业集团少，如纺织业主要是纺纱，黄姜加工主要是初级产品"皂素"，而这类产品没有形成能参与国际竞争的核心企业集团，没有科技含量很高的终端产品。实际上，湖北省大多数企业是在出售廉价的原材料。

三是产业链条不完整。湖北省一些县市纺织产业集群中，纺锭规模远大于织布，布匹数量远大于服装用量，其花色品种也不满足服装需求，同时都没有染整，产业集群和工业园区缺乏所必需的供应商、客商，供应链中断。公安有汽车配件生产企业32家，有供应链关系的仅18家；谷城有纺织企业60家，有供应链关系的不到15家。由于企业缺乏核心集团、核心技术，产业梯度开发不够，产品之间衔接不够，行业内缺乏细致的分工，企业之间开展合作和联合较为困难，由此出现一家企业派生出许多雷同的许多企业，多数企业单打独斗、恶性竞争的多，信息共享、相互合作的少，产业集群和工业园区缺乏规制管理和行业或产业自律，缺乏区域合作，持续竞争的意识差，使得一些是业集群难以做强做大，有的甚至萎缩。如枣阳汽车摩擦材料产业集群，有24家摩擦材料厂，6万吨的生产能力，由于相互杀价，产品价格由5000元/吨降到1800元/吨，无序竞争使该产业发展受阻。

四是产业集群中企业发展资金不足。目前，银行贷款权限上收，贷款条件繁杂。一些集群企业由于满足不了放贷条件而失去发展机会。如安陆碧山粮机公司开发出的大型棕榈油精炼设备，其产品国际市场价仅1000万元左右，利润率达100%，该企业目前资金缺口980万元，急需银行融资。但由于没有"两证"作抵押，至今还没有获得资金扶持，从而影响了企业的进一步发展，类似的情况很多。中小企业融资难以成为湖北省集群经济发展的重要障碍。

五是产业集群所处的环境条件欠佳。湖北省产业集群发展环境条件中还存在着诸多问题，如集群企业厂房简陋、设备陈旧、技术落后，很多还是作坊式的企业；一些集群企业诚信观念、品牌意识薄弱，产品侵权和假冒伪劣问题时有发生；生产要素比较紧张，主要是电力、土地供应不足，高水平的经营管理人员和熟练技术工人缺乏；产业集群缺乏专业市场的支撑。专业市场与产业的联系以及相互支撑不够，束缚了集群规模的扩大；有的环境污染问题十分突出，集群经济的可持续发展面临挑战等。

三、湖北产业集群发展的目标原则及模式选择

（一）发展目标

各县（市、区）围绕主导产业、核心企业集团、名优精品、本地资源，至少抓 1~3 个带动力强、市场占有率较高、具有地方特色、拥有自主品牌的产业集群，引导骨干核心企业，加粗加长产业链条。通过 5~10 年培育，在全省形成：100 个年销售收入过 10 亿元的产业集群、30 个过 30 亿元的产业集群、10 个过 50 亿元的产业集群；形成 100 个"一镇一业"、"多镇一业"的特色板块经济。重点支持和培养 30 个成长型产业集群，力争技术创新能力和市场竞争力居国内领先水平。

（二）培育产业集群的主要原则

1. 坚持市场导向原则。遵循市场经济规律，立足市场取向，坚持市场运作，通过政府规划和政策引导，积极发展优势产业，大力培育潜在产业，不断提高产业的市场竞争力。

2. 坚持差异发展原则。围绕区域优势、资源优势和产业优势，发挥特色，选准产业，因地制宜，因势利导，重点培育，尽快形成产业群体。

3. 坚持适度集中原则。通过产业配套、基础设施配套、政策配套等措施，引导企业向工业园区、农业园区、特色产业园区集中，不断提高产业集中度。

4. 坚持功能互补原则。围绕主导产业，积极培育原材料、加工和市场三大基地，增强生产要素的集聚。鼓励企业之间的有序竞争，引导互相协作，促进产加销的一体化。

5. 坚持宏观指导原则。通过制定和实施产业集群发展规划、政策，引导产业集群合理布局，加快产业集群发展，提高产业集群的市场竞争水平。

（三）发展模式选择

从湖北省实际出发，在县域范围将"浙江模式"作为湖北特色产业集群的主导发展模式的同时，在中心城市创造条件将科教实力优势转化为高新技术产业集群的发展优势，做大做强一批辐射带动效应强的高新技术

产业集群，应是最佳选择。

1. "广东模式"是由大量外商直接投资驱动的，"北京模式"是依托国家高科技资源形成的。湖北的对外开放与沿海省份相比，起步晚，吸引外商投资不多，外资经济是湖北经济的突出"短腿"。但湖北素有工商业传统，武汉是中国现代工业的重要发源地之一，同时经过20多年商品经济和市场经济的发展，湖北也诞生了一些企业家，其中不乏已完成了资本原始积累的民营企业家。而这正是主要依靠企业家精神和工商业传统发展起来的"浙江模式"形成的重要条件之一。

2. 湖北省经济增长主要依靠少数大中城市和大型企业推动和支撑，县域经济实力不强、中小企业活力不足，是湖北省经济发展中的一个突出薄弱环节。如何加快县域经济和中小企业的发展是发展湖北经济的重中之重。而以乡镇企业为依托，组建专业化的传统产业集群从而推动区域经济发展的"浙江模式"对湖北省的借鉴和指导意义也正在于此。

3. 湖北是科教大省，科教实力的几项主要指标多数位居全国各省市区前列，科教实力和人力资源优势转化为高新技术产业集群的发展优势具有潜力。但由于科技与经济紧密结合的机制尚未形成，与广东和北京仍有差距，如果加大科技与经济紧密结合的机制的创新力度，做大做强几个高新技术产业集群是有基础的。

当然，产业集群的模式应该是多种多样的。从发展趋势来看，目前我国工业正处在一个转型阶段，在这个发展阶段我们发展产业集群不能再延续大而全、小而全的模式。应在国际经济一体化和产业转移的大背景下，围绕核心竞争力、产业链形成、上下游衔接等重大问题，研究在国际分工中发展和壮大我们的产业集群，发展开放型的产业集群。

四、湖北产业集群发展对策

湖北要实现中部崛起，实现新型工业化，必须大力发展各具特色的产业集群。为此提出对策如下：

（一）深化思想认识，加强组织领导

实现优势产业集群发展，首先要提高思想认识，城市拓展必须以项目开发、产业发展为依托，项目开发可以促进城市基础设施建设的进一步完善和配套。各级各地要形成以下共识：各产业集群不仅构成当今世界经济

的基本空间构架，还常常是一国或一地竞争力之所在。培育和发展产业集群是提高国家和地区竞争力以应对全球化挑战的重要政策措施。从发达地区发展产业集群的成功实践来看，各级政府及部门应把为经济建设服务的程序倒过来，即从支持"企业—产业"，变为支持"集群—产业—企业"。实际经验也反复证明，产业不兴旺，单个企业也不会有什么像样的发展前途。湖北产业集群的建设与发展问题已引起省委、省政府领导的高度重视，但有的地方重视程度不够，亟待统一思想认识，明确工作要求，加强组织领导。

（二）制定发展规划，优化产业布局

在我国市场机制还不完善的情况下，发挥政府在产业集群发展中的引导、规划和必要的宏观调控作用尤有现实意义。要以国家产业政策为指导，结合湖北省实际，科学规划，合理布局，努力构筑区域产业集群整体优势。要对现有的基地进行整合，对现有的布局规划进行一次系统的梳理、审核。加快编制产业集群发展规划，加强调研，出台政策，着力解决基地跨区域发展中不同利益主体间的矛盾，与土地利用总体规划和城市规划等相衔接。以产业集群发展规划为工作切入点，用产业集群规划指导工业结构优化升级及区域产业公共服务平台建设，打破行政区划，在全省形成较为合理的产业布局。

（三）壮大龙头企业，提高竞争水平

龙头企业是带动产业进入市场的重要载体，也是拉动优势产业发展和形成产业集群的火车头。建成一个实力强、带动面大的龙头企业，就等于建成一个稳定的市场，就可以带起一个产业集群。要结合"三个三工程"，制定有利于产业集群中龙头企业发展的政策。中小企业发展专项资金、中小企业技术改造项目贷款贴息资金导向计划，由支持孤立状态企业转向支持产业集群的龙头企业，由支持单个企业转向支持产业集群的群体企业。龙头企业要重视技术引进和自身能力的提高，加强对生产过程的标准化、规范化管理，强化技术服务，延长加工链条，强化产业内部联系，提高交易效率，推动专业化分工和产业配套，提高了产品质量和效益。努力构建两个技术创新平台，即全社会的公共研发平台和特色产业集群技术创新平台。加大政府对通用技术的开发投入，通过建立重点产业集群的技术创新基金，运用财政贴息、税收返还等政策手段，引导产业集群的核心企业逐步增加研究开发投入，加大技术改造力度，淘汰落后的技术与装备，加快产品的升级换代。有的放矢地组织一批产业共性技术产学研联合攻关项目，促进大专院校、科研院所与产业集群建立产学研联合体，促进人力资源要素合理流动和优化组合；集中扶持产业发展的关键项目，提高自主创新能力以提高企业群体的核心竞争力，推动产业集群由低成本型向创新型转变，加快产业集聚步伐。品牌建设是集群发展取得成功的关键，要把打造区域品牌特别是知名品牌，放在重要位置，增强商标意识、品牌意识，打造一批区域名牌、全国名牌和国际名牌，带动龙头企业、产业集群和优势产业的发展壮大。湖北省要加快延伸产业链条，细化专业分工，提高产业协作配套水平。积极引进和培育关联性大、带动性强的大企业大集团，发挥其产品辐射、技术示范、信息扩散和销售网络的产业龙头作用。鼓励龙头企业采用多种方式，对其上下游相关企业进行重组、改造，不断将一些零部件及特定的生产工艺分离出来，形成一批专业化配套企业，提高产品本地化配套率。

（四）构筑服务体系，增强产业集聚

政府要坚持以产业集群发展为目标，以市场运作的方式，建立公共服务平台，为企业提供信息、制定技术标准、保护知识产权、制定竞争规范，帮助建立健全法律、会计、仲裁、信息咨询、技术咨询、难题招标、创新孵化、成果转让、技术合作、技术规范、资金担保、知识培训、招商引资、环保安全等中介机构，鼓励发展中介服务机构和企业协会、商会、行会等，充分发挥行业协会在沟通政府企业、制定行业标准、规范行业秩序、协调行业纠纷、保证行业公正等方面独有的作用。有关部门要增强服务手段，重点搭建产销对接、银企对接、研企对接的平台，促进企业与科研院所、金融机构等有效对接，提供多种形式的服务。发展服务型的出口代理商等集群服务组织，重点扶持技术创新能力强、辐射范围广的龙头或骨干企业建立产业共性技术和关键技术研发中心、服务中心和产品检测检验中心，促进新技术的广泛应用和成果资源共享。形成一批初步功能完善的研发创新中心、检测中心、标准中心、信息中心、担保中心、产业协会等产业公共服务体系，推动湖北省逐步形成一批产业技术创新综合配套功能齐全、特色鲜明、辐射力大、竞争力强的产业集群。

（五）抓好园区建设，培植集群载体

工业园区是产业集群发展的有效平台。产业集群是产业与区域的有机

结合。工业园区作为一种特殊的区域载体，其作用是在政府推动和市场力量的共同作用下，通过集聚专业化生产企业及金融、物流、培训、设计、行业协会等各类支撑机构，获得外部规模经济和创新活力，赢得竞争优势，促进产业集群的发展，加快形成先进制造业基地的步伐。要把特色工业园区建设作为产业集群发展壮大的基本依托和切入点，搞好园区整合、扩容和提升。要按照科学规划、基础先行、差异发展的原则，抓好现有工业园区的定位和整合，推动园区体制、机制和管理创新，发挥园区的集聚效应和辐射效应，鼓励和引导与产业链相关的企业入园发展，打造各具特色的产业园区。

（六）出台政策措施，促进集群发展

为促进湖北省产业集群健康快速发展，建议省委、省政府在明年全省县域经济工作会议上，把发展和培育产业集群作为重点，出台相关的政策措施文件。集中目前分散由各部门管理的资金，如技改资金、科技三项费用、中小企业技术创新基金、小城镇建设资金等，重点扶持一批有特色、有发展前景的产业集群建立技术支持中心、检验检测中心和技术服务体系建设，开展产学研结合，突破共性技术难点，支持产业集群做强做大。尽快建立湖北省产业集群发展资金，主要用于扶持重点产业集群形成产业链、争创区域品牌、提供关键和重大技术支持、创业辅导、服务体系建设和工业园区建设等。中小企业信用担保体系要为特色产业集群中的企业提供优先服务，为企业融资创造条件。市（州）县两级政府还可出面组织银、企联席会议，扩大对特色产业集群的信贷规模，并采用授信贷款、贴息贷款等方式，直接分配到产业特色明显、发展比较健康的产业集群。省直相关部门要围绕产业集群的做大做强，结合职能，制定出税收、土地、规划、融资、电力等方面的具体支持措施；帮助企业建立行业协会并制定行业规范，加强内部自律组织，消除产业内的无序竞争。政府在提供良好行政服务的同时，加大投入，在道路、环保、人才培养、信息服务等公共产品或准产品上为产业集群提供有效保障，并引导和帮助企业开拓国际市场，进行反倾销应诉等。

（七）拓宽信息通道，整合创新资源

推进产业集群信息化建设，加快用信息技术改造传统产业，以信息化带动工业化，以工业化促进信息化，发挥信息技术在工业化中集约倍增和催化作用，重点抓好产销过亿元的集群骨干企业的信息化工作，使传统产业通过智能化、数字化、网络化等信息技术改造，实现生产的机械化、自动化和智能化，从而提高产业技术水平；要通过计算机网络技术的应用，最大范围的配置和整合技术创新资源，提高集群企业的技术创新能力；通过信息集成和资源优化配置，实现物流、信息流和价值流的优化。提高产业集群与市场对接的能力。产业集群是区际乃至国际分工的结果，因此需要进一步疏通产业集群特别是生产型产业集群与大市场对接的渠道，以保证区际、国际贸易和集群再生产的顺利进行。除了兴办市场以外，政府、行业协会和企业还可以通过国际信息平台发展电子商务，通过举办国际性的产品或企业交流会等渠道，加强集群的推介和品牌的打造，以保持产业集群对市场的高度敏感和适应，使产业集群具有柔性和创新活力。

（八）改善软硬环境，降低创业门槛

对于像湖北这样欠发达地区，企业家问题、企业进入集群外部市场的能力、对区域外部技术的吸引力、教育和培训等是集群形成和发展的关键。因此，各级政府要对产业集群给予针对性扶持，加强基础设施建设，建立多层次的公共信息平台；加强对劳动者的教育培训；要切实保护企业合法权益，减轻企业负担，打击假冒伪劣行为，加强诚信建设。大力宣传特色产业集群的发展理念和发展模式，宣传和提升特色产业集群的整体形象。减少行政审批，坚持政府"一站式"服务方式，提高服务水平和办事效率。加强对外向型产业集群的服务，创造条件建立直通式的海关监管点、商检办事处、外汇业务代办点，协助企业办理自营出口，引导企业进行国际质量认证工作，加快与国际接轨的步伐。加大招商引资的力度，提高广度和深度。要发挥已引进集群企业的带动作用，组建引进企业协会、同乡会，与沿海地区城市结为友好城市，拉动对沿海地区的招商引资；要重点引进有实力的大企业集团、知名品牌和成长性好的企业；把产业集群发展规划与招商引资结合起来，利用本地的优势条件有选择性吸引关键性企业在本地落户；要紧盯国内知名企业、院校和科研院所，采取风险投资、财政补贴等方式，引进技术、产品、项目和人才，加快高新技术产业的发展，努力形成一批高新技术产业集群；营造创业的环境和机制，通过多种措施鼓励与促进本地企业家创业，吸引外出务工且已具备经济实力的人员回乡创业。

（作者单位：湖北省社科院）

促进山东省东西部地区协调
发展的战略和对策思考

朱孔来

山东省的东部地区包括青岛、烟台、威海、潍坊四个市,西部地区包括德州、滨州、聊城、菏泽四个市。改革开放以来,东西部地区之间各方面的差距尤其是经济差距越拉越大,由此导致了区域之间社会经济发展不平衡的矛盾越来越突出。由于西部地区的人口在全省占有较高的比重,西部地区的落后拖着全省经济和社会加快发展的"后腿",如不从现在起采取有效措施逐步加以解决,随着矛盾的深化,这个问题将要逐步成为山东省经济整体水平再上新台阶的严重障碍。从山东目前所处的历史阶段和经济发展的现实进行综合分析,笔者认为,要解决这一问题,必须实施非均衡协调发展战略,并采取综合配套措施加以解决。

一、缩小山东省东西部地区差距的战略选择

(一) 实施非均衡协调发展战略,是顺应客观经济规律的必然选择

总结世界区域经济发展的经验可以看出,地区经济发展虽有不同的战略,但归纳起来最基本的战略有三种:

一是均衡发展战略。这种战略主要是强调区域政策,一般不提产业政策;主张在地区内均衡布局生产力,空间上均衡投资;在资源分配上主张搞地区平均主义,尤其是要求实现分配、发展、结构三大平衡;主张地区之间、产业之间均衡发展,齐头并进,强调缩小地区差别,是立足于先协调、后发展的一种战略。

二是非均衡发展战略。这种战略主要是强调在不同时期要选择支配全局的重点地区、重点部门率先发展,投资只能有选择地在若干区位条件优

越的增长极地区进行；强调条件较好的一部分地区率先发展，并应采取一定的人力、物力和财力予以倾斜性支持，其他地区的发展则通过区域增长极的扩散效应而逐步发展，是立足于先发展、后协调的一种战略。

三是非均衡协调发展战略。这种战略是一种适度倾斜的战略，既强调产业政策，又重视区域政策，强调地区之间产业要实现合理分工，优化生产力布局，强调地区之间的协调与互补，要求地区之间本着"优势互补"的原则，加强合作，共同发展，是立足于在增长中求协调、在协调中求发展的一种战略。其核心是实现区域之间经济发展的和谐、经济发展和人民生活水平的共同提高以及社会的共同进步。

三种战略各有特点，也各有与其相适应的推行环境。一般来说，在经济发展水平很低时，为了确保生存，多是采取均衡发展的战略。由于这种战略主要强调地区间的公平，也就是最穷困的地区优先给予投入，而不注重提高总体经济的效益，因而实施这一战略经济发展速度是比较慢的，是一种低层次的战略。非均衡发展战略是为从总体上加快经济发展速度而采取的一种战略，它突出强调总体效益，以提高总体经济效益为中心，而不兼顾地区间的公平，通过实施一些倾斜性的政策，重点促进经济发展快、投资效益好的地区进一步加快发展。实施这一战略虽能大大加快总体经济的发展速度，但会导致地区间差距不断拉大、贫富悬殊、地区分工弱化以及重复建设严重等一系列问题，因而这种战略随着经济发展水平不断提高就显得愈来愈不适宜，只能算是一种中等层次的战略。非均衡协调发展战略是在经济发展水平相对较高时为解决实施非均衡战略所产生的问题而采取的一种发展战略，它既强调提高总体经济的效益，又强调地区之间的公平，即效率优先、兼顾公平，同时又不排除一定时期内对某些重点地区和重点产业的重点发展，是通过广泛"协调"的方式将地区经济融为一体，在"优势互补"的前提下实现共同发展，并逐步缩小地区之间的差距。因而这种战略是较高层次的战略，尤其在实施非均衡发展战略遇到矛盾、问题比较严重时进行战略转换所应选择的比较理想的战略。

根据区域经济学的观点，地区经济发展的理想目标是要达到建立在较高经济发展水平基础上的均衡发展。在经济发展水平较低时，通过实施非均衡发展战略，打破低水平下的均衡，并将经济发展提高到一个新水平；在此基础上，通过实施非均衡协调发展战略，由非均衡再过渡到均衡，从而将地区经济发展质量推进到理想的"境界"。因此，实施非均衡协调发展战略是推进地区经济向高级化状态发展的必须手段。

根据美国经济学家威廉姆逊的倒"U"字型理论，在经济发展水平较低时，实施非均衡发展战略导致地区差距扩大，是经济增长的必要条件；但当经济发展到一定水平后，实施非均衡协调发展战略使地区差距不断缩小又将是经济进一步增长的必要条件。从山东省的情况看，改革开放以来实施非均衡战略，从总体上加快全省经济发展的思路是正确的，但目前经济发展水平已处于工业化的中后期阶段，面对西部地区严重落后的现实状况，如继续实施这一战略会带来一系列新问题。因此，解决山东省东西部地区差距不断扩大的问题，在战略选择上由非均衡发展战略适时转向非均衡协调发展战略是顺应客观经济规律的正确选择。

（二）实施非均衡协调发展战略，是进一步加快经济发展的必然选择

新中国成立以来，我国及山东省的经济发展在战略布局指导上，基本是以党的十一届三中全会为标志经历了一个从均衡到非均衡的战略转变，即改革开放以前先是实施了均衡发展战略，改革开放后实施了非均衡发展战略。两种战略的实施既有成就，也有问题。均衡发展战略虽在很大程度上可以缩小或控制地区间的差距，但其是以降低或牺牲投资效益为代价的，在很大程度上压低了宏观产业结构变动的档次，延缓了经济发展速度，影响了总体经济发展的活力。非均衡发展战略的实施，强调突出加快发展沿海地区，虽然成效很大，但地区经济发展不平衡的问题逐渐表露出来，地区分工弱化，重复建设严重，产业结构严重趋同。总结我国及山东省区域经济发展的经验教训，可以得出这样一个观点：在强调某些地区加快发展的同时，切不可忽视加快发展的地区与其他地区协调发展的要求。

国内外区域经济发展的实践已经充分证明，"均衡发展战略"和"非均衡发展战略"两种战略均不是经济进一步加快发展最为理想的战略。在目前全面落实科学发展观、统筹区域经济发展的新形势下，就目前的生产力水平和经济发展水平而言，既要保持较高的总体经济效益，又要有效克服产生的问题，尤其是要解决地区差距不断扩大的问题，这就需要适时进行战略转换，即采取三种基本战略中的第三种战略——非均衡协调发展战略。同时，也只有实施非均衡协调发展战略，才能够有效解决实施非均衡发展战略带来的一系列问题及矛盾，并将矛盾双方有机统一起来，这是促进经济进一步加快发展的必然选择。

（三）山东省实施东西部地区非均衡协调发展战略具有良好的基础条件

地区经济能否实现协调发展，关键取决于取决于地区之间经济发展的"互补点"如何以及能否充分发挥地区优势。山东省东西部地区之间经济发展的"互补点"相对较多，且主要表现在以下几个方面：

1. 从地理区位上来看，一个在"东"，一个在"西"；一个属于沿海，一个属于内地。

2. 从自然资源来看，东部地区既有丘陵，又有海，海岸线漫长，发展林果、油料、水产品生产及海洋产业具有得天独厚的优势；而西部地区一望平原，幅员辽阔，耕地条件好，农副产品丰富，同时又是重要的能源、矿产资源和原材料生产基地，发展粮、棉、畜、禽养殖具有明显优势，发展农副产品深加工业以及原材料基础工业具有丰富的资源优势。

3. 从基础设施条件来看，东部地区是山东省的重要出海口，海、陆、空交通十分方便，通讯发达，信息灵通；而西部地区既没有海运也没有空运机场。在目前农副产品出口贸易大增的形势下，西部地区发展出口贸易需要通过东部地区出"海"，而东部地区发展海外运输在很大程度上也需要依赖于西部地区提供货源。

4. 东部地区借开放之先，形成了一些具有市场竞争优势的支柱产业和拳头产品，造就了一支善于开拓市场的企业家队伍，培养和锻炼了一大批经营管理人才和技术人才，具有科技、人才、资金、管理等方面的优势。但东部地区经过十多年的发展之后，也遇到了一些新问题，如资源制约、劳动力价格上升、产品成本不断增加等等。而西部地区有着丰富的农产品和各种自然资源，同时具有劳动力充裕、劳动成本低、土地价格低的优势，但苦于缺乏技术、人才和资金，资源优势不能转化为商品优势和经济优势。

5. 东部地区产业结构层次相对较高，发展空间相对小一些；而西部地区产业结构虽然层次偏低，但发展空间和潜力大。

由此可以看出，东部地区的优势正是西部地区的劣势，而东部地区的劣势恰恰是西部地区的优势。东西结合，能够形成优势互补的经济体系，这为促进东西部地区的非均衡协调发展提供了极为有利的基础条件。

二、实施东西部地区非均衡协调发展战略的基本思路和奋斗目标

（一）基本思路

综合分析山东省东西部地区经济和社会发展的现状、差距以及东西部地区经济发展的"互补点"等因素，笔者认为，促进山东省东西部地区非均衡协调发展的基本思路应该是：以逐步缩小东西差距、最终实现区域经济的均衡发展为目标，围绕全面提高经济素质和资源配置的总体效益，制定目标明确的产业政策和区域政策，在充分发挥市场机制作用的前提下，加强政府的宏观调控，统筹规划，充分发挥各地区的优势，实现东西部地区之间合理的产业分工，努力营造并逐步形成各具区域特色和优势互补型的东西部经济合作体系；在合理分工、优化布局的基础上，在继续鼓励东部地区加快发展的同时，对西部地区分阶段、逐步加大政策倾斜和扶持的力度；采取灵活多样的方式，重点在"东西结合"方面下功夫；坚持多方帮扶和启动内力相结合，通过培植西部地区的新经济增长点，把着力点放在加快西部地区的经济发展上，通过加快西部地区的发展，以逐步缩小东西差距，进而促进东西部地区以至全省经济的持续、快速、健康、协调发展。

（二）应追求的奋斗目标

根据山东省实际并借鉴国际上区域经济协调发展的有益经验，山东省缩小东西部地区差距合理而又现实的目标应该是：

2010 年以前绝对差距扩大的幅度必须逐步减小；

2020 年以前彻底扭转绝对差距进一步扩大的局面；

2050 年前后西部地区的经济发展水平要基本接近东部地区，基本实现东西部地区及全省经济的均衡、协调发展。

本着上述奋斗目标，在全面建设小康社会的进程中，推进山东省东西部地区之间的非均衡协调发展应根据不同发展阶段，有步骤逐步加大推进的"力度"。笔者认为，在具体推进过程中，应实行"两步走"：

第一步是 2005 年以后至 2010 年以前，要在不以牺牲东部地区加快发展的前提下，逐步加大对西部地区的扶持力度，逐步加大调控力度，重点

要在促进"东西结合、共同发展"方面下功夫。

第二步是 2010～2020 年，为确保全省率先实现全面小康，要切实贯彻"共同富裕"的原则，无论是全省，还是东部地区都要加大对西部地区的扶持力度，强化政府的宏观调控，加大向西部地区的财政转移支付力度，把全省经济发展战略的重点放在控制并逐步缩小东西部地区的绝对差距上来。

三、促进山东省东西部地区非均衡协调发展的对策措施

（一）东西部地区之间进行合理的产业分工，优化生产力布局

东部地区要以产业结构高级化和市场拓展国际化为主要目标，在发展壮大主导产业、高新技术产业、培育大型企业集团、开发金融业等方面要有新的、大的突破，走外、高、新、大的发展路子。具体要做到以下两点：一方面作为全省经济发展的"龙头"，要继续发挥好对全省经济发展的应有的带动作用；另一方面要为西部地区腾出产业发展空间和市场空间，切实搞好"产业西移"和"以东带西"。要借山东半岛城市群建设和半岛制造业基地发展的东风，除继续进行规模膨胀外，要着重提高经济发展质量、档次和水平，坚持外、高、新、大的发展路子，加快产业升级的步伐。在主导产业和主导产品的选择上，应致力于在汽车、石油化工、精密机械、电子计算机、海洋化工、高档家用电器和服装等方面形成优势，并注重在这些领域内形成新的经济增长点。要逐步实施传统落后产业的"空心化"，加快"产业西移"的步伐。对目前的一些劳动密集型产业、一般原材料工业和资源约束型的加工工业，要采取技术转移、设备转移、兼并联合、设立子公司或分厂等形式逐步向西部地区转移。

西部地区要加快培植适应当地资源特点、有明显优势的主导产业，主动建立并形成与东部地区互补型的经济合作体系，并主动承接东部地区的"产业西移"。一方面要加快培植适应当地资源特点、有明显优势和地方特色的主导产业，尤其要搞好农副产品的深加工业和化学工业；另一方面要主动承接东部地区转移下来的传统产业项目；再一方面还要主动加快建设与东部地区的主导产业关联性强的相关产业，主动为东部地区生产配套产品和零部件，主动与东部地区广泛开展专业化协作。只有主动与东部地

搞好各方面的配合与协作，西部地区才能更好地承接东部地区对其的带动作用。

东部地区产业布局的重点应该结合山东半岛制造业基地建设，沿胶济产业聚集带来展开；西部地区产业布局的重点要以"两区"（鲁西北平原现代化农业示范区、黄河三角洲经济区）、"两带"（京九铁路山东段经济带、亚欧大陆桥山东段经济带）来展开。建议有关部门按照上述产业分工和布局思路，制定配套的、目标明确的区域发展政策，统筹规划、合理分工，实行产业政策和区域政策的双向调控，努力营造并逐步形成区域特色明显和优势互补型的东西部经济合体体系。

（二）政府要逐步加大对西部地区的扶持力度

1. 要优先在西部地区安排基础设施、基础产业和资源性开发项目。近几年山东省在这几方面明显有向西部地区倾斜的表现，今后仍需要继续保持这种倾斜的势头不变。与此同时，还应加大对基础产业和资源开发加工项目等的扶持力度，尤其是粮食、畜禽、棉花等开发以及资源开发加工项目应优先考虑安排在西部地区，以加快西部地区的农业产业化进程，增强其经济发展的活力。

2. 要逐步加大向西部地区财政转移支付的力度，并形成制度化。应建立以横向平衡为主的财政转移支付制度，尤其是财政发展资金和专项扶持资金应明显地向西部地区倾斜，以保证西部地区有适当的财力发展经济和各项社会事业。同时建议以全省人均财政收入为基准，高出全省平均水平的分别按高出部分的多少确定不同的、合适的比例提取扶贫款，专项用于对西部地区以及低于全省平均水平的其他地区的财政补贴，并形成制度，以保证地区间基本的公共服务水平的均等化。

3. 要坚持经济扶持和科技、人才开发并重，全面提高西部地区劳动者的整体素质。首先，应进一步加大对西部地区干部培养的力度；其次，在人才培养和科技开发方面，省里应给予大的倾斜性扶持，应对西部地区采取特殊的人才政策和一定的财政扶持政策，拨出一部分专款专门用于帮助西部地区多渠道充实人才、人才培训和科技开发工作；再次，省里还要适当考虑加大对西部地区教育事业的投资，帮助西部地区办好各类教育。

（三）采取灵活多样的形式，在"东西结合"上狠下功夫

1. 正确引导，夯实"东西结合"的基础。能否做到"东西结合"，从

一定意义上讲，除了省里在宏观调控上要加强引导以外，矛盾的主要方面在西部地区。关键要做好以下两点：一是要主动出击，不观望、不犹豫、不等待，积极寻求机遇，下功夫创造与东部地区合作的良好环境，不断拓展与东部地区的合作领域。二是要有奉献精神。西部地区不能坐等东部地区的无偿支援，在与东部地区的合作过程中必须让东部地区有利可赚，必须对东部地区有所奉献，要敢于和善于"以资源换技术、以产权换资金、以市场换项目、以存量换增量"。在有些项目上东部地区获益多一些，西部地区的利益少了些，似乎吃了亏，但从长远看、从本质上看，只要能增加就业岗位、增加税源、能为当地经济发展带来新的活力，仍然是互惠互利的。只有这样，才能在省里的宏观调控下，"东西结合"才有稳固的基础。

2. 积极探索"东西结合"的方式、方法。"东西结合"的具体方式和方法可以灵活多样，需要因时、因地、因条件制宜。就目前来说，笔者认为主要应选取以下几种"东西结合"的形式：

（1）投资共建型。西部地区的经济发展最需要的是资金投入，东部地区应发挥资金相对充裕的优势，向双方公认的合适项目投资，东部地区出资金，西部地区或出厂房或出原料、"地皮"等，共同投资联合兴办新项目。

（2）资产重组型。以产权关系作为纽带，东西部地区之间运用市场手段，跨区域开展资本运营，进行资产重组。尤其是东部地区的优势企业要把"触角"伸到西部地区，对西部地区的弱势企业通过兼并、联合、收购、租赁等多种方式实施资产重组，使西部地区的闲置资产得以盘活，弱势企业经东部地区对其生产要素的适当注入后使其出现生机，同时也使东部地区的优势企业进一步迅速膨胀规模，实现互惠互利、共同发展。

（3）产业链延伸型。东西部地区之间以产业链为纽带，广泛开展专业化分工与协作，尤其是东部地区的大型企业要将其零部件生产分离出来，并优先转移到西部地区；西部地区要主动加快建设与东部地区的主导产业关联性强的相关产业，主动为东部地区生产配套产品和零部件。鼓励东部地区从事农产品深加工的"龙头"企业到西部地区跨区域建立原料生产基地，实行"东部地区的龙头企业＋西部地区的基地"的生产经营方式，直接带动西部地区的农业产业化。

（4）资产转移型。要适应东西部地区之间建立合理的产业分工体系的需要，制定有关的政策措施，使东部地区的劳动密集型产业及相对落后的传统产业项目，逐步地将其设备、技术、有形资产和无形资产向西部地区转移。

（5）市场拉动型。东部地区要发挥市场广阔的优势，组织骨干龙头企业和名牌产品到西部地区搞辐射，运用市场拉动手段，帮助西部地区拓展通往国际、国内市场的通道。

（6）科技开发型。东部地区要以科技为先导，充分发挥技术和人才上的优势，与西部地区联合进行科技攻关和新产品开发，通过技术开发帮助西部地区培植新的经济增长点。

（7）资源开发型。西部地区拥有丰富的土地后备资源等资源优势，但苦于没有资金开发。东部地区应发挥资金上的优势，组织有关企业到西部地区进行有偿的资源开发。在有关政策方面，可以考虑开发数年后，再无偿地还给西部地区，即采用"BOT"的方式进行资源开发。

（8）人才培育型。培育人才可在多领域、多层次上进行，尤其是东部地区要充分发挥其人才和技术上的优势为西部地区代培、代训各类技术人才和管理人才。要制定有关的政策措施，促使东部地区所需的新增劳动力，通过劳动管理部门优先从西部地区的剩余劳动力中招聘，达到一定服务年限并学到一技之长后，返回到西部地区发挥其所学之长。

（9）干部交流型。对干部实行跨区域异地交流，尤其是要有计划地从东部地区选调领导干部充实西部地区的领导班子，同时组织西部地区的干部到东部地区进行挂职交流，从亲身实践中学习东部地区的经验。西部地区也可以直接以优惠的待遇到东部地区招聘厂长、经理等。

（10）结对友好型。东西部地区之间的县市之间、乡镇之间以及企业之间，本着优势互补的原则，达成协议，相互结对，建立长期友好关系，并互相往来，开展全方位的交流与合作。

（四）坚持外力推动与启动内力相结合，加快培植西部地区新的经济增长点

按照区域经济学的观点来看，一个地区经济的发展大体上都要经过由不发达阶段到成长阶段、由成长阶段进入成熟阶段的过程。在地域开发上，不发达阶段往往采取据点式开发的模式，即培育"增长极"，继而采取点轴开发模式；进入成熟阶段之后，实行网络式的开发模式，这是区域经济发展的一般规律。在区域经济的布局方面也有一条基本规律，就是在市场机制的作用下，经济技术梯度高的"点"吸收和集中周围地区的资源、资金和人才等生产要素，继之开发更高层次的产业和产品形成经济快速增长的

格局；同时，向周围地区扩散资金、技术、管理和产品，带动这些地区的发展。遵循这些客观经济规律，西部地区经济的加快发展就要求首先要立足于培植新的经济增长点。笔者认为，可重点考虑在以下几个方面来培植新的经济增长点：

1. 加大对外开放的力度，在扩大开放中培植新的经济增长点。西部地区在对外开放方面应优先培植以下两种类型的"经济增长点"：一是对现有的三资企业和外向型企业，要加快培植使其实力不断壮大；二是开发区、保税区、对外贸易加工区和工业园区，要充分发挥其带动作用，既面向世界市场，又面向国内大市场，走大出、大进的路子，形成出口创汇、利用外资、海外投资"三外并举"的格局。西部地区资源丰富，尤其农副产品资源和非金属矿产资源开发潜力极大，应该在对外开放的推动下，着力搞好资源开发。

2. 积极调整所有制结构，在大力发展个体、私营经济中培植新的经济增长点。西部地区农村中的能工巧匠较多，发展个体、私营经济的基础较好，应该在个体、私营经济方面大做文章。一是积极扶持本地个体、私营经济发展；二是要提高个体、私营业主的社会地位，突出者可提拔到乡镇政府的领导岗位上来，也可聘为县政府的顾问或人大代表、政协委员等，使他们有荣耀感，以吸收更多的群众加入到个体、私营经济的队伍中来；三是要制定优惠政策，创造更加有利的社会环境，吸引外地私营业主前来投资；四是要积极鼓励个体、私营经济吸引和利用外资，扩大个体、私营经济与外资的结合；五是要鼓励有条件的个体、私营企业收购或兼并国有和集体企业。

3. 加快市场体系建设，在市场体系建设中培植新的经济增长点。西部地区的市场体系建设远不如东部地区，要注重在市场体系建设中培植新的经济增长点。一是要完善和大力发展农副产品市场，特别是那些种、养、加已形成规模优势的地方，要尽快建立和完善一批大型农产品专业批发市场，积极稳妥地发展期货市场，同时要注意围绕市场，进一步改进和加强农产品的加工、贮藏、运输、销售及交通、通讯、服务等方面的设施建设，改善流通条件和流通环境；二是要积极培育和发展生产要素市场，这主要包括土地市场、农村金融市场以及人才和劳动力市场等，通过加强市场建设，加快生产要素向西部地区的流动。

4. 狠抓农副产品深加工，"龙头"带基地，搞产业化，在加快农业产业化进程中培植新的经济增长点。一是要大力发展高产、高效、优质低耗农业。时至今日，各种农副产品十分丰富，使得市场上的选择性日益加大，西部地区如继续单纯依靠"大路货"，无论如何都不可能使农业再现其历史上的辉煌，必须优化农产品结构，大力发展高产、高效、优质低耗农业，大力发展能在市场上走俏的名优特新的农产品，并在突出特色的同时，注意扩大规模，形成"一村一品、一乡一业"的生产分工格局，增强规模效益。二是要把农副产品深加工业作为主导产业来加快培植。西部地区农副产品资源相当丰富，要想把这一资源优势转变为商品优势和经济优势，应该把农副产品深加工工业作为主导产业来加快培植。

5. 狠抓科技开发，培育名牌，在名优特新产品的系列开发中培植新的经济增长点。目前，西部地区的产品结构基本上可以概括为"五多五少"，即：初级产品多，精细加工产品少；一般化的产品多，上档次的产品少；中间产品多，最终产品少；高耗低值产品多，低耗高值产品少；内向型产品多，外向型产品少。有的县甚至没有一种能在全省、全国叫得响的产品。对这方面的问题要通过发展科技、大力开展技术开发，把现有的"五多五少"的产品结构翻转过来，创造更多的名优特新产品，以此来培植新的经济增长点。要积极加强与科研单位、大专院校和名牌大企业的联合，广泛引进新技术、新发明和专利技术等，大力开发新产品；也可以为名牌产品厂家当好"配角"，生产初级产品和零配件，然后逐步带动起自己的名牌产品。

6. 规范和加快农村小城镇建设，在提高城市化水平的过程中培植新的经济增长点。目前，西部地区没有一个大城市，中等城市和小城市的数量也较少，其城市化水平的提高在很大程度上依赖于加快农村小城镇的建设。应当说西部地区小城镇建设的基础虽差，但其发展潜力巨大，如能正确处理好发展经济与小城镇建设的关系，规范和加快农村小城镇建设，完全可以在提高城市化水平的过程中培植新的经济增长点，起到一举多得的效果。要在提高城市化水平的过程中培植新的经济增长点，关键是要正确处理好发展个体、私营经济与小城镇建设的关系。要加强规划，正确引导个体、私营经济走向集中，并借此机会改造现有小城镇，规范和加快小城镇建设，以形成合理的企业布局。要出台积极可行的优惠政策，对来小城镇新办的个体、私营企业给予力所能及的帮助，同时，充分挖掘农村的资金潜力，鼓励农民带资、带项目进入小城镇、建设小城镇；要在一些工矿区、交通要道、市场集散地新建一些小城镇。在加快小城镇建设的同时，要和发展农村工业化、和转移农村剩余劳动力有机结合起来。

加快培植西部地区新的经济增长点的真正意义在于使整个"面"的

经济得到发展，因此，西部地区要在加快培植新的经济增长点的基础上，要以"点"做龙头，努力创造条件，充分发挥"点"的示范带动效应，建造由这些"点"不断向外扩张延伸而形成的"龙型经济模式"，由"龙头"企业带动众多小企业，并进而把千家万户带动起来，凭借经济、技术等手段形成不断延伸的经济增长链，带起一条条腾飞的经济"巨龙"，并努力形成群龙闹海的生动局面。这将是加快西部地区经济发展，进而实现山东省东西部地区协调发展的基本路子。

参考文献：

1. 张敦富、覃成林：《中国区域经济差异与协调发展》，中国轻工业出版社 2001 年版。
2. 朱孔来：《山东经济热点问题的统计分析》，山东省地图出版社 1996 年版。
3. 高玉芳著：《区域经济发展与我国社会主义市场经济》，湖北教育出版社 1995 年版。
4. 姚俭建等：《当代发展战略的理论与实践》，上海三联书店 1997 年版。
5. 史忠良等：《经济发展战略与布局》，经济管理出版社 1999 年版。
6. 胡乃武等：《中国经济非均衡发展问题研究》，山西高校联合出版社 1994 年版。
7. 桑百川著：《地区开放战略论》，经济科学出版社 1995 年版。
8. 孟庆红著：《地区优势的经济学分析》，西南财经大学出版社 2000 年版。

（作者单位：山东工商学院）

世界欠发达国家区域经济
合作的实践分析

涂裕春

　　由于多边贸易体制持续缺乏进展，世界欠发达国家和地区出于政治、经济等方面的考虑，寻求国际区域合作的积极性日益高涨。区域经济合作在国际经济格局和对外经济战略中的地位明显上升，成为国际经济领域一个引人注目的现象。目前的区域经济一体化组织主要有 3 种类型：北北型（发达国家之间）、南南型（欠发达国家之间）和南北型（发达国家与欠发达国家）。南南型区域经济合作出现的时间比北北型稍晚，但数量众多。据世界贸易组织统计，截至 2006 年 10 月底，在 WTO 成员通报的214 项区域贸易中，向该组织通报的南南型区域贸易协定有 109 个，占总数的一半以上。按照世界银行估算，平均每个发展中国家参加了 5 个区域的贸易安排。墨西哥参与区域贸易安排最多，据说已与占世界 70% GDP的国家和地区签署了自由贸易协定。

一、南美共同体的成立与发展

　　在世界各区域组织中，南美共同体的经济总量和人口总数仅次于北美自由贸易区和欧盟，国土面积甚至超过了后两者，对全球经济和贸易的影响不可忽视。

　　1. 南美共同体的成立。20 世纪 80 年代爆发的债务危机和经济衰退使大多数南美国家认识到，只有坚定地实施一体化政策才能加强自我保护，应对欧美贸易壁垒和经济全球化的挑战。2004 年 12 月 8 日，在秘鲁库斯科召开的第三届南美洲国家首脑会议结束时通过的《库斯科声明》宣布，南美国家共同体由安第斯共同体（安共体）5 个成员国玻利维亚、哥伦比亚、厄瓜多尔、秘鲁、委内瑞拉和南方共同市场（南共市）4 个成员国阿根廷、巴西、乌拉圭和巴拉圭，以及智利、圭亚那和苏里南共 12 个国家组成。这是一个拥有 3.61 亿人口、9700 亿美元国内生产总值的共同体，其出口总额近 2000 亿美元，总共 1700 万平方公里的土地和可供使用 100 多年的能源储藏更使其成为综合实力很强的地区，也是世界上第三大政治和经济的地区共同体。它无疑将为促进地区经济的发展发挥重要的作用，这是南美地区一体化进程中的里程碑事件，从此南美洲各国将作为一个整体在国际舞台上发挥作用，并推动自身的政治和经济发展。

2. 南美共同体成立的意义。南美共同体的成立标志着南美大陆国家在更高层次上走向联合的地缘政治格局正在形成。南美共同体的成立证明，区域性的政治和经济走向统一，将是现阶段形成世界新格局的一个新动向。南美共同体将促进成员国之间的贸易和投资，使拉美国家间的政治经济合作更趋紧密，外交上更加积极主动，并为南美作为一个整体参与美洲自由贸易区的谈判提供了良机。南美共同体的成立对于美洲自由贸易区的谈判也将产生极大影响。美国和南美国家此前一直存在严重分歧，巴西等国主张，南美国家为保护自身权益，应团结起来，作为一个整体与美国进行谈判，南美共同体的创建无疑为此提供了良机。事实表明，随着国家综合实力的提升和增强，巴西等大国在国际政治、外交和经济舞台上的作用明显增强。如果南美洲国家能够达成一致，那么在未来的世界政治和经济格局中，该地区很可能发展成为潜在的一极。

3. 南美共同体发展前景与面临挑战：在《库斯科声明》中，各国表达了在政治、经济和其他领域一体化、建立一个欧盟模式国家联盟的意愿。强调各国将加强在政治外交事务中的协调，加速推进南美自贸区建设以及在能源、交通及基础设施等各领域的融合，争取在未来建立南美洲议会并统一贸易政策。但是，除《库斯科声明》以外，南美共同体尚未正式签署任何具体协议，因此目前它的性质、宗旨、纲领和运行机制等均未完全明确。在起步阶段，南美共同体先以咨询性常设议事机构的方式运作，性质类似于多边论坛，主要通过南美各国间的对话与协商达成共识，而不具备任何审议权。

尽管南美共同体已宣布成立，但前途并非是一片光明。南美共同体是建立在安共体和南共市基础之上的，而这两个经济体虽存在多年，但仍不是很成熟，人们担心安共体和南共市的缺陷和不足可能会带入新成立的南美共同体。地区一体化进程是全球经济发展大势所趋，南美国家经过长期摸索与实践，已找到正确的发展方向和模式，如能克服一些不利因素，南美洲终将会成为最具有影响的发展中国家经济一体化的地区之一。

二、非洲联盟的发展现状与展望

1. 非洲区域经济组织发展的现状。在世界各大洲中，最早提出整个大陆一体化发展思想的是非洲。非洲各区域性经济组织对促进非洲的经济发展举足轻重，这些经济组织几乎囊括了非洲大陆上的所有国家。非洲大陆的区域性经济合作发展史最早可以追溯到 20 世纪初期的东部非洲由肯尼亚和乌干达共同建立的关税同盟。目前，活跃在非洲大陆的区域性经济组织主要有：西部非洲国家经济共同体（ECOWAS）、中非经济与货币共同体（CEMAC）、东非合作组织（EAC）、玛格若博阿拉伯国家同盟（UMA）、西非经济与货币同盟（WAMU）、南部非洲关税同盟（SACU）、东南部非洲共同市场（COMESA）、南部非洲发展共同体（SADC）、非洲联盟（AU）等十多个重要的区域性组织或经济合作组织。

非洲国家经济发展水平不一，地理条件和自然资源存在较大差异，各国根据不同特点组成区域合作集团有其合理性。在摆脱贫困谋求发展的道路上，积极联合自强、进行区域合作成为这些国家的必然选择。但多年来，一系列各式各样的区域合作并未给非洲经济发展带来预想的积极成果，机构重叠、体系复杂、缺乏运作资金等妨碍了这些组织发挥作用，如何整合这一资源，成为非洲经济一体化进程中亟待解决的问题。

2. 非洲联盟的成立。面对世界经济、贸易的迅速发展和商品市场竞争的日趋激烈，以及非洲国家长期以来每年所吸引的海外直接投资总额的不足世界投资总额的 2% 和仅占世界贸易总量 2% 的严酷现实，使一些非洲国家逐渐认识到，非洲各国并没有从世界经济一体化的进程中获得好处，相反这一进程的发展会使非洲经济进一步边缘化，其结果是富国越来越富，穷国越来越穷。相比之下区域化经济才是非洲经济的最佳选择。

非洲联盟的前身是非洲统一组织，1991 年 32 国首脑签订《非洲经济共同体》条约，计划未来建立经济共同体。2002 年 7 月，非盟举行第一届首脑会议，并宣布非盟正式成立。非盟共有 53 个成员国，总部设在埃塞俄比亚首都亚的斯亚贝巴。根据《非洲联盟宪章》，它将是集政经、军事、文化、社会为一体的全洲式政治实体。其主要任务是维护和促进非洲大陆的和平、稳定，推行改革与减贫战略，实现发展与复兴。

3. 非洲联盟的发展前景。贫困是影响非洲发展的最大障碍，为了铲除非洲的贫困，使非洲步入可持续增长和发展的轨道，遏止非洲的边缘化趋势，非盟积极落实2001年发起的"非洲发展新伙伴计划"。作为非洲大陆新的地区性组织，非盟成立以来为消除地区贫困、促进非洲大陆经济发展、维护地区和平作出了积极努力，致力于建设一个团结合作的非洲，力争在重大国际事务中能够用一个声音来说话。通过不懈的努力，非盟已经在地区和国际舞台上发挥着越来越重要的作用。

尽管非洲一体化进程问题突出，但地理、政治和经济的特征决定了非洲只有走一体化道路，融合区域经济，才能摆脱目前的贫困状况。目前，非盟已经提出在2030年最终建成非洲经济共同体，实现全非洲人员、资本、货币和服务自由流通的远景目标。

三、发展中的大国参与欠发达地区区域经济合作的实践——以中国为例

区域经济一体化的新浪潮也反映了世界政治多极化的大势。从欠发达国家和地区的角度来看，随着经济全球化的深入，中国、巴西、印度等发展中的大国的经济已经逐步在世界经济中各自占据一席之地，要求同发达国家平等互利、实现共赢的呼声更加高涨。然而，发展中国家作为单个经济仍显弱小，因此希望通过参加区域经济组织来维护自身的经济利益和经济安全。中国与东盟于2002年签订了《中国—东盟全面经济合作框架》，标志着中国参与区域经济合作进入了实质性的阶段。从中国参与区域合作组织或机制的现状来看，大致可以分为3类：具有实质性的组织或机制（曼谷协定、中国–东盟自由贸易区）；具有一定机制的区域合作组织或次区域合作机制（10+3模式、上海合作组织、东北亚区域合作、大湄公河次区域合作）；具有论坛性质的区域合作机制（亚太经济合作组织、亚欧会议）。

1. 南美洲——与智利的区域合作。中智两国自1970年正式建交以来，双边政治经济关系不断发展。特别是进入21世纪以来，双边贸易更是步入一个高速发展的阶段。目前，中国是智利第二大贸易伙伴，智利是中国在南美国家的第三大贸易伙伴。2005年11月18日，中智两国在韩国釜山签署了《中华人民共和国政府和智利共和国政府自由贸易协定》。中智双边自由贸易协议的签署不仅可以实现贸易创造效应，促进双边贸易和投资，而且有助于推动双边关系的全面健康发展。中智自由贸易区建立，为中国与南美国家开展经济合作提供了示范效应，将对两国的经贸关

系发展起到重要的推动作用，从而促进双边贸易和投资合作，推动双边关系全面发展。

2. 南亚——与巴基斯坦的区域合作。自由贸易区是区域经济合作的一种形式。2006 年 11 月 24 日，中国与巴基斯坦正式签署自由贸易区协定，这是继中国—东盟自由贸易协定、中国—智利自由贸易协定之后，中国对外签署的第三个自由贸易协定，这是两国关系史上一个重要的里程碑。该协定的签署，不仅有利于进一步拓展两国经贸合作领域，提升经贸合作水平，而且有利于进一步巩固和发展中巴友谊，为中巴战略合作伙伴关系增添更加丰富的内涵。从 2007 年 7 月 1 日起开始实施的中巴自贸协定，通过削减关税和非关税壁垒，改善市场准入的条件，为彼此创造更好的贸易环境，两国的企业和广大消费者将从中得到实惠。

3. 东南亚地区——参与大湄公河次区域合作。大湄公河次区域相对于 APEC 或者 10 + 1 的区域贸易安排来说，范围要小一些。它是指澜沧江—湄公河流经的六个国家，包括中国、缅甸、老挝、柬埔寨、泰国、越南。这一地区主要特点是自然资源丰富，发展潜力巨大，但由于历史的原因，周边国家的发展水平比较落后，人民生活比较贫困。为实现各国的共同发展，促进减贫，亚洲开发银行在 1992 年发起了大湄公河次区域经济合作，确定了贸易便利化、投资、交通、能源、电讯、环境、人力资源开发、旅游、农业等九个优先领域，投入大量资金，实施了很多具体项目。现在中国也在积极支持和推动这个合作。在中国与东盟签订的 10 + 1 自由贸易区的协议框架中，大湄公河次区域经济合作是其五个领域中的与东盟的 5 个国家相关。而且实现这一地区的发展，也可以使中国实现西南大通道的构想。

4. 中亚——上海合作组织。上海合作组织成员国总面积 3000 多万平方公里，约占欧亚大陆的 3/5；人口 14.89 亿，约占世界人口的 1/4。2001 年 9 月，各成员国总理在哈萨克斯坦的阿拉木图会晤期间，重点研究了区域经济合作问题，并签署了《上海合作组织成员国政府关于区域经济合作的基本目标和方向及启动贸易和投资便利化进程的备忘录》，为区域经济合作明确了原则，提出建立成员国经贸部长会晤机制，落实区域经济合作和启动贸易投资便利化谈判。各成员国在海关程序、商务流动等方面存在的壁垒阻碍了成员国间贸易规模的扩大，就目前的形势而言，中亚的经贸合作仍然停留在贸易便利化的合作阶段。上海合作组织已经进入全面务实合作的阶段，建立自由贸易区是深化本区域经济合作、适应世界区域经济发展的必然选择，是上海合作组织在地区经贸合作领域的终极目标。

5. 非洲——与非洲国家的区域经济合作。中国是最大的发展中国家，非洲是发展中国家最集中的大陆。"非洲发展新伙伴计划"被确定为非洲联盟的行动纲领并将逐步付诸实施，显示出非洲大陆谋求经济和社会发展的强烈愿望。经济上，中国与非洲应当成为优势互补、互利共赢的合作伙伴。中国的发展为非洲提供了更为广阔的出口市场。中国在力所能及的范围内向非洲国家提供了真诚帮助，随着中非合作论坛机制的完善和相关后续行动的落实，中非友好、互利合作将得到进一步的巩固和发展。在经济全球化的今天，中国和非洲所面临的最大挑战和问题就是，如何更好地帮助欠发达地区摆脱贫困的束缚与困扰，实现地区经济社会发展的协调与均衡。

参与区域经济合作是中国推动亚洲经济发展的需要。中国是亚洲最大的发展中国家，也是世界上经济发展最快的国家之一。在经济一体化迅速发展的过程中，亚洲的区域经济一体化合作明显地落后于欧洲和美洲，这就对亚洲经济的发展产生一定的负面影响。因此，中国要积极地参与区域经济合作，推动亚洲经济的发展。

四、结束语

20 世纪 90 年代以来，在经济全球化迅速发展的同时，欠发达国家之间的区域经济经济合作显现出强劲势头，超越地缘界限的区域合作及区域经济集团间的合作也呈扩展趋势。从国际经验看，不论处于何种层次的区域经济一体化，要想在贸易谈判和机制运行中取得实质性的进展，则必须妥善处理和解决好六方面的理论和实践问题，它们是：开放性与排他性；主导权与非主导权；制度化与非制度化；多数与少数；国家利益与区域利益；经济因素与非经济因素等的相互关系。南美洲、非洲、亚洲的欠发达国家的区域经济合作的实践昭示了南南合作的新趋势：在全球化的冲击下，为了避免被边缘化，不管是最不发达的小国还是发展中的大国，欠发达国家都在采用各种方式和途径加快区域经济合作进程，在当今世界形成了影响巨大的区域组织，虽然与欧盟、北美自由贸易区在实力上还存在差距，但是它们在世界经济舞台上扮演着愈来愈重要的角色。

参考文献：

1. 刘昌黎：《世界双边自由贸易发展的原因特点与我国的对策》，载《世界经济研究》，2005 年第 4 期。

2. 成新轩：《全球区域经济合作的新发展与中国的选择》，载《现代国际关系》，2006 年第 1 期。

3. 李光辉：《中国参与区域经济合作》，载《中国经贸》，2006 年第 4 期。

4. 商务部：《商务发展第十一个五年规划纲要》，商务部网。

（作者单位：西南民族大学国际经济研究所）

区域自我发展能力建设的中日比较

黄征学 李正宁 杨彩霞 黄 河

一、日本地区自身发展能力建设的实践

20 世纪 50 年代以后，随着社会稳定、产业复兴的进展，日本的国土开发逐步转到了"从以资源开发为中心的特定地区的开发向以产业振兴为主的长期综合开发"。区域经济的均衡发展态势也由此被打破，成功引进工业的地区不久发展成为区域性中心城市，发挥中心地区的作用。而在工业引进失败的地区，人口外流不断加剧。为促进过疏地区的发展，日本政府出台了一系列的政策措施，但终究与地区空间的结构性机制的作用力难以抗衡，过疏地区的问题并没有得到有效缓解。有的地区只能采取引进核发电获得国家开发电源时支付的补助金等措施实现区域振兴。在成功实现工业化的地区也因为国际化导致企业外迁、结构不景气等问题，急需通过产业转换重新搞活产业。

在经济高速增长的时期，地方对中央依附性的开发已司空见惯。第三次全国综合开发计划（1977 年）以后，地区自主性发展成为一大趋势。在地方自治与全球化浪潮中，地方越来越需要靠努力创新增强自我发展能力的建设。不论是大分县的大山町、北海道的池田町，还是京都、长野县冈谷市等地发展能力建设都体现了这一点。

大山町：

大山町是较早开展"一村一品"运动的地区，从 1961 年开始，通过三次 NPC 运动，经历提高收入、培养人才、创造环境三个环节后，取得了丰硕的成果。2002 年度，土特产达 338 个品种、引以为豪的设施 148 件、地区的文化 133 件、建设地区活动 111 件、环境 80 件、其他 30 件，共 840 件。

冈谷市：

　　长野县的冈谷市通过实施工业振兴政策，逐步形成以精密、电机和车床工业为主的产业结构，形成了照相机、透镜、电影机等主要产品，成为日本新兴的精密、电机工业基地，其产品远销世界各地。

　　区域发展能力建设的经验：

　　不论是大山町农业产业发展能力的建设，还是冈谷市工业产业发展的能力建设都表明：（1）有效利用本地资源。大山町山地资源丰富，有利于发展果树农业，大山町充分利用这一条件种植梅子、李子、香草、水芹等农产品。而冈谷市产业的发展则充分利用了位于京滨、中京两大工业地带之间的区位优势和人力资本相对丰厚的优势。（2）政府积极提供各种服务。在大山町开展"一村一品"运动的过程中，大分县政府通过提供技术进行支援、销路的支援、人才培养支援和修改融资制度与进行经营指导等予以侧面支援。冈谷市在促进工业振兴的政策中，政府也采取了人力资本和技术建设战略、企业组织建设战略、创建发展机会建设战略和提供稳定资金的基金建设战略等措施。（3）发动市民、企业主动参与。运用多种手段，发动市民和企业积极参与，培育地区发展的生力军。通过创建具有共同话题的社区，加深市民之间、企业之间的纽带，强化区域内信息沟通渠道。（4）强化创新能力建设。通过技术创新（保持核心竞争力）和产品销售方式（公路休息站、发展旅游、产品博览会）的创新，实现区域经济发展由比较优势向竞争优势转变。

二、中国提升地区自身发展能力的案例

〔案例一〕宁夏固原市"一村一品"建设

　　宁夏的固原市是宁夏经济发展比较落后的地区。总人口148.68万人，占全自治区人口的25.2%，其中：回族63.7万，占总人口的42.8%。土地总面积11286.4平方公里。2005年底，地区生产总值44.88亿元，地方财政收入1.7亿元，农业总产值26.93亿元，全市农民人均纯收入1715元，人均粮食占有量461公斤。

　　为改变固原市经济发展缓慢、群众生活贫困的局面，政府也采取了多种措施以改变现状，经过多年探索，现在也开始由输血型经济向造血型经济转变，充分利用当地资源，因地制宜发展本地特色经济、重点支柱产业，逐步构建区域生态经济体系，实现区域内人口、社会、经济、资源与环境持续协调发展。

如在彭阳县、西吉县、原州区、泾源县发展草畜产业，采用家家种草、户户养牛的模式，积极发展肉牛产业。所产的牛肉具备"清真"、"绿色"和"优质"三重优势，已通过了无公害产地认定和产品质量认证，备受消费者青睐，多年来市场价格稳定，是一种具有较强竞争力的"清真"肉食品；政府在牧草品种推广、黄牛改良技术、牧草病虫害防治和动物防疫等方面给予支持，使草畜产业逐步向专业化、集约化方向发展。以苜蓿为主的多年生优质牧草留床面积由现在的180万亩计划达到300万亩。一年生牧草种植面积达到120万亩。肉类总产量达到8487万公斤，畜牧业总产值达到16亿元，纯收入达到7.4亿元。

2005年全市牛饲养量47万头，羊饲养量132万头，生猪饲养量41万头；牛、羊、猪存栏分别为35.66.21万头；计划到2010年牛饲养量达到100万头，年出栏35万头，羊饲养量达到160万只，年出栏80万只，猪饲养量达到50万口，年出栏25万口，家禽饲养量达到327万只，年出栏130万只。

以西吉县为中心，建设马铃薯种植基地。宁夏回族自治区六盘山周围黄土丘陵旱作农业区，气候阴湿冷凉，降雨量一般在500mm左右，年平均气温5℃~7℃，土层深厚、疏松、透气性好，马铃薯生长条件优越。天然隔离条件好，传毒媒虫少，生产的马铃薯脱毒种薯质量更高，单产一般在2000公斤，具有较强的质量、价格优势。2005年全市马铃薯种植面积123万亩，平均单产达到926.8公斤。

政府十分重视马铃薯产业的发展，全力支持办好马铃薯产业发展论坛和马铃薯节，以扩大固原马铃薯的知名度。加大马铃薯产业的科技支撑力度，争取建成固原市马铃薯检测中心，使马铃薯产业走区域化布局、基地化生产、规模化加工、市场化销售、社会化服务的产业化发展路子。计划将马铃薯种植面积扩大到260万亩。总产达到390万吨，商品率达到38%。马铃薯种植总产值达到14亿元。

以原州区、彭阳县为中心，建设玉米、小杂粮基地。固原市工矿企业少，无工业污染，空间环境质量好，玉米、小杂粮主产区分布在远离城市的地区，具有优越的天然隔离条件；农民种植玉米、小杂粮大量施用农家有机肥，化肥用量少，农田生态系统化学污染轻，生产的玉米、小杂粮是自然态，无有害物质，是人类"回归大自然"中颇受青睐的天然食品源。

固原市玉米年播种面积36万亩左右，占粮食作物播种面积的8.2%；小杂粮年播种面积80万亩左右，占粮食作物播种面积的21.9%，计划种植玉米、小杂粮 280 万亩，总产值达到 7.5 亿元，纯收入 4.4 亿元。

以彭阳、原州区为主，辐射带动周围地区发展林果业。通过发展枸杞、两杏、苹果、梨、桃、李、枣、花椒等特色林果业，到 2010 年果林面积累计达到 130 万亩，使林果总产值达到 2.3 亿元，纯收入达到 1.4 亿元。发展特色林果业对改善生态环境，发展经济，增加农民收入具有积极作用。

以隆德县为中心，发展中药材产业。中药材是六盘山区自然资源的重要组成部分，开发利用历史十分悠久。早在唐代，当地出产的黄芪、苁蓉、枫柳皮、白药、兽狼牙是国内有名的道地中药材。明朝时期，种植的小茴香、葫芦巴、大黄在国内已有较高的知名度，隆德县的大黄成为贡品。李时珍在《本草纲目》中有小茴香的质量"唯以宁夏出者第一"的概述。以隆德县为重点的大六盘区域被自治区政府确定为"优质中药材"种植基地。

2005 年，固原市中药材种植面积 18 万亩，产值 1 亿元以上。计划建立中药材恢复区 50 万亩，林药间作中药材 22 万亩，中药材种植基地 12 万亩。中药材总产量达到 9.5 万吨，总产值达到 3.5 亿元，纯收入达到 2.8 亿元。

宁夏回族自治区固原市的主要做法：

1. 政府服务方面。宁夏在资金上给予了一定补贴，如种草补贴（一亩 20 元），养畜补贴（农民购置一头牛补贴 500 元）等，但在产品的开发、技术支撑、销售方面做的工作有所欠缺。尤其是在农民协会不发达的时候，这方面更显得薄弱。鉴于农民受经济条件所限，自筹能力差，在今后一定时期内，为培育特色经济的发展，国家补助仍不可缺少，但政府的支持更应在技术服务、优良品种的培育、产品销售等方面下工夫，发展成熟时，就应及时"断奶"。另外要充分发挥农民协会的作用，支持农民协会的发展。

2. 人才培养方面。宁夏在发展支柱产业时，比较注重农民的培训，以提高农民的种养技术。在较高层次的人才培养方面，有专业的农业院校，但两者有些脱钩，即大专院校毕业生不太愿意到农业基层工作，而农民又非常需要有实践经验的技术人员和科研人员。今后政府应加强这方面的工作，为大专院校毕业生提供一定的就业条件和科研经费，鼓励大学生到基层农业部门就业。在培养技术人才的同时，还应培养有事业心、愿为农民服务、富有挑战创新精神的领导型人才。

3. 生产经营策略方面。固原市耕地面积相对富裕,劳动力资源丰富,采取规模经营,以获得最大规模效益。今后宁夏在推进"一村一品"方面还要在产品加工方面多做文章,延长产业链,以增加、提高产品价值,让农民获得更多的收入。

〔案例二〕湖北省恩施自治州中小企业发展能力建设

湖北省恩施自治州通过加快中小企业发展能力建设取得了丰硕的成果。2005 年,中小企业从业人员 11.57 万人,完成营业收入 60.4 亿元,实交税金 2.35 亿元。其中年纳税在 100 万元以上的企业 38 户;年销售收入过 500 万元的工业企业 141 户,年销售收入过 5000 万元的 7 户,年销售收入过亿元的 3 户。形成了一批面向国际国内市场的特色和绿色产品,培育了一批在全国和国际市场有一定知名度的品牌。

恩施自治州的主要做法:

1. 拓宽融资渠道,解决资金"瓶颈"。一是充分发挥银行的主渠道作用。加大企业、银行、政府间的沟通与协调配合,建立以中小企业、中介机构为主体,以信用登记、信用征用、信用评估、信用发布为主要内容的信用管理制度。二是开通融资渠道,加大金融财税扶持力度。大力发展非国家控股的股份制商业银行,改造现有城市商业银行,发展城乡信用合作社。对城乡合作金融机构提供必要的政策扶持,为其创造有利的外部经营环境。三是政府预算内安排中小企业专项发展资金,重点支持中小企业信用担保体系建设。采取州、县政府出资入股扶持,县(市)政府组织社会融资和中小企业参股的方式,组建县(市)中小企业信用担保机构,并聘请职业经理或委托专业公司运作。四是拓展中间业务的种类和范围。对中小企业投资经营高新技术、基础设施和公益项目,通过安排政府财政贴息、投资补贴、设立担保基金和提供风险投资支持等形式,予以鼓励。

2. 鼓励支持发展民间商会,不断健全和完善其民间商会的职能,探索发挥民间商会联系政府、企业、市场之间的中介作用的新路子,切实起到政府管理中小企业助手的作用。

3. 创建为小企业专业化的服务体系。成立中小企业行业协会或服务中心,带动社会专业服务和民间中介服务,共同构筑多主体、多层次、全方位的服务体系,为中小企业提供创业辅导、政策咨询、管理诊断、市场信息、投资指南、资产评估、技术援助、科技教育等方面的服务。

4. 制定地方性法规和规章。在制定和实施鼓励中小企业发展政策的基础上,进行有关立法研究。司法机关要依法保护中小企业合法权益,提供法律保障。

〔案例三〕海南省贫困地区发展模式

海南省国土面积 3.4 万平方公里，822 万人，其中少数民族 120 万人。下设 17 个市县（含海口、三亚两个地级市），1 个开发区（洋浦开发区）。2005 年 GDP 903 亿元，农民人均纯收入 3006 元。

海南四面环海，中部为山区，海拔 1880 多米的五指山区域基本涵盖了 11 个贫困市县。由于历史及地理位置的特殊，该地区的经济和社会事业发展缓慢，大大落后于全省的平均水平。2004 年贫困村庄、低收入人口分别占全省的 80.3%、76.7%，农民人均纯收入 2150 元，为全省平均水平的 75%。通过几年的开发式扶贫，海南省贫困地区的发展有了较大改善。

海南开发式扶贫的主要做法：

为了解决该地区的贫困落后面貌，促进地区间的均衡发展，总结多年的扶贫经验和教训，改变过去由输血型为造血型的扶贫工作机制。同时，通过整合各种扶贫资金、支农资金，集中解决农民生产生活中行路难、饮水难和上学、看病难等问题。

1. 通过规划引导和政策倾斜，加大资金投入和改革力度，增强自我发展能力，逐步缩小人均收入、公共服务与全省平均水平的差距。建立新的扶贫机制，设立了中部和贫困地区发展专项基金，从资金上给予倾斜。

2. 加快基础设施建设力度，提高欠发达地区的通达性，改善欠发达地区对外运输通道。

3. 加强人力资源开发建设，加大职业技能培训力度，提高少数民族地区、贫困地区人口的文化素养和转移就业的能力。

4. 建立"三集中"扶贫投资管理机制，集中解决农村农民生产生活中急需解决的问题。通过集中资金、集中扶贫对象、集中解决农民最迫切的生产生活问题的"三集中"战略决策，整合多渠道的资金用于农村基础设施建设。

通过集中不同来源和渠道的财政资金用于农村建设，既能形成一批公共基础设施，又能解决农民的实际问题，同时促进当地的经济发展。

5. 改变输血型为造血型的扶贫方式，促进地区特色农业的发展。根据当地的自然气候和资源优势，发展特色农业经济。

三、中日区域发展能力建设的比较

尽管中国和日本都在致力于促进区域发展能力建设，但两者却存在诸多差异（见表1）。

表1　　　　　　　　　　中日区域发展能力建设比较

比较内容		中　　国	日　　本
背　　景		工业化、城镇化进入快速发展阶段，区域差距、城乡差距拉大，人口和产业向城市集中。同时，中国也是一个转型经济体	工业化、城镇化过程基本完成，人口过密、过疏问题突出
发展基础		公共物品供给（基础设施、制度供给）较为缺乏	公共物品供给（基础设施、制度供给）较为完善
发展模式		外部依存性开发为主	内部自主型开发为主
主导力量		政府为主	政府、企业、市民
发展策略		比较优势	竞争优势
目　　的		促进区域之间、城乡之间的协调发展，缩小地区差距和城乡差距	控制人口、产业及财富向大城市集中，通过地方振兴确保人口定居的定居设想，旨在均衡利用国土，构筑人居的综合环境
措　　施		完善基础设施建设，促进产学研合作，鼓励企业发展，拓宽融资渠道，支持民间商会发展，创建服务体系	提供技术发展支持，促进产学官联合，鼓励企业创新，支援人才培养，完善融资制度，构建区域内企业、个人之间的沟通网络体系

结论：中日区域发展能力建设的比较表明，两者所处的阶段不同（维持、利用、创造），发展的重点也有差异。总体上看，中国的发展措施在培育区域持续发展能力面略显不足。

四、几点思考

日本在促进区域自我发展方面有许多可供中国借鉴的经验，但有几方面的问题需要进一步明确：

1. 基础设施建设的差异性。区域发展与基础设施的建设有密切的关系，日本人口过疏地区基础设施相对比较完善，中国欠发达地区基础设施建设相对比较滞后。因此，中国区域自我发展能力建设不仅需要改善发展的软环境，还需要改善发展的硬环境。但不论从财政资金总量约束的角度，还是从投资效率的角度，中国欠发达地区基础设施的改善还需要很长一段时间。

2. 人力资本建设的差异性。日本在第二次世界大战前就非常注重人力资本建设，国民受教育程度普遍较高，而中国欠发达地区在这方面还存在较大差距，这成为区域发展能力建设的重大"瓶颈"。而在欠发达地区地域广阔、人口众多的条件下，政府财政投入人力资本建设的效果非常有限，自我发展能力建设的任务非常艰巨。

3. 经济发展阶段的差异性。日本在 1977 年提出振兴地方经济时，已基本进入后工业化时代，生产要素向城市聚集的速度减缓，欠发达地区自我发展能力建设的外部条件宽松。中国目前正处于工业化中期的初始阶段，非均衡的经济发展方式还将持续一段时期，生产要素将进一步向城市集中，欠发达地区自我发展能力建设将面临更多的挑战。

4. 区域发展能力建设体系的差异性。通过多年的发展，日本区域创新体系已比较完善，研发机构的分工也比较合理。而中国正处在计划经济向市场经济转轨的过程中，计划经济时代的技术推广体系和研发体系正处于转型过程中，不能承担相应的职责，影响了区域发展能力的建设。

综上所述，欠发达地区在借鉴日本经验促进区域自我发展能力建设时，需要充分考虑各种基础条件的差异性，然后制定适宜的发展策略。

（作者单位：国家发改委国土开发与地区经济研究所）

第三篇

县域竞争力与经济发展

第六届全国县域经济基本竞争力评价报告

刘福刚

中郡县域经济研究所县域经济基本竞争力评价中心在有关单位和专家学者的支持下，以公开资料为基础，再经资料的对比、核实、甄别，在前五届的基础上，完成了第六届全国县域经济基本竞争力评价工作。

全国县域经济基本竞争力评价工作开始于 2000 年，已经完成了六届。该评价积极引导了全社会对县域经济的关注，为全国各省市区以及县市旗提供了一个动态的、相对的参照坐标，为探索县域经济发展规律提供非常有益的帮助，为促进县域经济发展作出了开拓性贡献。

自从十六大提出"壮大县域经济"后，全国各界关注县域经济，专家学者研究县域经济，新闻媒体宣传县域经济，许多省市区制定了县域经济的政策，县域经济得到快速发展，全国县域经济发展进入一个新时期。

一、第六届全国县域经济概况

参加第六届全国县域经济基本竞争力评价的县域经济单位不包括县级市辖区，共计 2008 个，其中县级市 373 个、县 1464 个、自治县 116 个、旗 49 个、自治旗 3 个、特区 2 个、林区 1 个。

全国县域经济总量：县域内人口总数达 9.18 亿，占全国总人口的 70.24%，比第五届有所减少；全国县域经济的地区生产总值达 8.81 万亿元，占全国 GDP 的 48.10%，比第五届有所减少。

全国县域经济的平均规模：县域人口，平均 45.70 万人；县域经济的地区生产总值，平均 43.86 亿元；地方财政一般预算收入，平均 1.64 亿元。

全国县域人均地区生产总值为 9470 元，是全国的 67.5%；人均地区生产总值在 4500 元/人附近的县（市）数量比较多；人均地区生产总值最高的 100 个县域是最低 100 个县域的 16.1 倍，附"第六届全国县域人均地区生产总值分布曲线"。全国县域经济的差异性扩大，应该引起进一步关注。

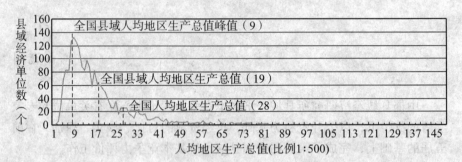

图 1　第六届全国县域人均地区生产总值分布曲线

二、第六届全国县域经济强县及其动态特征

全国县域经济强县包含全国县域经济百强县（市）、西部百强县（市）、中部百强县（市）和东北十强县（市），共计 296 个，这些县域经济强县的地区生产总值占全国 2008 个县的 42.6%，地方财政一般预算收入占 50.0%。其人均地区生产总值和农民人均纯收入平均值分别是全国所有县市平均值的 2.13 倍和 1.48 倍。

全国县域经济强县与中心城区将构成全国工业化和城镇化的主要空间载体。

现在，县域经济发展进入新时期，全国县域经济强县格局呈现出一些鲜明特征，可概况为：

浙江省县域经济人均水平高，百强县比例大。浙江省县域人均地区生产总值是全国县域平均值的 2.38 倍，为全国各省市区之最。浙江省参加评价的 58 个县（市）中有 25 个进入全国县域经济百强县（市），比例最大。

江苏省县域经济规模大，百强县大而强。在全国县域经济百强县的前十名中，江苏省占到 7 席。江苏省县域经济平均规模中人口为 93.4 万人，地区生产总值为 149.2 亿元，地方财政一般预算收入为 8.5 亿元，均为全国各省市区之冠。

山东省县域经济单位多，差异性大，百强县增数多。山东省县域经济单位有 91 个，远远多于浙江省 58 个和江苏省 52 个。近几年，山东省实施"促强扶弱带中间"的县域经济战略，百强县数量逐年增加，在本届评价中县域经济百强县数量赶上浙江省。但是，山东的县域经济差异性比较大，弱县的表现不如强县，全省县域经济基本竞争力下滑一位，反而被浙江省超过。

广东省县域经济已经逐渐成为中心城区经济的重要组成部分。

县域经济与中心城区经济是国民经济中互动的两个组成部分。工业化和城镇化是县域经济发展的主题和方向。珠三角地区县域经济与中心城区经济进行着整合发展，县域经济已经成为中心城区经济的重要组成部分。

在县域经济百强县集中的长三角地区，县域经济与中心城区经济也存在着合作发展、整体提高的需求，这种需求体现了"工业反哺农业，城市支持农村"的精神。县域经济与中心城区经济要统筹协作，提高公共设施效率，减少重复建设，提高产业竞争力。

中西部地区具有资源优势和区位优势的强县迅速崛起，逐步改变县域经济百强县的格局。

三、第六届全国县域经济百强县（市）

第六届全国县域经济百强县（市）在各省市区的分布是：河北省 5 个，山西省 1 个，内蒙古自治区 2 个，辽宁省 5 个，上海市 1 个，江苏省 21 个，浙江省 25 个，福建省 8 个，山东省 25 个，河南省 3 个，湖南省 2 个，广东省 1 个，四川省 1 个，新疆维吾尔自治区 1 个。

全国县域经济百强县（市）主要分布在东部地区，东部地区有 86 个，东北地区 5 个，中部地区有 6 个，西部地区有 4 个。

全国县域经济百强县（市）前 10 名分别是：江苏江阴市、江苏昆山市、江苏张家港市、江苏常熟市、江苏吴江市、浙江慈溪市、浙江绍兴县、福建晋江市、江苏太仓市、江苏宜兴市、浙江义乌市。江苏江阴市和昆山市并列第一名。

新进入全国县域经济百强县（市）的有 8 个：河北任丘市、迁西县，内蒙古伊金霍洛旗，江苏如皋市，河南新密市，湖南浏阳市，山东广饶县、莱阳市。

全国县域经济百强县（市）的平均规模：人口 81.4 万人，地区生产总值 231.7 亿元，地方财政一般预算收入 10.9 亿元；分别是全国县域平均数的 1.78 倍、5.28 倍、6.63 倍。

全国县域经济百强县（市）的人均地区生产总值 30860 元，农村居民人均纯收入 6230 元，在岗职工平均工资 18990 元，分别是全国县域平均数的 3.26 倍、2.04 倍、1.40 倍。

新时期，县域经济特色各放异彩，县域经济竞争日益激烈，在本届评价中，县域经济百强县出现了两个突出变化：一是山东省县域经济百强县数量赶上浙江省，都是 25 个；二是江苏昆山市县域经济基本竞争力赶上江阴市，并列第一名。"昆山速度"赶上了"江阴现象"，以"上市公司多、规模大"为特征的江阴市和以"台资集中、IT 产业主导"为特征的昆山市一起成为新时期县域经济发展的优秀范例。

四、第六届中国西部百强县（市）

评价中心将参加第六届全国县域经济基本竞争力评价的西部 12 个省市区的 877 个县市旗单列出来，按照县域经济基本竞争力进行排列，评价出西部县域经济基本竞争力百强县（市），简称中国西部百强县（市）。

第六届中国西部百强县（市）在西部 12 个省市区中，除西藏外，均有分布，具体是：内蒙古自治区 20 个、广西壮族自治区 9 个、重庆市 12 个、四川省 21 个、贵州省 4 个、云南省 10 个、陕西省 7 个、甘肃省 1 个、青海省 2 个、宁夏回族自治区 1 个、新疆维吾尔自治区 13 个。

西部百强县（市）前 10 名分别是：新疆库尔勒市、四川双流县、内蒙古准格尔旗、内蒙古伊金霍洛旗、云南安宁市、重庆江津市、云南大理市、四川绵竹市、内蒙古达拉特旗、内蒙古托克托县。

新进入西部百强县（市）的有 12 个：内蒙古阿拉善左旗、东乌珠穆沁旗，广西鹿寨县，四川峨眉山市、会理县、盐边县，陕西吴起县、洛川县，青海大通县，新疆伊宁市、米泉市、乌苏市。

西部百强县（市）的平均规模：人口 55.22 万人，地区生产总值 65.01 亿元，地方财政一般预算收入 2.98 亿元；分别是西部地区县域平均数的 1.72 倍、3.16 倍、3.56 倍。

五、第六届中国中部百强县（市）

评价中心将参加第六届全国县域经济基本竞争力评价的中部六省的497个县市区单列出来，按照县域经济基本竞争力进行排列，评价出中部县域经济基本竞争力百强县（市），简称中国中部百强县（市）。

第六届中国中部百强县（市）在中部六省中分布是：山西省12个、安徽省10个、江西省9个、河南省40个、湖北省9个、湖南省20个。

中部百强县（市）前10名分别是：河南巩义市、湖南长沙县、河南偃师市、山西河津市、湖南浏阳市、河南新密市、河南新郑市、河南荥阳市、河南登封市、湖南宁乡县。

新进入中部百强县（市）的有14个：山西洪洞县、灵石县、襄汾县、阳城县，安徽当涂县、芜湖县，江西高安市、进贤县、乐平县、樟树市，河南栾川县，湖南华容县、涟源市、湘阴县。

中部百强县（市）的平均规模：人口76.04万人，地区生产总值87.91亿元，地方财政一般预算收入3.08亿元；分别是中部地区县域平均数的1.33倍、2.11倍、2.21倍。

六、第六届全国县域经济基本竞争力提升速度最快的百县（市）

评价中心将竞争力提升速度最快的前100个县（市）单列出来，按照省市区和县（市）的汉语拼音顺序排列。这些县（市）规模比较小，发展比较快，作为本届评价中需要特别关注的县（市）。

在第六届全国县域经济基本竞争力提升速度最快的百县（市）中，西部地区比较多，具体是，西部59个，中部22个，东北地区4个，东部地区15个。

七、第六届全国各省市区县域经济基本竞争力评价

评价中心还将全国各省市区所属的所有县（市）的经济基本竞争力排位的平均数的互补数作为各省市区的县域经济基本竞争力数，进行全国各省市区的县域经济基本竞争力评价排序。附第六届全国各省市区县域经

济基本竞争力比较图。

与上届相比，排位上升的省市区有：江西省、湖南省、内蒙古自治区、宁夏回族自治区、新疆维吾尔自治区、贵州省、浙江省、辽宁省、四川省、青海省。

在连续六届评价中，内蒙古自治区、宁夏回族自治区、辽宁省、山西省、江西省等省市区县域经济基本竞争力排位上升幅度比较大。

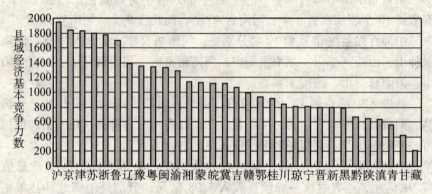

图2　第六届全国各省市区县域经济基本竞争力比较

（作者单位：中郡县域经济研究所）

第七届全国县域经济基本
竞争力与科学发展评价

中郡县域经济研究所在有关单位和专家学者的支持下，以公开资料为基础，再经资料的对比、核实、甄别，在前六届的基础上，完成了第七届全国县域经济基本竞争力评价工作。

全国县域经济基本竞争力评价工作开始于 2000 年，采用县域经济的综合性、可比性、客观可行性的核心数据进行评价。评价的特点是"公开、客观、可比"，评价坚持的原则是"三不原则"（不收费、不发证、不授牌）。全国县域经济基本竞争力评价积极引导了全社会对县域经济的关注，为全国各省市区以及县市旗提供了一个动态的、相对的参照坐标，为探索县域经济发展规律提供非常有益的帮助。

全国县域经济基本竞争力与科学发展评价不仅评价县域经济的"竞争力"，还要评价县域经济的"科学发展"，继续为推动县域经济的又好有快、科学发展作出新的贡献。

一、全国县域经济

参加第七届全国县域经济基本竞争力评价的县域经济单位不包括县级市辖区，共计 2002 个，其中县级市 368 个、县 1462 个、自治县 117 个、旗 49 个、自治旗 3 个、特区 2 个、林区 1 个。

全国县域经济总量：县域内人口总数达 9.18 亿，占全国总人口的69.83%，比第五届有所减少；全国县域经济的地区生产总值达 10.30 万亿元，占全国 GDP 的 49.19%，比第六届有所增加。

全国县域经济的平均规模：县域人口，平均 45.85 万人；县域经济的地区生产总值，平均 51.47 亿元；地方财政一般预算收入，平均2.06 亿元。

· 369 ·

全国县域人均地区生产总值为 11170 元，是全国的 70.1%；人均地区生产总值在 5500 元/人附近的县（市）数量比较多；人均地区生产总值最高的 100 个县域是最低 100 个县域的 17.5 倍，比第六届有所扩大。

二、全国县域经济强县

第七届全国县域经济强县包括全国县域经济百强县、西部百强县、中部百强县城、东北十强县，共有 305 个，占全国县级行政单位的 10.66%。全国县域经济强县的总人口为 21490 万人，占全国总人口的 16.34%，地区生产总值为 45547 亿，占全国国内生产总值的 21.75%，地方财政一般预算收入为 2134.6 亿，占全国的 11.67%；人均地区生产总值达到 24540 元/人，农民人均纯收入为 4980 元，城镇居民人均可支配收入为 10900 元，分别是全国平均水平的 154.04%、138.83%、92.69%。

全国县域经济强县是区域经济发展的先锋队，是东部率先发展、西部大开发、中部崛起、东北振兴的支撑力量。全国县域经济强县与中心城区将构成全国工业化和城镇化的主要空间载体，为国内外经贸合作和生产力布局提供科学向导。

（一）全国县域经济强县变化特征

县域经济发展进入了新时期，新时期的全国县域经济强县格局呈现出一些鲜明特征，可概括为：

浙江省县域经济人均水平高，百强县比例大。浙江省参加评价的 58 个县（市）中有 25 个进入全国县域经济百强县（市），比例最大。

江苏省县域经济规模大，百强县大而强。在全国县域经济百强县的前十名中，江苏省占到 7 席。

山东省县域经济单位多，差异性大，百强县增数多，但"强县富民"工作需要加强。山东省县域经济单位有 91 个，远远多于浙江省 58 个和江苏省 52 个。近几年，山东省实施"促强扶弱带中间"的县域经济战略，百强县数量逐年增加，在本届评价中县域经济百强县数量赶上浙江省。但是，山东省县域经济"强县"、与"富民"的统一工作还不够。

广东省县域经济出现分化，一部分已经成为中心城区经济的重要组成部分，另一部分发展相对较慢，退出百强县的行列。

中西部地区具有资源优势和区位优势的强县迅速崛起，正在逐步改变县域经济百强县的格局。

（二）第七届全国县域经济百强县（市）

第七届全国县域经济百强县（市）在各省（市、区）的分布是：河北省6个，山西省2个，内蒙古自治区2个，辽宁省5个，上海市1个，江苏省24个，浙江省25个，福建省8个，山东省25个，河南省7个，湖南省2个，广东省1个，四川省1个，新疆维吾尔自治区1个。

全国县域经济百强县（市）主要分布在东部地区，东部地区有90个，东北地区5个，中部地区有11个，西部地区有4个。

全国县域经济百强县（市）前10名分别是：【江苏江阴市、江苏昆山市、江苏张家港市、江苏常熟市】、江苏吴江市、浙江慈溪市、浙江绍兴县、江苏太仓市、福建晋江市、江苏宜兴市、浙江义乌市、浙江余姚市、山东荣成市。江苏江阴市、昆山市、张家港市和常熟市等相连的四个县级市作为"区域经济强县组团"并列第一名。

新进入全国县域经济百强县（市）的有9个：河北三河市，山西孝义市，江苏铜山市、仪征市、兴化市，河南新郑市、荥阳市、禹州市、登封市。

全国县域经济百强县（市）的平均规模：人口81.73万人，地区生产总值268.44亿元，地方财政一般预算收入13.36亿元，人均地区生产总值为35930元，农民人均纯收入6790元，分别比上年增长4.05%、15.86%、22.57%、16.43%、8.99%。

（三）第七届中国西部百强县（市）

评价中心将参加第七届全国县域经济基本竞争力评价的西部十二个省（市、区）的县（市、旗）单列出来，按照县域经济基本竞争力进行排列，评价出西部县域经济基本竞争力百强县（市），简称中国西部百强县（市）。

第七届中国西部百强县（市）在西部12个省市区中，除西藏外，均有分布，具体是：内蒙古自治区21个、广西壮族自治区10个、重庆市8个、四川省21个、贵州省5个、云南省10个、陕西省7个、甘肃省1个、青海省2个、宁夏回族自治区2个、新疆维吾尔自治区13个。

西部百强县（市）前10名分别是：四川双流县、新疆库尔勒市、内蒙古准格尔旗、内蒙古伊金霍洛旗、云南安宁市、陕西神木县、云南大理市、四川郫县、内蒙古托克托县、四川绵竹市。

新进入西部百强县（市）的有 9 个：内蒙古新巴尔虎右旗、额济纳旗、乌拉特后旗，广西柳江县、扶绥县，贵州清镇市，陕西安塞县，宁夏灵武市，新疆奎屯市。

西部百强县（市）的平均规模：人口 51.72 万人，地区生产总值74.50 亿元，地方财政一般预算收入 3.80 亿元，人均地区生产总值为23460 元，农民人均纯收入 3880 元，分别比上年增长 - 6.00%、14.60%、27.52%、30.62%、7.57%。

（四）第七届中国中部百强县（市）

评价中心将参加第七届全国县域经济基本竞争力评价的中部六省的县（市、区）单列出来，按照县域经济基本竞争力进行排列，评价出中部县域经济基本竞争力百强县（市），简称中国中部百强县（市）。

第七届中国中部百强县（市）在中部六省中分布是：山西省 13 个、安徽省 11 个、江西省 8 个、河南省 42 个、湖北省 10 个、湖南省 21 个。

中部百强县（市）前 10 名分别是：河南巩义市、湖南长沙县、【河南偃师市、河南新密市、河南新郑市、河南荥阳市、河南禹州市、河南登封市】、山西河津市、湖南浏阳市、山西孝义市、江西南昌县、湖南宁乡县、河南伊川县、湖南望城县。河南偃师市、新密市、新郑市、荥阳市、禹州市、登封市等相连的六个县级市作为"区域经济强县组团"并列中部第三位。

新进入中部百强县（市）的有 13 个：山西襄垣县、怀仁县、柳林县，安徽怀宁县、广德县、颍上县，河南宝丰县、长垣县、西峡县，湖北当阳县，湖南祁阳县、桃源市、汨罗市。

三、第七届评价中的创新性探索

为了促进县域经济的科学发展、又好又快发展，在第七届全国县域经济基本竞争力评价中，做了创新性探索。

（一）开展"区域经济强县组团"研究

所谓"区域经济强县组团"就是在某一区域内，地理位置相连、经济总量相当、经济发展方式相近的几个经济强县组成的集合。区域经济强县组团的提出是基于以下考虑：淡化相邻强县的非正常竞争，促进政府转变职能；促进经济强县之间的经济协作；打破行政区划限制，推动区域统筹，有利于在诸如产业结构调整和交通基础设施建设等方面进行统筹规划，推进城市群建设，提高整个区域的经济发展水平。现在比较成熟的有江苏省苏南四个县级市一起成为全国县域经济百强县的冠军组团，山东省青岛市下辖的三个县级市一起成为山东半岛城市群的重要组成部分，河南省中原地区的六个县级市，一起成为中原崛起的先锋力量。针对这方面的工作今后还要继续研究探索。新疆维吾尔自治区乌鲁木齐市的东山区和昌吉回族自治州的米泉市打破行政区划限制，融合发展，建立米东新区，推进乌昌经济一体化，也是一个非常好的探索。针对这方面的工作今后还要继续研究探索。

（二）开展"强县富民"评价

为了体现"以人为本"的发展理念，做到"强县富民"的统一，在第七届评价中将所有经济强县的居民收入水平作为一个落实科学发展观的考察指标，罗列出来。居民收入水平与全国的居民收入水平相比较，划分A＋、A、A－、B等四级，各级规范是：A＋级（上）：1.25以上；A级（中上）：1.00～1.25；A－级（中下）：0.75～1.00；B级（下）：0.75以下。

居民收入水平A＋级以上的县（市）共有83个，主要集中在东部（69个）。第七届全国县域经济基本竞争力百强县数量比较多的浙江省、山东省、江苏省和福建省的居民收入水平A＋级以上的县（市）的数量分别是31.9.15.6个。不难看出，山东省的县域经济强县以后需要在"强县富民"的统一性上多做一些工作。

工业化和城镇化是县域经济发展的主题和方向，但并不是在全国的每块土地上都要上工业项目，建城镇。应该说，生活在全国每个地区的社会公民应该享有社会文明均等化的权利。因此，针对全国所有县域（或城区），无论经济强弱，以居民收入为基础，结合居民消费、储蓄、公共服务、公共财政投入等建立反映富裕程度的监测工作显得非常重要。在本届评价中先将收入水平公布出来，供大家参考，今后逐步完善，单独形成全国分地区富裕程度检测报告。

（三）开展县域经济科学发展环境评价

在进行县域经济基本竞争力评价的同时，开展县域经济发展的科学性评价。县域经济科学性评价是通过评价县域经济科学发展环境因素来进行。县域经济科学发展环境因素是新时期县域经济发展的约束条件。要求县域经济不仅要发展，还要科学发展。

县域经济科学发展环境评价初步从考察环境保护、节能减排、安全生产、社会治安等四个方面的工作着手。评价采用定性的方法，分 A＋、A、A－和 B 等四级，具体规范为：A 级为正常级，A＋级为正常偏上级，A－级为正常偏下级，B 级为非正常级或警示级。科学发展环境等级坚持"一票评价制"，即在其他方面正常的情况下，若一个方面出现"A－级"，则整个县域为"A－级"。

县域经济科学发展环境评价坚持"公开、专业、客观"的原则，评价信息主要来源于国家有关部门的公开资料以及重要媒体的公开报道。国家环保总局开展的生态县、区域限批和流域限批以及安全监管总局的特别重大事故信息工作为评价提供了参考信息。今后，国家有关部门要及时公开有关信息，增加透明度。评价工作要继续建立和完善信息网络。

县域经济发展进入新时期。新时期县域经济发展的大环境发生了变化，遇到了许多方面的约束，这些约束也为县域经济的发展提供了动力和方向。在市场经济体制下，在"工业反哺农业、城市支持农村"和全面建设小康社会和社会主义新农村的进程中，县域经济发展不仅要自己求解约束方程，也需要全社会对县域经济发展提供必要的促进和支持，使县域经济沿着科学发展、又好又快的正确方面前进。

（作者单位：中郡县域经济研究所）

以人为本　关注民生　全心全意
打造幸福江阴

朱民阳

在巩固提升全面小康建设成果、加快率先基本实现现代化的新的历史进程中，江阴把更多关系民生的内容纳入政府考核和社会协调发展体系中，不断提升科学发展内涵，增加人民群众福祉，让老百姓得到实惠、感到幸福、感受成功，真正建成人人幸福、家家幸福、处处幸福的幸福江阴。

一、建设幸福江阴，从广听民意、问计于民做起

积极开展调查研究。江阴各级领导干部经常深入实际、深入基层、深入群众，广泛开展实地调研，体察民情，了解民生，摸清民意。市委每年都安排重点调研课题，尤其注重在民生方面加大调研力度，形成调研成果，进而科学地、有针对性地出台政策、采取措施，改善人民生活水平，提升人民生活质量。

广泛汲取社情民意。江阴始终把群众的呼声和盼望作为第一需求，通过市民热线、市长信箱、社会调查和召开座谈会、办公现场会等途径和渠道，广泛了解社情民意。积极开展"幸福江阴指标大家选"、"幸福江阴大家谈"活动，对全市各类人口、各个行业、各个年龄段的1200名市民进行抽样调查，在科学建议幸福指标的同时，有97.23%的人为自己是一个江阴人而感到自豪和幸福，对自己"幸福感"的打分平均达到86.29分。

二、建设幸福江阴，从顺从民愿、小事实事做起

让环境保护成为发展的重要内容。江阴在巩固和发展生态市建设成果

的基础上，坚持从源头上保护环境，从生态上修复环境，"生态江阴"已成为全市上下的共同追求。全市森林覆盖率和建成区绿化覆盖率分别达到23.1%和43.5%。全面实施"5810"水环境整洁和大气质量整治，地表水水质达到功能区水质要求，饮用水源水质达标为100%，空气优良率达到90以上。

让平安和谐更加贴近百姓生活。大力开展"五五"普法，加强法治文明建设，扎实推进执法规范化建设，依法行政和公正司法有效提升。严格落实维护稳定工作责任制，不断完善"大信访"、"大调解"工作格局，切实加大社会矛盾纠纷排查和调处力度，确保了社会的稳定和谐。从技防城建设入手，加快"幸福江阴·技防城"建设，目前已基本实现"全市域覆盖、全天候监控、全防区联动"，群众对治安满意率达96.5%，技防城建设真正成了安民、惠民、为民的重要载体，成了全心全意为人民群众办实事办好事的民心工程。

让社会事业服务不断满足群众的需求。江阴把"强民智、健民身"放在突出位置，全力推进全民教育、医疗卫生、体育锻炼等社会事业服务体系的城乡全覆盖，不断满足人民群众的各类社会需求。办全民受益的教育，改革办学体制，放大优质教育资源，保证所有学生都有学可上、上得起学，让更多的学生享受教育发展和教育改革成果。办全民覆盖的卫生，在全国率先实施以大病统筹为主的农村住院医疗保险，建立完善了政府组织推动、专业保险机构运作、卫生行政部门监管、群众积极参与的新型农村合作医疗保障体系，创造了农村医疗保险工作的"江阴模式"。办全民参与的体育，积极倡导"我锻炼、我健康、我幸福"的理念，坚持方便群众、全民参与的原则，加强各类体育健身设施建设。以健身月为中心，以重大节假日为节点的长假体育、周末体育、日常体育生活圈已经形成，全市体育人口超过47%。

三、建设幸福江阴，从善解民难、普惠百姓做起

千方百计促进创业就业。给岗位，让能就业者充分就业。创全省县（市）之先，积极推进就业服务体制创新，通过政府补贴形式，在全市各行政村设立劳动保障专职管理员，形成了以市职业介绍中心为龙头、乡镇职业介绍所为依托、村级劳动保障专职管理员和社区再就业服务站为基础的多层次、全覆盖的就业服务体系。目前全市城镇登记失业率为2.47%，

农村调查失业率为 3.48% , 均创历史最低。给政策, 促进创业者自主创业。出台各类创业政策, 充分发挥"培训促进创业, 创业带动就业"的就业倍增效应, 创业培训正成为促进就业的"助推器", 全市在职职工培训率达到 55% 以上。给保障, 帮难就业者实现就业。依托行政推动力, 援助难就业者就业, 大力实施"4045"再就业援助工程和"121"阳光扶助工程, 促进弱势群体就业; 通过核发《再就业优惠证》, 增加弱势群体就业机会。

多措并举推动富民增收。江阴坚持富民优先方针, 落实富民举措, 促进人民群众生活走向富裕。持续增收既突出多路并举, 更注重稳定长效。广开增收渠道, 鼓励更多的群众持股份、有物业, "房东经济"等资产性收入成为居民新的致富途径。加大农村三大合作组织建设, 逐步实现农民向"股民"转变, 让农民享受到集体资产的收益分配。严格执行最低工资规定, 规范企业工资支付行为; 劳动合同签订率、月薪制实施率稳定在 90% 以上, 全市各类企业工资集体协商的建制率达到 85% 。

全民发动倡导社会慈善。市镇两级党员干部与困难家庭实行结对挂钩; 启动实施市镇财政扶持, 帮助 60 个经济薄弱村建造标准厂房、商住楼等, 通过发展物业经济, 增强造血功能, 增强村级实力。积极发展社会慈善事业, 企业冠名慈善基金超过 10 亿元, 到位基金超过 4000 万元, 实现了江阴慈善基金募集的历史性突破。

(作者单位: 中共江阴市委员会)

产业组织创新与沿东陇海线县域经济增长方式转型路径选择

朱　舜　孙年宝

经济增长方式转型是沿东陇海线县域经济增长的重要因素。沿东陇海线县域经济增长有两种基本类型：粗放型和集约型。产业组织创新是实现粗放型向集约型增长方式转变的重要因素，直接关系到沿东陇海线县域经济增长效益。从总的情况看，沿东陇海线县域经济增长仍属于高消耗、低收入，高速度、低效益的粗放型增长，经济增长效益不高；但一些产业的产业组织发生了有利于增长方式转型的变化，经济增长效益得到提高。产业组织创新的本质特征是提高经济增长效益。实现沿东陇海线县域经济增长方式转型，必须进行有益于经济效益提高的县域产业组织创新。

一、产业组织创新：县域经济增长方式转型的重要因素

沿东陇海线县域经济产业组织的重要特征是龙头企业不多，专业合作组织不强，生产集中度不高。沿东陇海线县域经济增长方式转型与其产业带开发的阶段相适应，受到诸多客观因素制约，但是产业组织创新是实现沿东陇海线县域经济增长方式转型的重要因素。

第一，培育龙头企业的产业组织创新，有利于增强县域经济增长方式转型的牵引力。一般来说，沿东陇海线不同县域经济板块的资源禀赋是不同的，资源较为稀缺的县域经济板块比资源较为丰富的县域经济板块更加紧迫地要求实现增长方式转型，更注重发展技术进步基础上的龙头企业。而资源较为丰富的县域经济板块中的企业往往凭借资源优势也能占有同类商品一定比例的市场，但由于缺乏技术进步难以做大。这是沿东陇海线县域经济增长方式转型有一个较长时期的一个重要原因。也正是这个原因，由于存在丰富和廉价的农村劳动力，依赖劳动力数量增加来扩大生产规模

的沿东陇海线的县域企业，能够在相当长的时期内生存和发展。因此，从县域经济增长方式转型看，没有龙头企业的发展就没有产业的适度集中度，也就难以实现县域经济增长方式转型，因而培育龙头企业，注重发展技术进步基础上的龙头企业是沿东陇海线县域经济产业组织创新的重要内容。

第二，壮大农村专业合作组织的产业组织创新，有利于加快县域经济增长方式转型进程。沿东陇海线县域经济是江苏经济三大区域板块中的苏北经济的一部分，其发展不平衡，增长差异大。一般来说，苏南、苏中经济板块中的农村专业合作组织积累了大量资本、科学技术和管理水平也有大的提高，在走集约增长道路上进行有益的探索，从而引导县域经济增长方式转型；沿东陇海线县域经济板块中的农村专业合作组织，不仅在资本、科学技术和管理水平上，而且在对外开放方面明显地落后于苏中和苏南，因而采用粗放型经济增长方式的农村专业合作组织的比重很大，其经济增长方式由粗放型向集约型转变的困难较大、时间较长。从这种意义上说，没有农村专业合作组织的壮大就没有农业产业组织创新，也就没有沿东陇海线县域经济的产业组织创新。因此，要实现沿东陇海线县域经济增长方式转型，必须壮大农村专业合作组织的产业组织创新，从而引导增长方式由粗放型向集约型转变。

第三，适度提高生产集中度的产业组织创新，有利于提高县域经济增长方式转型的经济效益。在市场经济体制下，沿东陇海线县域经济的生产力水平得到提高，商品"相对过剩"，企业竞争加剧，经济增长方式向集约型转变，产业的生产集中度得到提高。也就是说，在社会主义市场经济体制下，县域经济增长不仅要求企业自主经营，通过内部的挖潜改造，提高工艺水平，减少成本，实现利润最大化，而且要求提高产业的生产集中度，减少弱小企业数量，增强龙头企业竞争力。因此，实现沿东陇海线县域经济增长方式由粗放型向集约型转变，必须进行适度提高生产集中度的产业组织创新，从而从根本上提高县域经济增长的经济效益。

实现沿东陇海线县域经济增长方式转型，从根本上说，就是沿东陇海线县域经济增长应由粗放型增长转变为低消耗、高收入，高速度、高效益的集约型增长。因此，实现沿东陇海线县域经济增长方式转型，必须落实在提高沿东陇海线县域经济增长的效益上。没有效益提高的沿东陇海线县域经济增长，不是集约型经济增长。应该指出，沿东陇海线县域经济产业组织创新，实现增长方式转型是一个长期的渐进过程。产业组织和增长方式同沿东陇海线县域经济发展阶段密切相关，一定的沿东陇海线县域经济产业组织和增长方式同特定的沿东陇海线县域经济发展阶段相适应。也就是说，在新中国成立以后一段时期的沿东陇海线县域经济产业组织的集中度低和实行粗放型经济增长，是与当时的沿东陇海线县域经济生产力水平相适应的，有其历史的必然性和合理性。改革开放以来，沿东陇海线县域经济生产力水平有了较大提高，但相当一部分沿东陇海线县域经济生产力水平还是比较低的，因而对于这些县域经济来说，想在短期内超越客观制约因素而实现产业组织创新和增长方式的急速转变是不可能的，也是有害的。当然，沿东陇海线县域经济产业组织创新和增长方式转型也具有产业特点。从三次产业看，第一产业和第三产业比第二产业集约化的程度较低，且以劳动密集型为主，但不排除第三产业的某些领域所具有的高度技术密集型和知识密集型特征。因此，对于沿东陇海线县域经济的不同产业来说，其产业组织创新和增长方式转型的方向、模式、重点、途径、措施，都需要根据不同产业特点进行合理的选择。

二、县域经济增长方式转型：基于产业组织创新的路径选择

1. 通过企业选择集约型增长方式推动产业组织创新。企业选择集约型增长方式，是实现沿东陇海线县域经济产业组织创新和增长方式转型的内动力。企业是商品生产者和经营者进行自主经营，独立核算的具有法人资格的经济组织。企业生产经营目标是利润最大化，因而企业的全部经济活动都是建立在成本和收益的比较基础上的。为了实现利润最大化，企业扩大再生产是采用粗放型还是采用集约型增长方式，则构成企业经济行为的一个重要方面。在沿东陇海线县域经济中，从企业基本经济行为看，应更多地进行技术进步的外延扩大再生产和内涵扩大再生产，进行产业组织创新的集约型增长方式。一是从企业投入劳动量与企业利润的关系看，劳动投入量增加对于企业利润增长的重要性逐步下降。因为劳动投入量的增加，如果不是伴随着生产率的提高，那么由此引致的仅是利润总量的增长，而不是人均利润的增长。从这种意义上说，企业不倾向于通过增加劳动投入量去增长利润。二是从企业资本投入量与企业利润的关系看，资本投入量增加对于企业利润增长具有十分重要的意义。"单从资本供给的角度看，经济增长就是资本投入数量和资本投资效率综合作用的结果。设投

资效率为一定，经济增长将在很大程度上直接决定于投资增量的大小。"在科学技术进步作用下增加投资量其人均产出率是增加的，因而企业增加资本投入量会推动着增长方式转型。三是从科学技术进步与企业利润的关系看，科学技术进步是企业利润增长的不竭来源。"科学技术使执行职能的资本具有一种不以它的一定量为转移的扩张能力。"一方面，科学技术可以提高劳动者素质，从而提高劳动效率。另一方面，科学技术可以改良劳动资料和劳动对象，进而提高资本的效率。从这种意义上说，企业采用科学技术进步成果必然推动增长方式转型。可见，通过企业选择集约型增长方式，是沿东陇海线县域经济增长方式转型的基本路径。

2. 通过完善市场经济体制推动产业组织创新。市场经济体制引导产业组织创新，是实现沿东陇海线县域经济增长方式转型的制度保证。社会主义市场经济体制是经济集约型增长的制度要素，具有十分重要的功能，"为人们的竞争与合作关系提供'框架'；充当各种物质生产要素结合的黏结剂和经济结构、管理的依托；为经济当事人的行为提供特定的激励和约束，使其通过权利的配置来实现资源的配置，并依此分配收益；帮助经济当事人形成相对稳定的经济预期和行为方式，减少不确定因素，以节约各种经济运行成本。由于经济体制具有上述功能，所以，特定的经济增长方式就是特定经济体制的内生现象了"。可见，社会主义市场经济体制内含着激励企业选择集约型经济增长方式的机制。"由于竞争制度的形成和产权的充分界定，市场更加完善和市场规模进一步扩大，这导致了更高的专业化与劳动分工。更有效率的经济组织和质量控制方法降低了交易费用，产权的有效界定不仅提高了技术创新的收益率，而且降低了创新成本，其结果是进一步刺激技术创新"，经济增长方式转型也就是非常自然的事。改革开放以来，沿东陇海线县域经济的社会主义市场经济体制建设的任务还很重。因此，对于沿东陇海线县域经济来说，要实现经济增长方式转型，必须深化改革，通过社会市场经济体制建设，推动产业组织创新。

3. 通过加快县域地方行政发展引导产业组织创新。地方政府推动产业组织创新，是实现沿东陇海线县域经济增长方式转型的外动力。推动沿东陇海线县域经济增长方式转型是地方政府重要的经济职能。在社会主义市场经济体制下，地方政府推动沿东陇海线县域经济增长方式转型主要是通过以发展规划和政策推动为主要内容的行政发展实现的。沿东陇海线县域经济增长方式由粗放型向集约型转变，是其现代化社会大生产和市场经济属性的内在规律,是经济持续快速增长的根本途径。因此,地方政府制定适应沿东陇海线县域经济区情的发展规划和政策并有效地贯彻执行,对于沿东陇海线县域经济增长方式转变有着直接的推动作用。一是区域发展规划。区域发展规划最主要的是沿东陇海线县域经济发展战略的制定。一般地说,沿东陇海线县域经济发展战略中包括沿东陇海线县域经济增长方式转型战略,地方政府要根据自己的经济职能"对区域经济增长方式转变进行指导、协调、扶持和推广,对不同类型的地区经济增长转变,要实行分类、分层次加以指导"。"发达地区经济技术基础较好,应主要发展能耗小、技术含量高、附加价值高的高精尖产品,发展技术和知识密集型产业,逐步实现产业结构优化升级,并将先进的生产技术向落后地区扩散;落后地区的典型特征,是要通过发达地区经济增长方式转变带动本地区经济增长方式的转变,应逐步提高集约化经营程度,加速科技进步,提高劳动者素质"(谷书堂,2000)。可见,区域发展规划有力地推动着沿东陇海线县域经济增长方式转型。二是地方政府关于沿东陇海线县域经济集约型增长的政策。地方政府是沿东陇海线县域经济的重要行为主体,其制定的政策对沿东陇海线县域经济运行和发展具有十分直接的作用。实践证明,地方政府为了推动沿东陇海线县域经济增长方式转型,制定相应的政策并组织实施的效果是非常明显的。当然,地方政府为推动经济增长方式转变而采取的政策必须得当,必须符合沿东陇海线县域经济的客观实际情况,不能超越沿东陇海线县域经济发展阶段和经济增长方式转型的条件。

参考文献:

1. 谷书堂主编:《社会主义经济学通论——中国转型期经济问题研究》,高等教育出版社 2000 年版。

2. 朱舜:《县域经济学通论——中国行政区域经济研究》,人民出版社 2001 年版。

3. 朱舜:《我国县域经济中的城镇化与城镇经济增长》,载《乡镇经济》2002 年第 1 期。

4. 苏东水主编:《产业经济学》,高等教育出版社 2000 年版。

5. 周天勇主编:《高级发展经济学》,中国人民大学出版社 2006 年版。

(作者单位:徐州师范大学经济学院)

增强县域经济产业发展后劲研究

——以云南省大姚县为例

李淳燕

　　大姚县位于云南省北部偏西，楚雄州西北部，北纬25度33分～26度24分，东经100度53分～101度42分之间。大姚县历史悠久，文化灿烂，山川秀丽，资源丰富。东西最大横距79.3公里，南北最大纵距93.5公里。东邻永仁、元谋县，南与姚安、牟定县毗邻，西和祥云、宾川县接壤，北临金沙江与永胜、华坪县隔江相望。县城金碧镇距省会昆明250公里，距州府楚雄100公里，距四川省攀枝花市174公里。全县国土总面积4146平方公里，山区占81.7%，辖3镇9乡，129个村（居）委会，总人口28万人，居住着汉、彝、回、傣、傈僳、苗等22种民族，少数民族人口占31.7%。其中，彝族人口8.4万人，占29%，农业人口25.6万人，占全县总人口的91.4%。"十五"期间、特别是云南省委省政府2004年作出《关于加快县域经济发展的决定》及大姚县被省委、省政府列入全省47个首批加快县域经济发展试点县之一以来，由于"天时、地利、人和"的原因，大姚县与各县、市一样，县域经济得到了快速发展。2005年，全部工业总产值在全省的排名从2000年时的第37位上升到第33位、人均GDP从第61位上升到第53位。在"十一五"规划中，县委县政府围绕发展壮大县域经济问题，进行了科学、周密的安排，通过认真组织实施《大姚县县域经济发展规划（2005～2010）》和《大姚县国民经济和社会发展第十一个五年规划纲要》，各项工作取得了可喜成效。2006年，全县完成生产总值（GDP）18.33亿元，同比增长13.3%；工业总产值17.75亿元，同比增长28.2%；农业总产值9.04亿元，同比增长5.1%；全社会固定资产投资5.09亿元，同比增长14.8%；；社会消费品零售总额4亿元，同比增长15.3%；城镇居民人均可支配收入10454元，同比增长12.8%；农民人均纯收入2299元；财政总收入首次突破亿元大关，达11616万元，地方财政收入达 7345 万元，一般预算收入达 6761 万元，同比分别增长 29.1%、29.8% 和 29.8%，实现了"十一五"起步之年的开门红，并在做强做大以核桃为主的绿色食品业、以彝药为主的天然药业、以铜矿采选为主的冶金矿产业、以纺织为主的轻纺工业、以水电开发为主的能源产业、以石羊古镇和昙华彝族文化起源地为主的文化旅游业等六大产业方面，迈出了坚实的步伐。

然而，作为欠发达地区，欲实现与全国共同建设小康社会，固然要解决在相当时期内的开发不足、发展不快问题，但更应该解决眼前面临的发展后劲不足问题。近几年来，大姚县在州内基本上位居第 3 位，但在全省范围内，2006 年，人均地方财政收入从 2001 年的第 74 位下降到第 84 位、全社会固定资产投从 2003 年的第 64 位下降到第 87 位，特别是农民人均纯收入由 2002 年的第 37 位下降到第 40 位、职工平均工资由 2005 年的第 43 位下降到第 49 位。显然，为了实现可持续稳定地增长，必须增强县域经济的发展后劲。

经济发展后劲的问题，是一个全局性、战略性、前瞻性的重大问题。实施可持续发展战略需要建立以能力建设为核心的保障体系和支撑体系，包括生存支持系统、发展支持系统、环境支持系统、社会支持系统和智力支持系统。不言而喻，能力建设是可持续发展的最优先领域。正如 2005 年 4 月 15 日下午中共中央政治局进行第二十一次集体学习时胡锦涛同志强调：只有坚持以科学发展观统领经济社会发展全局，从新世纪新阶段我国经济社会发展的阶段性特征出发，理清发展思路，创新发展模式，提高发展质量，夯实发展基础，增强发展后劲，才能更好地推动社会主义经济建设、政治建设、文化建设与和谐社会建设全面发展。也就是说，讲发展，不能不讲经济发展后劲；实现经济的又好又快发展，不仅要注重经济运行质量与效益，而且要重视经济发展后劲。没有后劲的经济不可能有竞争力，没有后劲的地区不能实现持续、快速、健康发展。要充分认识到我们经济发展中后劲不足的问题，认真查找发展后劲不足的根源，切实提高增强发展后劲的紧迫感和责任感。而增强经济发展后劲的实质是为经济发展提供持续动力，在于提升产业、企业和产品的核心竞争力，即千方百计抓产品、上项目、壮企业、兴产业，通过培育一批具有竞争优势与牵动力大的大企业和名牌产品，加快增强县域经济的发展后劲。

一、增强县域经济产业发展后劲的基本意义

产业作为介于微观经济细胞（企业和家庭消费）与宏观经济单位（国民经济）之间的若干"集合"，有三大层次：以同一商品市场为单位划分的产业；以技术及工艺的相似性为根据划分的产业；以经济活动的阶段为根据划分为若干大部类形成的产业。而从经济实体的角度，产业是生产经营同类产品及其可替代产品的企业的集合。县域产业发展后劲研究也要联系微观经济细胞（企业）与宏观经济单位（县域经济）。

（一）增强发展后劲是发展壮大县域经济的关键环节

县域经济是指在县级行政区划范围内以城镇为中心、农村为基础，由各种经济成分有机构成的一种区域性经济。它是国民经济的基础性部分，是宏观经济与微观经济的结合部，是城市经济与农村经济的结合体，是宏观经济之尾，微观经济之首。县域经济在我国的经济与社会发展中，有着举足轻重的地位。县域经济持续发展是大区域以至全国经济持续发展的基础。在云南，发展壮大县域经济是实施"兴滇强县富民"战略的关键环节。

诚然，发展壮大县域经济，必须将农民增收、工业增效、财税增长、发展后劲增强"四位一体"，作为目的。但是，一般来说，发展后劲首先是常年发展积累下来的基业，就县域经济而言，是通过农民增收、工业增效、财税增长所创造的财富存量；而鉴于发展后劲是发展的持续或后续能力，或未来生产力，因此，增强发展后劲，或者说，通过持续发展所创造的财富增量，必须做到使农民增收、工业增效、财税增长。同理，在农民增收、工业增效、财税增长三者关系中，农民增收和工业增效是财税增长的基础，而财税增长又必须进一步使农民增收、工业增效。这就是发展壮大县域经济"四位一体"目的内部的辩证关系，也是研究县域经济产业发展后劲的出发点和终结点。

（二）增强经济发展后劲的基础是增强产业发展后劲

正如美国著名经济学家迈克尔·波特教授（Michael Porter）所讲：产业是由一群企业以产品生产或劳动服务直接进行竞争，是决定竞争优势是否见效的竞技场；国家（或区域）的实力根植于该国或区域产业和产业

集群的表现，国家（或区域）的竞争优势也正是该国许多产业发展的综合表现。因此，一个国家（或区域）能否持续提高生力力，关键在于它是否有资格成为一种先进产业或重要生产环节的基地。因此，经济发展后劲，说到底，是产业发展后劲，而增强产业发展后劲的实质，就是抓发展支撑。

就县域经济而言，培植农业特色产业、做大做强工业主导产业、相应发展生产服务性产业，是增强发展后劲的基本保证。

显然，发展壮大县域经济"四位一体"目的内部的辩证关系，及其与增强产业发展后劲之间的相辅相成关系，是三个"马太效应"的关系（如图 1 所示）。

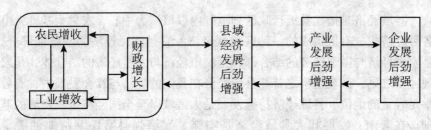

图 1　三个"马太效应"

（三）增强产业发展后劲的实质是提升企业的核心竞争力

企业是经济领域的细胞，增强产业发展后劲，依赖于企业发展后劲。或者说，依赖于企业竞争能力（包括：核心能力、增长能力、快速反应能力、适应变化的能力、持久力）。而企业发展后劲的根本，在于以提升企业核心竞争力作为企业发展战略的根基。

竞争是"历史中最伟大和最天才的权利剥夺工具"（伯姆）。恩格斯说："竞争的规律是：供和求始终力图相互适应，但是正因为如此，就从来不会互相适应。双方又重新脱节，并转而成为尖锐对立。""这样，竞争使资本同资本，劳动同劳动，土地同土地对立起来，同样又是其中的每一个因素同其他的两个因素对立起来。实力最雄厚的在斗争中取得胜利。"（见《马克思恩格斯全集》第 1 卷，人民出版社，1956 年版，第613 页，第 622 页。）"战略"一词的意思是"为创造未来，进行连续决策所依据的基本逻辑"。企业战略是最典型的竞争战略。（竞争战略的定义是：能够驱动顾客选购你的而不是他人产品的优势组合。）企业最典型的竞争战略，一是价格领先战略（有人把它称作"成本领先战略"是错误的，因为顾客更关心的是价格而不是供货商的成本。因此，价格领先战略更加精确。价格表明了与购买成本有关的所有成本。）就是"保证顾客能够用低价购买令他们满意的产品"。二是利益领先战略（有人把它称作"差异战略"也是错误的，因为顾客购买产品并不是因为它有所不同，而是因为它能够带来超值利益）使顾客能够用可接受的价格买到增值的产品。三是利益、价格双重领先战略。即能够使人们用较低的价格购买增值的产品。这是最有力的防范（或进攻）手段。

企业竞争优势，是指企业在产出规模、组织结构、劳动效率、品牌、产品质量、信誉、新产品开发以及管理和营销技术等方面所具有的各种有利条件。企业竞争优势的表征，是企业竞争力。企业竞争力 = 优势 + 能力 + 吸引力 = 企业收益能力。而企业核心竞争力，是"组织中积累性学识，特别是关于如何协调不同的生产技能和有机结合多种技术流的学识"，它是企业所有能力中核心、根本的部分，可以通过向外辐射，作用于其他各种能力，影响着其他能力的发挥和效果。核心竞争力的形成要经历企业内部独特资源、知识和技术的积累与整合的过程。通过这一系列有效积累与整合，使企业具备了独特的、持续的竞争力。一般来说，核心竞争力具有如下特征：（1）核心竞争力可以使企业进入各种相关市场参与竞争；（2）核心竞争力能够使企业具有一定程度的竞争优势；（3）核心竞争力应当不会轻易地被竞争对手所模仿。也就是说，并不是企业所有的资源、知识和技术能力都能形成独特的、持续的竞争优势，而是只有当它们同时符合珍贵（能增加企业在外部环境中的机会或减少威胁）、异质（企业独一无二、没有被当前和潜在的竞争对手所拥有）、不可模仿（其他企业无法获得）、难以替代（没有战略性等价物）的标准时，才能形成核心竞争力。

鉴于产品是企业（产业）竞争的载体，任何企业竞争（包括产业竞争）都是通过产品竞争来表现的。因此，可以说产品竞争力又是企业竞争力和产业竞争力的基础，企业竞争力和产业竞争力是产品竞争力的综合体现；县域经济综合竞争力是企业竞争力和产业竞争力的综合体现。他们之间的逻辑关系是：产品竞争力→企业竞争力→产业竞争力→县域经济综合竞争力。这就是说，提升企业的核心竞争力，必须提高产品竞争力（见图2）。

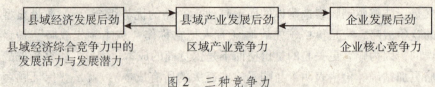

图 2　三种竞争力

二、大姚县产业发展后劲的基本情况

"十五"时期，大姚县认真贯彻党的十六大以来的各项路线方针政策，牢固树立并落实科学发展观，正确处理改革发展稳定的关系，抢抓国家实施西部大开发、扶贫开发及地震恢复建设、全省县域经济发展试点县等重大机遇，结合大姚的县情实际，不断创新发展思路，着力建设"中国核桃之乡"、"彝族药业之乡"、"彝族文化之乡"，全面实施"农业富民、工业强县、文化兴县、引资活县"战略，努力化解和消除经济社会发展中的困难和不利因素，克难奋进，财政保障能力和公共服务能力明显增强，经济持续较快增长，县域经济综合实力与活力不断增强，较好地完成了"十五"计划目标，县域经济社会发展呈现出既快又好的良好局面。

（一）大姚县三次产业发展的基本情况

1. 成绩显著。"十五"期间、特别是云南省委省政府 2004 年作出《关于加快县域经济发展的决定》以来，由于"天时、地利、人和"的原因，大姚县与各县、市一样，县域经济得到了快速发展。2005 年，全部工业总产值在全省的排名从 2000 年时的第 37 位上升到第 33 位、人均 GDP 从第 61 位上升到第 53 位。在"十一五"规划中，县委县政府围绕发展壮大县域经济问题，进行了科学、周密的安排。

一是全县农业综合生产能力进一步提高、特色优势农产品产业带初具规模、新农村建设稳步推进。经农业普查结果统计，截至 2006 年底，全县核桃种植面积 43.2 万亩，产量 5378 吨，产值达 1.13 亿元，农民人均核桃产值 442 元，农民人均核桃收入 804 元；板栗种植面积 5 万亩，产量 2325 吨，产值 1162 万元。全县桑园种植面积从"十五"末的 1.1 万亩扩大到 3 万亩，养种 1.7 万张，蚕茧产量 600 吨，产值 1298 万元。核桃和蚕桑产业产值增量占全县农业总产值增量的 67.0%。与此同时，烤烟支柱地位继续巩固，烟水配套工程和优质烟示范基地建设得到认真实施，全县烤烟收购总量达 653.45 万公斤，产值 6959.26 万元，税收达 1741.5 万元。

二是产业结构加快升级。五年间，第一、二、三次产业增加值年均分别增长 5.7%、12.6% 和 10.5%，对 GDP 增长的贡献率分别是 19.5%、47.1% 和 33.4%，分别拉动 GDP 年均增长 1.9、4.6 和 3.2 个百分点，三次产业增加值占 GDP 的比重由 2000 年的 36:34:30 调整为 2005 年的 30:40:30，县域经济形成了"二、一、三"的产业结构发展格局。

三是国有经济不断壮大、非公经济加快发展。2006 年，国有独资"楚雄矿冶"生产电解铜 3070 吨，铜精矿含铜 29024 吨，产值达 12 亿元，占全县工业总产值的 67.6%，利润 2.6 亿元，缴纳税金 4313.37 万元，支撑了全县工业经济发展的半壁江山；全县共有民营企业 39 家（其中科技型民营企业 2 家），从业人员达 7292 人，实现生产总值 11.35 亿元，利税 3.1 亿元。2005 年，非公有制经济创造的增加值年均增长 20.8%，占增加值的比重达 42.3%，比 2000 年的 27% 上升了 15.3 个百分点；全县工业总产值中，非公有制经济工业产值占 47.3%，比 2000 年的 39.9% 提高 7.4 个百分点；非公有制经济的消费品零售额占社会消费品零售总额的 75.9%，比 2000 年的 58.7% 提高 17.2 个百分点。非公经济成为全县经济发展的重要支撑力量。

四是区域经济特色显现。"十五"期间，全县着力培育培强"以核桃为主的绿色食品加工业，以烤烟种植为主的烟草业，以楚雄矿冶为龙头的冶金矿产和纺织、机械、能源（水电）产业，以金碧制药为龙头的生物药（彝药）业，以石羊古镇、县华彝族文化起源地为主的特色文化旅游业"五大产业。2005 年"五大产业"的增加值 8.48 亿元，比 2000 年的 3.6 亿元增加 4.88 亿元，是 2000 年的 2.4 倍，年均增长 18.6%，"五大产业"增加值占 GDP 的比重为 58.0%，实现税收 6458 万元，占全县财政总收入的 71.7%，全县农民人均纯收入中来自于五大产业的纯收入约为 1458 元，占 67.5%。"十一五"规划将区域特色产业梳理为"以核桃为主的绿色食品业、以彝药为主的天然药业、以铜矿采选为主的冶金矿产业、以纺织为主的轻纺工业、以水电开发为主的能源产业、以石羊古镇和县华彝族文化起源地为主的文化旅游业"等六大产业。2006 年六大产业创造的增加值 10.76 亿元，在县域生产总值中的比重达 58.7%，拉动 GDP 增长 7.97 个百分点。全县财政总收入 11616 万元，其中来自六大产业的税收达 5472 万元，比重占到了 47.1%。

五是科技进步贡献率不断增强。科技自主创新不断推进，科技进步取得新突破，科技与经济结合更加紧密。"十五"期间，经省、州批准登记的科技成果 16 项，其中，"核桃专用烤房及烘烤技术试验示范"、"铁模覆砂球墨铸铁在汽车配件上的应用"等 10 项科技成果获州级科学技术进步奖；全县累计专利申请 47 件，专利授权 33 件。金碧制药开发出"复方仙鹤草肠炎胶囊"等三个具有自主知识产权的彝药品种。2006 年，为推广三台核桃品种，三台乡整合全乡农村技术资源，发挥核桃技术种植优势，成立了核桃嫁接技术员协会。2000 年以来，全县科技对国民经济、工业、农业贡献率不断增强（见表 1）。

表 1　　　　大姚县科技进步对经济、农业、工业的贡献率　　　单位：%

年份	国民经济	农业	工业
2000	37	39.5	37
2001	37.4	40.8	37.8
2002	37.9	41	38.7
2003	38.9	42.2	39.6
2004	39.9	43.4	40.5
2005	40.9	44.6	41.4
2006	42.75	45.5	42.9

资料来源：大姚县科技局，2007 年 6 月 15 日。

2. 问题突出。大姚作为一个基础差、底子薄、贫困面大、贫困程度深的欠发达地区，要实现与全国共同建设小康社会，固然要解决在相当时间内的开发不足问题，但更应该解决眼面前的发展后劲不足问题。近几年来，大姚县在州内基本上位居第 3 位，但在全省范围内，2006 年，人均地方财政收入从 2001 年的第 74 位下降到第 84 位、全社会固定资产投资从 2003 年的第 64 位下降到第 87 位。需要解决的问题较多、难度较大。

一是社会从业人员构成未出现显著变化，就业结构为"一、三、二"。2005 年末，全县社会从业人员 17.59 万人。其中：第一产业从业人员 13.18 万人，占社会从业人员的比重为 74.9%；第二产业从业人员 1.76 万人，占 10.0%；第三产业从业人员 2.65 万人，占 15.1%。

二是经济社会发展的水平仍比较低。2005 年，全县人均 GDP（5228元）与全国平均 13985 元、全省平均 7833 元和全州平均 7538 元相比，分别仅及 37.4%、66.7% 和 69.4%；农民人均纯收入（2160 元）比全国平均 3255 元低 1095 元，比全州平均 2223 元低 63 元（比全省平均 2042 元高 118 元）。据扶贫部门的调查统计，全县农民人均纯收入低于 924 元的农户还有 33788 户 124181 人，占全县农业人口的 49%，其中纯收入在 668 元以下的绝对贫困人口还有 37893 人；城镇领取最低生活保障金和失业救济金的人数还有 5551 人。全县贫困人口多，贫困面大，贫困程度深。

三是与楚雄州科技进步对国民经济、农业和工业的贡献率（2000 年时分别为 38.3%、41.8%、39.2%，2005 年分别是 42.3%、46.2% 和 43.4%）相比，在 2000～2005 年，虽然科技进步对农业和工业的贡献率的差距分别由 2.3 和 2.2 缩小为 1.6 和 2.0 个百分点，但科技进步对国民经济贡献率的差距则由 1.3 扩大至 1.7 个百分点。2005 年，与云南省科技进步对国民经济及农业、工业增长的贡献率（48.0%、46.7%、51.0%）相比，除农业外，有相当大的差距，如与昆明市（分别为 52.65%、47.54% 和 53.08%）相比，除农业外，差距更达 10 个百分点。

四是制约经济社会发展的困难和问题还较多。其一是交通、城镇、水利、教育等基础设施仍较差，农业抵御自然灾害的能力仍较脆弱；其二是经济支柱单一，财政自给能力低，自收收入仅占总支出的 21.6%，产业结构不合理，第一产业比重高，新型工业化还处于起步阶段，资源型、粗放型产业仍占主导地位，城镇化水平低，受区位条件及需求约束，第三产业发展的活力不足；其三是投资主要依靠国家支持，民间投资少，投资对经济增长的拉动作用乏力；其四是经济主体发展创新能力弱，企业生产经营规模小，管理粗放，产品科技含量低，融资渠道单一，融资困难；其五是劳动就业和社会保障压力大，招商引资、发展非公经济的软、硬环境有待进一步改善，维护社会稳定的任务仍较艰巨。

（二）大姚县现代工业发展的基本情况

1. 工业经济发展的主要成就。大姚县工业基础较好，门类较多，绿色食品加工、制药、机械配件、轻纺、有色金属采选、多色印刷等都有一定规模的发展。大姚县现代工业经历了一个从无到有、从小到大、由弱到强、稳步发展的过程。大姚县现代工业萌芽于 20 世纪 50 年代，建设于 70 年代，发展于世纪之交。其标志分别是：始建于 1966 年，1976 年氧化矿投产，1979 年硫化矿投产的大姚铜矿，是国有大Ⅱ型有色金属采选联合企业（2000 年 7 月，该企业下放云南省管理；2001 年 2 月在政策性关闭破产中重新组建为云南楚雄矿冶股份有限公司，现隶属于云南铜业公司）；始建于 1989 年的云南大姚机械配件厂；始建于 1997 年的云南金碧制药有限公司；本世纪成立的大姚广益发展有限公司、大姚亿利丰农产品有限公司、大姚鑫盛达核桃食品饮料有限公司和云南嘉宏纺织集团有限公司。目前，大姚县已形成了以有色金属采选业为主，以纺织业、电力工业、机械制造业以及生物制药、绿色食品加工业为辅的工业体系。2005年与2000年相比，全县生产总值从8.42亿元增加到14.62亿元，年均增长9.7%；工业总产值从6.08亿元增加到12.3亿元，年均增长10%；工业固定资产投资占工业总产值比重由6.33%增至16.04%，提高了9.71个百分点。第二产业增加值年均增长12.6%，对GDP增长的贡献率47.1%，拉动GDP增长4.6个百分点。其中楚雄矿冶、金碧制药、兴达纺织等规模企业实现工业产值7.52亿元，增长27.1%，实现销售收入7.45亿元，增加67%。

2. 工业经济发展存在的主要问题。大姚县工业经济极具地方特点，基本上为资源初加工型产业，产业链短，产业整体综合水平低。工业经济发展存在的主要问题：一是结构偏重。2005年，轻重工业资产比例为17.4:82.6；轻重工业产值比例为35.7:64.3（其间，国有及规模以上工业轻重工业产值比例为14.7:85.3；规模以下轻重工业产值比例为68.8:31.2）；2006年，仅冶金矿产业全年完成的工业产值（12亿元，增长93%）就占全县工业总产值的67.6%。二是企业规模小，产业化程度低。2005年，在全县1322个企业中，规模以下有1314个，占99.4%%；企业平均拥有的资产为60.97万元，其中，固定资产仅占27.70万元。县域工业总体处于发展起步阶段，工业企业规模小、弱、散，产业链短，资源利用率不高。三是产业集群形成慢。工业经济发展主要依托以铜矿采选为主的冶金矿产业，2006年其增加值占GDP的32.5%，税收占财政总收入的38.6%（"两烟"支柱地位仍然不可替代，其税收占财政总收入的25.5%）。四是科技兴工力不足，科技进步对工业的贡献率低。除楚雄矿冶近四年研发经费投入占销售收入的0.75%外，企业研发经费投入较少。2005年，云南省科技进步对工业的贡献率为51%（计划2010年达到55%），全国县域经济百强县大多超过55%（高者达60%~70%），而大姚县2006年科技进步对工业的贡献率只有42.9%。五是因县域经济总量小，财政困难制约工业经济发展，主要有：产业技术人才匮乏，技术装备落后，抵御市场风险能力差，资源接替战略工期长、投资大。

（三）大姚县企业发展后劲的基本情况

研究县域产业发展后劲，与研究任何一个问题一样，必须回答是什么？为什么？怎么办？首先就是要回答什么是产业发展后劲（包括企业发展后劲，产业发展后劲与县域经济发展后劲、与企业发展后劲之间的关系等）？如何计量、评价、比较产业发展后劲？目前，有关的测评，常见的有：竞争力体系（在《县域经济综合竞争力——以云南省为例》的评价指标体系——发展实力、发展活力及发展潜力中，经济发展潜力是经济发展后劲、继发优势、持续增长能力的综合反映。一般的经济理论认为，经济发展潜力应为五个方面系统指标：经济增长、政策支持、物质供给、人力保障、环境承载的有机组合），增长景气指数体系和资源环境承载力体系。但是，就笔者所见，至今还没有一个是大家共同认可的体系。当然，只有那些市场竞争力领先、核心竞争力强大的产业，才是后劲十足的产业；只有那些增长和效益景气指数、收入和利润增速、产能利用、成本控制和库存等指标都保持良好趋势的产业，才是后劲十足的产业；只有那些在转变增长方式、实行清洁生产、节能减排、无资源环境后顾之忧问题的产业，才是后劲十足的产业；只有那些盈利和纳税都很好和研发投入比例高的产业，才是未来发展后劲十足的产业。至于企业发展后劲，共同倾向于用资本保值增值率来考察。

资本保值增值率，是指企业本年末所有者权益扣除客观因素后同年初所有者权益的比率。是根据"资本保全"原则设计的指标，更加谨慎、稳健地反映了企业资本保全和增值状况。它表示企业当年资本在企业自身努力下的实际增减变动情况，是评价企业财务效益状况的辅助指标。反映企业净资产的变动状况，是企业发展能力的集中体现，保值增值率等于100%为保值，大于100%为增值。它充分体现了对所有者权益的保护，能够及时、有效地发现侵蚀所有者权益的现象，反映了投资者投入企业资本的保全性和增长性。一般认为，资本保值增值率越高，表明企业的资本保全状况越好，所有者权益增长越快，债权人的债务越有保障，企业发展后劲越强。计算公式为：

资本保值增值率(%) = 报告期期末所有者权益 ÷ 上年同期期末所有者权益 × 100%

它是工业经济效益考核指标体系7项指标中的一项。其他6项是总资产贡献率、资产负债率、流动资产周转率、成本费用利润率、全员劳动生产率、产品销售率。在计算工业经济效益综合指数中，资本保值增值率的标准值为120%，权数是16%。

大姚县部分企业资本保值增值率情况见表2。

表2　大姚县 2000～2007 年部分企业资本保值增值率统计

单位：万元

项目		大姚广盖发展有限公司	云南嘉宏纺织集团有限公司	金碧制药有限公司	楚雄矿冶股份公司	大姚机械配件厂	大姚彩印有限公司	大姚亿利丰农产品有限公司	大姚县电力有限公司	大姚县自来水厂
资本保值增值率（%）	2000 年		121.95	117.11	55.22	101.74			104.96	130.52
	2001 年		-121.18	114.87	95.60	104.38			156.76	98.55
	2002 年		59.10	85.40	115.28	105.30			135.69	116.31
	2003 年	103.17	-1645.49	299.09	110.13	106.77	-2500.00		93.39	98.01
	2004 年	323.10	270.17	102.38	137.13	108.75	604.00		117.44	94.04
	2005 年	101.65	262.12	103.05	214.69	111.28	660.93	186.06	92.66	138.72
	2006 年	111.31	111.37	101.03	144.66	127.96	91.68	128.41	90.53	132.43
	2007 年一季度		100.45	100.81	175.98	102.06	95.45	137.30	112.49	98.67
报告期期末所有者权益	2000 年		51.05	787.00	10449.00	703.10			1125.59	657.40
	2001 年		-61.86	904.00	9989.00	733.90			1764.52	647.86
	2002 年		-36.56	772.00	11515.00	772.80	-1.00		2394.36	753.51
	2003 年		601.59	2309.00	12681.00	825.10	25.00		2236.04	738.49
	2004 年	61.90	1625.30	2364.00	17390.00	897.30	151.00	199.31	2626.06	694.48
	2005 年	200.00	4260.18	2436.00	37335.00	998.50	998.00	370.84	2433.38	963.36
	2006 年	203.30	4744.58	2461.00	54008.00	1277.70	915.00	476.18	2202.96	1275.79
	2007 年一季度	215.60	4766.14	2481.00	70072.00	1285.40	966.00	505.06	2478.12	1258.77

续表

项目		大姚广益发展有限公司	云南嘉宏纺织集团有限公司	金碧制药有限公司	楚雄矿冶股份公司	大姚机械配件厂	大姚彩印有限公司	大姚亿利丰农产品有限公司	大姚县电力有限公司	大姚县自来水厂
上年同期末所有者权益	2000 年		41.86	672.00	18921.00	691.10			1072.36	503.67
	2001 年		51.05	787.00	10449.00	703.10			1125.59	657.40
	2002 年		-61.86	904.00	9989.00	733.90			1764.52	647.86
	2003 年	60.00	-36.56	772.00	11515.00	772.80	-1.00		2394.36	753.51
	2004 年	61.90	601.59	2309.00	12681.00	825.10	25.00		2236.04	738.49
	2005 年	200.00	1625.30	2364.00	17390.00	897.30	151.00	199.31	2626.06	694.48
	2006 年	193.70	4260.18	2436.00	37335.00	998.50	998.00	370.84	2433.38	963.36
	2007 年一季度		4744.58	2461.00	39819.00	1259.50	1012.00	367.84	2202.96	1275.79

资料来源：大姚县经贸委。

尽管以上资料只是部分企业，但不难看出，大姚县工业企业资本保值增值率一直呈上升趋势，特别是从 2003 年起，超过 120% 的标准值。与能见到的资料（2003 ~ 2005 年云南省工业企业资本保值增值率分别为107.06%、114.38% 和 112.28%；2006 年，印刷业资本保值增值率全国是 112.52%、云南为 104.72%，全国机械工业资本保值增值率为118.92%、其中汽车工业行业是 117.22%；2007 年，一季度上海市工业资本保值增值率为 113.9%，据国资委公布，1 ~ 5 月，424 户国有重点企业资本保值增值率 115.9%）相比，由大姚县全部工业企业资本保值增值率所反映出的企业发展后劲情况，是令人鼓舞的。当然，也应看到，企业间不均衡，如按产业（行业）来考量的话，情况将有变化，特别是大姚县工业企业、除楚雄矿冶进入扩张期外，基本处于形成期，因此，发展后劲不俗是一种必然趋势。万万不可放松了增强企业、特别是产业（行业）发展后劲的工作。

三、增强大姚县产业发展后劲的基本思考

在大姚县，产业、除矿冶业进入扩张期外，基本尚在形成期以及经济处于高位运行的情况下，如何增强产业发展后劲以利发展壮大县域经济？是一项社会系统工程。前已述及，经济发展后劲，是经济发展的持续或后续能力，是未来生产力。如果说，坚定不移地贯彻落实以人为本、全面协调可持续发展是硬道理，那么，增强发展后劲就是永恒的主题（目的、任务）。

从理论上讲，在市场经济中，政府的职能是经济调节、市场监管、社会管理和公共服务。但就现实而言，特别是在市场发育不足、市场化程度较低的欠发达地区，为了破解有资源无产业、有产业无后劲的难题，由政府来弥补市场配置资源，在所难免（见图 3）。

（一）指导思想

从大姚县处于社会主义初级阶段低层次的实际出发，遵循始终不渝地坚持党的基本理论、基本路线、基本政策，深入贯彻落实科学发展观，坚定不移地坚持解放思想、坚定不移地推进改革开放，坚定不移地促进科学发展、社会和谐，坚定不移地为全面建设小康社会奋斗的"四个坚定不移"根本性要求，充分认识县域经济发展中后劲不足的问题，认真查找

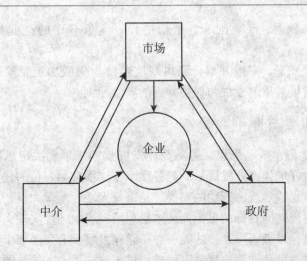

政府

1.深入学习，统一思想，遵从产业发展规律
2.把握机遇，中间带动，强力推进结构调整
3.自主创新，品牌带动，提高企业核心竞争力
4.努力引资，扩大规模，依靠项目带动
5.准确到位，加强领导，扎实推进增强发展后劲的各项工作

图3　三个着力点：品牌带动；中间带动；项目带动

发展后劲不足的根源，切实提高增强发展后劲的紧迫感和责任感，千方百计抓产品、壮企业、上项目、兴产业，特别是既能拉动当前经济增长，又可增强经济发展后劲，既能让农民增收、工业增效，又能使财政增长，发展后劲增强的产业和项目，通过培育一批具有竞争优势与牵动力大的大企业和名牌产品，加快增强县域经济的发展后劲。

（二）基本原则

——农民增收、工业增效、财税增长、发展后劲增强"四位一体"的目的原则。

——原料基地建设、资源接续建设、基础设施建设和基层建设先行的配置原则。

——以提高企业自主创新能力为中心环节的战略原则。

——着眼当前、立足长远，量力而行、尽力而为的策略原则。

——分工合理、产业配套、密切协作、竞争有序的产业集群布局原则。

——多管齐下、多措并举，原料基地建设与拓展加工业发展腹地并进、存量与增量并重、发展与保护并行的实施原则。

（三）主要举措

1. 深入学习，统一思想，遵从产业发展规律。理念决定思路，思路决定出路。做好增强产业发展后劲的各项工作，摆在第一位的任务就是统一思想。统一思想是统一行动的前提，是凝聚人心、凝聚力量，调动一切积极因素，实现共同目标的重要保证。思想统一了，才能实现大团结，才会成就大事业；思想统一了，才能一心一意谋发展，心无旁骛干事业，切实提高增强发展后劲的紧迫感和责任感；思想统一了，才能步调一致、行动一致，坚定信心，克服困难，创造增强产业发展后劲新业绩，开创增强县域经济产业发展后劲新局面。

通过统一思想，形成共识。在新的历史条件下，实现增强县域经济产业发展后劲，必须树立四大理念：一是"以人为本"的理念；二是"超时谋划"的理念。在各地竞相发展的形势下，邯郸学步，亦步亦趋，只能更加落后，必须把发展的眼光放得更远，优先发展那些具有广阔发展前景的项目；三是"创造优势"的理念。优势就是竞争力。要利用高新技术嫁接改造传统产业，提升产品的科技含量，创造发展优势；四是"协作共赢"的理念。增强县域经济产业发展后劲需要招商引资，但不能"饥不择食"，应优先引进能使农民增收、工业增效、财税增长的高新技术项目，这样才能实现真正意义上的"共赢"。

经济发展有其一般规律。虽然各国的产业发展由于其自身的政治、经济、文化等背景的不同显示出不同的个性，但各国的产业发展也有一些共同的规律，有产业内部发展的历史必然趋势。认识和把握产业发展的基本规律和历史趋势，才能进行高水平的产业建设，把产业的培育、发展与现代世界经济的发展联系起来，使产业和国民经济尽快走上现代化的轨道。遵从产业发展规律，主要是应遵从产业结构演进的一般规律（主要是产业依次递进演变规律和产业发展的内涵与外延发展规律），产业成长周期（形成期—扩张期—成熟期—衰退期）规律以及产业发展阶段对产业竞争力影响的规律。

——产业结构演进的一般规律。产业发展是产业变化的一种长期动态过程，是产业质态的变化，它不仅仅只是产业量的扩张或收缩，一般是不可逆的过程，而且，产业发展是有阶段性的，各个阶段之间是有明显的特征差别的。也就是说，产业发展是依次递进演变的。产业结构演进的一般规律与趋势可归纳为：产业发展秩序律，新兴产业就业比重增大律，产业结构优化率，非物质产业比重增大律，科技与产业革命驱动律，商品—市场经济制度推动律，产业结构梯次传递律，全球产业结构趋同律。

众所周知：（1）美国经济学家克拉克在英国经济学家威廉·配第的基础上提出了"经济发展过程中，就业人口在三次产业间变化——随着人均收入水平的提高，劳动力首先由第一产业向第二产业转移；当人均收入水平进一步提高时，劳动力便由第二产业向第三产业转移"的"配第—克拉克定理"。（2）美国经济学家库兹涅茨在继承克拉克成果的基础上，又侧重于从三次产业占国民收入比重变化的角度论证了产业结构演变规律——在工业化起点，第一产业比重较高，第二产业比重较低。随着工业化进程的推进，第一产业比重持续下降，第二和第三产业比重都相应有所提高，且第二产业比重上升幅度大于第三产业，第一产业在产业结构中的优势地位被第二产业所取代。当第一产业比重降低到20%以下时，第二产业比重高于第三产业，工业化进入中期阶段；当第一产业比重再降低到10%左右时，第二产业比重上升到最高水平，工业化进入到后期阶段，此后第二产业的比重转为相对稳定或有所下降。在整个工业化进程中工业在国民经济的比重将经历一个由上升到下降的"∩"型变化。（3）后来钱纳里等人在库兹涅茨研究的基础上研究了整个经济结构变化过程，得出了产业结构变化过程的动态形式：第一阶段是传统社会经济阶段，经济增长主要由初级产业（首先是农业）和服务业支撑，速度很慢。大量低效率使用的劳动力停滞在农业部门，还未发生向高生产率和技术进步快的非农业部门（首先是工业）大规模转移。第二阶段是高速增长的工业化阶段，经济增长主要由急速上升的工业制造业支撑。产业结构和生产方法剧烈转变，劳动力大规模从农业部门转入工业部门。新技术得到迅速采用和不断扩散，新主导产业部门不断代替旧主导产业部门。第三阶段，经济增长步入发达经济阶段，工业制造业的贡献率下降，服务业具有非常重要的意义。尽管那些与耐用消费品有关的服务部门在减速，而与医疗、教育、文娱、旅游有关的服务部门则在加速发展，服务业就业人数所占比重日益增大。在第二阶段，还可以根据反映经济发展阶段的人均收入或人均GNP或人均GDP；反映国民经济中工业化程度的工业或制造业的份额，或三大产业部门的产值及就业比例；反映城市化程度的城市人口比重；反映生产要素密集程度的工业内部结构等四项指标，将工业化进程划分为工业化的初期、中期、后期三个时期：初期以轻纺工业为主；中期又可以分为以原材料为主的中工业化时期和以高加工度为主的时期；后期即技术集约化阶段。

有人根据以上四个指标以及我国的汇率和货币实际购买力等现实情况，认为我国的经济成长正处于工业化中期阶段的以高加工度为主的时期（中国社会科学院《中国工业化进程报告——1995～2005 年中国省域工业化水平评价与研究》将中国工业化进程划分为五个阶段：前工业化阶段，工业化初期、中期和后期阶段——在工业化初期、中期和后期阶段又进一步细分为前半阶段和后半阶段，后工业化阶段。该评价与研究结论是：2005 年，中国的工业化水平综合指数达到 50，表明全国刚刚进入工业化中期的后半阶段；云南省工业化水平综合指数只有 21，处于工业化初期的后半阶段）。而作为全省 73 个国家扶贫开发重点县之一的大姚县，尚处于工业化初期的前半阶段，实现农业现代化、工业化、城镇化和经济市场化，任重而道远。大姚县 2006 年按公安户籍人口计算的人均 GDP 为 6547 元。而按国家统计局和云南省统计局资料：2006 年，大姚县人均 GDP 为 6379 元（位于全省第 53 位），比全省平均数 8959 元少 2580 元，只及全国平均值 15973 元的 39.9%；2005 年，大姚县农民人均纯收入是 2160 元（位于全省第 35 位），虽比全省平均数 2042 元多出 120 元，但只及全国平均值 3255 元的 66.4%；人均规模以上工业企业工业增加值 1381 元，比全省平均数 2288 元少 907 元，只及全国人均 5080 元的 27.2%；人均地方财政收入 182 元（位于全省第 87 位），比全省平均数 851 元少 669 元，只及全国人均地方财政收入 1265 元的 14.4%！

我们在此花费笔墨的初衷，是要提醒决策者，不要幻想越过第一、第二产业而寄希望于通过直接发展第三产业来发展壮大县域经济。西方国家的经验表明，过早地脱离制造业，盲目强调发展第三次产业的结果，将使经济失去技术这一增长的动力而导致早熟或早衰。第三次产业总是为其他产业服务的，往往是有了强大的工业，才有兴旺的第三次产业。

——产业成长周期规律。任何产业都要经历形成、成长、成熟、衰退的生命周期。产业在形成阶段，企业数量少，集中度高，产品种类单一，质量低且不稳定；产业在成长阶段，市场需求旺盛，产业利润率高，导致产业进入壁垒低，大量厂商进入，产业集中度下降，但产品开始多样化、差别化，质量提高，竞争主要集中在价格上；产业在成熟阶段，产业集中度高，出现了一定程度的垄断，产品再度无差异，产业利润达到很高的水平，进入壁垒高，主要表现为规模壁垒；在产业衰退期，主要表现为需求萎缩，利润开始下降。当然，产业生命周期理论也指出，产业周期不是完全按照四个阶段直线前进，有时会出现倒退。鉴于不同的产业有不同的产业周期规律；不同的企业处于不同的产业周期；产品、业务在不同的生命周期阶段有不同的特点。研究并把握周期规律，主要目的是对尚处于形成期的产品、产业，需要政府借助不同的力量，去推动它的发展，加速它的成长，尽快使它导入到成长期中去。在此过程中，要同时学习、研究并把握产业周期与经济发展（市场）周期的关系以及所谓的"三四律"。

"三四律"最早的发明者是布鲁斯·亨德森。在 1976 年的一篇文章中，这位波士顿顾问公司的创始人写到："在一个稳定的竞争性市场中，有影响力的竞争者数量绝不会超过三个。其中，最大竞争者的市场份额又不会超过最小者的四倍……它并没有经过严格的证明。但在诸如汽车、婴儿食品、饮料和飞机制造等特性迥异的产业中，这条规律与观察所得相当吻合。""三四律"是对产业生命周期的一种有用的描画，它显示，在任一产业中，都存在一群"利基"竞争者（niche specialists）围绕三大支配者成长的现象，它们构成了产业的两端。这两端都可以取得很好的利润，但夹在中间的企业却常常是不稳定的。亨德森揭示了诸多有关"三四律"的战略与战术含义：对手越来越少，即使只是为了保持相对市场份额，竞争者的增长也必须超过市场增长的速度；如果不顾一切地想求得增长，那么最终失败者的现金流出将与日俱增；所有竞争者，除了市场份额最多的三个以外，或者将以失败告终，被完全逐出市场；或者变成现金的无底洞，虽然有时也会取得一些利润，但却要不停地追加投资；所占份额在整个相关市场的 30% 以下，或者达到了领先者的 1/2 以上时，竞争者维持现状的风险将会很大；越早实现投资利润，越早取得仅次于领先者的市场地位，竞争者的风险就越低，可能获得的投资回报也就越高；市场领先者对投资策略的了解与熟悉程度，以及对待市场份额的态度非常重要，因为市场领先者的策略决定了那种必然发生的淘汰的速度；行业增长越快，淘汰也就越快。无论是三大支配者，还是想向这些市场支配者发起挑战的中型企业，或者是依靠专长取胜的利基竞争者，都必须根据"三四律"相应调整自己的竞争策略。

另一方面是，要高度重视经济成长中的"产业断层危机"问题。目前，我国国民经济正处于新一轮增长周期的上升期及社会和经济转型期。经济转型主要是指技术转型、产业转型、增长方式转型、金融及经济体制转型的合成变动，其中主要是指由于技术进步导致的产业升级过程。这种转型是整个经济结构的提升，是支柱产业的替换，因而是一种阶段性质的变化或飞跃。所谓经济成长的"产业断层危机"，就是指经济成长从一个阶段转入下一阶段的经济转型期所发生的产业结构错落和经济动荡。产业升级中的产业断层危机是一种规律性的现象，它与结构失衡、产业错落、经济周期相结合，可能成为一种中长期经济成长的中断过程，应当引起我们的关注。从现在起，就应当注重产业升级中的衔接，化解经济成长的瓶颈，减缓可能出现的断层危机对县域经济发展的巨大冲击，尽可能保持县域经济平稳向前发展。

——产业发展阶段对产业竞争力影响的规律。波特教授研究了许多国家特定产业发展和参与国际竞争的历史，他认为，一国参与国际竞争的过程大致可以分为四个阶段：第一阶段是要素驱动（Factor-driven），第二阶段是投资驱动（Investment-driven），第三阶段是创新驱动（Innovation-driven），第四阶段是财富驱动（Wealth-driven）。在这四个阶段中，前三个阶段是产业竞争力增长阶段，第四个阶段则是产业竞争力下降时期。

产业竞争的阶段演进，不仅会在特定产业的竞争态势中表现出来，也会反映在一国各产业群以至产业总体的竞争态势中。从 20 世纪 70 年代到 21 世纪，中国产业参与国际竞争的发展过程大致已经和将要经历四个阶段：资源竞争、产销竞争、资本实力竞争、技术创新竞争。目前，多数产业处于从第一阶段向第二阶段的过渡时期，而大姚县产业参与国际竞争的发展过程尚处于第一阶段。正如全国政协委员香港银行投资家韩方明在其《全球化下的中国企业定位》一文中所说：中国无论是哪一个行业，越来越面对的是全球的竞争。未来 5 ~ 10 年，预计全球会历经一个更大的变革。在已经全球化的今天，中国企业作为一个弱势群体，如何改善发展的瓶颈，如何后来居上，如何在全球化的形势下取得更为有利的竞争地位，针对性地提升自己的综合竞争力，是非常有现实意义的课题。大姚县的企业、产业理应考虑，如何通过增强发展后劲，来提升自己的综合竞争力、特别是提升自己的核心竞争力。

2. 把握机遇，中间带动，强力推进结构调整。经济发展就其本质来讲，是结构优化升级的过程，增强经济发展后劲，必须强力推进结构调整，解决经济结构不合理问题，在调整中求发展，以调整促发展。必须把握绿色消费成为全球主流及大姚县是全国经济林产业示范县、国家加强扶贫攻坚、大姚作为县域经济发展试点县和云南省新一轮加快县域经济发展以及大姚县是全省工业扶持重点（备选）县、云南铜业集团全力支持楚雄矿冶做大做强和楚雄州打造"南（华）永（仁）经济带"等机遇，按照中间带动的产业发展格局，坚持走新型工业化道路，加快用信息化带动工业化，以工业化促进信息化，大力发展县域经济各项产业。而结构的调整，其基本要求：一是县域经济结构调整必须有支撑县级财政收入的大项目。二是必须有一批勇于创新，踏实肯干的企业家。三是转变干部作风——这是所有发展因素中最根本的环节。结构调整要以"产业化，特色化，现代化"为目标，强化和推进第一产业；以"集中化，集聚化，集约化"为重点，改造和提升第二产业；以"服务化，社会化和高效化"为方向，充实和发展第三产业；优化产业结构，追求结构高度和结构效益，实现产业经济的有序递进。产业结构调整的基本要求是：强化转换能力，提高产业层次，改善产业素质，增进产业效益。

关于中间带动问题，就是说，增强产业发展后劲，固然要求：一产，精耕细作；二产，精明强干；三产，精打细算；政府，精确到位。但是，必须从思维方式和工作方法上，改变习以为常的"抓两头带中间"为"抓中间带两头"——即抓二产、特别是抓工业，以此带动一产和三产（世界工业化、现代化的历程表明，在第二产业的扩张和上升运动中，国民经济的各次产业都得到了改造）：壮二哺一、壮二扶三；抓既能拉动当前经济增长，又可增强经济发展后劲，既能让农民增收、工业增效，又能使财政增长，特别是发展后劲增强的产业和项目。（一般来说，一个企业"盈利"指标表现好，这个企业不一定真正好；如果这个企业盈利指标表现好、"纳税"指标表现也好，这个企业才是真正好。）据此，应将以核桃和中药材种植、加工和营销为支柱的绿色食品、药品业及蚕桑种养业作为战略主导产业（在经建设部2002年批复同意的《云南省城镇体系规划（2000～2020年）》中，大姚县的城镇职能确定为"农副产品及加工类型"），着力培育；根植于本地生产，以在本地化与区域化（全球化）之间选择一个有效的平衡点（这对当地的企业是非常重要的）作为方向，奋力实践；努力把"原料矿业"转化为"成品矿业"，将以扩大楚雄矿冶铜（湿法）冶炼能力带动上（找矿）下（压延加工）游作为战略支柱产业，效力呵护；将以全力帮助农民成立专业合作社及全县联社为抓手，带动千家万户农民进入千姿百态的市场（包括农产品加工市场和消费市场）。

从 2007 年 7 月 1 日起开始实施的《农民专业合作社法》和《农民专业合作社登记管理条例》，明确农民 5 人以上即可登记成立农民专业合作社，合作社具有法人资格。国家通过立法，保障农民成为合作社的主人；通过财政支持、税收优惠和金融、科技、人才的扶持以及产业政策引导等措施，促进农民专业合作社的发展，帮助农民用抓工业项目的方式来运作农业项目扩大生产规模，引导专业合作组织充分发挥其中介作用，顺应市场，使生产、技术、销售信息服务融为一体，形成"合作组织 + 基地 + 农户 + 市场"的产业化发展模式，增强农产品市场竞争能力，为增加农民收入、增强产业发展后劲、争取项目创造良好的发展环境，从而推动社会主义新农村建设。

结构调整的总体思路是：全面推进产业升级，搞强支柱产业、搞大主导（优势）产业、搞精传统产业。以核桃种植、加工、贸易、休闲娱乐一体化综合开发产业项目为"龙头"，加快发展绿色食品（药品、保健食品）加工业，努力提高轻工业比重。其间，2010 年，核桃产业项目实现核桃种植面积 60 万亩，核桃年产量 10000 吨；建设核桃加工园区，年产 30000 吨核桃汁系列饮料、50 万盒核桃精粉及 1000 万盒核桃精华素胶囊；建设 1 个占地 70 亩的核桃产品综合性批发交易市场；建设突出核桃饮食特点，集休闲娱乐为一体的核桃饮食文化城和核桃主题公园。

3. 自主创新，品牌带动，提高企业核心竞争力。作为经济领域的细胞，企业发展后劲之根本就在于其核心竞争力；品牌和名牌是一个地区综合经济实力的重要标志。而提高企业的核心竞争力、特别是增强骨干企业的核心竞争力，关键是培育企业的自主创新能力，拥有一批自主品牌。

依靠增强企业发展后劲的四个动力（培育以人为本的企业文化，奠定和谐发展的劳资关系，树立诚信至上的服务理念，完善励精图治的管理机制），在加大投入，为自主创新，品牌带动战略提供源源不断支持的前提下，一是要进一步凝聚与造就创新创业人才，建立以企业为主体、以市场为导向、以产品为龙头、以效益为中心、以管理为基础的自主创新体制和机制，为提高企业自主创新能力提供保障。二是要以实施大品牌战略为抓手，加快推进"大姚核桃"和"彝药"知名品牌建设。要制定出有助于打造、保护品牌的具有连贯性的战略计划，鼓励支持企业培育自主品牌，加强品牌运作，争创更多的知名品牌，提高产品市场竞争力。三是要以提升源头创新能力为重点，加大新产品研发力度，增强产业发展后劲和活力。要通过原始创新、集成创新和引进消化再创新，健全企业管理体系认证、专利申请和商标管理的激励机制，支持企业加强技术中心和研发中心的建设，努力构建具有产业引领作用的自主品牌的创新体系，切实提高企业自主创新能力和运用、管理和保护知识产权的能力。四是大力开展"ISO14000"环境管理体系、环境标志产品认证以及社会道德责任标准SA8000认证，不断提高环境管理水平和产品出口竞争力；通过稳健经营，持续发展，把发展速度与经济效益相统一，通过加大内部改革力度，整合资源，提高管理效率，有效降低成本，增加效益，提高企业运营的内在质量，加强网络建设和营销策划，大力推介名牌产品，把自主创新与品牌带动相统一，以品牌为依托，提升企业的影响力，提升企业核心竞争力。

4. 努力引资，扩大规模，依靠项目带动。加大产业有效投入是增强发展后劲的重要举措；项目是经济发展的核心，是优化产业结构、打造核心竞争力的重要环节。经济发展后劲的强弱由投入决定。一方面，只有加大投入，才能增强产业发展后劲：改造提升传统产业，巩固已有发展基础，需要加大投入；培育新兴产业，形成新的增长极，需要加大投入。另一方面，只有加大投入，才能改善基础设施状况、搞好公共服务体系建设，进一步改善发展环境。更何况，统筹城乡发展和社会事业发展，也迫切需要投入的增加。

"十五"期间，大姚县正是由于工业投资大幅增长（2000～2005年工业投资由3852万元增加到19728万元，增长4.1倍，年平均增长38.64%，工业投资占全社会固定资产投资的比重由20.2%提高到44.5%，增加了24.3个百分点。投资累计达到4.5亿元。其中，工业固定资产投资占工业总产值比重由2000年时的6.33%提高到2005年的16.04%，提高了9.71个百分点），才为"十一五"工业经济的良好开局奠定了基础。但是，由于大姚县在相当长时期内仍处在投资拉动型增长阶段，如果没有一定的投资规模、没有一批重大项目支撑，不仅影响当前的发展，也将制约长远的发展。因此，必须保持较高投资水平，千方百计加大投入，以便充分发挥投资的强拉动作用，进一步增强发展后劲。

在发挥投资的强拉动作用中，一是科学规划、筛选和储备一批牵动工业经济发展的重点项目。要加大重点项目推进力度，深入调研，充分发挥政府在工业发展规划和项目推进方面的宏观指导、微观服务的职能，形成政府与企业间畅通的信息渠道和有效的互动机制。二是按照建设四个农业重点产业区、三个特色工业片区、开发两条文化旅游线路、扩建一个中心城市的发展定位，积极推进重点项目建设。三是加大对重点工业项目的扶持力度。要整合上级政策资源，即对国家扶贫开发、农业综合开发、财政贴息、新产品开发费用、资源节约和综合利用等政策，进行整合。特别是对贴息项目，要形成"下达一批、申报一批、调研一批、培训一批"的推进机制，力争将更多的项目列入省财政贴息项目计划。并深挖项目源，建立项目储备体系，把省财政贴息资金用好、用足、用活。其间，要最大限度地发挥好专项资金作用，使更多的农民享受到国家扶持的"阳光"资金。四是要围绕促进民营经济抓投入，启动和激活民间资本投资创业。与此同时，要高度重视健全投资自主增长的长效机制，包括：落实国家、省、州投资体制改革决定，激发各方面投资积极性；广开投资渠道，采取加快融资、主攻引资、激活民资、向上争资等措施，确保投入增加；加强协调服务，拓展与各金融机构的信息沟通，从贷款终端梳理符合条件的项目，形成政府与银行间的良性互动。五是借鉴云南省江川县"银政合作模式"，加快推进银政、银企、银协合作：如果银行对政府所提出项目的支持较好，政府就把大量的资金存入该银行，并给予相应的奖励；如果银行对项目的支持不到位，政府就把原有资金从该银行抽走转存到那些支持政府所提出项目的银行。同时，要鼓励县工商联、行业协会和农民专业合作社及县联社也要向金融机构定期推荐一批效益好的项目。如果金融机构对推荐项目的支持情况良好，县工商联、行业协会和农民专业合作社及县联社就动员会员到该金融机构开展存贷款、结算、代理收付、代办业务等金融业务；如果对项目的支持不好，则动员会员减少与该金融机构的业务往来，直致杜绝关系。最终实现银政、银企、银协共建共赢。

重大项目是经济社会发展目标的具体化，是规划实施的载体和支撑。实施项目带动战略，突出抓好基础设施和重大生产性项目规划建设工作，提高项目实施前、实施中和实施后的策划、协调与服务水平，提高项目成功率。通过一批重点项目建设，特别是市场牵动力强、高科技、高附加值项目的达产见效，促进结构优化升级，打造县域经济、产业和企业核心竞争力。

一是加强重大项目规划建设。坚持适度超前先行原则，优化布局，完善网络，加强以交通、能源、水利、环保等为重点的基础设施建设，建立健全与大姚县经济社会发展水平相适应的现代化基础设施体系。加快乡村公路、特别是通往六苴镇、三台乡公路路面硬化建设，构建全天候、功能全的交通网络；加强电源、电网建设，形成稳定、经济、清洁的能源供应体系；加快建设城乡防灾减灾体系、水资源开发利用和配置体系，保护水环境和保障供水安全；加强"三废"集中处理设施建设，形成城镇可持续发展的基本框架。

二是提高重大项目实施水平。增强项目前期经费统筹安排能力，加大前期工作力度，建立项目储备库制度。重视项目规划工作，提高各类项目在国家、省、州有关项目安排中的比重，争取获得广泛支持。提高招商引资工作水平，落实优惠政策，推动一批项目进入实质性阶段。建立重大项目多部门联合谋划机制，落实项目开工条件，提高政务服务水平。积极向金融部门推荐成熟项目，提高信贷资金与县域经济发展相结合的程度。财政性资金投资的项目实行程序化管理，遵循量入为出原则，按照项目的轻重缓急，在财政能力范围内优中选优足额安排，确保项目建成并发挥效益。

三是加大县域集群经济培育力度，建立产业集群发展、升级机制，组建"联合舰队"。在推进工业园区建设过程中，要以"完善的服务体系、牢固的服务意识、专注的服务精神、专业的服务技能"服务企业的宗旨，按照"基础配套、项目带动、共建助推、利益共享"的原则，做到"高标准定位、多渠道投入、活机制推进、强责任管理、快速度建设、优服务招商"。

5. 准确到位，加强领导，扎实推进增强发展后劲的各项工作。产业发展后劲不足的问题，是发展中的问题，是长期矛盾积累的逐步显露，有历史基础薄弱和宏观经济背景及经济发展周期性变化等客观因素，从深层次分析，存在思想观念、体制政策、经济结构等方面的原因，主要是：思想认识不足，观念更新较慢；经济结构性矛盾还没有得到根本解决；体制性、政策性障碍仍然存在；投资软环境总体上还不理想。而从前面几个方面的简要分析不难看出，不断增强产业长远发展的后劲，需要政府准确到位（而不是易位、或越位、或错位、或缺位），实施精力集中、规划集权、资源集合、布局集群（聚）、力量集成方略：一是眼界要开阔，思路要超前。要把发展县域经济产业当成一项造福人民、造福地方的伟大事业，以换届不换"腔"、换人不换"调"的责任接力，坚定不移、坚持不渝地为之奋斗。二是在国家产业政策的"笼子"内，研究、制定增强产业后劲的有关政策，包括产业优选政策、产业规模政策、产业结构政策、产业基础政策、产业技术政策、产业关系政策、产业区位政策以及产业投资政策。三是编制大姚县产业（综合）发展促进规划及大姚县绿色食品业、天然药业、冶金矿产业、轻纺业、能源产业、文化旅游业等六大产业的专门规划。四是建立大姚县绿色食品业、天然药业、冶金矿产业、轻纺业、能源产业、文化旅游业等六大产业的专门统计制度和产业发展进程监测制度、定期分析会议制度。五是构筑发展平台（比如，按照"政府支持平台，平台服务企业"的思路，加强区域产业链合理布局和协作、项目开拓、技术服务、金融服务、品牌创造和品质提升、市场营销、现代物流、行业协会等八大平台建设，强化对产业的公共服务，加快产业发展步伐），以利于产业的成长。六是确立营造投资环境的新理念，并通过软硬环境的不断提升和整合，使单一效应的环境因素产生叠加效应和"磁场"效应、"洼地"效应，吸引更多资金等要素的聚集。七是在通过县职中培养一线操作技工、构建人才高地和造就人才"金字塔"上，要有新突破。要努力营造一种和谐的人际关系、工作环境，最大限度地释放人的创造性能量，增强企业、产业和全社会的生机与活力。

要切实加强领导，精心组织实施，明确任务，落实责任，协调配合，形成合力，注重实效。要建立党委统一领导，党政齐抓共管，主管部门综合协调，其他部门各负其责，依靠社会支持和参与的领导体制和工作机制，切实做到一级管好一级，一级带动一级，层层抓落实。首先，必须加快政府运行机制建设，为此，一是完善科学化、民主化的决策机制；二是大力推进依法行政；三是加强对行政权力的制约和监督。其次，必须加强组织建设。一是建立工作组织机构。建立工作领导小组，建立工作联合办公室，建立专家咨询委员会。二是建立健全防范机制。第四，抓好细节。老子曾说："天下难事，必做于易；天下大事，必做于细"，它精辟地指出了想成就一番事业，必须从简单的事情做起，从细微之处入手；任何宏大的工程，都是无数细节的呈现。我们并不缺少雄韬伟略的战略家，缺少的是精益求精的执行者；决不缺少各类管理制度，缺少的是对规章条款不折不扣的执行；就决策作出的依据来说，决策失误也是由于细节不到位造成的。总而言之、统而言之，铭记细节决定成败！

为确保各项工作得以落实，还要注重工作实效，注意处理好以下几个关系。一是坚持市场导向，处理好市场调节与政府引导的关系。抓产品、上项目，都要坚持市场导向，引入竞争机制，实行优胜劣汰。同时，加强和完善宏观调控，搞好监管与服务。二是坚持体制创新，处理好发展与改革的关系。体制创新是解决机制性和结构性深层次矛盾的根本性措施，也是增强产业发展后劲的治本之策。要进一步加快国有企业改革，增强企业改造调整的内在动力；加快投融资体制改革，吸引更多资金上项目、办企业；切实做好林权制度改革。为建立起经营主体多元化，权、责、利相统一的集体林权经营管理新机制，实现"山有其主、主有其权、权有其责、责有其利"的目标，建议进行以下配套改革：稳定一大政策（长期稳定林地承包政策）、突出三项改革（林业投融资、商品林采伐管理和林业经营方式改革），完善六个体系（林业保护、服务、科技支撑、管理、生态建设和产业发展体系），以及对土地流转采取限期（1 个轮伐期流转）、限量（部分林权流转）、现货（现有近成熟林流转）等办法，防止投机炒作。三是坚持统筹城乡发展、协调区域发展，处理好城乡及县州之间的关系。在项目与投资安排上，既要鼓励先进地区加快发展，在县域经济发展中起好带头示范作用；又要实行必要的倾斜政策，支持欠发达乡镇逐步缩小发展差距。四是坚持可持续发展，处理好资源开发与生态保护的关系。必须把可持续发展作为长期发展战略，充分兼顾经济、社会与生态三者关系，合理开发和利用资源，保护好生态环境，走出一条可持续发展的新路子。

胡锦涛同志 6 月 25 日在中央党校省部级干部进修班发表重要讲话中指出："艰巨的使命、繁重的任务，要求全党同志一定要居安思危、增强忧患意识，一定要戒骄戒躁、艰苦奋斗，一定要加强学习、勤奋工作，一定要加强团结、顾全大局，做到思想上始终清醒、政治上始终坚定、作风上始终务实。"只要我们认真学习、深刻领会、照此实践，县域经济产业发展的后劲，当与时俱增、日益加强。

参考文献：

1. 欧新黔、刘江主编：《中国产业发展与产业政策（2006）》，新华出版社 2007 年版。

2. ［美］迈克尔·波特：《国家竞争优势》，华夏出版社 2002 年版。

3. 金碚主编：《竞争力经济学》，广东经济出版社 2003 年版。

4. 李淳燕：《工程经济学讲义》，云南财贸学院 1996 年版。

5. 李淳燕主编：《加快"和谐云南"建设构想》，中国档案出版社 2006 年版。

（作者单位：云南财经大学）

发展壮大县域合作经济
保障新农村建设有效推进

李淳燕

一

　　县在中国现代化中的作用，可谓举足轻重。它在国家行政管理、国家经济发展中，承上启下、沟通城乡、总揽农村全局的战略地位日益稳定、突出，成为中国农村经济的组织者、管理者和调节者，也是国家政治行为和经济发展的聚结点。县级行政管理直接影响到城市文化和农村文化的交流，农民的思维方式、生活习俗和精神面貌，这是关系到提高全民族素质的大问题。县域经济的发展状况，直接关系到国民经济的健康发展和社会的稳定；而在县域经济按注册登记类型中，集体合作经济是最为基本、最有活力、最具潜能、最为重要的经济。比如，一直领全国百强县之先的江苏省江阴市被誉为"中华第一村"的华西村，2005 年拥有的固定资产超过 70 亿元，销售收入达 307.8 亿元，分别占全市工业固定资产原值（817.92 亿元）和工业产品销售收入（2332.04 亿元）的 8.6% 和 13.2%。当前，就国民经济整体而言，最薄弱的是县域经济，特别是集体合作经济；国民经济和社会发展中诸多问题的症结，最根本的原因在于县域经济、特别是集体合作经济发展的严重滞后；县域集体合作经济上不去，就摆脱不了困难的局面。发展县域经济、特别是集体合作经济，是实践"三个代表"重要思想、统筹城乡经济社会发展、解决"三农"问题、全面建设小康社会的根本出路所在。建设社会主义新农村，是党中央、国务院在深刻分析当前国际国内形势、全面把握我国经济社会发展阶段性特征的基础上，统揽全局、着眼长远、与时俱进作出的一个重大决策，为做好当前和今后一个时期的"三农"工作和发展壮大县域经济、特别是集体合作经济指明了方向。

二

　　建设社会主义新农村是一项不但惠及亿万农民、而且关系国家长治久安和开创中国特色社会主义事业新局面的战略举措，是现代化进程中一项长期而繁重的历史任务。中央提出建设"生产发展、生活宽裕、乡风文明、村容整洁、管理民主"的社会主义新农村的目标，全面体现了新形势下农村经济、政治、文化和社会发展的要求。实现这五句话提出的要求，是农村各方面实现协调、全面发展的过程，也是实现人们常说的"有章理事"、"有人管事、有钱办事"的基本要求。在此过程中，要从农业和农村经济发展实际出发，着力实现粮食增产、农业增效、农民增收的"三增"目标；而从先有投入方能有产出的逻辑来讲，新农村建设最大的问题和困难，在于"钱从哪里来"，其中，难题之首是因为村级集体经济薄弱，因此"集体"资金尤为关键。

　　对于新农村建设所需资金总额，目前有多种说法。国家发改委产业经济与技术经济研究所所长马晓军发布的调查结果称："扣除掉已经建设完成的投资项目，平均每位农民需要投资大概 1700 元到 4900 元。"按此标准、如果按 9 亿农民计算，投入资金将达 1.53 万亿至 4.41 万亿的水平。中央农村工作领导小组办公室负责人在回答新华社"新华视点"记者采访时说：有关部门做过测算，仅仅针对农村道路、饮水、通讯、通电、燃料、改厨、改厕等最基本的基础设施改造，国家就需 5 万亿元的投资，而实际上这个数字还是很保守的。还有人按韩国经验推算，需要的资金超过 6 万亿元人民币。再以小型农田水利投工这一项来看，20 世纪 90 年代中后期每年全国农民出的义务工，大致是 100 亿个劳动日，如果现在大家都不再出工了，按一个工 10 元来算，就意味着1000 亿元，这是个不小的数字。在西部欠发达的少数民族地区，还要解决农民长期存在着的行路难、上学难，用电难、求医难、发展生产难的问题。这些问题的解决都靠国家包下来显然是不现实的，像这种能让当地村民直接受益的设施建设，农民当然应该投工投劳，这不是加重负担，但是，应从根本上解决问题，即围绕强化支撑保障功能，推动建立稳定的投入机制。

三

社会主义新农村首先要成为富裕的农村，这就是说，建设社会主义新农村，必须始终以促进农民持续增收为中心任务，构建促农增收的长效机制，必须坚持农村基本经营制度，尊重农民的主体地位，不断创新农村体制机制。然而，正如中央《关于推进社会主义新农村建设的若干意见》所指出，"当前农业和农村发展仍然处在艰难的爬坡阶段，农业基础设施脆弱、农村社会事业发展滞后、城乡居民收入差距扩大的矛盾依然突出"。数据显示，全国 2800 多个县（市）中，有 1/3 的县面临财政赤字，全国乡镇政府的负债总额在 2000 年达到 2200 多亿元、平均每个乡镇负债 400 万元以上。据国家统计局副局长徐一帆在加快农村全面小康建设进程座谈会上透露，对农村全面小康 18 项指标监测分析表明，2000 年到 2004 年农村全面小康建设进程平均每年推进 5.4%，但当前仍面临六大难点。难点之首是农民持续增收难。在全面小康全部指标中，农村人均可支配收入的实现程度属于偏低水平。根据国家统计局的监测，2005 年全国农村全面建设小康实现程度 28.2%，但农村经济发展方面的实现程度为 20.8%、农民可支配收入全面建设小康实现程度只有 17.5%，农民人均纯收入 3255 元，扣除物价上涨因素，仅相当于城镇居民 1992 年的水平。从指标实现情况看，西部地区农村比东部落后 10 年，比中部落后 5 年左右。2005 年，云南省农民人均收入 2042 元，比全国平均水平少 1213 元，只是全国平均水平的 63%；在全省 129 个县（市、区）中，高于 2042 元的只有 43 个，低于全省平均水平的面达 67%，最低的福贡县只有 750 元，与 2004 年华西村人均工资收入 12.26 万元相比，真可谓天壤之别！正因为这样，中央《关于推进社会主义新农村建设的若干意见》强调，要"促进农民持续增收，夯实社会主义新农村建设的经济基础"；正因为如此，包括云南省在内的西部地区，促进农民持续增收的工作任重而道远。

四

早在中国共产党第十三届中央委员会第八次全体会议 1991 年 11 月 29 日通过的《中共中央关于进一步加强农业和农村工作的决定》中就

指出：

逐步壮大集体经济实力，增加集体可以统一支配的财力和物力，是完善双层经营，强化服务功能的物质基础，是增强集体凝聚力，促进共同富裕，巩固农村社会主义阵地的根本途径。壮大集体经济实力，主要靠利用当地资源进行开发性生产，兴办集体企业，增加统一经营收入；同时要搞好土地和其他集体资产的经营管理，按照合同规定收取集体提留或承包金；还可以发展服务事业，合理收取服务费。总之，应从当地实际出发，依靠生产的发展和自身的积累逐步壮大集体经济实力，决不可急于求成，更不能平调农户的财产。要建立严格的财务、审计、监督等管理制度，防止集体资产流失。对于贫困村发展集体经济，各级政府应在资金、物资、技术等方面给予必要的扶持，使之形成自我发展的能力。

五

社会主义新农村建设的推进要坚持五个机制：一是投入机制，坚持以工促农，以城带乡，建立一个稳定的政府对农村投入增长的机制。二是工作机制，进行社会主义新农村建设不仅仅是涉农部门的事，党和政府的各部门尤其是基础产业和公共服务部门，都要有"一盘棋"的观念，在制定发展规划、安排建设项目、增加资金投入时都要向农村倾斜。三是引导农民发扬艰苦奋斗、自力更生的精神，建立建设自己美好家园的激励机制。四是加快建立吸引全社会广泛参与的机制。五是逐步建立改变城乡经济二元结构的新体制。

当前，新农村建设面临的四大难题之首，是村级集体经济薄弱（其他难题依次为农民增收乏力，村庄建设规划滞后和尚未建立长期投入机制），而农民增收乏力也与村级集体经济薄弱有直接关系。而众所周知，"社会主义的特征是搞集体富裕"，"社会主义的本质，是解放生产力，发展生产力，消灭剥削，消除两极分化，最终达到共同富裕。"建设社会主义新农村，必须体现搞集体富裕的社会主义特征，实现共同富裕的社会主义本质。因而，推动建立稳定的投入机制，必须始终以促进农民持续增收为中心，必须始终坚持以发展乡村集体经济为前提。更不用说，"中国社会主义农业的改革和发展，从长远的观点看，要有两个飞跃。第一个飞跃，是废除人民公社，实行家庭联产承包为主的责任制。这是一个很大的前进，要长期坚持不变。第二个飞跃，是适应科学种田和生产社会化的需要发展适度规模经营，发展集体经济。这是又一个很大的前进，当然这是很长的过程。乡镇企业很重要，要发展，要提高。"（《邓小平文选》第三卷，人民出版社，1993 年 10 月，第 354 页）

六

社会主义新农村建设在实质上是农村城镇化的过程。因此不仅要在乡村建设上做文章，而且更要在许多实质方面，特别是在根本改变过去小农经济的生产方式、生活方式和由此所形成的旧的思想观念上不断有所进展，而唯有依靠发展壮大集体经济，方能达到：（1）发展壮大村级集体经济是农民增收、农村富裕的有望源泉；（2）发展壮大村级集体经济，是从根本上改变传统小农经济的生产方式、生活方式和由此所形成的旧的思想观念的有效途径；（3）发展壮大村级集体经济，是凝聚人心，建设文明、和谐社区的有力措施；（4）发展壮大村级集体经济，是加强基层建设、巩固基层组织的有益保证。

社会主义新农村的经济基础，不是小农经济，也不是"原本的"集体经济，而是股份合作制集体经济的经济。因为，小农经济的重建只能导致经济古代化，而不能导致经济现代化。解决农民问题的出路在于发展社会主义合作集体经济。在新的形势下发展壮大村级集体经济，不能只走仅靠集体投入、集体管理这条老路，应以资源开发、资产盘活和资本经营为重点，按照市场经济规律，"多管齐下"、多措并举，探索壮大集体经济的新机制。一是要选准经济发展路子。根据本村的自然条件、地域特点、产业基础等实际情况，因地制宜，选好经济发展方向和发展路子，做到宜工则工、宜农则农、宜商则商。二是要大力发展新型工业。通过利用土地招商引资，千方百计兴办工业企业，促进村民就业，在增加农民收入、实现生活宽裕的同时，实现农村工业化，带动农村现代化，最终逐步走向城市化。三是抓好企业改制。要学习借鉴国有、乡企改革的成功经验，积极推行村办企业改制。可采取租赁、厂房设备参股、资金技术入股等手段，对村办企业进行股份制改造，增强企业发展活力。四是实施项目带动。有条件的地方，要积极搞好项目建设。充分利用村里的土地、人力资源优势，广泛开展招商引资活动，吸引域外资金兴办企业。同时，与推动农业产业结构调整紧密结合起来，按照"龙型"经济发展思路，依托当地主导产业和特色产品，有计划地发展村级集体农产品加工、仓储、保鲜、运输业，培育龙头企业。通过龙头企业带动，延长产业链条，调整农业结构，夯实发展集体经济的基础。

七

发展壮大集体经济的路子很多，模式上可谓"百花齐放"，各有特色，"八仙过海"，各显神通。模式有开发农业型，基地农户型，资源开发型，加工增值型，综合服务型，股份合作型。成功典型，一是坚持公有制基础，走社会主义集体经济路子。这一类型的代表主要有社会主义新农村建设典范的江苏华西村、河南刘庄村和南街村，以及云南福保村和大营街等。二是"支部＋村委会＋企业"三位一体发展集体经济。如四川彭州市宝山村的"宝山模式"。三是按市场规律办事，走股份合作路子。这一类型的代表有北京韩村河村、浙江东阳花园村、河南耿庄村、山东西水磨村。四是坚持集体经济和家庭承包责任制双层经营的"瓦窑村模式"。四川什邡市蓥华镇瓦窑村是个山区村，该村经济总收入中，集体和农户经营比例约为70：30左右。五是能人故乡情结，走"村企互动"、企业推动路子。如山东梁锥村的"希森模式"，云南玉溪"红塔模式"。六是发展农村经济，走产业强村路子。主要代表有河南集南村、山东牛圈村。七是建设村级工业园，走产业集聚强村路子。如山西大寨的"大寨工贸园区"（现在，园区内已有各类企业50多家，形成以煤炭、化工、建材、农产品加工为主的产业雏形）和天津市北辰区双街村"村级外国中小企业工业园"（有9家中外企业已落户园区，仅租金一项就为双街村每年带来580万元的收入，还为村民提供了100多个就业岗位）。八是山东青州市南张楼村的"城乡等值化试验"（也称德国"巴伐利亚试验"）。

八

建设社会主义新农村不是集体化，但这不代表未来就一定不能搞"集体化"。同时，也应区分提高农村集体组织效率和集体化的区别。前者是双层经营体制下的联产承包责任制下的应有之物，后者指这一体制的方向性变化。家庭联产承包为主的责任制、统分结合的双层经营体制，是我国乡村集体经济组织的一项基本制度。完善双层经营体制，包括完善家庭承包经营和集体统一经营。家庭承包经营不是"分田单干"，集体统一经营也不是"归大堆"。这两个经营层次相互依存、相互补充、相互促进，忽视任何一个方面，都不利于农村经济的健康发展。逐步壮大集体经济实力，增加集体可以统一支配的财力和物力，是完善双层经营，强化服务功能的物质基础，是增强集体凝聚力，促进共同富裕，巩固农村社会主义阵地的根本途径。

如果说实现农民共同富裕是目的，那么发展集体经济就是一个手段，这也是新农村建设绕不过去的"坎"。因为集体经济发展起来了，新农村建设的许多难题就好办了。据报道，在 2005 年年末举行的"全国社会主义新农村集体经济和合作经济模式研讨会"上，有政策研究部门负责人提出，"大约 8000 个走集体化道路的农村实现共同富裕和全面、协调、可持续发展的实践证明，集体化是实现农业现代化的必由之路……一部分地区实行农村集体化的条件已经成熟，完全可以在今后 5 年内，逐步引导全国 1/5 左右的农村实现第二次飞跃。"

农村合作经济组织及其运营，是坚持农村基本经营制度、尊重农民的主体地位发展农业产业化经营，不断创新的一种农村体制机制。农民合作经济组织以经济利益为纽带，把一家一户的分散生产同千变万化的市场对接起来，解决了一家一户的农户办不了、政府不好办的事情。合作经济组织在新农村建设当中有四方面重要的作用。第一，合作经济组织为穷人、弱势群体创造公平创业机会，起到社会的减压剂、稳压阀的作用。第二，合作经济组织是民主管理、民主建设的学校。每个农民根据自己的经济利益、经济要求进行民主决策，了解民主权利、培养民主思想。第三，可以增加农民收入。合作经济组织可以在市场中维护农民的利益，也是发展农业的主要载体。第四，合作经济组织是沟通政府和农民的桥梁。加入 WTO 之后，政府不可能给农村补钱，需要中间组织作为政府补贴的载体。乡镇政府职能的转变在哪里？就是要把服务转给合作经济组织，同时合作经济组织还可以作为农民的代表，在跟国外的农产品竞争当中作为谈判组织出现。据农业部统计，目前已经有 10% 的农户参加了农民专业合作经济组织，农民专业合作经济组织总数为 140 多万个，其中具有一定规模、运行基本规范的 15 万个（10.7%），涉及种植业、畜牧业、渔业等。合作经济组织通过有针对性地服务，提高了农户生产的组织化程度，有效避开了市场风险。各地各类新型的农民专业合作经济组织的绩效表明，合作经济组织在解决农户发展生产的资金短缺问题、对入社农户统一进行技术指导和培训提高农民素质、农民增收、农产品结构调整中发挥了重要作用，成为农民增收的龙头，走向市场的桥梁。有了合作组织，农民的市场定位更加明确、技术标准更加统一、产品整齐度更加均匀、生产交易成本更经济，农产品在市场中的竞争力更强，农民在社会上的共同话语权更大。

九

农民专业合作经济组织在建设新农村中最直接最现实的作用，除了促进生产发展、增加农民收入外，在推动乡风文明、改变村容村貌、健全民主管理制度等方面也能够发挥积极有效作用。从各地实践看，凡是农民专业合作经济组织发展起来的地方，基本上都出现了"建一个组织、兴一个产业、活一方经济、富一批群众"的可喜局面，有效提升了农业产业发展水平，挖掘了农业内部增收潜力，增强了农户和农业的市场竞争能力，培养了新型农民，发展了基层民主。

为了推进农村集体经济股份合作制的健康发展，政府应当采取切实可行的措施，更好地发挥农民专业合作经济组织在新农村建设中的作用。一要完善政策，改进服务。推动建立有利于农民专业合作经济组织发展的信贷、财税和登记等制度，进一步减免有关税费，落实"绿色通道"政策，改善金融服务手段与方式。积极争取把农民专业合作经济组织作为实施农业保险的重要组织载体，逐步开展政策性保险试点。二要推动制度创新，加快法律出台。基层广大干部和农民群众都期待着的《农民专业合作经济组织法》及其实施办法，应尽快出台。农民专业合作经济组织作为广大弱势农民通过新型互助合作应对市场竞争的组织形式，需要法律赋予其特有的"合作社法人"地位。三要加强指导和培训。要培训一支高素质的业务辅导员队伍，指导建立健全内部规章制度，实施民主管理，完善自律机制，增强服务功能。要根据产业类别、按不同组织形式，总结推广一批农民专业合作经济组织的成功经验以及热心为民、乐于奉献、带领农民致富奔小康的优秀带头人，引导广大农民积极参加、共同办好农民专业合作经济组织。

与此同时，要按照因地制宜、多元化创办、政府支持、部门指导、市场取向、规范管理的思路，坚持民办、民管、民收益，大力培育发展农村专业经济协会。

十

要学习借鉴台湾农民专业合作经济组织的成功做法。与大陆相比，台湾农民专业合作经济组织经过了近百年的发展，已经在农村形成了庞大、完整的体系，有法律作为保障，在提供金融、产销、农业保险等方面积累了丰富经验。融资和保险问题一直是农业发展的共性问题。而台湾的农会等合作组织具有融资和保险服务功能，可以为农户提供贷款或担保，并提供农业保险服务，很好地解决了农业融资和保险的问题，因此尤其值得借鉴。应加强两岸农民专业合作经济组织的交流与合作，促进大陆新农村建设。

要借鉴国外经验"村企互动"建设新农村。欧洲的法国、西班牙、意大利、德国及东亚的韩国、日本等国的经验表明，新农村建设将主要依赖于三方面力量：一是政府的扶持，二是社会力量的广泛参与，三是"三农"自身的发展。尽管欧洲国家及韩国等采取的是政府或企业对农村发展的单方面支持行动，但其启示意义非常重要。它说明，企业作为经济运行的主体和先进的组织形式，在"三农"发展中有着十分重要的地位和作用。农业产业化经营中不断成长壮大起来的龙头企业，与"三农"之间存在的密切关系能够作为有效的组织载体承接来自工业、城市的要素流，将先进的经营理念、资金、技术甚至民主管理思想等导入农村，所以为提出和实施以龙头企业为主体的"村企互动"战略，推动社会主义新农村建设提供了有效组织载体。实施"村企互动"战略，通过龙头企业，能够将先进的经营理念、管理方式、物质装备、生产技术等要素导入农业领域，提高农业的整体素质，加快传统农业向现代农业转变；同时能够延长农业产业链条，拓展农业功能，实现农产品转化增值，增加农民就业机会，促进农民增收，提高农民生活质量。而且，社会主义新农村建设，必须注重资金的使用效率，提高建设的成效。关键是要找到经济流程短、运作成本低、使用效率高的有效途径。由于"村企互动"是一种经济的、双赢的联系，符合市场经济法则，实施"村企互动"战略，通过龙头企业运作，能够降低建设成本，提高建设效率，加快社会主义新农村建设的进程。

十一

建设新农村，固然需要政府的投入和扶持，需要社会各界的关心和支持，但最终还是要靠农民自己来建设。这就需要培养一支创造力、战斗力和凝聚力强的基层干部队伍。虽然通过保持先进性教育、加强党的先进性建设活动，取得了显著成效。但是，目前仍然存在着一些与党的先进性要求不适应、不符合的突出问题。主要表现为"四差"、"三难"，即政策水平差、致富能力差、队伍结构差、选人机制差和选人难、管理难、办事难。因此，各级党委、政府及相关部门应结合新农村建设工作实际，学习、借鉴"天下第一村"——华西村的先进经验，切实加强农村基层党组织建设，为新农村建设提供坚强的思想基础和组织保障。一是从抓政治素质教育和业务素质教育入手，切实提高基层党员干部的整体素质，并通过教育活动，引导他们养成良好的学习习惯，把学习变成其自觉行动，经过长期努力，使基层党员思想水平和带领群众致富的能力不断提高。二是从乡镇党组织建设、村委带头人的培养选拔和新生力量的培养发展这三个重点入手，强化农村基层党组织建设，把有能力带领群众致富、有志于献身新农村建设的能人选进班子、委以重任，以乡镇带村组，以村组带党员，进而达到战斗力整体提高的目的。三是把进一步推进党的先进性建设与新农村建设有机结合起来，一起部署，一起检查督促，一起考核，通过努力为群众解决实际问题，提高党组织的威信，增强战斗力和凝聚力。

参考文献：

1.《建设社会主义新农村文件资料》，载《管理信息》，北京社会经济研究所，2006 年第 6 期、第 11 期。

2.《"十一五"规划纲要参阅资料》，载《管理信息》，北京社会经济研究所，2006 年第 14 期。

3. 农业部：《全国农业和农村经济发展第十一个五年规划（2006～2010 年）》。

4. 百度网。

5. 江阴市人民政府网。

（作者单位：云南财经大学）

晋西北和太行山贫困地区开发中县域经济发展模式的选择

梁红岩

一、两区开发与县域经济发展的基础

2006 年 7 月，山西省委、省政府作出关于加快晋西北、太行山革命老区开发的战略决策，"两区"被推上一个新的历史起点。前所未有的开发力度使革命老区、山区迅速变成"开发新区"，总投资近 3000 亿元的448 个产业项目在山西最贫困的地块上产生了剧烈的增长效应。

"两区"开发范围涉及全省 10 个市、59 个县（市、区），①有 54 个属于国定或省定贫困县。总土地面积 9.89 万平方公里，占全省总面积的63%；总人口 1228.6 万，占全省总人口的 36.6%。由于"两区"地处高寒干旱山区，沟壑纵横，自然环境恶劣，交通闭塞，人才匮乏，经济社会发展的基础十分薄弱。据有关资料显示，2005 年"两区"人均地区生产总值为 5640 元，仅相当于全国平均水平的 40%，相当于全省平均水平的45.8%；人均财政收入 1001 元，仅相当于全国平均水平的 24.2%，相当于全省平均水平的 44.2%，有 21 个县的财政收入不到 1 亿元，个别县的财政收入甚至不到 1000 万元，绝大多数县基本依靠中央和省财政转移支付来维持；农民人均纯收入 1998.7 元，仅相当于全国平均水平的61.4%，相当于全省平均水平的 69.1%。②县域经济发展水平的落后直接决定了"两区"经济发展整体水平的落后，也进一步决定了山西省经济

---

① 两区开发包括的 59 个县区为：阳曲、娄烦、阳高、天镇、广灵、灵丘、浑源、大同县、平顺、壶关、武乡、沁县、沁源、陵川、平鲁区、右玉、榆社、左权、和顺、昔阳、万荣、闻喜、新绛、垣曲、夏县、平陆、忻府区、五台、代县、繁寺、宁武、静乐、神池、五寨、岢岚、河曲、保德、偏关、原平、古县、安泽、浮山、吉县、乡宁、大宁、隰县、永和、汾西、离石区、文水、交城、兴县、临县、柳林、石楼、岚县、方山、中阳、交口。

② 上述数字均引自山西省统计局："十五"时期"两区"统计信息概况。

发展水平的落后。

"两区"大多数县（区）资源十分丰富。非金属矿产主要有煤、石灰石、石墨、石膏、耐火黏土、大理石等，其中煤炭储量最大，已探明储量占到全国的 1/3；金属矿产分布广泛，主要有铁、铝土、铜、镁、钴、钛等，且储量较大。"两区"属暖温带大陆性季风气候，四季分明、雨热同季、光照充足，南北气候差异显著、冬冷夏热、昼夜温差大，适宜生产小杂粮、草食畜、干鲜果、中药材等具有区域优势的特色农畜产品。"两区"是山西多数河流的发源地，其中长度在 150 公里以上、流域面积大于 4000 平方公里的河流有 6 条。"两区"自然地貌发育独特，名山大川气势磅礴，革命遗迹寓意深远，旅游资源得天独厚。这些资源的合理开发和永续利用，是"两区"社会经济发展的物质基础。根据这些优势，山西省为使"两区"面貌尽快大变样、财政和农民双增收，将对晋西北、太行山革命老区的 59 个县（市、区）的 448 个项目（除 25 个旅游项目外）投资 2635 亿元人民币，这在山西产业投资强度和财政支持力度方面是空前的。据了解，这些项目按大类划分：农业产业化及农畜产品加工项目 199 个，煤炭、煤化工、电力、冶金和燃料乙醇等项目 113 个，新型建筑材料、装备制造、医药包装等项目 111 个、旅游业项目 25 个。

二、"两区"县域经济分类发展模式的理论依据

县域经济的发展模式是指在一定时期内通过优先发展某个产业，从而带动县域经济社会全面进步的发展道路。县域经济的分类发展模式，是指根据晋西北和太行山两区各县域的特点及其经济发展的实际状况，确立优势产业，使其成长为县域经济发展中处于支配地位、能够代表县域经济发展方向的主导产业，从而带动县域产业结构不断优化和升级，进而促使整个县域经济社会全面进步的发展道路。

比较优势是指由于在资源上存在差异而使一个国家或地区在某类产品的出口中形成比较生产费用优势，从而形成的低价优势。竞争优势是指一个国家或地区在市场竞争中实际显现的优势。比较优势是由要素禀赋而产生的一种静态的竞争力，它源于资源的富有，更多地强调国家或地区产业发展的潜在可能性，是一种潜在的竞争力；竞争优势是一种动态的竞争力，它与资源利用和市场的拓展有关，它更多地强调国家或地区产业发展

的现实态势，是一种现实的竞争力。比较优势是竞争优势的基础，一个国家或地区只有在充分发挥比较优势的基础上，才能最大限度地创造经济剩余，不断进行投资用于创造高级生产要素，才能不断创造和维持其竞争优势。因此，落后国家或地区经济发展的关键就是将其比较优势转化为竞争优势。比较优势表现为资源优势，竞争优势表现为市场优势，由资源优势向竞争优势的转化首先要对本地拥有的资源优势进行开发和初加工，使之转化为产品优势，然后不断延伸产业链，把相关的不同企业聚集在一起形成产业集群或专业经济区，并进而通过先进的管理方法和适当的营销手段，将产业优势转化为市场优势（见下图）。

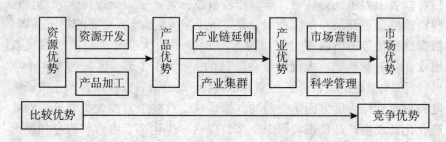

图 1 比较优势向竞争优势转换路径示意图

　　晋西北和太行山两区县域经济分类发展模式就是遵循这一思路划分的。一方面，"两区"的很多县域拥有生产某些产品的比较优势，如晋西北黄土高原拥有煤、铁、铝等矿产资源，晋南的一些县拥有适宜苹果、核桃、中草药材生长的条件，晋北的某些县拥有牧草、小杂粮等自然资源。大多数县拥有丰富的民俗、旅游景观、革命老区等文化产业资源等。另一方面，这些比较优势并未转化为竞争优势，大多县域经济基础薄弱，经济总量小，人均水平低，农业仍占主体地位，第二、三产业发展缓慢，农民收入低，经济缺乏活力，自我发展能力较弱。因此，县级政府应立足县域比较优势，破除"大而全"、照搬模仿、盲目跟风、粗放加工的观念误区，树立"不求其多、但求其特"、"不求其全、但求其精"的特色经济新理念，依托本地优势资源，集中力量培育特色产业，使其成长为县域主导产业，采用先进技术和经营模式，进行专业化、规模化生产，实施品牌战略，树立县域形象，最终实现比较优势向竞争优势的转化。

三、"两区"县域经济分类发展模式

（一）特色产业牵引型模式

特色产业牵引模式是指通过发展某一特色农业产品的产业化经营从而带动县域经济社会全面进步的模式。这种模式适用于模式资源禀赋独特的县域，包括果业县、特业县、牛、羊养殖大县、中草药基地县等，如临汾的吉县、隰县、运城的稷山、万荣，吕梁的方山、交城，朔州的山阴、应县等。特色牵引模式就是要充分利用当地资源，以特色经济为基础，特色产品为支撑，并有效聚集和整合，在规模上达到最大化，形成规模优势。实施过程中要积极鼓励和支持跨县市、跨所有制的主导产业集团，形成更大规模的产业基地。

特色产业的发展要突出以自然条件为基础的地域特色，资源禀赋的差异性便是"特色"。"特色"也是产品产异化的具体体现，降低了进入市场的门槛。一个产业能否诞生，很大程度上取决于该产业发育初始时期的市场松紧状况。目前发达地区凭借其资本优势和技术、人才优势在大多数行业占领了制高点，客观上抬高了后进地区进入市场的门槛。为此，欠发达地区试图以一般产品进入市场难以成功，必须寻求更能发挥自身优势的进入路径。建立专业化特色产业区，对当地农业的支柱产业和主导产业进行区域化布局、专业化生产、一体化经营、社会化服务、企业化管理，把产供销、贸工农紧密结合起来的经营体制，实现农业的专业化、商品化和社会化。技术创新是推动产业结构升级和产业空间扩展的根本保证。

（二）矿产资源开发推动型模式

资源开发推动型模式是指通过开发当地的能源资源进而带动县域经济社会全面进步的发展模式。这种模式适用于拥有丰富的自然资源、资源有固定且较好销路的县域，如吕梁的柳林、临县，忻州的繁寺、晋中的左权，长治的沁源、沁县等。资源开发推动型模式就是通过重点扶持一批产销对路、经济效益好、科技含量高、竞争力强的开发项目，形成"矿山—选矿厂—冶炼厂—加工"一条龙式的产业链条，带动县域经济发展。实践中必须加强对资源开发的环境监管，资源开发项目必须严格执行环境影响评价制度，防止造成新的生态破坏和污染。

这种以资源开发和加工为主的县域经济发展模式在很大程度上促进了山西省乡镇工业的发展。但是，伴随着乡镇工业的快速发展、资源浪费、环境污染也日益严重，并向着一种不可持续的发展模式演变。有些县域依托当地丰富的煤炭、金属矿等资源，将矿藏产品初加工业作为重点，实现县城的发展。但由于受地域职能分工及投资政策的影响，一般都是以资源开发及初级原材料加工输出的生产性结构为主，没有围绕资源开发、加工形成专业化分工与综合性发展相结合的有机产业结构系统，其主导产业单一，整个产业结构刚性强，缺乏张力，产品结构档次低，高技术和高附加值产品、精深加工产品等所占比重低；技术结构水平较低，技术创新能力较差。绝大多数乡镇在工业化进程中忽视了环境污染防治，致使局部地区污染严重。有些地方这种污染还通过污水灌溉、固体废物不当堆放等形式将有害物质转移到农作物上，使大范围的人群受害。规模小和粗放式生产造成了经济实力弱。又由于治污设备造价昂贵，小型企业若计入环境成本将无利可求，因此不愿意损失既得利益对污染进行治理。

（三）旅游业带动型模式

旅游业带动模式是指通过优先发展旅游业进而带动县域经济社会全面发展的模式。这种模式适用于自然条件优越或者人文资源丰富的县域。如忻州的五台、宁武，临汾的吉县，晋城的陵川，吕梁的方山，大同的浑源，长治的武乡等。旅游业的开发带动模式就是通过整合各种资源，靠旅游业的连锁效应，发育成各种要素的聚集地，从而拉动县域经济的发展。在实施过程中应不断增强服务意识，改善旅游环境，提高旅游接待能力。

这种类型县域的特征是：具有悠久的历史，文化积累深厚、古建筑遗存丰富、景观特色强烈。以发展旅游业及为其服务的第三产业或无污染的第二产业为主，由此带来交通运输、旅馆服务、饮食业等行业的蓬勃发展，形成旅游业连锁效应，同时增加更多的就业岗位，拉动周边地区人口的聚集。由于山西省历史悠久，是中华民族的摇篮，具有众多的历史文物古迹，一些县域具有得天独厚的地域和民俗文化，他们充分利用这种民族和民俗文化资源，发掘出深厚的历史和文化底蕴、形成了许多极具特色民俗文化的小城镇和民族风情的旅游小城镇。典型的例子如五台、浑源、宁武、吉县等县。对于旅游带动型发展模式，受旅游资源开发以及旅游运行的影响较大，由于注重眼前利益和局部利益，开发的过程中暴露出的生态环境问题十分严重，旅游区内大兴土木，乱建建筑，致使建筑物的色调、风格与景区气氛极不协调，改变了原有景观的风貌，忽视了现代人文景观和自然景观的协调，形成风景区"创伤面"，破坏了景观整体性，使旅游资源失去了本身特色。旅游环境污染最典型的是旅游垃圾乱弃乱扔造成的污染等，不仅造成景观污染，而且直接影响土壤的结构和物质循环，间接影响生物的生命活动，使物种减少，种群退化，生态旅游的自我调节能力降低，地下水位下降等问题出现。另外，以历史文化古镇为标志的旅游型小城镇存在历史文化资源破坏严重的问题。近年来，许多历史文化古村、古镇受到了不同程度的破坏。在经济较发达县域，因经济社会发展需要，对旧村、旧镇进行盲目改造，导致了历史文化遗产的开发性破坏。在经济落后县域，甚至将古建筑的一些部件拆卸下来变卖，使得珍贵的历史文化资源遭到破坏。

（四）专业市场辐射型模式

专业市场辐射型模式是指通过兴办专业市场从而带动县域经济的发展的模式。这种模式适用于交通便利、有自身特点的县域。该模式通过专业市场与生产基地或农户直接沟通，以合同的形式或以联合体的形式，将农民纳入市场体系，使他们以最快的速度获得市场信息，及时作出反应。通过建立一个专业市场，达到带动一项专业生产，培育一个主导产业。该模式的特点是农户投资少，经济发展水平低的县市可选择这种模式。

（五）劳务输出拉动型模式

劳务输出拉动型是指通过剩余劳动力外出务工从而带动县域经济发展的模式。这种模式适用于耕地等资源短缺、自然灾害频繁、广大群众有尽早脱贫致富的强烈愿望，同时又有劳动力资源优势的贫困县域，如吕梁的临县、忻州的五台县、运城的万荣县等。通过劳务输出，转移农村剩余劳动力，缓解就业压力，增加农民收入，更新农民思想观念，提高自身素质，推动县域经济发展。在实施过程中必须坚持政府引导，杜绝盲目流动，强化劳务培训，提高劳务输出竞争力。

由于县域的复杂性和多样性，这五种发展模式并没有全部概括两区所有县域的发展道路。各县都应根据自己的特点，发挥比较优势，选择和实施适合自己的发展模式。

四、利用两区独特优势，打造具有特色的县域经济发展模式

（一）利用独特自然地理环境发展县域经济，形成"以生态环境促发展"模式

自然地理环境是县域经济发展的自然基础。独特的地理位置和特有的自然资源决定了县域经济特有的发展方向。吕梁市的方山县属国家级贫困县，缺少煤焦铁等矿产资源，但拥有丰富的农牧业生态资源和人文景观，通过着力抓好"三区二线一带动"发展战略。三区即南部建设生态工业经济区、中部建设生态旅游经济区、北部建设生态农牧经济区。工业区以大武工业园区为平台，发展循环经济，推进产业集群发展。生态旅游区以一山（北武当山）一水（横泉水库）一沟（南阳沟）一廉吏（于成龙）的开发建设为重点，把方山建设成吕梁山上的生态旅游走廊。农牧区以农副产品加工龙头企业和种草养殖相结合，建立以马铃薯、红芸豆、葵花、油料、小杂粮、万寿菊和肉牛育肥为主的特色农业基地，实现农业产业化。两线即：209国道、太佳线。抓住209国道改造拓宽，太佳线上高速，缩短本县与太原市、吕梁市及周边县市的行程时间。一带动即抓住周边县市矿产资源开发的机遇，带动方山交通、运输、餐饮、服务、商贸物流、煤炭深加工的发展。形成了独特的发展模式

（二）调整传统农业结构，推进农业产化形成"以特色农业促发展"模式

农民增收、财政增长是县域经济发展的两大基本目标。在市场经济条件下，发展县域经济，增加农民收入和实现财政增长，必须产品卖得出去，价值得以实现，农民才能赚钱，财政才能增收，经济才能增长。因此，要走出"以粮为纲"的传统思路，提高粮经比例，确立农民的市场主体地位，使农民拥有经济决策权，并加大农业科技含量，从而转变农业增长方式。具体做法是，首先要构建现代农业发展模式，如建立专业化的农产品生产基地或农业园区，或依据周边城市和全国城市的需求，大力培育农产品专业市场，或着力扶持农业龙头企业，发挥其牵头作用，形成农户＋龙头企业＋市场的现代化的农业经营格局等。其次要实施科技兴农战

略，提高农业整体素质。即提高农业科技的研发和应用能力，培养农业科技人员，保证农业科技资金投入。最后要大力推进农业产业化。

（三）壮大现有支柱产业，延伸和重组产业链，重视废物利用，形成"以循环经济促发展"模式

发展县域经济应该立足本县县情，发挥地方资源优势，大力发展有规模、有品牌、有效益的大中型骨干企业，由政府扶持、引导、战略性联合和改组，实行低成本扩张和强强联合，增强市场竞争能力。县域发展循环经济主要包括县域产业的生态转型、生态主导产业的选择、生态型产业集群三方面，对县域现有主导企业依据产业生态学原理和循环经济的5R原则进行生态重组。第一，从产品的原材料获取加工、生产制造、运输流通、使用维修、直至产品废弃后的处理处置整个生命周期过程，按照环境影响最小的原则，展开产品生态设计开发，改善产品生态性能。第二，依托清洁技术体系的创新与技术结构的不断绿色升级，推行面向资源开采提炼过程的综合开发利用，实施生产与服务活动全过程中资源能源消耗和污染产生源的削减，开展生产过程内部的物质循环回用或再利用，改进产业系统内物质代谢过程。第三，培育废弃物资源化和无害化的能力，促进废物增值或污染减少。第四，在供应链上营造绿色消费机制，从需求端促进产业的绿色消费行为。

（四）发展产业集群，建设县域工业园区，形成"以产业园区促发展"的县域经济发展模式

单个企业不可能对自己排放的所有废弃物进行循环利用，过度地延长产业链条，势必有损企业的核心竞争力。因此，必须发展产业集群。产业集群有四个层次。最低层次的是聚集型集群。它机械地把不同行业、没有关联和耦合关系的几个企业在空间上聚集形成工业园区。工业园能发挥的作用包括规模经济和范围经济、"知识溢出"所形成的创新效应等。第二层次的是专业型集群，全区域致力于同一产业，形成"一县一业"、"一镇一品"的专业化生产。这种方式不但可以培育某一区域、某一产品的品牌价值，而且有利于不同区域充分发挥各自的比较优势。第三层次是关联型集群，区域内企业与企业之间存在明显的关联关系。如把芦苇木材采收企业、造纸企业、印刷和出版企业集群所形成的工业园就是例子。也有的是单个企业是所有其他企业的后向关联企业。如牧羊业是羊肉加工业、

皮革制造业、奶品加工业、羊毛制品业的后向关联企业。最高层次的是生态型集群。它按企业与企业之间、不同工艺流程和生产环节之间的横向耦合、纵向闭合及区域耦合关系进行聚集。其不同于关联型聚集的本质区别是，后者按企业之间的关联原理循环利用企业产品。而前者是按耦合关系循环利用企业排放的废弃物，"变废为宝"，实现污染物资源化。

参考文献：

1. 梁红岩、白建国：《整合价值链　构建区域产业集群》，载《山西大学学报（哲社版）》，2005 年第 6 期。

2. 赵立龙：《基于循环经济理论的云南省县域经济发展模式》，载《经济问题探索》，2006 年第 6 期。

3. 张素娥、安树伟：《晋西黄土丘陵沟壑区县域经济发展模式研究》，载《山西师大学报（自然科学版）》，2003 年第 3 期。

4. 宋琪、胡芳：《陕西省县域经济分类发展模式初探》，载《西安教育学院学报》，2004 年第 4 期。

5. 闫天池：《我国县域经济的分类发展模式》，载《辽宁师范大学学报（社会科学版）》，2003 年第 1 期。

6. 靖继鹏等：《县域经济主导产业的选择及产业发展模式》，载《经济纵横》，2004 年第 5 期。

（作者单位：山西大学经济与工商管理学院）

城郊型县域经济发展模式刍议^①

梁四宝　白建国

"十五"末期，在我国一些经济较为发达的省份，一大批城郊县在经济实践中取得了较快的发展，其人口数量、经济规模、经济实力等均占了全国县域经济的较大比重，已经成为我国县域经济发展中一支不可忽视的力量。就山西省而言，城郊县人口数量、经济规模等也占了全省县域经济的较大比重，城郊县经济发展已经成为全省县域经济乃至整个国民经济发展的重要领域，既是城郊经济的特定组成部分，又是县域经济中的特殊类型。它是随着城市经济的发展，在农村经济基础上逐步形成和发展起来的新型的区域经济。由于紧邻大中城市，在人才、技术、资金、信息、产业扩散等方面得风气之先，成为其经济发展的独特优势。

一、山西省城郊型县（区）的界定与现实基础

本文讨论的山西省城郊县主要指紧临省内外大中型城市周边的城区或与其地理位置比较近，交通比较便利、且经济联系比较紧密的县市。城郊型县域经济是以城市为中心，依托一定的自然资源和区位条件而发展起来、是具有特殊内涵的区域经济。具体来讲，城郊县就是大中城市的郊区县，即围绕太原市、大同市、朔州市、忻州市、晋中市、临汾市、运城市、长治市等 15 个大中城市^②周围的县市，均属城郊县：太原市的清徐县、阳曲县、古交市；大同市附近的左云县、大同县、怀仁县；朔州市的山阴县；忻州市的定襄县、原平市；晋中市的寿阳县、太谷县、祁县、平遥县、灵石县；阳泉市周边的盂县、平定县；长治市的长治县、襄垣县、

---

　　① 本文为山西省软科学项目"山西省县域经济发展模式研究"（2006041006 - 01）的前期研究成果之一。
　　② 包括山西省 11 个地级市和经济实力比较强、对周围县市有较强辐射能力的河津市、孝义市、介休市和侯马市 4 个县级市。

壶关县、屯留县、潞城市；晋城市周边的阳城县、泽州县、高平市；临汾市的曲沃县、襄汾县、洪洞县；吕梁市的临县、柳林县、中阳县；运城市的临猗县、闻喜县、稷山县、新绛县、夏县、芮城县、永济市，共 37 个县（市）。

以上城郊县的划分并没有严格的标准，只是根据其毗邻大中城市、交通比较方便，且与城市经济联系比较紧密，以此为标准，把这些县市归结为城郊县。这些县市处于大中城市的周边，不但有其独特的发展优势和特点，且受城市经济的辐射和带动，一般来说经济发展都比较快。城郊型县域经济的发展机制是，县域经济一方面接受城市的产业转移，吸纳城市的资金和技术，另一方面为城市经济提供服务，弥补城市功能的不足，从分工中受益并发展壮大起来。北京周边的昌平、顺义、上海的崇明、嘉定都是这样的例子。

就山西省而言，处于太原市周边的清徐县、晋中市榆次区周边的太谷县，长治市周边的长治县等城郊县都从城市经济的发展中受益匪浅。清徐县位于山西省中部，太原市的南端，东与榆次区、太谷县为邻，西与交城县、古交市接壤，南与祁县衔境，北与太原市小店区毗连。清徐县借助临近太原市的区位优势和交通条件，大力发展本县酿造、畜牧、蔬菜、葡萄等特色产业和传统风味食品加工业，进一步巩固和增强太原市副食品供应基地地位，满足城市居民需求；此外，为适应太原市日益扩大的城建市场发展需要，加快建材产业和家居产业的发展，打造"大太原经济圈"的建材制造中心和流通中心，成为"大太原"城市供应保障基地。清徐县凭借其区位优势和便利的交通条件，为满足太原市日益扩大的市场需要，主动承接城市产业转移，农业产业化和产业集约程度不断提高，综合经济竞争力也日益增强。"十五"期间，清徐县大力实施农业产业化经营，全县农业产业化经营组织达到 120 个，发展订单农业八万亩，直接带动农户两万余户。在农业产业化程度不断提高的同时，清徐县产业集约程度也不断提高，规模以上工业企业产值从 2000 年的 19.3 亿元发展到 2005 年的 69.2 亿元，年均递增 30%。"十五"以来，GDP 从 2000 年的 25.51 亿元增长为 2005 年的 61.6 亿元，年均递增 16%。[①] 在第六届全国县域经济基本竞争力评价结果中，清徐县排名从第一届的 751 位提升到了第六届的 236 位；在第六届中国中部县域经济基本竞争力百强县（市）中排名为

---

① 有关数据参见：《"十一五"时期清徐县国民经济和社会发展规划纲要》。

32 位，比第五届排名提升 13 位，也成为连续六届县域经济基本竞争力提升的县（市）之一。①

二、城郊型县域经济发展水平聚类分析及其特点

城郊县具有独特的区位优势和便利的交通条件，其经济发展水平一般都比较高。经过计算得知，2005 年，反映经济发展水平高低的城郊型县域各项经济指标（平均值）均高于全省县域经济平均水平，如表 1 所示：

表 1　　　　　城郊型县域经济发展水平对比

指标种类 县域类型	人均 GDP（元）	农民人均纯收入（元）	第一产业占 GDP 的比重（%）	第二产业占 GDP 的比重（%）	第三产业占 GDP 的比重（%）	人均一般财政预算收入（元）	人均固定资产投资总额（元）
城郊县（平均值）	10522	3341	13	57	30	444	4552
全省（平均值）	9184	2685	14.5	52.5	33	390	3769

数据来源：根据《2006 山西统计年鉴》计算而得。

山西省 37 个城郊县紧邻有较大经济辐射能力的大中城市，具有显著的区位优势和便利的交通条件，这都为县域经济发展带来了便利，其经济发展具有得天独厚的优势。这些城郊县虽然都有相似的区位优势和交通条件，但就城郊县内部而言，经济发展水平差距比较大，有的城郊县充分利用区位优势和资源优势，积极接受中心城市对其经济发展的辐射，经济发展水平比较快；而有的城郊县虽然有区位优势，但资源比较贫乏，再加其经济封闭发展，经济外向度不高，因此无法发挥其城郊型县域经济特有的优势，从而错失了加快经济发展的良好机遇。因此，通过选取反映县域经济发展水平的一系列指标，使用聚类分析方法，对 37 个城郊县（市）进行分类，寻找城郊型县域经济发展的规律，便于总结并提出较为可行的城郊型县域经济发展模式，以此分类指导城郊型县域经济的发展。

---

① 数据来源：中国县域经济网，www.china.county.org。

本文考虑到研究目的和数据资料的可获取性，决定选取 7 个相对指标和人均指标对 37 个城郊县（市）进行聚类。这 7 项指标是人均 GDP、人均财政收入、人均固定资产投资总额、农民人均纯收入、第一产业占GDP 的比重、第二产业占 GDP 的比重、第三产业占 GDP 的比重。同时采用系统聚类方法，对 2005 年山西省 37 个县（市）反映经济发展水平的 7 个指标进行聚类分析。在分析中，由于各个指标的量纲差异，先使用 SPSS 的 Descriptive Statistics 中的 Descriptive 程序将各变量进行量纲标准化处理，然后把输出结果储存到新的变量中，最后使用标准化后的变量进行聚类分析。在聚类分析中，使用系统聚类的 Ward methord（最小离差平方和法）的 Squard Euclidean distance（欧式距离的平方）方法进行分析。

在确定指标和分析方法后，以 2005 年山西省 37 个县（市）的 7 个指标作为观察对象，运用 SPSS11.0.0 软件，输出聚类结果，并结合城郊型县域经济发展的实际状况，可把山西省 37 个城郊县（市）大体分为两个类型：

第一类：19 个县（市）：具体包括：襄垣县、潞城市、古交市、灵石县、清徐县、柳林县、中阳县、闻喜县、阳城县、曲沃县、襄汾县、洪洞县、左云县、盂县、长治县、高平市、平定县、泽州县、怀仁县。

表 2　　　　　　　　第一类城郊县经济发展水平

指　标	最小值	最大值	平均值
人均地区生产总值（元）	8537	20500	14020
农民人均纯收入（元）	1962	5161	3746
第一产业占 GDP 的比重（%）	1	15	6
第二产业占 GDP 的比重（%）	49	82	69
第三产业 GDP 占的比重（%）	16	43	25
人均财政收入（元）	269	1301	635
人均固定资产投资（元）	274	15922	6253

数据来源：根据《2006 山西统计年鉴》计算而得。

第二类：18 个县（市）：具体包括：定襄县、稷山县、永济市、壶关县、山阴县、寿阳县、屯留县、太谷县、祁县、平遥县、新绛县、芮城县、夏县、大同县、临猗县、阳曲县、原平市、临县。

表3　　　　　　　第二类城郊县经济发展水平

指　　标	最小值	最大值	平均值
人均地区生产总值（元）	1552	10998	6830
农民人均纯收入（元）	932	4155	2914
第一产业占 GDP 的比重（%）	7	39	21
第二产业占 GDP 的比重（%）	26	66	44
第三产业占 GDP 的比重（%）	22	59	35
人均财政收入（元）	56	735	243
人均固定资产投资（元）	470	7242	2756

数据来源：根据《2006 山西统计年鉴》计算而得。

第一类中大部分县市拥有较为丰富的自然资源尤其是矿产资源，我们把此类城郊县称为城郊资源型县域。与全省其他类型的县市相比较，各项指标（人均指标）均高于全省县域平均水平，也大大高于第二类县市平均水平（具体见图3），是经济发展水平比较高的县市。2005 年人均 GDP 和农民人均纯收入分别是14020 元和 3746 元，分别是县域平均水平的 1.53 和 1.4 倍。人均财政收入为 635 元，人均固定资产投资为 6253 元，分别是县域平均水平的 1.63 倍和 1.66 倍。但产业结构不合理，第二产业特别是工业占 GDP 的比重比较大。2005 年，城郊资源型县域三产比例为 6：69：25。第一产业占 GDP 的比重比县域平均水平低 9 个百分点，第二产业占 GDP 的比重比县域平均水平高 16 个百分点，第三产业占 GDP 的比重比县域平均水平低 8 个百分点。[①] 第二产业尤其是工业成为推动城郊资源型县域经济发展的主要力量。通过比较分析可以看出，这些城郊县经济发展速度比较快，经济发展水平比较高，一方面是因为这些县有着显著的资源优势，大部分县市具有丰富的矿产资源；另一方面这些县都是紧邻中心城市的郊区县，可以说是近郊县，因此，以丰富的自然资源为基础，再凭借其区位优势和便利的交通条件，能实现中心城市和城郊县商品、资金、信息和人才的双向流动，有效地促进了城郊县域经济的发展。但此类城郊县仍然是以第二产业特别是资源型工业为主导产业，第一产业基础不稳，第三产业发展严重不足，这反映出其经济很大程度上是依靠固有的自然资源而得到发展，中心城市对其经济辐

---

① 以上数字均根据《2006 山西统计年鉴》有关数据整理和计算而得。

射和集聚作用很有限，这也制约了城郊资源型县域经济发展的潜力。

与第一类城郊资源型县域相比，第二类大部分县市矿产资源缺乏，经济发展相对落后，各项经济指标（人均指标）均低于或接近全省县域平均水平，更低于第一类县市平均水平（具体见图3）。2005年，此类城郊县人均GDP和农民人均纯收入分别是6830元和2914元，分别是全省县域平均水平的74.4%和1.1倍。人均财政收收入为243元，人均固定资产投资为2756元，分别是全省县域平均水平的62.3%和73.1%。三产比例为21∶44∶35，第一产业占GDP的比重比县域平均水平高6个百分点，第二产业占GDP的比重比县域平均水平低9个百分点，第三产业占GDP的比重比县域平均水平高2个百分点。① 与第一类城郊资源型县域相比较，第二类城郊县经济发展水平比较低，但工业倚重的状况不太明显，第三产业发展较快。存在的显著问题是第一产业所占比重过大，制约了县域经济的快速发展。由此可以看出，此类城郊县，虽然有明显的区位优势和相对便利的交通条件，但由于自然资源贫乏，缺乏带动性强的大中型企业，只能通过发展农业和第三产业来推动经济的发展。虽然有些县市如太谷、临猗等利用区位优势，积极发展与城市经济互补的农业和农产品加工业，对活跃县域经济特别是增加农民收入起到了巨大的推动作用，但大部分县市的经济发展仍局限于本县范围之内，缺少与周边大中城市的经济联系与互补，从而使得经济发展步履维艰。

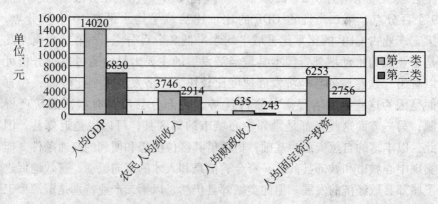

图1　两类城郊型县域经济发展水平对比表

① 以上数字均根据《2006山西统计年鉴》有关数据整理和计算而得。

总之，从目前来看，自然资源的丰裕程度与县域经济发展水平呈正相关关系，这一特征在城郊型县域经济发展中同样明显。因此，资源拉动是城郊型县域经济发展的主要推动力，而区位和市场等优势在城郊型县域经济发展中的作用不太明显。这是山西省城郊型县域经济发展的显著特点，也是确立城郊型县域经济发展模式应该考虑的重要因素。

三、城郊型县域经济发展的思路与模式

经济发展模式不是一成不变的。随着经济的发展，生产力水平的提高，资源条件及开发利用方式的变化，县域经济发展模式也会更新改变。山西省各县资源禀赋不同，区位和环境条件各异，因此，不能套用或移植现有的发展模式。结合山西省城郊型县域经济发展现状及未来发展前景，应确定以下发展思路：以县域资源和现有发展水平为基础，充分发挥城郊县的区位优势、市场优势、科技和人才等优势，积极承接中心城市的产业转移，确立县域主导产业，以主导产业为县域经济增长级，带动其他产业的发展，实现县域产业与中心城市产业的有效对接。具体来讲，山西省城郊型县域经济发展应确立以下几种发展模式：

(一) 农副产品基地型

所谓农副产品基地型是指农业基础好，农林牧渔业比较发达的县市，应以面向城市、服务城市为目标，大力发展"种—养—加、产—供—销"配套产业，建立为中心城市服务的农副产品基地，以此作为促进县域经济增长的动力。

就山西省各城郊县来讲，大部分城郊县是农业大县，经济弱县，农牧业发展只局限于种养，缺乏精深加工的动力，未能形成农业产业化经营模式，经济发展一直处于较为落后的状态。上文中第二类 18 个经济欠发达城郊县，第一产业增加值占 GDP 的比重平均达 20.4%，而第一产业占 GDP 比重超过 20% 的县市就有 10 个。① 包括：阳曲县、大同县、屯留县、山阴县、寿阳县、太谷县、祁县、临猗县、夏县、芮城县。其中太谷、临猗等县在农业产业化经营和建立农副产品基地方面已经取得一些经验，而

---

① 有关数字根据《2006 山西统计年鉴》计算而得。

大部分农业城郊县未能发挥区位优势，仍局限于农业粗放式经营，虽然第一产业占 GDP 的份额较大，但对经济增长的贡献却很有限，经济发展一直处于落后状态。因此，此类城郊县应基于农林牧渔业的比较优势，根据农产品深加工的资源指向性与市场指向性兼顾原则，积极进行"种—养—加、产—供—销"一体化生产。农业的种植要向基地化生产、产业化经营、市场化方向发展。在建设城郊商品粮生产基地的前提下，调整农业生产结构，发展优质无公害蔬菜、水果等经济作物；发展高效农业和生态农业，逐渐培育具有比较竞争优势的外向型农业品牌。此外，在保证生产出优质农林牧渔业产品的基础上，应大力发展产品加工和销售业务，形成产供销网络式配套服务，以此形成比较稳固的农副产品基地，以满足日益增长的城市人口对优质的肉、蛋、奶、禽、菜、果等农副产品的需求。

在建立农副产品基地方面，太谷县取得了较为成功的经验。"十五"初期，太谷县确立了发展服务于城市的农副产品生产、加工和销售体系，提出在农业发展上要坚持以红枣战略、蔬菜产业、奶牛养殖、苗木花卉为重点，大力发展基地农业、特色优质高效农业；通过种植结构的优化和强化无公害农产品的认证制度，提高名优产品的市场占有率；同时，集中力量培养一批市场开拓能力强、产品加工层次深、辐射带动范围广的农业龙头企业，并以龙头企业带动农副产品基地的建设。到 2002 年，太谷县农副产品加工业取得了较大的成绩，全县十大龙头企业技改上项完成投资 6020 万元，实现产值 1.2 亿元，十大农贸市场实现销售收入 1.1 亿元，十大农业示范园区完成销售收入 8000 余万元；在市场的带动下，形成了"龙头带基地、基地带农户"的发展格局，大大提高了农民的收入水平。2005 年，全县农民人均纯收入达 4155 元，是全省县域农民人均纯收入的 1.55 倍，位居全省前列；第一产业增加值实现 6.75 亿元，同比增长 12.5%；粮食产量达 13.09 万吨；养殖业发展势头强劲，全年肉类总产量为 26403 吨，大牲畜存栏数为 15924 头，人均畜产品产量连续五年居全省前茅；红枣、蔬菜面积分别达到 30 万亩和 20 万亩。① 农业产业化经营达到一定规模，进入较高的层次，农业成为县域主导产业，也成为提高农民收入的重要途径。

在农业种植基地化、农业产业化经营方面，政府要发挥应有的指导和

---

① 有关数字参见《太谷县 2005 年国民经济和社会发展统计公报》。

调控作用。首先，建立农产品情报信息中心和农产品销售服务网络，通过信息服务中心，使广大农民能及时、准确地了解农产品的价格信息、生产信息、库存信息和气象信息，帮助农民按照市场需求生产和经营，引导农民走向市场。其次，建立农业社会化服务中心。以多种形式培训农村销售队伍，帮助农民从以产定销向以销定产的方向转变。通过各种服务网站，给农民提供产前、产中、产后一系列服务，使千家万户分散经营的农民与大市场连接起来，保证农业增产、农民增收。最后，政府应加大对城郊农业的扶持力度。一是对生产主体——农民进行扶持，通过培训等多种形式，提高农民的整体素质及科技水平；二是加大对市场主体——龙头企业的扶持，扩大"公司＋农户＋基地"的规模，以实现农户生产和企业经营的有效联合，确保农业增产与农民增收。总之，政府应在政策引导和制度建设方面起重要作用。

（二）工业产品配套型

所谓工业产品配套型是指依托中心城市较为发达的工业和建筑业，建立适应城乡市场需要和吸引城市工业扩散的城郊县工业结构。为城市工业协作配套和直接服务于城乡人民生产生活需要的第二产业尤其是工业和建筑业，应成为城郊县的主导产业部门。

当前，大中型工矿企业和房地产业是山西省城市经济的主要推动力。太原市、大同市、阳泉市、临汾市、晋城市、介休市、河津市是山西省重要的资源型城市，大中型工矿企业主要集中在以上城市和地区，这些工矿企业对其周边经济有较强的辐射作用，也为周边城郊县发展产品加工与配套产业提供了契机。此外，随着城市人口的增加和经济的快速发展，房地产业在经济发展中扮演着越来越重要的角色，房地产业的发展势必会增加对建筑业的需求，而城郊县可以利用较为丰富的劳动力资源，大力发展建筑业，既推动了本地经济的发展，也满足了日益增加的城市人口的需求。

山西省37个城郊县中，城郊资源型县域的经济发展水平比较高，一方面是因为县域具有丰富的矿产资源，另一方面得益于中心城市大中型工矿企业对其经济的辐射和聚集作用。如37个城郊县中，第二产业占GDP比重达65%以上的县市一共有14个，包括：古交市、左云县、盂县、襄垣县、壶关县、潞城市、阳城县、灵石县、曲沃县、襄汾县、洪洞县、闻喜县、柳林县和中阳县。以上县基本分布在山西省重要的资源型城市周围，并且自身具有显著的资源优势，在城郊型县域经济发展中基本处于先进水平。

在发展工业产品配套产业方面，洪洞县取得了较为成功的经验。如"十五"期间，洪洞县围绕"工业强县"的发展方针，在发挥自身资源优势的基础上，充分利用紧临中心城市和资源中心的便利条件，借助中心城市的资金、技术和人才优势，不断加快煤炭及相关产业的升级改造，实现产业结构的优化升级。"十五"期间，先后投资15亿元建成了总规模达400万吨的恒富、华清、海鑫等一批大型机焦企业，实现了与大中型企业的联合、重组；投资10亿元发展化产回收、煤气发电、集中供气等行业，延伸产业链，提高产品附加值，实现生产由粗放式向集约式经营的转变；建成了20万吨啤酒、200万米抗菌不锈钢复合塑料管生产线，提升产业层次、优化产业结构。到2005年底，全县生产总值完成71.6亿元，财政收入完成11亿元，规模以上工业企业实现增加值38.6亿元，县域综合实力跃居临汾市第二，全省第八，[①] 位于第六届中国中部县域经济基本竞争力百强县（市）第69位，成为我省12个中部百强县市之一。[②]

就山西省多数城郊资源型县域而言，其经济基本是依靠资源优势得到发展，而且只局限于矿产资源的粗放式开采和简单加工，经济暂时得到了发展，但造成了严重的资源浪费和环境污染，对子孙后代的生活造成不可估量的损失，同时也制约了县域经济进一步发展的潜力。

因此，对于以上14个城郊资源型县域的发展，不能只局限于本地资源的开采和销售，应在发挥自身资源优势的基础上，充分利用中心城市的资金、技术和人才优势，采取与大中型企业联合、重组的形式，延伸产业链，提高产品附加值，实现生产由粗放式经营向集约型经营的转变。以此提升产业层次，优化产业结构，实现县域经济的健康持续发展。对于其他资源比较缺乏的城郊县，如临县、芮城县、平遥县、阳曲县更应积极主动承接城市工业由于扩张和改造而扩展到城郊县的劳动力密集型行业和协作配套产品，形成城市工业和城郊县工业合理分工、协作配套的格局，从而提高城郊县工业的生产能力和竞争力。

---

① 相关数字参见《洪洞县国民经济和社会发展"十一五"规划纲要》和《洪洞县2005年县域经济发展情况汇报》。

② 数据来源：中国县域经济网，www. china. county. org。

（三）多层次城郊服务型

对于既无农业生产优势，矿产资源也比较缺乏的城郊县，应采取多层次城郊服务型发展模式。随着城市人口的快速增加和人民生活水平的提高，城郊县应发展为城乡人民生活和工农业生产服务的商业、饮食业、交通运输、仓储业和旅游服务业等第三产业。

如阳曲县、怀仁县、祁县、太谷县、平遥县、夏县、屯留县和临县等城郊县，应围绕中心城市建立多层次城郊服务型产业体系。建立多层次服务体系需要以邻近中心城市的需求变化为中心，进行产业延伸和产业创新。创新活动不能只局限于某个行业，应广泛分布在工业、农业和服务业等多个产业领域，邻近中心城市的需求变化是发展县域第三产业的重要动力源，中心城市的扩散和辐射是县域产业发展的重要外在拉力。多层次城郊服务型产业体系是城郊县围绕服务于中心城市，运用现代发展理念和经营手段，结合区域特色发展起来的各种产业组成的结构体系，其基本特征是明确而强烈的服务指向性、特色性和多层次性。其中，服务指向性指产业选择和变迁以城市需求为核心；特色性指产业选择和发展应充分利用区域的独特优势；多层次性指产业工业、农业、建筑业、交通运输和餐饮服务业等多行业产业。多层次城郊服务型模式要求，县域在区位上临近经济较为发达的城市，在接受中心城市的辐射方面具有得天独厚的优势，能够主动有效地接受中心城市在人才、技术、资本以及关联产业等方面的辐射，并且中心城市在农产品供应、零配件生产和组装以及其他服务性行业方面对县域经济有一定的依赖性。因此，像临近太原市的阳曲县，祁县、太谷县，运城市周边的夏县，更应主动接受中心城市在人才、技术、资本以及关联产业等方面的辐射，发展建筑业、交通运输业、仓储业、服务业等第三产业，形成以中心城市工业、农业和第三产业服务的多层次服务型格局，以此推进县域经济的全面发展。

四、结束语

城市经济的快速发展，为城郊型县域经济发展提供了良好的外部条件。多年来，山西省许多城郊县之所以没能从城市与郊区的相互依托中，利用区位优势求得自身高度发展，其重要原因就在于忽视了城郊县的特殊地位，形成了一种结构单调、封闭式、半自给性和掠夺式的经济发展模式。因此，对于城郊县而言，应充分利用区位优势，再借助于自身的资源优势，把两个优势结合起来，以市场为导向，宜农则农，宜工则工、宜商则商。此外，政府还应发挥其宏观调控的职能，从建立政策保障、完善市场机制、保障经济主体合法地位等方面着手，为县域经济健康有序发展提供良好的政治、法律环境和制度基础，以此建立符合客观实际且具有发展潜力的县域经济发展模式。此外，对于任何区域经济或县域经济的发展而言，并不存在一个统一的发展模式，任何发展模式的提出，都离不开它所产生的背景。除此以外，发展模式的提出往往是基于对以往发展结果的解释和陈述，或在严格假定条件下提出的理论模型，它们对于实践具有理论指导意义，但绝非具体行动的指南。

参考文献：

1. 刘福刚：《2005 年中国县域经济年鉴》，社会科学文献出版社 2006 年版。
2. 山西省统计局：《2006 年山西统计年鉴》，中国统计出版社 2006 年版。
3. 季建业：《产业创新与县域经济发展模式研究》，经济科学出版社 2006 年版。
4. 朱舜：《县域经济学通论》，人民出版社 2001 年版。
5. 王怀岳：《中国县域经济发展实论》，人民出版社 2001 年版。
6. 刘俊杰：《县域经济发展与小城镇建设》，社会科学文献出版社 2005 年版。

(作者单位：山西大学经济与工商管理学院)

加快发展县域经济
促动新农村建设

张杏梅

党的十六大和十六届五中全会相继提出"壮大县域经济"和"建设社会主义新农村"的重大任务，两者相辅相成，相互促进，能否科学合理地分析、处理两者的关系，事关我国社会经济建设的大局。社会主义新农村建设为发展县域经济提供了历史性机遇和强大动力；而县域经济承上启下，联结城乡，是解决"三农"问题的主要阵地，发展县域经济是以工促农、以城带乡的必然选择，是转移农村剩余劳动力的重要途径，为社会主义新农村建设奠定基础、提供保障。因此，加快县域经济发展，有利于促进社会主义新农村建设。

一、社会主义新农村建设的基本内涵

（一）社会主义新农村建设的基本内涵

建设社会主义新农村，是党中央根据我国经济社会发展阶段特点，为着重解决"三农"问题，在党的十六届五中全会上提出的重大战略决策。在新农村建设中深刻理解其内涵，把握其基本特征具有十分重要的意义。

社会主义新农村建设，是一个承前启后的综合性概念，它体现了经济建设、政治建设、文化建设、社会建设四位一体的内容，不但涵盖了以往国家在处理城乡关系、解决"三农"问题方面的政策内容，而且是为改善农村生产生活条件，提高农民生活福利水平和农村自我发展能力，为促进城乡协调发展，按照生产发展、生活宽裕、乡风文明、村容整洁、管理民主的要求，以形成新农民、新社区、新组织、新设施、新风貌为目标，以加强农村道路、水电、水利等生产生活基础设施建设，

· 441 ·

促进农村教育、卫生等社会事业发展为主要内容的新型农村综合建设计划。通过以上综合建设，最终目标是要把农村建设成为经济繁荣、设施完善、环境优美、文明和谐的社会主义新农村。从这个意义上说，新农村建设是一项范围广、内容庞大、建设周期长、惠及亿万农民的世纪工程。

（二）社会主义新农村建设的重点内容

社会主义新农村建设的目标，就是要在 10 ~ 15 年的时间内，把全国农村基本建设成经济社会协调发展、基础设施功能齐备、人居环境友好优美、民主意识显著增强、村容村貌格调向上的社会主义新农村，最终达到农村全面实现小康的目标。为实现以上目标，我国在《中华人民共和国国民经济和社会发展第十一个五年规划纲要》"建设社会主义新农村"一篇中，提出"按照生产发展、生活宽裕、乡风文明、村容整洁、管理民主的要求，扎实稳步推进新农村建设。"并从"发展现代农业、增加农民收入、改善农村面貌、培养新型农民、增加农业和农村投入与深化农村改革"六个方面具体阐述了新农村建设的基本要求与内容。据此，我们可以归纳出新农村建设的主要内容：

（1）加强农村基础设施建设，改善农民生存条件。主要包括交通、电力、通讯、教育、娱乐等方面的基础设施新建与改建，彻底改变农村基础设施落后的面貌。

（2）改善农业生产条件，促进农业生产发展。建设新农村的一个重要基础条件就是促进农村经济发展，增加农民收入。为此，必须加强农业基础设施建设，重点农田水利建设、防洪排涝、抗旱节水设施等工程的建设，推动农业现代化的实现。

（3）扩大农村公共服务，提高农民的生活水平。新农村建设的最终目标就是要让农民充分享受现代化的生活。加强义务教育、公共卫生、贫困救助、基本社会保障制度的建立，提高农民的生活水平，就成为新农村建设的一项重要内容。

（4）提高农民综合素质，增强就业能力。农民是社会主义新农村建设的主体，农民素质的高低对社会主义新农村建设的成败起着至关重要的作用。只有通过各种途径提高农民的综合素质，增强其就业能力，才能激发新农村建设的内动力，从而促进新农村建设目标的早日实现。

二、县域经济发展对新农村建设的促动作用

县域经济是指以行政县为区域范围，以县以及独立财政为标志，以县城为中心、集镇为纽带、农村为腹地、不同层次经济元素间的联系为基本结构，通过双向反馈的人力流、物资流、资金流和信息流而发挥整体功能的经济系统。虽然从总量上讲，县域经济占国民经济的比重还不大，但它在国民经济体系中占有特殊重要的地位，是城市经济与农村经济的结合部，是国家经济发展和社会稳定的重要基础。在实施以科学发展观为指导的社会主义新农村建设过程中，县域经济的作用进一步凸现。

新农村建设实施的是以工促农、以城促乡的发展战略，实现城乡互动，最终实现新农村建设的持续、健康、长久的发展。新旧农村区别的关键在于生产力质的不同，县域经济状况是农村生产发展的集中反映，县域经济的发展，是建设新农村和统筹城乡经济社会发展的重要基础，它对于加快社会主义新农村建设，具有很强的促动作用。

1. 县域经济的发展可以带动农村经济的发展。农村经济的发展是新农村建设的前提和基础，增加农民收入、提高农民生活水平和质量是新农村建设的根本落脚点。县域从范围上来讲联结城乡，从功能上讲是城乡兼备的经济综合体。县域经济的发展，为"三农"问题的解决奠定了基础，为农村经济发展提供了重要依托和牢固支撑。

2. 为新农村各项事业建设提供资金支持。新农村建设需要做很多工作，面临许多问题。其中较突出的就是各项事业建设都需要的资金问题。如改变落后的交通、通讯、生活设施，改建、扩建与重建目前较薄弱的农田水利设施，进一步发展文化、教育、卫生等社会事业，虽然国家对这些项目有一定的资金支持，但要持续发展归根到底要依靠农村自己。县域经济的发展，有利于增强县域的财力、物力，促进新农村建设中类似问题的顺利解决。

3. 增加就业机会，促进农村剩余劳动力转移。我国农村人口众多，"三农"问题突出，尤其是农村剩余劳动力数量多，转移难度较大。庞大的剩余劳动力成为社会主义新农村建设的一大难题。县域经济的发展壮大，能够创造更多的就业机会，便于就地吸收剩余劳动力，因为是在本地就业，从而降低了剩余劳动力转移的成本，同时可以增加劳动力的稳定性。

4. 为农产品提供消费市场，促进农业产业化。新农村建设要发展生产，最终达到增加农民收入的目标，在县域范围内，需要通过大力发展县域经济实现。县域经济发展一方面增加了对农业原材料的需求，为农产品打开了销路，另一方面，推动了农业产业化的发展，同时，居民收入尤其是非农收入的增加，使生活水平相应提高，拓展了农产品市场，拉动了农村经济发展。

三、加快县域经济发展 促动新农村建设

县域经济的发展壮大，能够更好地实现以城带乡、以工促农的要求，切实发挥县域经济为新农村建设的促进和推动作用。同时，新农村建设的扎实推进，其迸发的经济活力和外在张力，就会成为助推县域经济实现更快地发展的动力，从而实现县域经济与新农村建设的良性互动。

（一）推进工业化进程，增强县域经济实力

工业化是传统农业社会向现代化工业社会转变过程，是现代经济的主要推动力，是城市化和现代化的前提和基础，是人类社会发展不可逾越的阶段。工业实力是衡量一个区域经济发展水平的标尺，工业化也就成为发展县域经济的主题与方向，发展县域经济要以构建工业主导型经济格局为目标，坚定不移地实施工业强县战略，利用资源优势、区位优势与环境优势，通过积极承接产业转移，开展技术创新，加快产业结构调整，促进传统产业升级换代，提升整体素质，加速工业化进程，增强县域经济实力，为新农村建设奠定基础。

（二）大力发展农业产业化，推动农村经济的发展

我国农业和农村基础薄弱，农民收入较低，农村经济发展与农民生活都处于较低水平，要实现建设社会主义新农村建设的目标，最根本的问题就是发展农村经济，增加农民收入，提高农民的生活水平。这就要以农业产业化为引领点，推动农村经济的发展。按照"做强龙头、优化机制、规模发展"的总体思路，培育壮大龙头企业，构筑农业产业化的核心，以农民增收为主要目标，全方位带动农村经济。同时，提高农业生产的组织化程度，增强产业化组织的竞争力；加大科技创新力度，多途径增加对技术改造和技术推广的投入，促进农业产业化的发展。

（三）加强农村教育，增强农民就业能力

农民是新农村建设的主力军，农民的科学文化程度、从业能力与思想道德水平决定着新农村建设的成败，农村教育状况直接影响着广大农民素质的高低。必须加大农村教育的投入，扩大教育规模，提高教育层次，才有可能取得较好的成绩。首先，要充分重视农村基础教育，加强师资建设，保障教育投入，以确保农村经济发展的后备军具有较高的素质；其次，多途径、多手段对农民进行就业技能培训，提高农民致富本领；最后，随时对农民进行思想品德教育，提高其道德水平，提升农民综合素质，增强在市场经济中的竞争力。

（四）改善基础设施，统筹城乡协调发展

基础设施建设是改善生产生活条件，实现城乡居民人居环境同步提升的前提。完善农村基础设施，改善农村人居环境，是我国新农村建设的一个重点。在对手如林的市场经济环境下，县域经济要脱颖而出，必须不断营造良好的投资环境，除了改善软环境之外，也需要不断完善基础设施建设，以良好的环境吸引各方力量加入到县域经济的建设中来。要把城乡作为个整体，在改善城市基础设施建设条件的同时，对农村的交通、电力、通信、娱乐等设施进行改善；在生态环境建设与社会事业项目的建设中，也应该做到城乡共建，由于农村原先的条件要相对差一些，更应该作为重点进行建设，这样才能逐步达到新农村建设的要求，最终使城乡居民享受由于现代化所带来的均等的福利。

（五）加快城镇化建设，吸收农村剩余劳动力

目前，我国县域的城镇化水平明显滞后，由此造成的效率成本和机会成本损失很大。因此，结合工业化与农村劳动力转移的客观要求，加快推进城镇化战略是发展县域经济的有效途径。要重点发展县域和有区位优势、交通优势、资源优势与规模优势的中心镇，增强城镇在资源、人才、技术、产业、商品和信息的带动作用，强化小城镇的集聚效应、辐射效应，促进农村人口、生产要素向强镇聚集，提高农村的城镇化水平，推动工业和第三产业的快速发展，就地吸收农村剩余劳动力，加快县域经济向现代化发展的步伐。

参考文献：

1. 马晓河：《社会主义新农村建设的内涵目标与内容》，人民网，2006 年 7 月 20 日。

2.《中华人民共和国国民经济和社会发展第十一个五年规划纲要》，载《光明日报》，2006 年 3 月 17 日。

3. 闫恩虎：《县域经济论纲》，济南大学出版社 2005 年版。

4. 王青云：《县域经济发展的理论与实践》，商务印书馆 2003 年版。

（作者单位：山西师范大学）

县域金融存在的问题及对策

刘 钊 茅 迪

县域经济是国家经济体系的基本单元，是国民经济的重要组成部分。我国自古就有"郡县治，则天下安"及"县积而郡，郡积而天下；故县治，天下无不治"的说法。目前，我国有县级行政区划2861个，县域经济的 GDP 总量达 5.4 亿元，占全国 GDP 总量的 50%。目前我国工业企业总数的 75% 在县域，全国中小企业中更有近 98% 在县域，县域联结城乡，是解决"三农"问题的主阵地，是社会主义新农村建设的载体。但近几年来，县域金融支持与县域经济发展不相匹配的矛盾日益显现，相对于县域经济的资金需求，金融支持弱化与县域经济发展不相适应的矛盾日益突出，客观上存在限于经济"融资难"与限于金融"难融资"的状况，制约了县域经济的发展。因此，如何强化金融对县域经济的支持力度，是一个必须解决的课题。在当前我国国民经济体系构架中，县域经济占据基础地位，起着重要作用。

一、金融对县域经济发展的支持受到制约

党的十六大首次提出了"壮大县域经济"，发展县域经济成为全面推进小康建设的重要任务，党的十六届三中全会、十六届五中全会及国家"十一五"规划纲要都强调"大力发展县域经济"。县域经济的发展离不开金融的支持，探索金融如何支持县域经济发展具有重要的意义。

县域金融作为执行和实施货币政策的终端环节，在支持县域经济发展中具有举足轻重的地位，发挥配置县域资源的核心作用和调节县域经济的杠杆作用。然而，近年来，县域金融远不能满足县域经济发展的问题日益突出，制约了县域经济的发展。

县域金融存在的首要问题是县域经济主体融资困难与县域经济运行中存在的大量金融剩余的矛盾。金融资金供求矛盾突出削弱了金融资源对县域经济的有效配置。特别是随着国有商业银行的改革，国有商业银行对县

以下机构进行了大规模的撤并，造成县域金融服务的局部空白。国有商业银行追求"四大四重"即大城市、大地区、大企业、大项目和重点地区、重点行业、重点产品、重点客户的信贷战略，而作为县域经济主体的农业、中小企业和非公有制企业则难以获得信贷支持。据该市发改委的典型调查，该市农业、中小企业和非公有制企业这"三类主体"对全市的 GDP 贡献率平均为86.5%，而同期这"三类主体"在银行的贷款份额总计仅为50.3%。据资料显示，2002 年我国贷款余额中，农业贷款为 5.1%，乡镇企业贷款为5.8%。我国民营企业通过金融部门贷款获得的资金仅占其发展资金的15%，这与其对国民经济发展超过60%的贡献率是极不相称的。

在县域经济发展资金缺口逐渐增大的同时，银行也面临着有资金无项目的困扰。国有商业银行的县市支行在当地难以找到合适的信贷伙伴，"有米无处下锅"。县域信贷投放总量增长速度明显低于存款增长及经济增长速度，银行存在大量存差，也说明资源闲置现象严重。还以上面提到的县级市为例，从 2000 年首次出现存差，到 2005 年 10 月末，存差已扩大到 40 余亿元，仅各商业银行上存资金高达 30 余亿元。这部分资金均通过系统内上存流出市外。据统计，截至 2005 年 11 月底，该市银行金融机构上存资金约 13 亿元，占银行业总存款的 12%。邮政储蓄的快速增长，也加速了该市资金外流。到 2005 年 11 月底，该市邮政储蓄存款余额达到11.6 亿元，这些存款几乎全额上划。由于大量存款上存和上划，导致地方经济"供血"困难。从全国范围来看，估计每年从县域流出的资金总规模高达 6000 亿元以上。

金融支持县域经济弱化还有一个主要表现是融资环境不够宽松，影响了金融对县域经济支持的工作效能。从县域角度来看。存在的问题主要有：社会信用度不高，银行信贷支持的信心和能力随之减弱。信贷中介机构不发达，收费过高；担保机构不健全，担保资金规模小、实力弱，运作不够规范，抵御风险及可持续发展能力较弱。此外，政银企三方联动不够，信息不够对称，沟通不够经常，也在客观上制约了县域金融与经济发展的良性互动。

二、县域金融存在困境的原因

（一）县域金融的困境不能归结于商业银行的战线收缩

在探究造成县域金融支持县域经济弱化的原因时，很多人都把责任归结为国有商业银行的大规模撤并基层机构且层层上收贷款权限。1998 年以来，按照"各国有商业银行收缩县（及以下）机构，发展中小金融机构，支持地方经济发展"的基本策略，四大国有银行大规模收缩基层经营网点，撤并了 4 万多家基层机构。从国有商业银行商业化运作的要求和成本收益角度来分析，撤并低效网点是无可厚非的，但却不可避免地导致服务县域经济的金融主体缺位。同时，基层商业银行机构的收缩，基层商业银行贷款权限层层上收，一些基层商业银行只有组织资金权、贷款调查权和收贷权，却没有审批权，责权利不对称使基层商业银行进退维谷。商业银行权限大量上收到省分行，而基层行却要承担信贷风险。很多基层商业银行认为多一事不如少一事，导致银行惜贷、拒贷，不能形成正向的激励。同时，基层商业银行只有申报权却没有审批权，而且审批的过程相当长，成功率也较低，等贷款批下来，企业面临的大好商机也许就已经错过了。因此，贷款权限上收影响了商业银行对县域经济的支持力度，成为引发县域"金融空洞"现象的重要原因。

但从市场经济发展的规律看，我们对国有商业银行的这一行为不能加以太多的指责，因为对于国有商业银行来说，合理收缩战线是一种理性的市场行为。长期以来，国有商业银行由于规模过大，在组织形式上由总行，省级分行，市、地区分行，县支行，县辖办事处、分理处及储蓄所五级构成，管理层级过多、委托代理链条过长，导致其管理成本过高，且"头小身大"的管理模式极容易形成内部管理失控。因此，从这个意义来讲，撤并基层机构是商业银行加强管理的必然选择。同时，随着国有商业银行改革的深化，尤其是我国加入世界贸易组织后面临着激烈的市场竞争，以及国有商业银行的股份制改造的需要，国有商业银行把"追求利润最大化"作为经营目标，因此，撤并一些经营效益不好的网点而转向经济发展水平较高的城市地区，放弃中小企业而转向大型优质企业，上收贷款权限以防范和控制风险等做法也是无可厚非的。因此，县域金融的困境不能归结于商业银行的战线收缩。

（二）金融支持县域经济的弱化问题是县域经济发展到新阶段所产生的一个新矛盾

县域金融支持弱化的症结不在于国有商业银行的撤并和权限上收，而在于国有商业银行撤并后相应的金融机构和金融服务未能有效跟进，从而产生了"断层"；其深层次原因是县域经济的发展趋势与现有规则之间产生了摩擦和碰撞，导致产生县域金融的供给不能满足县域实体经济发展的内生性需求的多重矛盾。

一是县域经济发展对直接融资的强烈需求与现实中以间接融资为主的供给局面之间的矛盾。完整的融资体系应包括直接融资和间接融资两个有机组成部分。县域经济的发展呼唤直接融资的支持，但与发达国家相比，我国企业融资结构中直接融资的比例要低得多。从 2005 年上半年我国国内非金融部门（包括居民、企业和政府部门）外部资金来源的结构看，银行贷款占 83%，国债占 12%，企业债占 0.4%，股票占 4.6%。银行信贷仍然是我国企业融资的主要渠道，造成风险高度集中。

二是国有金融等正规金融的萎缩与民间金融等非正规金融的发展受到抑制之间的矛盾。民间融资的发展形成了与正规金融的互补效应。民间融资的发展不仅可以优化融资结构，提高直接融资的比重，为县域经济融资提供新的资金来源渠道，而且还可以减轻企业对银行的信贷压力，转移与分散银行的信贷风险。基层国有商业银行的撤并及贷款权限的上收使得国有金融在县域范围内日益萎缩，也为民间金融的发展提供了很大空间。但一直以来，尽管民间金融在满足金融需求、提高金融效率、活跃金融市场等方面发挥了积极作用，但一直为能得到大力支持，甚至受到怀疑和压制，其积极作用未能分发挥。

三是市场经济发展要求的合格主体与现实中主体自身不规范之间的矛盾。市场经济越发展，对融资主体的要求就越规范。而我国当前很多县域融资主体却存在不少问题：很多企业产品科技含量低，没有足够的资产进行信贷抵押，抗风险能力不足，信用等级不高；不少企业内部管理混乱，财务制度不健全，会计信息透明度不高；从整体上讲，县域经济的主体——农业的发展水平不高，贷款风险系数较高，等等。因此，很多县域经济主体达不到银行的信贷要求，直接导致其融资困难。

三、构建县域金融体系要有新思路

种种矛盾的存在，要求我们寻求解决县域金融支持弱化的问题的对策时，应跳出传统的思维模式，要有新思路，要以县域经济主体的内生性需求为引导，重构多层次的县域金融供给体系。

一是大力发展直接融资。县域金融中存在的一些问题，是宏观金融结构与县域经济的发展不配套，县域金融体系不适合中国二元经济的国情，应加大金融体系的创新。第一，直接融资与间接融资应协调发展。尽管中国资本市场发展很快，但县域经济中直接融资所占比重很小，缺乏股权融资渠道，债券市场发展严重滞后，因此长期以来，企业间接融资仍占主导地位。应按照"十一五"规划纲要的要求，提高直接融资的比重。应积极拓展境内外资本市场融资领域，不断推出实质性的适合各类企业的融资工具，利用发行股票、发行企业债券等方式融资，使县域经济获得更多的资金支持。应建立多层次的、专门为县域经济主体服务的资本市场体系，如积极发展创业市场，建立区域性小额资本市场等。应充分运用风险资金，建立多层次的产权交易市场，为风险资金推出创造条件。应努力开辟香港创业板等境外融资新渠道。第二，探索新的金融组织形式。"十一五"规划纲要中提出要"稳步发展多种所有制的中小金融企业"，应按照这一要求发展股权多元化的金融机构，也可探讨发展小额信贷基金等民间金融。在积极拓展间接融资渠道的同时，要充分重视直接融资渠道的拓展，这是解决县域经济主体融资瓶颈的根本出路。

二是积极引导民间金融的规范发展。应通过法律的方式、登记的方式、自律管理的方式，把民间金融机构的金融活动规范起来。要从县域经济发展的实际出发，放宽民间资本进入金融领域的限制，创新适应县域经济融资要求的金融产品体系。要按照党的十六届五中全会的要求，"稳步发展多种所有制的中小金融企业。"要按照中央农村经济工作会议的要求，"鼓励在县域内设立多种所有制社区金融机构，培育小额信贷组织，发展农户资金互助组织。"

三是建立促进社会主义新农村建设的农村金融体系。发挥农业银行、农业发展银行及农信社的合力支农作用。第一，加强政策性银行的支持力度。调整农业发展银行信贷结构，拓宽金融业务领域，逐步将支持的重点由农产品流通领域转向农业生产领域，围绕农业产业化做好金融服务工作，并逐步向县域基础设施建设等领域延伸。第二，把农业银行办成真正的商业银行，以市场为导向，重点支持农业产业化龙头企业、农村基础设施建设和县域以上工商企业。第三，加快农村信用社改革步伐，切实转换经营管理机制，完善法人治理结构，建立激励和约束相互结合的经营机制，强化防范风险的内控机制。增强农村信用社自身营运能力和资金实力，增强农村信用社服务功能，提升对县域经济发展的金融服务水平，拓宽农村金融服务的范围和层次。此外，要加快邮政储蓄改革，促进邮政储蓄资金回流，支持县域经济发展。

四是国有商业银行要有创新思维。信贷融资在相当长的时期内仍将是我国企业融资的主要形式，商业银行在县域金融体系中仍担负最重要的角色，因此，商业银行创新思维对发展县域经济至关重要：首先，在机构网点撤并问题上要有新思维，不能搞"一刀切"，要有新办法。如，工商银行云南省分行将45家县支行向整体移交给农信社，既能解决工商银行的"瘦身"问题，也能够充实农信社里，对当地的农业发展更好地发挥作用，这一经验就值得借鉴。其次，在管理上要有新思维。商业银行要适度"放权"，可以向一部分经营管理水平较高、效益较好的县级支行下放一定限额的贷款审批权限，以缩短审批时间。第三，在经营方式上要有新思维，商业银行应建立有效的激励机制，鼓励信贷人员积极营销贷款，并探索走家串户等适合县域特点的贷款方式。

五是规范融资主体。提高企业的素质对建立和谐的银企关系十分必要。首先，要提高企业的信用水平，积极引导企业诚信意识的建设。其次，规范企业管理。很多中小企业管理不规范，甚至连基本的财务报表都不符合要求，企业的经营状况在报表上反映不是很清楚，甚至提供虚假报表。企业信用评级不高会直接影响贷款的发放。因此，要加强企业治理结构建设，致力于建立科学规范的决策机制和内控机制，健全财务、成本、质量、人力资源等制度，提升经营管理能力和科学决策水平。

六是优化县域金融生态环境。加强法制建设，维护县域社会稳定，切实保护投资者和债权人的利益，促进县域资金回流；理顺地方政府与县域金融机构的关系，寻求政、银、企和谐发展；推动信用环境建设，增强信用观念，制止和打击恶意逃废债务行为；加大对中小企业、乡镇企业、民营企业等的政策扶持力度，促进其规范发展；切实改进社会中介机构的服务，尽快建立完善适合县域经济主体的抵押担保体系，简化抵押评估、登记、公证等手续，降低收费标准，减轻企业负担。

参考文献：

1. 金桂华：《金融支持县域经济发展的对策》，载《当代经济》，2003年第11期。

2. 胥胤、陈长宽、张强：《对县域"中小企业贷款难、银行难贷款"问题的思考》，载《生产力研究》，2005年第9期。

3. 贾凤伟、马健：《金融支持县域经济发展的路径选择》，载《理论观察》，2005年第3期。

4. 李东林、杨玉兰、金玉：《金融支持县域经济发展的策略》，载《金融理论与实践》，2005 年第 7 期。

5. 李志刚：《对金融支持县域经济发展的思考》，载《中国金融》，2003 年第 4 期。

6. 顾振武、史顺义：《金融支持县域经济发展的难点及对策》，载《发展》，2004 年第 5 期。

7. 张孟君、阿都建林：《对金融支持县域经济发展的现实思考》，载《西南金融》，2003 年第 11 期。

8. 张志峰：《重塑农村金融体系》，载《中国金融家》，2005 年第 5 期。

9. 戴军：《新型农村金融体系在西部的投资重点》，载《农村经济与技术》，1994 年第 10 期。

10. 蒋世绩：《对革新农村金融体系的设想》，载《农村金融研究》，1994 年第 6 期。

11. 刘仁武：《构建多层次的新型农村金融体系》，载《金融博览》，2006 年第 1 期。

12. 徐媛媛：《完善我国支农金融服务体系的路径思考》，载《开发研究》，2005 年第 1 期。

（作者单位：南开大学金融系，西安道生创业投资股份有限公司）

幸福江阴：落实科学发展观的创新实践

　　江阴位于长江三角洲中部，北枕长江，南襟太湖，西眺南京，东望上海，是长江中下游新兴的滨江港口城市。江阴市域面积988平方公里，户籍人口119万。下辖15个镇、1个街道办事处，3个省级开发区，250个行政村，88个社区（居委会），城市建成区面积51.5平方公里。江阴历史悠久，文化绵长，据考有7000年人类生息史、5000年文明史和2500年文字记载史。

　　2007年，江阴GDP首次突破1000亿元大关，达到1190亿元，人均GDP（按常住人口计）首次突破10000美元，达到10250美元，全口径财政收入190亿元，一般预算收入82.33亿元。江阴的综合实力可简要概括为"万千百十"，即以占全国万分之一的土地、千分之一的人口，创造了超过全国1/250的地区生产总值、1/300的财政收入和1/100的上市公司和1/50的中国500强企业。

　　改革开放以来，江阴先后获得了60多项全国性先进荣誉称号。2005年率先成为江苏省首批全面小康达标县（市），2006年建成了首批国家生态市，被评为"中国最佳经济活力魅力城市"。2007年，江阴在中国县域经济基本竞争力排名中连续5年名列第一。

一、坚持科学发展，进一步做大"蛋糕"

　　优化结构，提升产业层次。产业结构、科技水平的差异，从根本上决定着一个地区、一个城市发展水平和竞争能力的高低。江阴制造业和传统产业比重较大，提升产业层次、提升科技含量是提升综合竞争力的关键。20世纪90年代以来，江阴市把加快科技进步、培育企业集团、实施名牌战略、推进资本经营作为经济工作的重要方针，把经济结构调整与所有制结构调整结合起来，推动了生产力的跨越发展，全市传统产业高新化、优势产业集聚化、新兴产业规模化趋势明显，成为国家863新材料成果转化及产业化基地、沿江新材料产业带、纺织产业基地和亚洲包装制造中心。全市拥有特色冶金和金属制品、精纺面料和服装、聚酯和磷化工、中央空调和风电设备、软塑包装和EPS、集成电路封装和光通讯等10个全国领先的生产出口基地，43家企业的产品市场占有率雄踞全国第一。目前，全市规模以上工业企业达到1162家，销售收入、工业利税分别占全市的89.8%和87.7%。全市营业收入超百亿企业10家、超10亿元企业33家、超亿元企业300家，入库税收超亿元企业16家。在"中国500强企业"中江阴企业占10席，"中国制造业500强企业"中江阴占14席。依托良好的产业基础，江阴服务业集聚效应逐步显现。2007年，全市服务业完成增加值422.5亿元、社会消费品零售总额236.2亿元、投入100亿元，主要指标继续在江苏省同类城市中保持领先。服务业增加值占比达35.5%，贡献份额逐年提高。

自主创新，提升集约水平。近年来，江阴市全面启动创新型城市建设，强化企业主体地位，完善科技创新体系。全市已拥有省级以上企业技术创新机构23个，其中博士后科研工作站8个、国家级企业技术中心5个；省级高新技术企业143家，国家级高新技术企业21家。大中型企业技术研发经费支出占销售收入的1.84%，高新产品销售和增加值均占全市的30%以上。全市产品标准覆盖率达95%以上，其中65%以上的主要工业品按国际标准或国外先进标准组织生产，有86家企业参与了国际国内行业标准制订。拥有中国世界名牌3个，中国驰名商标4个、国家免检产品23个。科技的提升，促进企业壮大，企业创新发展动力后劲持续。从1997~2007年的10年间，共有22家企业通过自主发起、捆绑上市、买壳上市、海外上市等途径陆续上市，累计募集资金160亿元，在资本市场形成了独具特色的"江阴板块"，被称为"华夏A股第一县"，上市公司数量和募集资金总量在全国县级市中保持第一位。

融入国际，提升竞争能力。江阴市以开放的眼光、积极的姿态、灵活的策略，实施"引起来"和"走出去"的发展战略，把对外开放推进到新阶段，提高到新水平。扩大开放，积极引进国际资本，抢抓国际资本和产业向长三角转移的机遇，瞄准世界跨国大公司，精心组织产业招商，吸引一批投资总量大、科技含量高、产业关联度大的旗舰型项目落户江阴。目前已有50多家世界知名跨国大公司进驻江阴，2007年全市新增协议注册外资17.78亿美元，到位注册外资6.29亿美元，累计引入外资60.33亿美元。江阴市在积极引进国际资本的同时，积极引进国外先进的经营管理经验、技术手段和市场运作方式，推进城建、旅游、教育等服务领域的对外开放，进一步提高了对外开放的深度和广度。放眼世界，实施"走出去"战略。江阴市鼓励大企业集团充分利用全球资源和国际市场，主动参与国际产业务分工，不失时机地扩大对外投资，带动外贸出口、招商引资和劳务输出，不断开辟新的发展空间，不断提高企业的国际竞争能力。到 2007 年，全市累计开办境外企业 114 家。先后在欧洲、美国等 15 个国家和地区设立了经贸代表处和分公司。

二、坚持以人为本，进一步分好"蛋糕"

做大"蛋糕"的目的是分好"蛋糕"。近年来，江阴市坚持政府主导与社会参与相结合、增加投入与深化改革相结合，突出一些重点，兴办一批实事，让更多的百姓分享"幸福江阴"建设的成果。

群众收入不断增加。2007 年财政用于支农、惠农资金超过 9 亿元，占可用财力的 15%，创历年之最；城镇居民人均可支配收入和农民人均纯收入分别突破 2 万元和 1 万元，达到 21013 元和 10641 元。江阴市大力促进就业和再就业帮扶工程，免费培训农村劳动力，帮助大龄特困和农村重点困难人员就业。2007 年城镇登记失业率为 2.47%，农村调查失业率为 3.48%，均创历史最低。企业劳动合同签订率、月薪制实施率稳定在 90% 以上。

城乡建设日新月异。2007 年城市建成区面积扩展到 51.52 平方公里。2006 年、2007 年两年内完成造林绿化面积 9.55 万亩，全市森林覆盖率已达 23.1%，城区绿化率达到 43.5%，村庄绿化覆盖率为 26.4%，国、省道绿化宜绿里程 100%，江河沿岸宜绿化地段绿化率达 92.99%。建设 50 多个"文化造绿"景点和 150 多个开放性绿化公园和农业生态园。加快实施城区植树增绿、垂直挂绿、文化建绿、拆墙透绿和引山入城等工程，城区人均公共绿地达 15.25 平方米。

公用事业发展加快。目前，全市主变容量 687.70 万千伏安。全社会用电量 180.27 亿千瓦时，比上年增长 17.54%。自来水日供水能力 70 万立方米，全年售水量 20025 万立方米。城市公交已拥有公交车 382 标台，拥有营运主线路 28 条，区间线路 9 条，出行分担率 12%。开通镇村公交线路 57 条，投放车辆 89 辆，行政村实现村村通公交，自然村公交通达率达 65%。城乡公交一体化有序推进，实现了城乡客运与镇村公交的无缝对接。据民意调查资料显示，百姓对江阴市交通出行的满意率达到96.71%。

环境整治不断强化。2007 年，江阴市通过"国家生态市"复查，废水达标排放率 84.1% 以上。建成 38 个万吨级综合污水处理厂，日处理能力 46 万吨；2007 年新铺排污管道 316 公里，削减排污口 174 个。全市饮用水源水质达标率为 100%，环境综合指数达到 97%。强势推进节能减排工作，2006 年单位 GDP 能耗为 1.203 吨标煤，2007 年同比下降 4.5%。全年 COD 排放量削减 8394.7 吨，二氧化硫排放量削减 3.15 万吨。关停216 个污染严重、难以治理的企业、项目。城区环境噪声控制在 57 分贝以下，主要道路交通噪声控制在 73.2 分贝以下。

科教文卫全面发展。改革开放以来，江阴每万人拥有医生由 8 人增加到 25.6 人，年均增长 4.1%；每万人拥有医疗床位由 21 张增加到 37.8张，年均增长 2.1%；公共图书馆藏书由 4.5 万册增加到 194 万册，年均增长 13.9%；人才总量由 2.7 万人增加到 24.6 万人，年均增长 7.9%；小学入学率、初中入学率、高中阶段入学率和高等教育毛入学率分别达到100%、100%、95.7% 和 58.7%。

社保体系不断完善。江阴养老、医疗、就业、工伤等各类社会保险基本覆盖城乡。城镇企业职工基本养老保险覆盖率稳定在 99% 以上，参保28.7 万人。享受被征地农民基本生活保障人员达到 28.9 万人，农民基本养老保险参保 12 万人，新型农村合作医疗保险参保 82.1 万人。城镇和农村最低生活保障标准分别提高到每人每年 3600 元和 2400 元，城乡低保对象保障率、低保资金到位率、低保资金兑付率三个 100%。投入 287 万元，完成了 64 户农村特困户危房改造。减免 3144 名低保家庭子女学费376 万元。全市共有敬老院 26 个，床位 2275 张。现有五保户 870 人，其中集中供养 806 人，集中供养率达 92.3%，年人均供养水平为 5585 元；散居供养 64 人，年人均供养水平为 4200 元。大力拓展代养业务，全市敬老院共代养老人 1020 人。

附录二：

2006 中国东西合作暨县域
经济发展研讨会综述^①

中国区域经济学会秘书处

由中国区域经济学会主办、中郡县域经济研究所协办、江苏省江阴市人民政府承办的 2006 中国东西合作暨县域经济发展研讨会，于 2006 年 12 月 23 日至 24 日在江苏省江阴市隆重召开。来自国内各大高校、国家发改委、中国社会科学院及无锡市、江阴市等各部门的领导、专家学者 80 余人出席了会议。现就会议讨论的主要问题综述如下。

一、东西部差距的分析与判断

虽然我国于 1999 年即开始实施西部大开发战略，但东西部地区的差距仍继续扩大。有关人士用数据说明了东西部差距持续拉大的状况。2005 年西部地区生产总值 3.34 万亿元，占全国的比重只有 17%，人均地区生产总值只有东部地区的 38%。广东省的地区生产总值已超过 2 万亿元，山东和江苏已接近 2 万亿元；列全国百强县的江阴市地区生产总值高达 788 亿元，均高于青海省和宁夏。东西之间的差距不仅表现在经济方面，更主要地表现在基本公共服务方面。2005 年西部地区农村中小学人均拥有的教育仪器设备只有全国平均水平的 75%，不及东部地区的 40%；西部地区县级综合医院拥有的专业设备原值只相当于全国平均水平的 60%；西部地区参加农村社会养老保险人数不到全国的 20%，农业人口养老保险覆盖率不到 5%，只有全国平均水平的 1/2、东部地区的 1/10。另外，西部地区社会救助的覆盖面也远远低于东中部地区；西部地区绝对贫困人口超过全国的一半，但是享受低保救助的人数仅占全国的 1/6，只有东部

---

① 本文原载《经济学动态》2007 年第 3 期，执笔人：安树伟、肖金成。

地区的 1/4。

广西发改委经济研究所蒋升涌研究员也支持这一观点。据他介绍国家统计局对我国农村实现小康程度测算后表明，2003 年全国农村实现小康的程度是 16.9%，其中东部地区是 35.6%，中部地区是 13.8%，西部地区是 -9.7%。青海经济研究院李勇院长则强调，除产业结构、社会事业、人民生活之外，东西部之间的差距还表现为思想观念的差距。

如何认识东西之间继续扩大的差距？陈栋生指出，在看到东西差距持续拉大的同时，更要看到差距扩大的趋势是在缩小的。西部大开发之前，东西部经济增长速度相差 1.5 个百分点，而西部大开发以来，这一差距已经缩小到 0.6 个百分点。因此与会的专家学者非常关心什么时候差距缩小的拐点会出现？中国社会科学西部研究中心陈耀教授指出，国际上差距缩小的拐点出现在人均地区生产总值约 3000 美元，按当年汇率计算 2005 年我国约 1700 美元。如果经过长期的努力区域之间差距还在持续不断地扩大，就需要对政策的有效性进行思考。中国社会科学院数量经济与技术经济研究所李青研究员认为，东西差距是一个长期积累的问题，不能希望在短期内就迅速缩小这种差距，需要长期的过程才能解决这个问题。

二、东西合作与区域协调发展

中国区域经济学会副秘书长肖金成教授认为：东西合作就是把西部地区的资源、能源、劳动力、市场等方面的优势，与东部地区资金、技术、管理等方面的优势有效地结合起来，实现优势互补，加快西部地区的经济和社会发展。东西部的经济合作应主要采取市场化的方式，即以企业为主体，通过利益驱动机制来实现。国家和各级地方政府应依据市场化原则，通过产业政策和财政金融手段，鼓励东部地区的企业向西部投资。应加强西部地区和东中部地区的产业联系，抓住东部地区产业结构升级调整的机遇，使东部地区的劳动密集型产业和初级加工业向西部地区转移，从而推动东部地区产业的升级换代，实现西部地区产业结构的调整，增加西部地区的就业机会，更好地带动相关产业的发展。

河南大学覃成林教授认为，国家应实行差异化的宏观调控政策。在沿海地区可以考虑通过紧缩建设用地的供给总量特别是严格控制需要转移产业用地的供给，提高环境保护标准、劳动工资标准以及能源成本等，使那些需要转移的产业从东部地区尽快转移出来；在中西部要增大建设用地总量的供给，适当放宽环境保护标准，相对降低能源和水资源的费用等，以鼓励内地承接产业转移。

国务院西部开发办赵艾司长指出：从构建社会主义和谐社会要求看，东西互动的领域还不够宽、渠道还不够多、层次还不够高、机制还不够完善。要以科学发展观为指导，推动东中西协调互动。为此，要坚持改革创新，健全市场机制；坚持优势互补，健全合作机制；坚持共同富裕，健全互动机制；坚持以人为本，健全扶持机制。

三、县域经济与社会主义新农村建设

县域经济是县域范围内各种经济成分有机构成的一种区域经济形态，是我国经济相对独立运行的具有综合性和区域性的基本经济单元，也是我国国民经济运行和发展的基础。我国县域人口占全国的70%，地区生产总值占全国的48%。现阶段县域经济是以农业为基础、以工业和乡镇企业为支柱的行政区域经济。统筹区域协调发展，必须高度重视县域经济。

陈栋生研究员指出，西部大开发在加快重点地区、重点城市发展的同时，必须促进县域经济发展。因为县域经济是国民经济的基石，是工业反哺农业、城市支持农村的关键点，县域经济的发展和提升是传统农业向现代农业转换的基地，是农业劳动力转移实现异地转移和就近转移结合的前提，是新农村建设最前沿的指挥部。

多年来从事县域经济研究的中郡县域经济研究所所长刘福刚研究员指出，目前县域人均地区生产总值是全国平均水平的70%左右，是中心城区的50%左右。2000～2005年全国县域人均地区生产总值峰值的分布区域从2500元延伸到4500元，但是这个峰值要低于全国县域的平均数，即在县域经济中存在"平均数不等于大多数"的现象。全国县域经济强县包括全国县域经济百强县、西部百强县、中部百强县和东北十强县，共计296个县域单元，这些县域单元是全国县域经济发展的中坚力量、县域工业化和城镇化的主力军。296个县域经济强县的数量约占全国县域单位总数的1/7，人口约占全国县域总数的1/4，而创造的地区生产总值占1/3，提供的地方财政一般预算收入约占1/2。虽然目前县域经济还缺少政策支持和协调管理的促进机制，但新时期县域经济大发展的新局面已经到来。

徐州师范大学朱舜教授认为，就泛长三角地区而言县域经济的增长有非常重要的意义。东部县域经济的发展面临着资源和市场两头在外的问题，要突破资源环境等条件的约束必须有新思路，在我国不是所有的县域都要走工业化的道路，农业经济为主的县域经济将会长期存在，但需要国家对该类县域的发展给予支持和帮助。

四、区域经济学发展趋势

魏后凯研究员根据近年来国内外研究的最新动向，并结合自己的研究情况，将当前区域经济研究比较重要的问题概括为五个方面：一是在市场经济体制下，中央区域政策应该主要体现公平目标，要着力推进公共服务的均等化；二是重视人与经济活动分布的协调问题，一个地区人口所占的比重应该与经济所占的比重差不多，防止某些地区经济的过剩和某些地区经济的边缘化；三是中央区域政策应该体现分类指导的思想；四是实行以开放促和谐的新战略，积极鼓励和引导外商投资的北上西进；五是促进新型区域产业分工。

安树伟教授认为，我国未来的区域政策要关注大都市区管治。大都市区是世界城市化进程中的普遍现象，中国面临着城市化进程的跨越，处于以都市区化带动城市化的新阶段。随着经济发展阶段的变化，东部沿海发达地区以及中西部的较发达地区将陆续达到中等发达国家的水平，大都市区的膨胀病日益显现，这就需要从现在开始必须着手考虑制定针对膨胀地区的发展政策——大都市区管治，并将这种政策纳入到统一的区域政策体系中。从宏观角度看，我国在还没有彻底解决区域落后病和萧条病的基础上，又面临着要解决膨胀病的问题，从而在一定程度上增加了政府在国家范围内对经济资源进行空间配置的难度。

尽管20世纪90年代以来，我国区域经济学研究得到了很大的发展，但目前区域经济研究中还存在不少问题。如多数研究是围绕实际问题与任务进行的对策性研究，研究的重点是区域政策，理论方面还没有形成自己的体系；作为经济学重要分支学科的区域经济学，在我国还缺乏微观理论基础；研究方法传统。针对这些问题，云南财经大学张洪教授结合2006年12月初在昆明召开的全国区域经济学重点学科建设研讨会，提出今后要重点抓好三方面的工作：一是重视区域经济理论的研究；二是要重视区域经济学科的研究实践基地建设；三是逐步统一和规范区域经济学研究生教育，要研究引进国外区域经济学教学的理论和方法，重视研究生的区域经济分析手段和方法的培养。

后　记

2006 年，中国区域经济学会接受国务院西部开发办公室的委托，研究中国东西经济合作和产业转移问题。学会组织了以学会常务副会长陈栋生、国务院西部开发办公室副主任曹玉书为顾问、学会副秘书长肖金成为组长的课题组，分别赴新疆、云南等地进行了调研。在深入调查并吸取广大学会会员研究成果的基础上，写出了研究报告。报告已报送国务院西部开发办公室，将作为国家制定推动东西合作，促进产业转移政策的重要参考依据。

为了搞好课题研究，学会决定以此为主题，召开学术研讨会，深入讨论这一问题。2006 年 12 月 23 日至 24 日，由中国区域经济学会主办、中郡县域经济研究所协办、江苏省江阴市人民政府承办的"2006 中国东西合作暨县域经济发展研讨会"在江苏省江阴市隆重召开。来自国内各大高校、中央国家机关、国家和地方各级研究机构以及无锡市、江阴市等各部门的 80 余位领导、专家、学者出席了会议。与会代表就东西合作与区域协调发展、县域经济与社会主义新农村建设、宏观经济形势及区域经济学发展趋势等问题进行了深入的讨论和交流，取得了丰硕的学术成果。

会议收到论文 80 多篇，学会决定正式编辑出版。因学会人手有限，在编辑过程中和作者沟通不够，书中错误和问题在所难免，希望作者和读者提出宝贵意见。

借本书出版之际，向给予课题研究及会议举办提供支持的国务院西部开发办公室、江阴市委、江阴市政府、江阴市统计局、中郡县域经济研究所、新疆发改委、云南发改委等单位表示衷心感谢，希望一如既往地对中国区域经济学会提供支持和帮助。

中国区域经济学会

2008 年 9 月 6 日